KB123375

김정은 시대
북한의 대남 군사협상 전략

김정은 시대 북한의 대남 군사협상 전략

초판 1쇄 발행 2018년 1월 5일

지은이 | 이성춘
펴낸이 | 윤관백
펴낸곳 | 도서출판 선인

등 록 | 제5-77호(1998.11.4)
주 소 | 서울시 마포구 마포대로 4다길 4 곶마루 B/D 1층
전 화 | 02)718-6252 / 6257 팩스 | 02)718-6253
E-mail | sunin72@chol.com
Homepage | www.suninbook.com

정가 33,000원
ISBN 979-11-6068-143-7 93300

김정은 시대
북한의 대남 군사협상 전략

이성춘 지음

| 책을 내면서 |

북한은 한반도 문제를 해결하는 데 있어서 상수이다. 언뜻 보기에는 직접적인 관련이 없는 것 같지만 언제나 주변에 있다. 남한은 6·25전쟁 이후 북한의 끊임없는 도발로 인해 불신과 적대감이 누적되어 왔지만, 다른 한편으로는 정전체제하에서 군사적 긴장완화와 평화정착의 노력을 지속해 나가야 하는 이중적 관계를 맺고 있다. 따라서 북한의 의중을 정확히 파악하는 것은 매우 중요한 일이다. 특히, 군사적 위협이 상존하고 있는 현 단계에서 통일을 지향하고 있는 우리는 기본적으로 북한 군사협상에 대한 이해가 절대적으로 필요하다.

다가올 미래에 남북한 주민들의 혼란을 최소화하고 안정적인 통합을 이루기 위해서는 대화와 협상이 중요한 역할을 할 것이다. 한반도 정전체제하에서 군사협상은 남북 간에 긴장 완화와 각종 현안을 해결하는 데 있어서 가장 우선적으로 진행될 수밖에 없다. 통일의 관문에서 보면 가장 중요한 관문인 셈이다.

본 책자에서 필자는 2000년대 이후 김정일 시대의 대표적인 남북 군사협상인 국방장관회담, 장성급군사회담 그리고 군사실무회담 등을 대상으로 북한의 군사협상 행태를 규명하고 군사협상 의도를 파악하고자 하였다. 군사대표단이 구성되어 본격적으로 군사협상이 진행된 것은 김정일 시대를 출발점으로 볼 수 있다. 김정일 시대 북한의 군사협상에 관한 연구는 북한의 협상 의도를 정확히 밝혀낼 뿐 아니라 김정은 시대의 군사협상을 전망할 수 있다는 점에서 중요한 의의를 가진다. 나아가 김정은 시대 군사협상의 변화요인을 조심스럽게 예측해 보았다.

지금까지 학계에서는 북한의 협상 전략 및 행태와 관련하여 많은 연구가 진행되었으나 군사협상에 관한 연구는 상대적으로 미흡했던 것이 사실이다. 특히, 군사협상의 경우에는 이데올로기적 접근이 더욱 가중되어 본질적인 협상 행태를 분석하는 데에 어려움을 내포하고 있었다. 필자는 이러한 기존 사고에서 벗어나 새로운 시각과 방법으로 협상 행태를 분석하였다. 필자는 본 책에서 북한의 군사협상 행태를 북한의 전략문화와 연계하여 김일성 회고록 '세기와 더불어'에 제시된 담판 사례를 분석한 내용을 바탕으로 항일유격대식 협상모델을 제시하였다. 이 모델을 활용하여 김정일 시대 군사 협상행태를 분석하였으며, 이를 바탕으로 김정은 시대 군사협상 전략도 판단할 수 있을 것이다.

본 책자의 저술목적은 북한의 군사협상 행태의 본질을 정확하게 파악하여 북한체제의 특성을 좀 더 구체적이고 체계적으로 이해하는 데에 있다. 이러한 이해를 통하여 향후 통일을 준비하는 과정에서 남한과 북한 간의 미래지향적인 군사협상에 대비하여 대북협상 정책을 수립하고, 협상 전략을 수립하는 데에 기여하는 것이다. 이 책자는 군사협상분야의 최초의 북한학 박사학위논문을 일부 보완한 결과이다.

전쟁 중에도 대화와 협상이 필요하듯이 정전상태에 있는 한반도의 안전보장, 평화정착, 그리고 나아가 평화통일을 추구하기 위해서는 남북 간 군사회담은 필요성은 충분하다고 판단된다. 적대관계 속에서 이루어지는 군사회담은 회담 그 자체만으로도 의미가 매우 크다. 적대적인 상태에서도 서로에 이익이 되면 협상은 개시되기 마련이다. 미국은 북한 핵 보유의 불인정과 동북아 핵 확산 가능성을 방치할 수 없으며, 중국은 북한의 안정과 동북아 정세관리가 절대적으로 필요하다. 현 시국은 이와 같은 미국과 중국의 국익 틈새에서 대북협상의 효용성을 높일 수 있는 기회이다. 대한민국 정부는 이러한 기회를 상실하지 말아야 할 것이다.

이 책이 발간되기까지 필자는 많은 도움을 받았다. 우선 연구를 지원하고 배려를 아끼지 않으신 동국대학교 북한학과 고유환 지도교수님, 김용현 교수님, 박순성 교수님, 그리고 국정원장 임무를 훌륭하게 수행하고 계시는 서훈 교수님과 전현준 동북아평화협력연구원장님의 격려와 성원에 진심으로 감사드린다. 그리고 이 책의 출간을 선뜻 맡아주신 도서출판 선인의 윤관백 대표님과 심혈을 기울여 원고 교정을 맡아주신 출판부 여러분께도 깊은 감사를 드린다. 또한 북한과 군사협상의 대가이신 한국국가전략연구원 통일전략센터장 문성묵 박사님께 고마움을 전하고 싶다. 돌이켜보면 무엇보다도 박사학위 과정 재학 중 동국대학교 고유환 교수님으로부터 북한학에 대한 심오한 학문적 가르침을 받았다. 군에서 전역 후 제2의 인생을 이끌어 주신 지도교수님께 다시 한 번 감사드린다. 아울러서 졸업 후 시간이 많이 흘렀음에도 불구하고 집필을 격려하여 주신 분들과 졸업 선배님이신 김양희 박사님 등 여러 동료 분들에게도 내면의 마음을 드리고 싶다. 마지막으로 내게 언제나 큰 힘이 되어주는 나의 사랑하는 아내와 아들 익표에게 고마운 마음을 전한다.

이 한권의 책에 북한 군사협상에 대한 모든 것을 분석하기에는 한계가 있으며, 논란이 될 수 있는 부분이 있을 수 있다. 아무쪼록 이 책으로 하여금 통일을 대비하는 가장 기초적인 군사협상의 공감대를 확산하고 이해의 폭을 넓히는 데 조금이나마 공헌하고 싶다.

2017년 12월

화방산 연구실에서

이성춘

차례

책을 내면서 • 5

제1장 / 서론 · 13

제1절_ 연구목적 15
제2절_ 연구범위와 방법 18
제3절_ 선행연구 검토 26

제2장 / 협상에 관한 이론 · 35

제1절_ 협상개념 37
제2절_ 사회주의 및 북한의 협상이론 42
제3절_ 북한의 전략문화와 협상행태 결정요인 49

제3장 / 북한의 항일유격대식 협상모델과 분석틀 · 67

제1절_ '세기와 더불어'에 나타난 전략문화와 군사협상 69
제2절_ 항일유격대식 협상모델 76
제3절_ 항일유격대식 협상모델을 적용한 분석틀 120

제4장 / 김정일 시대 군사협상에 대한 항일유격대식 협상모델의 적용 · 125

제1절_ 김정일 시대 남북군사협상 전개과정 …… 127
1. 국방장관회담 …… 127
2. 장성급군사회담 …… 134
3. 군사실무회담 …… 146
제2절_ 항일유격대식 협상모델의 적용 …… 157
1. 국방장관회담 …… 159
2. 장성급군사회담 …… 181
3. 군사실무회담 …… 197

제5장 / 항일유격대식 군사협상의 특징과 전망 · 215

제1절_ 항일유격대식 협상의 특징 …… 218
1. 체제유지를 위한 벼랑끝 전략 …… 218
2. 동조세력 확보를 위한 통일전선 …… 220
3. 협상승리를 위한 행동방식 …… 224
제2절_ 항일유격대식 협상의 지속과 변화 …… 237
1. 항일유격대식 협상의 지속요인 …… 237
2. 항일유격대식 협상의 변화요인 …… 241

제6장 / 결론 · 247

부록 : 남북군사회담 각종 자료 • 253
참고문헌 • 335

〈표 차례〉

〈표 1-1〉 군사회담별 주요사항 …… 19
〈표 2-1〉 학자별 북한협상 행태 결정요인 및 협상행태 …… 58
〈표 3-1〉 '세기와 더불어' 현황 …… 74
〈표 3-2〉 '세기와 더불어'에 나타난 군사협상 현황 …… 80
〈표 3-3〉 일반협상관과 특수협상관 주요내용 상호 비교 …… 86
〈표 3-4〉 군사정책 목표와 연계된 군사협상 전략 …… 106
〈표 3-5〉 학자별 협상단계 …… 107
〈표 3-6〉 항일유격대식 협상모델 분석 …… 123
〈표 4-1〉 제1차 남북 국방장관회담 주요 제의내용 및 대표단 …… 130
〈표 4-2〉 제2차 남북 국방장관회담 주요 제의내용 및 대표단 …… 133
〈표 4-3〉 1기(제1, 2차) 남북 장성급군사회담 주요 제의내용 및 대표단 …… 139
〈표 4-4〉 2기(제3, 4차) 남북 장성급군사회담 주요 제의내용 및 대표단 …… 142
〈표 4-5〉 3기(제5, 6, 7차) 남북 장성급군사회담 주요 제의내용 및 대표단 …… 146
〈표 4-6〉 1기(제1~15차) 남북군 사실무회담 주요 제의 / 협의내용 및 대표단 …… 149
〈표 4-7〉 2기(제16~36차) 남북 군사실무회담 주요 제의 / 협의내용 및 대표단 …… 152
〈표 4-8〉 3기(제37~38차) 남북 군사실무회담 주요 제의 / 협의내용 및 대표단 …… 156
〈표 4-9〉 북한의 경제성장률 추이 …… 165
〈표 4-10〉 2000년 이후 김대중 정권 : 노무현 정권 군사회담 횟수 …… 171

〈표 4-11〉 국방장관회담시 북한의 분야별 세부 협상전략 173
〈표 4-12〉 항일유격대식 협상전술과 김정일 시대 협상전술 비교 180
〈표 4-13〉 북한 장성급군사회담 주요 경제적 관련 사항 185
〈표 4-14〉 장성급군사회담시 분야별 세부 협상전략 188
〈표 4-15〉 제1, 2, 3기 남북 장성급군사회담 회담 준비단계 189
〈표 4-16〉 장성급군사회담의 협상 초기단계 전술 192
〈표 4-17〉 항일유격대식 협상전술과 김정일 시대 협상전술 비교 195
〈표 4-18〉 노무현 정권에서 남북교역 비중 및 남북통행 횟수 201
〈표 4-19〉 군사실무회담에 대한 분야별 세부 군사협상 전략 205
〈표 4-20〉 제1, 2, 3기 군사실무회담 회담 준비단계 206
〈표 4-21〉 항일유격대식 협상전술과 김정일 시대 협상전술 비교 213
〈표 5-1〉 군사회담별 민족담론을 이용한 통일전선 사례 223
〈표 5-2〉 군사회담별 협상 주도권 장악 현황 227

제1장

서론

제1절

연구목적

2000년 남북정상회담은 김정일 국방위원장을 은둔에서 해방시켰다. 김정일 국방위원장의 거침없는 모습은 많은 이들로부터 주목을 받았다. 이는 고난의 행군기를 거친 북한이 사회주의권 붕괴 이후 체제위협, 경제난 그리고 국제적 고립을 타개하기 위해 선택한 협상전략의 하나로 볼 수 있다. 남북정상회담은 남북한의 최고 정치지도자들이 만나 남북 간의 국정 현안을 논의하고 협상을 벌이는 한반도 내 최고 수준의 정책결정체[1]이기 때문이다.

사회주의권 붕괴 이후 북한은 미국과의 관계개선 및 정전협정의 평화협정으로의 전환을 '생존의 중심고리'라고 판단[2]하여 대미 · 대남 접근을 지속적으로 시도하고 있다. 북한은 남북정상회담의 당사자인 김대중 및 노무현 정부는 물론이고 이명박, 박근혜 정부에 이어 오늘날 문재인 정부에 이르기

1) 김홍국, "남북정상회담과 대북 협상전략: 협상학적 관점", 『협상연구』 제15권 1호(한국협상학회, 2011), p. 9.
2) 고유환, "벼랑끝 협상전술과 북한의 저의", 『월간 북한』 제294호(북한연구소, 1996년 6월호), p. 40.

까지 전략적 협상을 끊임없이 제안해 오고 있다. 한편으로 남과 북은 6·25 전쟁 이후 북한의 끊임없는 도발로 인해 상호 불신과 적대감이 누적되어 왔지만, 다른 한편으로 이들은 정전체제 하에서 군사적 긴장완화와 평화정착의 노력을 지속해 나가야 하는 이중적 관계를 맺고 있다. 때문에 북한의 접근 의도를 파악하는 것은 쉽지 않은 일이다.

그럼에도 불구하고 다가올 미래에 남북한 주민들의 혼란을 최소화하고 안정적인 통합을 이루기 위해서는 대화와 협상이 중요한 역할을 한다. 그런 의미에서 북한의 협상 제안 의도를 파악하는 것은 매우 중요하다고 할 수 있다. 특히 군사협상은 남북 간에 긴장 완화와 각종 현안을 해결하는 데 있어서 우선적으로 진행될 수밖에 없다.

따라서 본 책자에서는 2000년대 이후 김정일 시대의 대표적인 남북 군사협상인 국방장관회담, 장성급군사회담 그리고 군사실무회담 등을 대상으로 북한의 군사협상 행태를 규명하고 군사협상 의도를 파악하고자 한다.

물론 김일성 시대에 군사회담이 진행되지 않았던 것은 아니다. 그러나 군사대표단이 구성되어 본격적으로 군사협상이 진행된 것은 김정일 시대부터라고 할 수 있다. 김정일 시대 북한의 군사협상에 관한 연구는 북한의 협상 의도를 정확히 밝혀낼 뿐 아니라 김정은 시대의 군사협상을 전망할 수 있다는 점에서 중요한 의의를 가진다.

지금까지 학계에서는 북한의 협상 전략 및 행태와 관련하여 수많은 연구들이 진행되었으나 군사협상에 관한 연구는 상대적으로 미흡했던 것이 사실이다. 그동안 많은 연구 결과들을 살펴보면 북한이 특수성에 기인한 사회주의 협상 행태를 보이고 있다고 분석하는 경향이 있다. 그러나 사회주의권과 비사회주의권의 협상구분은 처음부터 가치중립적 접근을 져버리고 사회주의 협상이라는 의식을 밑바탕에 두고 접근했다는 과학성 결여의 문제점[3)]을 가질 수 있다. 특히 군사협상의 경우에는 이데올로기적 접근이 더욱 가중되어 본질적인 협상 행태를 분석하는 데에 어려움을 내포하고 있는 것이 사실이다. 그러한 이유로 본 연구에서는 이러한 사고에서 벗어나 새로운 시각과 방법으로 북한의 협상 행태를 분석하고자 한다.

최근 개별 국가의 고유문화가 협상 행태에 결정적 영향을 준다는 문화적 접근 방법을 활용한 연구가 늘어나고 있다. 이와 동시에 북한의 전략문화[4]와 연계하여 군사협상 행태를 분석하는 연구의 필요성도 제기되고 있다. 이는 기존의 사회주의적 특수성을 지나치게 강조한 비합리적 방법으로 북한의 군사협상 행태를 분석해 오던 것을 좀 더 효과적인 분석 방법으로 문제에 접근할 수 있게 된 것으로 평가받고 있다.

따라서 본 연구는 북한의 전략문화와 연계하여 김일성 회고록 '세기와 더불어'에 제시된 담판 사례를 분석한 내용을 바탕으로 항일유격대식 협상모델을 제시한 것이다. 이 모델을 활용하여 김정일 시대 군사 협상행태를 분석하고자 한다.

본 연구목적은 첫째, 북한의 군사 협상행태의 본질을 정확하게 파악하여 북한체제의 특성을 좀 더 체계적으로 이해하는 데에 있다. 둘째, 향후 남한과 북한 간의 미래지향적인 군사협상에 대비하여 대북협상 정책을 수립하고, 협상행태를 분석하며, 협상 전략을 수립하는 데 기여하는 것이다.

---

3) 양성철 · 이용필 공저, 『북한체제변화와 협상전략』(서울: 박영사, 1995), p. 301.

4) 전략문화(strategic culture)란 문화와 전략의 관계에 초점을 맞춘 이론적 시각으로 냉전시대 소련의 전략적 정책 결정과정 분석으로부터 형성되었으며, 북한의 전략문화는 지정학적 위치, 역사, 정치문화 등을 통해 형성되어 사회체제를 지배하고 장기 지속하는 전략으로 구성된다. 특히, 국가 간의 관계에 있어서 정책수행 및 문제해결을 위한 독특한 방식 등의 집합을 의미하는 것이다. 전략문화의 구체적인 사항은 제2장 3절 북한의 전략문화에서 자세히 살펴보기로 한다.

제2절

연구범위와 방법

1. 연구범위와 방법

군사협상을 일반협상과 동일시하여 분석할 경우 차이점을 발견하기 어렵다. 이러한 현실적인 문제점들을 해소하기 위하여 지난 10년 간 진행된 김정일 시대의 군사협상들을 사례별로 분석하여 북한 군사협상의 전략 및 협상행태에 관한 연구를 시도하고자 한다.

연구 대상은 남한과 북한 측 군사대표단이 협상했던 사례들에 국한한다. 김정일 시대 이전에도 남북한 간의 군사협상은 한국전쟁의 휴전을 위한 정전회담과 그로부터 시작된 군사정전위원회 회의, 판문점 장성급회담 등이 있다. 이는 남북의 군사대표와 미군대표가 함께 참석한 군사협상이었다. 이러한 군사회담은 유엔사를 중심으로 진행된 군사회담으로서 회담 자체가 정전협정 틀 내에서 이루어져 남한과 북한만의 단독 군사협상과는 다소 거리가 있다.

실질적인 남북한 군사협상은 2000년 6 · 15남북공동선언 이후 개최되었던 남북 국방장관회담, 장성급군사회담, 군사실무회담이라고 할 수 있다. 특히

이 시기는 남북한 양측의 군사대표단[5]이 구성되어 본격적으로 군사 문제만을 협의한 사실상 최초의 남북 군사협상[6]이라고 할 수 있을 것이다. 또한 김정일 시대의 대표적인 군사협상들은 약 10여 년 간 진행되어 제반 협상요건을 갖췄으며, 북한의 언론[7]들도 보도 횟수 면에서 비중 있게 다루어 그 중요성이 부각되고 있다.

따라서 본 책자의 연구 대상은 2000년 이후 본격적으로 진행된 남북한 간의 군사협상이고, 시간적 범위는 2000년부터 2010년까지로 설정하였다.

군사회담과 관련된 협상기간, 정권, 회담횟수, 성격 등 주요사항을 살펴보면 아래의 〈표 1-1〉과 같다.

〈표 1-1〉 군사회담별 주요사항

구분	남북 국방장관회담	장성급군사회담	군사실무회담
기간	2000.9.24 및 2007.11.29	2004.5.26~2007.12.14(4년)	2000.11.28.~2010.9.30(11년)
정권	김대중 / 노무현 대통령	노무현 대통령	김대중 / 노무현 / 이명박 대통령
회담횟수	2회	7회	38회
보도횟수	로동신문 5회, 민주조선 5회	로동신문 12회, 민주조선 12회	로동신문 19회, 민주조선 19회
성격	군사적 긴장완화와 평화보장 공동노력, 회담 정례화, 남북 군사위원회 및 군사실무위원회 설치, 상호 부대이동통보, 군 인사 교류, 군사정보 교환 등 군사적 신뢰구축 조치 및 군사적 협력문제 논의[8]	정전협정 틀 내에서 포괄적인 군사적 긴장완화 및 신뢰구축 문제 협의를 위한 장으로 발전 유도 - 제2차 남북 국방장관회담 개최 유도, '92 남북기본합의서 체제로의 이행 및 발전 통로로 활용[9]	제1차 남북 국방장관회담에서 합의된 남북철도·도로연결의 군사적 지원을 위한 실무협의 추진[10] - 2000. 11. 28~2003. 12. 23까지 총 20차례 개최, 이후 국방장관회담 및 장성급 관련 의제로 논의 범의 확대

5) 실제 과거 군사회담은 남북의 양 측 군사인원 외에도 유엔사, 중립국 인원, 정부대표단 등이 회의에 참석하였다. 물론 김정일 시대 군사협상에서도 우리 측 군사회담 대표단 중에는 일반직 공무원(외교부, 건교부, 통일부 등)들이 일부 포함되곤 했다.

6) 군사분과위원회 회담(1992.3.16~9.16)도 군사협상에 해당되지만 김정일 시대의 군사협상 연구 목적상 2000년 이후의 실시된 군사회담 위주로 분석하였으며, 군사분과위원회 회담은 이번 연구에서 제외하였다.

7) 군사협상 내용을 보도한 당 기관지 로동신문과 내각기관지 민주조선 보도내용을 참조.

북한은 남한과의 군사협상 시 남측 정부의 특성에 따라 군사협상 전략을 달리하여 협상에 임한다. 본 연구는 북한의 군사협상전략과 협상행태에 대해서 그동안의 연구실적 및 북한의 군사협상 자료를 바탕으로 한 비교접근법, 역사적 접근법 그리고 사례 중심적 접근법을 통하여 분석하고자 한다. 분석방법은 문헌중심적 서술 방법을 활용하여 주로 연구 대상과 관련한 문헌과 사례를 분석을 할 것이다.

먼저 협상이론과 북한의 전략문화를 바탕으로 군사협상 행태의 분석틀을 제시하여 협상행태까지의 일련의 절차에 대하여 이론적 배경을 서술한 후 다음으로 김정일 시대의 군사협상 사례를 통한 실질적 검증이라는 방식으로 진행하고자 한다.

세부적으로 살펴보면 먼저 북한의 군사 협상행태 분석틀을 김일성회고록 '세기와 더불어'에서 담판 사례를 분석하여 도출한 후 분석틀 구성 요소의 관련 내용을 제시할 것이다.

분석틀 구성요소는 협상관, 협상문화, 협상전략, 협상행태로 구성하고, 내용들은 담판사례 분석 시 도출할 것이며, 북한의 군사협상 정책결정 패턴[11]

8) 통일부, 『남북대화 67호(1999.10~2001.4)』, 남북회담본부 자료실, p. 40.

9) 2004년 5월 26일 제1차 장성급 군사회담 대비 대책 회의 시 회담의 성격에 대하여 논의한 결과이며, 이는 제2차 남북 장성급 군사회담에서 합의한 『서해해상에서 우발적 충돌방지와 군사분계선 지역에서의 선전활동 중지 및 선전수단 제거에 관한 합의서』 1조 내용과 같이 "쌍방은 한반도에서의 군사적 긴장완화와 공공한 평화를 이룩하기 위하여 공동으로 노력"하기로 명시하였다.

10) 2000년 10월 7일 조성태 국방장관은 철도 · 도로 연결공사 추진 관련 쌍방의 전반적인 공사 추진계획 교환, 실무접촉 운영방향, 비무장지대 내 공사에 따른 쌍방의 협조체제 구축 및 협력방안 등에 대하여 논의하길 제의하면서 제1차 남북군사실무회담을 10월 13일 판문점 남측 지역인 '평화의 집'에서 개최하자고 제의하였다.

11) 유호열은 "김일성 생존시 북한의 모든 대외정책은 김일성의 지도하에 결정 집행되었다고 할 수 있다."라고 하였다. 한편 허문영은 "김정일 시대에는 오직 자신의 판단에 따라 정책을 결정 및 지시하고 있는바 독단적 정책결정이 횡행하고 있다."라고 주장하였다. 황장엽은 생전 김정일의 정책결정에 대해서 모든 간부들은 '옳소부대'로서 다만 김기남(당 선전담당 비서)정도가 "좀 했으면 합니다."라고 말할 수 있을 정도에 불과하다고 증언하였다. 유호열, "북한외교정책의 결정구조와

과 전략문화 특성을 고려하여 제시하게 될 것이다. 이러한 일련의 절차는 북한의 전략문화와 연계하여 기획체계 개념[12]을 적용하여 군사전략 과정을 바탕으로 하여 작성하고자 한다. 이어서 김정일 시대의 군사협상을 회담 유형별로 남북 국방장관회담, 장성급군사회담, 군사실무회담별로 구분하여 협상행태를 도출하고자 한다.

이와 같이 도출된 군사 협상행태가 북한의 '항일유격대식 협상모델'과 동일하게 진행되고 있다는 것을 증명[13]하고자 한다. 이러한 가설을 증명하기 위해서 사전에 김일성 회고록 '세기와 더불어'에 나타나 있는 군사협상 행태 도출 내용과 김정일 시대의 군사협상 사례를 비교 분석하는 방법[14]을

과정", 『국제정치논총』 제34집 2호(한국국제정치학회, 1994), p. 119. 허문영, 『북한외교정책 결정구조와 과정: 김일성 시대와 김정일 시대의 비교』(서울: 민족통일연구원, 1998), p. 104. 황장엽 증언, "조선문제", 『조선일보』, 1997년 4월 22일.

12) 기획을 일종의 유기체에 비유하여 체계론적 입장에서 그 구성요소를 분석하고 기능의 효율성을 평가하려는 개념. 다시 말해서 기획체제란 일반적으로 체계[체제]가 갖는 속성에 따라 기획과정 전반을 거시적으로 분석 · 설계하려는 이른바 체계론적 접근법에 입각한 개념이다. 체계가 갖는 속성으로서의 구성요소로는 하위체계 또는 요소, 그들 요소 간의 상호작용, 환경과의 관계, 경계 및 환류작용 등을 지적할 수 있다. 황성칠, 『군사전략론』(파주: 한국학술정보, 2012), pp. 125~127.

13) 사이먼(Herbert Alexander Simon)은 "인간의 행위를 이해하고 예측하기 위해서는 인간 합리성의 현실, 즉 제한적 합리성을 인정해야 한다. 그리고 그와 같은 제약과 그 범위는 선험적 또는 본질적이 아니라 경험적이다."라는 대명제 하에 북한의 군사협상 행태를 분석한다. Herbert Simon, "Human Nature in Politics: The Dialogue of Psychology with Political Science," American Political Science Review Vol. 79. No. 2(1985), p. 297.

14) 또한 사이먼은 "정치현상을 설명하고자 하는 모든 이론은 사람들이 지닌 목표와 특히 그들이 내리는 상황의 정의에 관한 경험적 가정을 떠날 수 없다. 이들 목표와 상황의 정의는 불변의 선험적 원칙에 의존하는 것이 아니라 시간과 장소에 따라 달라지기 때문에 경험적 연구를 통해서만 알 수 있다."라고 강하게 주장하였다. Ibid, p. 301. 북한의 군사협상 행태에 대하여 학자들 별로 가장 두드러지는 특수성이라는 사항도 분명하게 과거의 경험적 사실에 의거하여 오늘날의 협상행태로 나타나고 있다는 가정을 적용하고자 한다. 본 논문에서는 이러한 과거의 경험적 요소를 중시하는 북한의 특성에 착안하여 전략문화 이론의 방법론적 논의를 참고하였다. 전략문화의 방법론 중 핵심 키텍스트를 활용하여 북한의 협상행태를 분석 및 증명하고자 한다.

활용할 예정이다.

본 연구에서는 북한의 전략문화 형성요인 중 가장 중요한 요소로 작용되고 있는 김일성의 항일유격대 시절에 착안하여 군사협상 분야에 접근하고자 한다. 즉 항일유격대 시절 담판 사례를 분석하여 군사협상모델을 도출한 후 김정일 시대 군사협상과의 비교를 통해서 북한의 전략문화가 어떻게 계승되고 영향을 미쳤는지 규명할 것이다. 나아가 김정은 시대를 맞이하여 항일유격대식 협상의 지속과 변화요인을 살펴보고자 하였다.

김정일 시대의 군사협상에 대해서 전략문화 접근법을 시도하는 이유는 북한의 협상전략은 타 국가의 전략과 구별되는 독특한 행태를 가지고 있다는 가정에 기초한다. 서구 국가의 협상이 갈등관계에 있는 당사자들의 공동의 이익을 찾아내는 문제해결의 과정이라면, 북한의 협상은 상대방을 제압하는 공장이나 조작을 통해 이익을 추구하는 과정으로 평가[15]할 수 있다. 북한의 독특한 협상행태의 형성요인으로는 전체주의 정부형태와 주체사상 등 북한 정치체제의 속성을 강조하는 연구[16]와 북한의 항일유격대 경험, 유교적 가치관 등 문화적 요인을 강조하는 연구[17] 등에서 확인할 수 있다.

북한이 주장하고 있는 혁명 전통의 근원이며 사회주의 건설의 역사인 '세기와 더불어'를 군사협상 행태 분석에 활용하면 새로운 시각에서 북한의 군사협상을 이해할 수 있다. 즉 기존의 합리성 또는 합목적성의 논리로 접근하여 해석되지 않았던 부분을 해석할 수 있는 것이다.

연구 관련 자료는 남북한에서 발행된 공식 문헌들을 주로 활용하였다. 특히 대표적인 1차 북한자료는 방송, 당 기관지인 로동신문, 내각기관지인

15) 김용호, "북한의 대외협상 행태분석", 『국제정치논총』 제40집 4호(한국국제정치학회, 2000), p. 294.

16) Chuck Downs, *Over the Line: North Korea's Negotiating Strategy* (Washington, D.C: The AEI Press, 1999), p. 12.

17) Scott Snyder, *Negotiating on the Edge*(Washington, D.C: United States Institute Peace Press, 1999)

민주조선 등 북한의 주요 신문과 김일성 저작집, 김정일 선집, 세기와 더불어(1~8권)[18], 경제연구[19], 조선중앙년감 등이 있다. 본 연구에서는 자료의 제약으로 인해 그동안 시도되지 못했던 북한의 대외적 입장을 공식 대변하는 대표적인 신문인 당 기관지[20] 로동신문과 내각기관지인 민주조선의 군사협상 보도 내용을 참고하여 북한의 군사협상 행태를 입체적으로 파악해 보고자 한다. 군사협상의 전략 등이 보도될 수는 없지만 로동신문은 북한의 공식사회를 기록한 1차 자료[21]로서 군사협상에 대한 북한의 입장과 당

18) 김일성의 회고록은 1992년, 즉 80세 때 처음 출판되기 시작하였다. 그는 방대한 회고록을 구상하였으나 자기 일생의 3분의 1도 회고하지 못하고 사망했다. 그의 회고록『세기와 더불어』는 총8권으로 처음 출판된 것은 1992년이고 그가 사망하기 전 1994년까지 5권이 출판되었다. 6권은 아마 그의 유고를 모아 그가 사망한 다음해인 1995년 4월 그의 생일을 기념하여 출판된 것으로 보인다. 그리고 북한에서 말하는『계승본(繼承本)』이라는 책은 김일성 사망 2년 후인 1996년 그의 회고록 7권으로 출판되었고, 1998년 7월에는 8권이 출판되었다. 김일성에 의해 작성된 1~6권 및 계승본을 참고하여 협상 사례를 분석 및 활용하였다. 한국학중앙연구원 편,『한국민족문화대백과사전』.

19) 과학백과사전종합출판사에서 발행하는 북한의 대표적인 경제분야 학술지인 경제연구는 2000년 제1호 루계106호부터 2010년 제4호 루계149호를 참조하였다. 이것은 남북한 군사협상 기간을 고려하여 선정하였다.

20) 당보란 당중앙위원회기관지로 발간되는 신문을 말하는 것으로 당과 수령의 사상과 의도를 대변하고 있다. 김일성은 "당보를 발간하여야 당원들과 인민대중에게 당의 의도를 제때에 정확히 알려주고 그들을 옳은 길로 인도할 수 있으며 당의 주의에 광범한 대중을 묶어세워 혁명투쟁을 잘 해나갈 수 있습니다."라고 이야기한 바 있다. 김일성, "당보를 창간할 데 대하여",『김일성 저작집』제1권 (평양: 조선로동당출판사, 1981), p. 357. 또한 "당사업방법에 대하여"라는 연설에서 "당은 당보를 통하여 전체 당원들에게 자기의 정책을 알려주며 행동방향을 지시하며 신호를 줍니다. 특히 당보의 사설은 당중앙위원회 상무위원회의 결정과 의도를 반영하는 가장 중요한 기사입니다. 거기에서 당원들은 일상적인 투쟁방향과 지시를 찾아볼 수 있습니다."라고 하면서 당보의 중요성에 대해 언급하고 있다. 김일성, "당교양사업과 당일군들의 자체수양에 대하여",『김일성 저작집』제13권 (조선로동당출판사, 1981), p. 131.

21)『로동신문』은 북한의 언론을 대표한다고 해도 과언이 아니다. 조선로동당의 기관지로서 당의 노선과 입장을 밝히고 정책을 홍보하며 대중을 교양한다. 북한이 '당-국가체제'를 유지하고 있어『로동신문』은 북한의 공식사회를 기록한 1차 자료이다.『로동신문』은 북한정권과 당의 입장을 가장 권위 있게 표현하는 매체라고

의 시각을 분석할 수 있는 매우 중요한 근거이다.

2차 자료로는 국방부가 발간한 국방백서, 군사회담 자료집과 통일부가 발간한 남북대화, 통일백서, 남북관계 주요일지, 남북대화연표, 남북한 통일대화 제의비교, 통일연구원의 남북관계연표 그리고 남북한 통일정책과 통일운동 50년[22] 등을 활용하고자 한다. 이외에도 군사협상에 직간접적으로 참가하였던 남한 협상대표들을 대상으로 직접 실시한 면담 자료들을 활용하고 남북 군사협상과 관련한 국내 언론 보도들을 참고하고자 한다.

그럼에도 불구하고 본 연구에서 북한의 군사협상을 분석하는 데는 몇 가지 한계가 있음을 사전에 밝혀둔다. 북한의 전략문화가 특정한 행동을 일방적으로 강제하거나 북한의 군사협상 행태가 꼭 이러한 틀에서만 움직인다는 식의 공식화는 본 연구가 추구하고자 하는 목적과는 거리가 있다. 오히려 많은 군사협상 행태 속에 이러한 특성들이 존재한다는 사실과 군사협상을 보다 더 세부적이고 효율적으로 바라볼 수 있는 인식틀의 구조를 보여주는 것이 본 연구의 기본적인 목적이다. 따라서 김정일 시대 북한의 군사협상 행태를 전략문화와 연계하여 협상관에서 협상전술까지 제한적으로 살펴보는 것을 연구의 범위로 설정하고자 한다.

2. 연구의 구성

본 연구는 서론과 본론을 포함해 결론까지 총 6개의 장으로 내용은 다음과 같이 구성된다.

할 수 있다. 북한사회연구를 위한 기초자료가 되는 것은『로동신문』을 통해 북한 당국은 북한사회의 제반 문제를 직간접으로 표명하고 나아갈 방향을 제시하고 있기 때문이다. 이러한 점에서 보았을 때『로동신문』은 현재성과 사실성을 담보할 수 있는 가장 유용한 자료라고 할 수 있다. 고유환 엮음,『로동신문을 통해 본 북한변화』(서울: 선인, 2006), pp. 25~26.

22) 노중선 엮음,『남북한 통일정책과 통일운동 50년』(파주: 사계절출판사, 1996).

먼저 제1장에서는 연구 목적과 선행 연구의 성과와 한계를 검토하였으며, 이에 따른 새로운 군사협상 행태의 분석에 대한 필요성을 제시하였다. 이어서 연구범위 및 방법 등에 대해 서술하였다.

제2장에서는 연구를 전개해 나가는 데 필요한 이론적인 토대라 할 수 있는 협상개념과 이론을 먼저 살펴보고 사회주의 및 북한의 협상이론에 대해서 접근하였다. 또한 군사협상 행태를 체계적으로 분석하기 위한 북한의 전략문화 이론과 협상행태 결정요인을 살펴보았다.

제3장에서는 북한 군사협상모델을 제시하기 위하여 김일성의 회고록 '세기와 더불어'에 회고되어 있는 군사 담판 사례 중 성공과 실패사례를 분석하여 "항일유격대식 협상모델"과 분석틀을 제시하였다.

제4장에서는 김정일 시대의 사례별 군사협상 배경과 전개과정을 제시하고 이어서 군사협상 유형별로 항일유격대식 협상모델을 적용하여 분석해 보았다. 특히 1절 '김정일 시대 남북 군사협상 전개과정'에서는 남북 국방장관회담, 장성급군사회담, 군사실무회담에 대하여 사례별로 회담 전개과정을 서술하였다. 2절 '항일 유격대식 협상모델의 적용'에서는 군사협상 유형별로 군사 협상행태와 항일유격대식 협상모델과의 비교 분석을 실시하여 가설에서 제시한 '항일유격대식 협상모델'과 김정일 시대의 군사협상 행태가 동일하게 진행되고 있음을 증명하였다.

제5장에서는 항일유격대식 군사협상의 특징과 전망을 서술하였다. 먼저 제1절에서는 '항일유격대식 협상의 특징'에 대하여 분석틀과 연계하여 전략, 전술, 행동방식으로 구분하여 제시하였다. 제2절은 '항일유격대식 협상의 지속과 변화'에 대하여 김정은 시대의 지속요인과 변화요인을 구분하여 제시하였다.

마지막으로 제6장 결론에서는 김정일 시대 군사협상 행태의 특징을 종합적으로 살펴보고 김정은 시대의 변화를 유도하기 위한 전략적인 방법을 제시하였다.

제3절

선행연구 검토

북한의 협상과 관련한 선행연구들은 크게 1) 북한의 일반적인 협상행태와 관련한 연구 2) 남북 간의 대화에서 북한 협상행태와 관련한 연구 3) 북한의 군사협상과 관련한 연구 등 3가지로 나누어 볼 수 있다. 구체적인 내용은 다음과 같다.

1. 북한의 일반 협상행태와 관련한 연구

북한의 협상행태와 관련한 연구들은 김도태와 차재훈의 『북한의 협상전술 특성 연구』[23], 김용호의 『북한의 대외협상행태 분석』[24], 송종환의 『북한 협상행태의 이해』[25], 황진환의 『북한의 협상전략전술』[26] 등이 있다. 이러

---

23) 김도태 · 차재훈 공저, 『북한의 협상전술 특성 연구: 남북대화사례를 중심으로』, (서울: 민족통일연구원, 1995).

24) 김용호, "북한의 대외협상 행태 분석", 『국제정치논총』 제40집 4호(한국국제정치학회, 2000), p. 291.

25) 송종환, 『북한 협상행태의 이해』(서울: 오름, 2002).

26) 황진환, 『북한학-북한의 협상전략 · 전술』(서울: 박영사, 2002), p. 439.

한 논문들은 일반 협상행태와 관련하여 단계별 협상특징에 대하여 기술하였으며 이데올로기적인 요소가 많이 반영되어 있다. 김도태와 차재훈은 남북대화의 개시 요인으로 상황 변수를 중요한 요인으로 설정하고 유리한 상황시의 공세적 회담 행태와 불리할 시의 방어적 회담 행태로 나누었다. 공세 시에 북한은 남한의 실력을 점검하거나 체제의 혼란을 야기할 목적이었고, 방어 시에는 불리한 상황을 벗어날 목적으로 시간을 벌거나 끌기에 주력하였다고 주장하였다. 북한은 남북대화를 단계별로 운영하므로 대화의 지속성 유지는 가능하나 대화의 진전은 어렵고 고정적인 대남전략에 입각한 단계별 전술선택의 제한적인 변화만 있기 때문에 결국 남북대결 구조 속에서 타협과 절충이라는 본질적인 협상구조가 결여되어 있음을 지적하면서 남북대화 무용론을 간접적으로 제시하고 있다.

김용호는 북한의 협상 스타일을 협상환경이나 협상의제를 자국에 유리하게 하여 상대방을 제압함으로써 협상목표를 달성하려고 한다고 주장하면서 ① 협상 전 단계 : 유리한 협상환경과 의제모색 ② 초기단계 : 높은 요구와 원칙제시로 주도권 장악시도 ③ 중간단계 : 조작과 비공식채널을 통한 타결내용과 방식모색 ④ 최종단계 : 합의나 거부를 위한 조치 구체화로 제시하고 있다.

송종환은 북한의 대남협상의 목적이 근본적으로 변하지 않고 있음을 강조하면서 그 예로 ① 남조선 혁명을 통한 한반도 공산화 통일의 국가목표를 수정하지 않음 ② 대남전략인 민족해방, 인민민주주의 혁명, 남조선 혁명은 여전히 유지하면서 경제 실리만을 노린 화전양면 전술적 측면이 크고 ③ 수령을 보위하고 북한체제를 유지 및 강화하기 위한 북한식 변화일 뿐이라는 주장을 하고 있다.

황진환은 북한의 협상행태를 모드로 유형화하여 북한당국이 남북협상을 통해 매 시기마다 특정목적 달성에 대한 기대 이득을 얻기 위해 제시한 모드를 따랐다고 주장하였다.

2. 남북 간의 대화에서 북한의 협상행태와 관련한 연구

남북 간의 대화에서 북한의 협상행태와 관련한 연구로는 강인덕의 『북한의 남북대화 전략전술 평가 및 전망』[27], 홍양호의 『북한의 남북대화 전략전술 평가 및 전망』[28], 양무진의 『북한의 대남협상전략 유형』[29], 김해원의 『북한의 남북대화 행태에 관한 연구: 중단과 재개요인을 중심으로』[30] 등이 있다. 이와 같은 논문들은 협상에 대한 대남협상 전략유형, 협상의 중단과 재개의 분석틀을 제시하여 협상 유형을 분류하거나 협상의 중단과 재개 요인을 설명하고 있다.

강인덕에 따르면 북한은 대화장을 투쟁장으로 여기고 협상에 임하기 때문에 그동안 이를 선전장, 선동장, 사상교육장화 하였다. 또한 그는 북한이 협상을 '또 하나의 전쟁', '투쟁의 한 행태'로 인식하고 있다고 주장하였다.

홍양호는 탈냉전 시대에도 여전히 북한은 남한과 미국 등에 대해 강한 적대감과 불신을 가지고 있기 때문에 협상초기부터 협상 전 과정에 이르는 동안 경쟁 전략 및 강경한 공격적 전술을 사용하고 있다고 주장하였다. 이와 더불어 북한의 남성적 문화는 북한으로 하여금 계속적으로 협상 상대방에게 다소 공격적인 태도를 보이는 요인이 되고 있다고 주장한 바 있다.

양무진은 북한의 대남협상전술에 초점을 맞추어 대남협상전략 유형에 대한 종합모형을 제시하였다. 그는 협상전략을 급진전, 거래, 거부형 등 세 가지 유형으로 구분하고 남한과 북한 간의 모든 협상은 이러한 유형들 가운데 하나에 속한다고 주장했다.

---

27) 강인덕, 『북한의 남북대화 전략전술 평가 및 전망』, 통일원 남북회담사무국, 1990.
28) 홍양호, "탈냉전 시대 북한의 협상행태에 관한연구", 단국대학교 대학원 박사학위논문, 1997.
29) 양무진, "북한의 대남협상전략유형", 경남대학교 대학원 박사학위논문, 2001.
30) 김해원, "북한의 남북대화 행태에 관한 연구 : 중단과 재개요인을 중심으로", 동국대학교 대학원 박사학위논문, 2009.

김해원은 남북대화의 중단 및 재개를 결정하는 변수에 대하여 북한의 국가이익을 1, 2차로 분류했다. 먼저 1차 국가이익 면에서는 체제의 정통성과 안보위협을, 2차 국가이익 면에서는 통일환경과 남한으로부터의 경제이익 등 4개의 변수[31]를 추출하여 북한의 대남협상에 있어서 중단조건과 재개를 결정하는 판단기준으로 설명했다. 또한 그는 특정한 정권이나 정책과는 무관하게 북한체제의 정통성 부인이 곧 남북 대화의 중단을 의미하는 것이라는 가정이 증명되었다고 주장했다.

3. 북한의 군사협상과 관련한 연구

북한의 군사협상과 관련한 연구로는 문성묵[32]의 『북한의 대남군사협상 전략 · 전술』[33], 『남북한 군사적 신뢰구축 현황과 향후 과제 : 남북 장성급 군사회담을 중심으로』, 『남북 군사회담 경험을 기초로 살펴본 북한의 협상전략』, 허만호 외 『북한의 군사협상 전략과 기술 분석 및 대비방향』[34]과 정전협상 회담시 유엔사측 수석대표였던 조이(C. Turner Joy) 제독의 『How Communists Negotiate』[35]이 있다.

---

31) 김해원, 위의 논문, p. 47.

32) 문성묵, "6 · 15공동선언 이후 남북군사회담 평가", 『군사논단』 제27호 (한국군사학회, 2001), "군사회담을 통해 본 남북관계 평가", 『원광군사논단』, Vol. No.1 (원광대학교 출판국, 2005), "군사회담을 통해 본 북한의 협상행태는?", 『통일한국』 제327호 (평화문제연구소, 2011), "4자회담과 한반도 평화체제 구축", 『대한정치학회보』 제7집 1호 (대한정치학회, 2011), "남북군사회담 대표의 관점에서 본 북한군, 북한에 군부(권력)", 『한국논단』 (2012년 7월호), "남북한 군사적 신뢰구축 현황과 향후 과제 : 남북 장성급 군사회담을 중심으로", 『한반도군비통제』 37집 (국방부, 2005), "남북군사회담 경험을 기초로 살펴본 북한의 협상전략", 『한반도군비통제』 47집 (국방부, 2010).

33) 문성묵, "북한의 대남군사협상 전략전술", 『국방』 260호 (국군홍보관리소, 1995).

34) 허만호 외, "북한의 군사협상 전략과 기술 분석 및 대비방향" (국방연구원, 1993).

35) C. Turner Joy, *How Communists Negotiate* (New York : Macmillan Company, 1955), 김홍열 역, 『공산주의자는 어떻게 협상하는가?』(서울: 한국해양전략연구소, 2003).

그리고 조화성의『북한의 전략문화와 핵 협상전략에 관한 경험적 연구』[36], 이미숙[37]의『남북한 군사협상의제 연구』및 금기연의『북한의 군사협상 행태와 결정요인 : 유엔사-북한군간 장성급회담 사례 연구』[38] 등이 있다.

이와 같은 논문들은 북한의 군사협상에 관련된 논문으로 주로 현장에서 직접 경험한 내용들이 반영되어 있으며 조화성은 전략문화의 유형화에 대하여, 이미숙은 군사협상의제에 대하여 연구하였다.

문성묵은 북한은 대남적화전략을 추진하여 오는 과정에서 남한과의 모든 협상을 소위 남조선혁명화 달성을 위한 수단으로 인식하고 있다고 주장했다. 그들이 인식하고 있는 협상이란 모든 수단을 동원하여 입지를 강화하고 그 목적을 달성하기 위한 책략일 뿐이다. 북한은 전략목표를 성취하기 위해 다양한 협상전술을 구사한다. 문성묵의 표현에 따르면 이는 교묘한 이중전술이다. 북한은 위장과 양면전술, 지연전술, 연계전술, 벼랑 끝 전술 등을 끊임없이 구사해오고 있기 때문이다.

또한『남북한 군사적 신뢰구축 현황과 향후 과제 : 남북 장성급군사회담을 중심으로』에서 그는 남북 장성급 군사회담을 통한 주요성과로 ① 군사회담의 틀 구성 ② 합의이해의 선례 마련 ③ 군사적 신뢰구축 추진의 단초 제공 등의 성과가 있다고 주장했다. 그러나 문제점으로 ① 북한의 소극적 자세 ② 남북간 입장의 차이 ③ 북측의 이중적 협상태도 등을 제시하였다.

---

36) 조화성, "북한의 전략문화와 핵 협상전략에 관한 경험적 연구",『국제정치논총』제49집 5호 (한국국제정치학회, 2009).

37) 이미숙, "남북한 군사협상과정의 발전단계에 관한 연구",『군사』제70호 (군사편찬연구소, 2009), "남북한 군사협상의제 연구", 이화여자대학교 대학원 박사학위논문, 2010, "남북한 군사협상의 역사적 조망과 향후 전망",『한반도 군비통제』제47집 (국방부, 2010), "북한의 남북한 군사협상 결정요인 고찰",『국방연구』제53권 제1호 (국방대학교 안보문제연구소, 2010), "군사협상과 군사도발 병행 행태를 통해 본 북한의 대남전략",『통일정책연구』제20권 (통일연구원, 2011)

38) 금기연, "북한의 군사협상 행태와 결정요인: 유엔사 - 북한군간 장성급회담 사례 연구", 경남대학교 대학원 박사학위논문, 2009.

각종 군사회담을 통해 북측이 보여준 협상행태의 주요특징으로는 ① 압박과 회유 ② 억지와 변명 ③ 독촉과 지연 ④ 합의 불이행과 책임전가 등을 꼽았다.

조이 제독은 정전협상 회담 경험에 근거하여 북한 협상행태의 특징을 ① 유리한 회담 장소 선점 / 관철 ② 속임수가 숨어있는 의제 선택 / 강요 ③ 협상진행을 지연 ④ 합의이행 파기를 전제로 한 합의 ⑤ 거부권의 독점과 사용 ⑥ 논점회피 수법 ⑦ 진실의 거부 보다는 왜곡을 선호 ⑧ 상대방의 양보에 더 많은 양보 요구 ⑨ 문서합의 사항도 불리할 시 번복 주장 / 관철 ⑩ 상대방을 피로하게 하는 전술 등으로 나열하였다. 무엇보다 그는 북한과의 협상에서 상호주의와 균형 잡힌 협상의 필요성을 강조하고 있다.

조화성은 북한의 전략문화를 방어적 현실주의와 공격적 현실주의로 유형화하여 "방어적 현실주의는 국가를 현상유지의 측면에서 안전보장의 추구자로 본다. 반면, 공격적 현실주의에서 국가는 다른 국가에 대한 상대적 이익을 추구하는 팽창주의자이다. 공격적 현실주의 전략문화는 권력행사에 대한 강한 요구를 지니며 갈등은 일시적이지 않고 영구적인 것으로 본다. 이에 따라 전략적 선호에 있어 팽창적 전략을 선호한다. 반면 방어적 현실주의 전략문화는 갈등을 일시적인 것으로 보며, 전략적 선호에서는 타협전략을 선호한다."라고 하면서 북한의 전략문화를 활용하여 협상전략을 도출하는 새로운 방식을 제시하였다.[39] 특히 북한의 전략문화는 상당부분 핵심지도자로부터 나온다는 사실을 지적하여 리더의 운영코드 분석과 전략문화 분석 사이에 공통성[40]이 있다는 존스턴(Johnston)의 언급을 이용하고 있

39) 조화성, "북한의 전략문화와 핵 협상전략에 관한 경험적 연구", 『국제정치논총』 제49집 5호 (한국국제정치학회, 2009), pp. 149~168.

40) 북한의 전략문화에 관한 분석은 전략문화의 원인과 기원의 문제가 제기된다. 이와 관련된 분석방법은 두 가지 수준에서 고려될 수 있다. 첫째는, 역사문화적 접근법으로서 북한의 역사, 전통, 문화적 유산 등에 착목하는 것이다. 스코트 스나이더는 북한의 협상전략이 항일 게릴라 운동의 역사적 유산으로 비정규전 전술

다. 이러한 전략문화는 예측불가의 북한을 보다 더 현실적이고 효율적으로 접근할 수 있는 대안을 제시해준 것으로 평가되고 있다.

이미숙은 2000년 6·15를 전후한 남북한 군사협상의제의 성격변화는 협상의제와 의제내용의 이중성, 의제 협상순서의 이질성, 의제 협상상대의 불균형성, 의제 합의결과의 이행성이라는 남북한 군사협상의제 특징의 지속과 변화로 나타났다고 설명했다. 협상의제와 의제내용의 이중성, 의제 협상순서의 이질성, 의제 협상상대의 불균형성은 지속되었으나 의제 합의결과의 이행성은 변화되었다고 주장하였다.

금기연은 북한의 군사협상 행태에서 나타나는 특징들을 다음과 같이 요약했다. 즉, ① 합의사항 위반 ② 협상규범 무시 ③ 사실왜곡과 억지주장 ④ 기선제압 등을 통해 회담의 주도권 장악 ⑤ 목표달성을 위해 일관된 주장과 행동 견지 등을 제시하면서 이러한 북한 협상행태를 결정하는 요인들은 협상관, 협상목표, 협상구조와 협상자 관계, 협상전략 및 전술 등이 있다고 주장했다.

이상에서 제시한 북한의 협상과 관련한 연구 논문들을 시기별로 일반협상과 군사협상으로 구분하여 살펴본 결과 기존의 많은 연구들이 북한의 협상행태에 대하여 역사적 특수성 및 체제의 특수성의 관점에서 연구 자료들을 제시하고 있다.

연구 결과들의 공통점은 북한의 일반 협상행태를 설명할 수 있는 유용성을 가진다고 할 수 있다. 나아가 협상행태 분석을 보다 더 정교화 하였으며,

---

들이 핵심적 구성요소가 되었음을 강조하였다. 다른 하나는 행위자 수준의 접근이다. 역사문화의 담지자로서 행위자의 전략적 인식과 선택으로부터 북한의 전략문화를 설명하려는 방법이다. 이는 북한 리더십 분석과 직결된다. 왜냐하면 외교행위의 선택과 결정은 결국 김정일과 당 지도부, 핵심 엘리트 등 정책결정자로부터 이루어지기 때문이다. 후자의 리더십에 기초한 전략문화에 관한 연구는 리더들의 정치전략과 신념체계를 분석하는 운영코드 방법과 공통성을 지닌다. 조화성, 위의 논문, p. 168.

특히 분석틀을 제시하여 설득력을 제시하였다는 점에서 큰 의의가 있다. 그럼에도 불구하고 군사협상 행태와 관련한 객관적 설명은 미흡한 점이 많다.

많은 연구들이 북한의 협상행태를 체제의 특수성과 사회주의 협상이론, 북한 협상이론 등을 제시하여 협상 전략과 행태 등을 분석하고 있지만 기존의 연구들과 더러 중복되는 부분들이 있다. 이는 많은 연구들이 주요한 참고 자료로서 송종환이나 스코트 스나이더(Snyder, Scott)와 같은 제한된 수의 학자들의 주장을 이론적 근거로 삼고 있기 때문으로 보인다.

특히, 군사협상 연구에서 제시하고 있는 내용들은 근본적으로 북한의 군사협상이 어디에 근거하여 협상행태를 유지하면서 진행해 나가는지 해명하지 못하는 한계를 가지고 있다. 이러한 사항은 연구자료 제한 등 제반 사정으로 인하여 김정일 시대의 군사협상 전략과 협상행태에 대한 종합적인 연구가 다소 미흡하였던 점이 주요한 원인으로 작용하고 있다. 이 같은 결과는 북한의 군사협상에 대한 특수성만을 강조하여 합리적인 예측을 더욱 어렵게 하고 있으며, 협상행태의 본질과는 다소 차이가 있는 것이 오늘날의 현실이다.

선행연구에서 제시되었던 문제점들을 극복하기 위해서는 북한의 전략문화와 연계하여 군사협상 행태 모델을 도출하여 김정일 시대 군사협상인 남북 국방장관회담, 장성급군사회담, 군사실무회담 등 총 3개 군사회담에서 협상행태가 동일하게 진행되고 있음을 증명할 필요가 있다.

본 연구가 다른 협상연구와 구별되는 사항은 첫째, 김정일 시대 북한의 군사협상만을 대상으로 하고 있다는 점이다. 둘째, 북한의 군사협상을 전략문화와 연계하여 김일성 회고록에 언급된 담판 사례를 분석한 후 협상모델을 제시하였다는 점이다. 셋째, 이 모델을 활용하여 군사협상을 분석하였다는 점이 기존의 분석방법과 크게 구별된다.

기존의 연구에서는 이와 같은 군사협상에 관련된 일련의 절차에 의한 분석보다는 군사협상 자체만을 가지고 분석하는 경향이 강하게 나타났다. 그러한 이유로 북한의 특수성과 사회주의 협상이론을 고려하여 유사한 협상행태가 도출되곤 했다. 따라서 겉으로 드러나는 협상행태 분석보다는 군사정책 목표 및 군사협상 전략으로부터 전술에 이르기까지 모든 과정에 걸쳐 분석함으로써 북한의 협상행태의 본질에 접근하고자 노력하였다.

제2장

협상에 관한 이론

제1절

협상개념

냉전이 종식됨에 따라 복합적 상호의존성을 평화적으로 관리하는 하나의 효율적인 기제로서의 협상이 가지는 의미의 중요성은 더욱 커지고 있다. 국제정치적인 측면에서도 21세기 국제질서의 제반 특징들이 협상의 중요성을 더욱 제고[1]함과 동시에 협상의 필요성도 강화시키는 요인이 되고 있다. 그 이유는 첫째, 힘의 개념이 다원화 되고 있다. 둘째, 세력 분포, 즉 주체가 다변화되고 있다. 셋째, 질서관리 방법이 다자화 되고 있다. 탈냉전 시대에 접어들면서 과거 미국과 구소련을 중심으로 한 세력의 균형 논리가 제거되고 그 자리에 의제의 다원화와 주체의 다변화 현상이 새롭게 나타나기 시작한 것이다.

현 시점에서 협상은 국제정치 및 경제의 특징인 복합적 상호의존성을 관리하는 유용한 기제의 하나로 활용되고 있다. 세계에서 유일하게 서로 다른 양 진영이 대치되고 있는 한반도에서 북한의 변화에 주목하면서 그 어느 국가보다 협상의 중요성을 깊이 인식하고 그 능력의 배양에 국가적 관

1) 김종걸 외, 『한중일 3국의 협상문화 분석』 (서울: 고려원북스, 2011), pp. 65~66.

심을 가져야 할 것이다.

협상이 지니는 복잡성과 제반 장애요인이 상존함으로써 성공적인 협상 성과를 도출하는 데는 아직도 많은 어려움이 존재하고 있다. 특히나 군사협상을 주제로 연구하는 입장에서 협상구조상의 딜레마, 북한내부 문제 및 사회체계 관계 등의 핵심 장애요인이 작용하는 가운데 진행되는 협상은 더욱 그렇다.

실질적으로 군사협상은 자국의 국가이익을 추구하기 위하여 진행될 것이며, 군사협상 전략과 협상과정 등 협상행태에 따라 그 결과는 영향을 받을 것이다. 군사협상 본래의 의도를 정확하게 판단하기는 쉽지 않지만 국가별로 일정한 협상체계에 따라 진행되고 있는 것이 현실이다.

이와 같은 군사 협상체계를 분석하기 위하여 우선적으로 협상의 기본적 이론 배경을 살펴본 뒤 사회주의와 북한의 협상 이론을 살펴보고자 한다.

협상에 관한 연구는 1950년대 초부터 미국의 학자들이 중심이 되어 국제정치학, 경제학, 사회심리학, 수학 등 개별 학문 분야별로 또는 학제적 · 과학적으로 진척되어 왔다. 그러나 기본적으로 협상이라는 개념은 주제 자체가 매우 광범위하다. 게다가 협상이 전략적 상호행동이라는 특징을 갖고 있을 뿐만 아니라 그 행태도 다양하기 때문에 학자들은 각자의 관심 대상에 따라 임의로 선정한 특정 협상행태만을 연구하고 있는 실정이다.

근대적 의미의 협상이론은 1592년 베이컨(Francis Bacon)의 『협상론』(On Negotiation)이나, 1723년 로마에서 태어난 물리학자 펠리스(De Felice)의 『협상의 기예』(The Art of Negotiating)에서 시작되었다고 볼 수 있다. 그러나 서구에서는 2차대전 이후부터 협상에 대해서 단편적으로 연구를 진행해 오다가, 1950년대 초에 이르러서는 학제적이며 복합과학적인 연구가 본격적으로 진척되었다.[2)]

그동안 많은 학자들이 협상에 관하여 다양하게 개념을 제시했다. 학자들

---

2) 이달곤, 『협상론-협상의 과정, 구조, 그리고 전략』 (서울: 법문사, 2005), p. 29.

의 전통적 정의에서부터 최근의 새로운 정의를 살펴보면 다음과 같다.

먼저 이클레(Ikle)는 협상을 "이해충돌이 있을 경우, 교환 또는 공통되는 이익의 실현에 관한 합의에 도달할 목적으로 명백한 제안이 표면상 제시되는 과정"[3)]으로 정의하였다.

자트만(I. William Zartman)은 협상에 대하여 "두 당사자가 하나의 공동 결과물을 산출하는 과정으로 개인이나 집단 또는 국가가 절충과 타협을 통하여 서로 상충되는 이익을 조절 또는 공통된 이익의 획득을 위하여 추진하는 상호작용의 한 형태"[4)]라고 규정하였다.

피셔(Roger Fisher)는 협상을 "나와 상대방이 공통된 이해관계를 갖고 있으면서 동시에 상반된 이해관계에 처했을 때 합의를 보기 위해 밀고 당기는 대화"[5)]라고 하였다.

루빈(Jeffery Z. Rubin)과 브라운(Bert R. Brown)은 협상에 대해 "서로 다른 목표를 갖고 있는 두 사람 이상의 당사자가 그들 사이의 거래에서 무엇을 주고 받을 것인가를 합의하는 상호작용"[6)]으로 정의하였다.

코딩톤(Alan Coddington)은 "경쟁하는 다수의 이해당사들이 가능한 복수의 대안들 중에서 그들 전체가 갈등을 줄이면서 수용할 수 있는 특정 대안을 찾아가는 동태적 의사결정과정"[7)]이라고 하면서 협상개념의 공통적인 요소인 의사결정과정에 대해서 강조하였다.

---

3) Fred Charles Ikle, *How Nations Negotiate* (New York: Harper & Law Publisher, 1964), pp. 3~4.

4) I. William Zartman, "The Structure of Negotiation," in Victor A, Kremenuuk ed, *International Negotiation* (San Francisco: Jossey-bass Inc., 1991), p. 65.

5) Roger Fisher & William Ury, *Getting to Yes: Negotiating Agreement giving in* (Boston: Houghton Mifflin, 1991), p. 11.

6) Jeffery Z. Rubin and Bert R. Brown, *The Social Psychology of Bargaining and Negotiation* (New York: Academic Press, 1975), p. 2.

7) Alan Coddington, "A Theory of the Bargaining Process: Comment Reply", *American Economic Review*, Vol, 56, No. 3(1966), pp. 522~524

골드스테인(Joshua S. Goldstein)은 "둘 이상의 당사자 간에 가치의 교환에 관한 합의에 도달하기 위한 암묵적 혹은 직접적으로 의사소통을 하는 것은 흥정이고 이 흥정이 공식적으로 이뤄지는 것"[8]이라고 하였다.

가장 최근의 협상에 관한 정의는 와튼스쿨에서 13년 연속 최고 인기 강좌인 협상법 강의 교수인 스튜어트 다이아몬드(Stuart Diamond)의 것이다. 그는 협상의 정의를 대략 네 가지로 설명하였다. 첫째, 협상은 상대방이 특별한 '행동'을 하도록 만드는 과정이다. 둘째, 협상은 상대방이 특별한 '판단'을 하도록 만드는 과정이다. 셋째, 협상은 상대방이 특별한 '인식'을 하도록 만드는 과정이다. 넷째, 협상은 상대방이 어떠한 '감정'을 가지도록 만드는 과정[9]이라고 자신의 강의에서 학생들에게 강조했다.

이달곤은 협상을 광의의 협상과 협의의 협상으로 나누면서 이중 협의의 협상, 즉 명시적 협상에 대해서는 "갈등 관계 속에서 공통적이면서 상반되는 이익의 조합을 자신에게 유리하게 변화시키기 위해 개인이나 조직, 그리고 국가가 명시적으로 상호작용하는 과정이나 행태를 지칭"[10]한다고 보았다.

양무진은 협상이란 "공통되거나 상충되는 이익을 동시에 갖는 둘 이상의 당사자들이 그들이 함께 결정한 방식을 통하여 현재보다 좀 더 진전된 것을 추구하기 위한 전략적 영향력의 상호작용 과정"[11]이라고 정의하였다. 앞서 제시한 이달곤의 정의와 큰 차이가 없으나 협상은 "상호 영향력의 행사", "공동의 의사결정" 등 두 가지 점을 강조하고 있다.

---

8) Joshua S. Goldstein, *International Relations*, 4th.(New York: Longman, 2001), 김연각 외 역, 『국제관계의 이해』 (서울: 인간사랑, 2002), pp. 91~93.
9) 스튜어트 다이아몬드, 『어떻게 원하는 것을 얻는가』, 김태훈 역 (파주: ∞, 2011), pp. 28~29.
10) 이달곤, 앞의 책, p. 16.
11) 양무진, "북한의 대남협상전략유형", 경남대학교 대학원 박사학위논문, 2001, pp. 10~11.

그러나 軍 차원에서 협상은 "상거래에서 손익계산만을 따지는 흥정과 다른 것으로서, 개인과 집단 또는 정부가 명시적으로 자기들의 어떤 공통적 이해관계를 조정, 타협해 나가는 상호작용의 한 형태 또는 이해관계가 상충되는 당사자들이 타협을 이루는 과정"[12)]이라고 정의하였다.

여기에서 제시된 상호작용의 의미는 자신과 상대가 최초에 상정한 의제의 이익 내용과 범위를 상호 간에 합의해가는 조정의 과정으로 이해할 수 있다. 따라서 남북한의 군사협상에서 상호작용이라 함은 선정된 의제를 놓고 각자의 이익이 충돌하는 부분에서 각각 양보할 부분과 획득할 부분에 대한 조정 및 타협의 과정으로 볼 수 있다.

이제까지 살펴본 협상에 대한 정의들의 공통점은 상호작용이나 의사소통의 역할을 강조하고 있다. 대부분의 학자들은 광의적으로 협상을 정의하고 있다는 사실을 알 수 있다. 협상의 근본적 목적인 원하는 목표를 달성하기 위한 행동에 대해서는 언급이 적은 편이다. 특히나 군사협상을 연구하는 입장에서 자국의 군사이익 목표달성을 위한 행동이 얼마나 중요한 임무인지 협상 당사자들은 누구보다 잘 알고 있을 것이다.

이러한 목표달성에 대한 내용을 염두에 두면서 많은 학자들의 협상에 대한 정의들을 기초로 하여 협상이란 "둘 이상의 당사자가 상호간에 상충된 이해관계가 존재할 경우 대화 및 타 방법을 통해서 국가이익 목표를 달성하기 위해 합의를 도출하는 공동의 의사결정 과정"으로 정리할 수 있다. 이와 같은 협상정의에 충실하기 위하여 본 연구에서는 김정일 시대 군사협상 시 북한은 군사이익목표 달성을 위해서 군사협상을 어떻게 활용하고 이에 따른 협상행태가 무엇인지 등을 구체적으로 군사협상 사례를 통하여 분석할 것이다.

12) 합참전략기획본부, "북한의 협상행태", 1993, p. 7.

제2절

사회주의 및 북한의 협상이론

협상의 보편적 이해나 접근에도 불구하고 구소련, 중국 그리고 북한 등 사회주의권 국가들에서는 협상을 다르게 이해하고 있다. 사회주의 협상이론을 민주주의 협상과 구분하여 고찰하고자 하는 이유는 "민주주의 나라들간에 분쟁이 발생하면 분쟁관리 협상에 더 치중하게 될 것이라는 예측 때문이다."13)

사회주의 협상이론을 살펴보기 전에 먼저 사회주의 협상이론의 저변에 내포되어 있는 이론적 토대를 살펴보면 다음과 같다.

사회주의 협상이론의 이론적 토대는 대표적으로 마르크스의 『사회혁명론』, 레닌의 『전위당론』, 스탈린의 『전략 · 전술론』, 모택동의 『모순론』에 근거하고 있다. 마르크스는 사회혁명론에서 유물사관에 입각하여 프롤레타리아 계급혁명을 통한 사회주의 사회 건설을 핵심으로 봤다.14) 레닌은 "영속혁명을 강조하면서 당만이 선진투사의 역할을 수행할 수 있으며, 혁명가

13) William J. Dixon, "Democracy and the Management of International Conflict," *Journal of Conflict Resolution,* Vol, 37, No. 1(March 1993), pp. 42~68.

14) K. Marx. *The Poverty of Philosophy* (New York: International Publishers, 1963).

의 조직으로서 공산당이 혁명의 전위대로 나서야 한다."[15]라고 주장했다. 모택동은 사회주의체제가 결국은 자본주의체제를 대체하게 될 것[16]이라고 하면서 사회주의체제와 자본주의체제라는 두 진영은 투쟁이 불가피함을 강조하였다.

사회주의 협상에 있어서 이러한 이론들의 기저에는 바로 통일전선전술론이 자리 잡고 있다. 통일전선전술론은 투쟁과 타협의 병행을 강조[17]하며, 이러한 본질이 사회주의 협상의 출발점이라는 점을 분명히 한다.

레닌은 "정치에서 타협이라 함은 다른 정당과의 합의에 도달하기 위하여 일부 요구 조건을 양보하는 것으로 자신의 요구 조건 가운데 일부를 포기하는 것"이며 "투쟁하는 당은 정세에 따라 불가피하게 타협하지 않으면 안 된다."라고 주장하며 협상에 대한 필요성을 인정하고 있다. 그러나 이는 "진실로 혁명적인 당의 임무는 온갖 타협의 거부가 불가능함을 선포하는 것이 아니라 모든 타협을 통하여 자기의 원칙, 자기의 계급, 자기의 혁명적 과업, 혁명을 준비하며, 대중을 혁명의 승리로 준비시키는 자기 사업에 충실성을 관철하는 능력을 가지는 데 있다."[18]라고 주장했다.

외교협상을 포성 없는 전쟁이며, 지혜와 의지의 투쟁이라고 생각하는 중국 공산당은 협상을 '전략적 원칙 고수, 유연한 전술 전개'라는 군사적 관점에서 파악하는 데 매우 익숙하다. 그들은 전술이 전략적 원칙에 따라 변용될 수 있지만 전략적 원칙은 타협이나 양보가 없다고 강조한다. 그래서 "중국은 전략적 원칙이 수용되지 않으면 협상이 결렬되는 것을 두려워하지 않는데 이는 과거 전통문화 요인보다는 국민당과 권력투쟁 과정에서 형성된

---

15) R, N. Carew Hunt, *The Theory and Practice of Communism* (New York: Penguin Books, 1975), p. 185.
16) Mao Zedong, *On the Chungking Negotiation,* Selected Works of Mao Tse-tung, Vol. 4, (Peking: Foreign Language Press, 1965), p. 56.
17) 강인덕, "공산주의의 통일전선에 관한 연구", 경희대학교 박사학위논문, 1977.
18) Helene Carrere d'Encausse, *Lenin: Revolution and Power* (New York: Longman Inc. 1982), pp. 18~101.

사회주의적 특징을 반영"[19]한 것이 때문이다. 이러한 전략 중심적 사고는 협상을 시작할 때 원칙적 입장을 우선 확정하는 방식을 선호하는 것으로 나타난다. 이는 원칙적 입장이 확립되지 않으면 그 후에 진행하는 협상이 방향성을 잡지 못해 결과적으로 효율이 떨어진다고 보기도 하지만 원칙을 먼저 확정함으로써 협상에서 얻을 수 있는 이익이 크다고 판단하기도 하며 주도권 장악 시에도 용이하기 때문이다.

여기에서 이익[20]이란 첫째, 전략적 원칙이 합의되면 기타 전술적인 차이를 조정하는 데 용이하며 둘째, 원칙 제시는 상대방의 정치적 입장을 탐색하는데 도움이 되고 셋째, 상대방의 양보요구에 대해 원칙을 내세워 거부할 수 있는 명분을 확보할 수 있고 넷째, 원칙 확정되기 전까지는 구체적인 협상을 미루면서 상대방의 의도를 파악할 수 있으며 다섯째, 원칙이 합의되면 구체적인 문제에서는 융통성을 훨씬 크게 발휘할 수 있기 때문에 협상타결을 쉽게 도출할 수 있다. 따라서 중국에게 협상 원칙은 전략적 판단의 대상이고 타협은 전술적 판단의 대상인 것이다.[21]

과거 마오쩌둥은 1949년 국공내전의 마지막 단계에서 국민당을 어떻게 다룰 것인가와 관련하여 작성한 '중국공산당 전략'에서 "어떻게 투쟁할 것인가는 정세에 달려있다. 어떤 때는 회담을 하러 가는 것이 날카롭게 상대방과 투쟁을 하는 것이 된다."[22]라고 강조하였다.

위와 같은 사항을 종합해 보았을 때 협상이란 결코 혁명적 요구를 영원히 포기하는 것이 아니라 일시적으로 포기한 것에 불과하며 동시에 협상을 혁명의 목표를 달성할 수 있는 하나의 수단으로 이용해야 하는 것이다.[23]

---

19) 김종걸 외 9명, 앞의 책, p. 94.

20) 김종걸 외 9명, 앞의 책, p. 95.

21) 민귀식, "중국외교협상에서 전통문화요인의 영향력 탐구", 『중소연구』 통권 82호 (한양대학교 아태지역연구센터, 2009), p. 83.

22) MAO Zedong, *"On the Chunking Negotiation,"* Selected Works of Mao Tse-tung, Vol. 4 (Peking: Foreign Language Press, 1965), p. 56, quoted in Solomon(1999), p. 20.

23) 김웅희, "북한의 협상전략전술에 관한 연구", 『통일가족논문집』 제2집 (국토통일

또한 송종환은 중국 공산당의 협상관에 대해서 ① 중국 공산주의 협상자들은 모택동의 싸우며 대화하며 대화하고 싸우는 전략의 실천자, ② 협상이슈 그 자체를 더 큰 여러 관계에서 본다는 것, ③ 협상을 오래 지속되는 타협으로 본다는 것, ④ 집단 협상대표 구성을 선호하는 등 본질적으로 구소련 공산당의 협상관과 중국 공산당의 협상관 사이에는 본질적인 차이는 없는 것 같다[24]고 주장하였다. 즉 사회주의 협상관은 궁극적으로는 공산혁명을 달성하기 위한 수단이고 공산혁명 전략을 위한 전술에 불과한 것이다. 즉 협상을 정치적 목적을 달성하기 위한 투쟁의 도구로 간주한다는 것이다.

정전협상 시 처음 시작부터 수석대표로 참석하였던 터너 조이(Charles Turner Joy) 제독은 『공산주의자는 어떻게 협상하는가?』[25]에서 공산주의자들은 그들이 의도하는 협상 목적을 "싸워서 피할 수 없는 것도 협상을 통해서 피하려 한다."라고 주장하고 있다. 또한 이러한 협상 목적을 달성하기 위한 전술로서 ① 일방적인 양보를 이끌어내기 위한 환경조성을 위해서 의제를 만들어 억지로 끼워 넣기, ② 협상의제와는 다른 새로운 사건을 만들어내는 심리전, ③ 상대방이 지치도록 협상진전을 미루기, ④ 최소한의 의무를 약속하고 최대의 양보를 이끌어내기, ⑤ 이미 약속한 의무를 무시하기, ⑥ 합의사항 실천을 계속 거부하기, ⑦ 협상과정에서 엉뚱한 문제를 제기하기, ⑧ 진실을 부인하거나 왜곡하기, ⑨ 동등한 양보를 내놓기보다는 상대방의 양보만을 챙기기, ⑩ 원칙에는 합의를 하고 나중에 내용이나 중요성에 있어서 다른 해석을 적용하기 등을 제시하였다. 이러한 사회주의 협상을 긍정적인 측면에서 살펴보면 자국의 이익을 위해서 행동하는 논리는 서구의 협상논리와 동일할 수 있지만 근본적으로는 협상을 정치적 투쟁의 도구로

원, 1990), p. 266.

24) Jong-Whan Song, Nathan Leites, *The Operational Code of the Poliburo,* pp. 625~628.

25) Charles Turner Joy, 『공산주의자는 어떻게 협상하는가?』 김홍열 역 (서울: 한국해양전략연구소, 2003), pp. 5~173.

활용하고 있다는 점이 크게 다르다고 할 수 있다.

북한의 『조선말대사전』에서는 협상을 "국가들 사이의 문제를 평화적인 방법으로 해결하기 위하여 적용하는 외교방법 또는 회담"으로 정의하고 있다.[26] 반면에 『정치용어사전』에서는 협상을 일반적으로 국제조약의 규정에 근거하여 진행되는 외교담판을 말한다. "국제조약과 협정들에는 흔히 체약국들 간에 발생하는 일련의 문제들을 협상의 방법으로 해결할 것이 규정되고 있다. 사회주의 나라 상호간에는 체결하는 국제조약에서는 체약국 쌍방의 리해관계와 관련한 중요한 국제문제들에 대하여 호상 협상할 의무를 예견하고 있다. 미제를 괴수로 하는 제국주의자들은 협상을 국제조약과 협정들을 란폭하게 위반하고 략탈적인 조건들을 상대방에게 강요하는 침략적인 외교수단으로 리용하고 있다."[27]라고 정의되어 있다.

『대중정치용어사전』에서는 "협상이란 국가들 사이의 분쟁문제를 힘의 방법이 아니라 평화적인 방법으로 해결하기 위하여 적용하는 외교적 방법을 말한다. 협상의 방법 중 가장 기본적이고 효과적인 것은 분쟁 당사국들이 평등한 립장에서 진행하는 직접적인 외교적 교섭, 즉 회담의 방법이다. 이외에도 제삼국이 중개자 또는 주선자로 되어 분쟁 당사국들을 협상시키기도 하며 또는 국제중재재판소나 국제재판소를 통하여 문제를 평화적으로 해결하는 경우도 있다."[28] 또한 '담판'[29]이라는 용어도 협상 관련하여 많이 사용되고 있는 용어이다. 과거 정전협정에 관련한 회담 시에는 "조선정전담판에 관한 방침과 정당성에 대한 담판"[30]에서 '담판'이라는 용어를 사용

26) 사회과학원, 『조선말대사전』 2 (평양: 사회과학출판사, 1992), p. 961.
27) 사회과학원, 『정치용어사전』, (평양: 사회과학출판사, 1970), p. 662.
28) 조선로동당출판사, 『대중정치용어사전』 (평양: 조선로동당출판사, 1964), p. 120.
29) "서로 맞선 관계에 있는 두 편이 시비를 가리거나 일정한 문제의 해결을 짓기 위하여 한자리에 공식적으로 모여 앉아 하는 회의", 사회과학원, 『조선말대사전』 1 (평양: 사회과학출판사, 1992), p. 719.
30) "영생불면의 주체사상에 기초하시여 조선정전담판에 대한 우리 당의 원칙적 립장과 정전담판을 위한 투쟁에서 나서는 원칙적 문제들에 대하여 환피 밝혀 주심

하여 북한의 원칙적 입장을 제시한 적도 있다. 반면에 남북협상에 대해서는 "우리인민의 최대의 민족적 과업인 조국통일을 실현하기 위하여 북조선 대표와 남조선 대표가 한자리에 모여 앉아서 의논하는 것을 말한다."[31]라고 정의하였다.

또한 김일성은 "우리는 오직 투쟁을 통해서만 나라의 평화통일을 이룩할 수 있으며 분열주의자들과는 어떠한 타협도 할 수 없다."[32], "남조선 당국과는 이러저러한 협상을 하면서 조국통일문제를 해결할 수 없습니다. 그것은 폭력혁명을 통해서만 해결될 수 있습니다."[33] 등에서 보는 바와 같이 협상을 또 다른 투쟁의 수단으로 인식하는 특수협상관을 갖고 있었으며, 레닌, 마오쩌둥과 같이 혁명의 이익을 강조하였다.

송종환도 "북한 공산주의 협상자들은 "협상을 북한의 통일전략의 일환으로, 평화적 방법에 의한 북한 통일전략의 하위개념으로 본다." 그에 의하면 북한의 통일전략은 크게 보아 ① 남한 내 미국축출, 전복 ② 마르크스-레닌주의 당인 통일혁명당에 의한 남한에의 인민정권 수립 ③ 한반도 전역의 공산화를 위해 남한의 인민정권과 북한정권의 협력" 등이다.[34] 국내에서는 이러한 공산국가 협상이론 또는 공산국가 협상 스타일론에 입각한 접근방법이나 분석틀[35]을 오래전부터 가장 많이 사용해오고 있다.

2000년대 초반 북한은 남북대화협상론[36]에서 "대화와 협상은 민족과 국

으로써 미제국주의자들을 군사적으로뿐만 아니라 정치 외교적으로 굴복시키기 위한 투쟁의 무기를 안겨 주시었다."고 주장하고 있다. 박철, "위대한 수령 김일성 동지께서 제시하신 조국해방전쟁시기 조선정전담판에 관한 방침과 그 정당성", 『김일성종합대학학보(력사 법학)』 제46권 321 (김일성대학출판사, 2000), p. 8.

31) 사회과학원, 『정치용어사전』 (평양: 사회과학출판사, 1970) p. 117.

32) 임태순, "남북대화와 북한의 협상전술", 『민주통일론』 (통일연수원, 1988), p. 190 재인용.

33) 김일성의 시리아 대통령 환영 연설문, 『로동신문』, 1975년 10월 1일.

34) 송종환, 앞의 책, p. 72.

35) 정용석, "북의 협상전략과 남의 대응전략," 『통일문제연구』 제7권 2호 (평화문제연구소, 1995), pp. 177~209. 이동복, 위의 논문, pp. 134~181. 송종환, 위의 책, pp. 130~152.

가들 사이의 문제해결의 주요 방법으로 되고 있다."라고 하면서 "리해관계의 첨예한 모순과 대립을 동반하는 국가들 사이의 제 문제도 대화와 협상을 통해 해결하는 것은 국제사회의 보편적 정치방식으로 되고 있다."라는 설명을 덧붙였다. 이에 더해 "결국 대화와 협상은 자주적 평화통일을 달성하는 데 진행되는 합리적인 방식이라 할 것이다."[37]라고 주장한 바 있다. 이는 무엇보다 김정일 체제가 협상을 대화를 통해 문제를 해결하는 과정[38]으로 인식하고 있다는 것을 직접적으로 드러내고 있음을 의미하는 것이다.

최근 이와 같은 인식이 널리 퍼져 있음에도 불구하고 기존 북한의 협상 정의와 김일성의 협상에 대한 기본 인식 등 이론적인 사항들을 고찰해 볼 때 결론적으로 북한은 매우 다루기 어려운 협상 상대이다. 협상을 진행하는 협상행태가 서구 국가들이나 남한과 여러 측면에서 비교할 때 전반적으로 구별되는 점[39]들이 있다고 볼 수 있다.

---

36) "북과 남사이의 대화는 민족단합을 위한 대화로 조국통일을 위한 대화로 되어야 합니다. 그 누구도 불순한 정치적 목적을 추구하거나 나라의 분렬을 고정화하는데 대화의 마당을 리용하지 말아야 합니다.", "온 민족이 대단결하여 조국의 자주적 평화통일을 이룩하자." 장석, 『김정일 장군 - 조국통일론 연구』 (평양출판사, 2002), p. 220 재인용.

37) 장석, 앞의 책, p. 221.

38) 김정일은 민족자주론 보론 남북대화협상론에서 "협상의 목적, 협상의 립장과 자세, 협상의 원칙을 세부적으로 제시하고 있다는 사실은 협상에 대한 김정일의 인식을 파악할 수 있는 매우 흥미로운 사실이며, 민족공동의 리익으로부터 출발하고 공통점을 찾아 앞세우며 차이점을 뒤로 미루는 원칙이야말로 남북대화, 협상의 성과를 담보하는 유일한 방법론적 원칙이다."라고 주장하고 있다. 장석, 위의 책, pp. 224~235.

39) "북한은 협상상대를 제압하기 위해 협상 환경이나 의제를 교묘하게 조작하려고 한다. 물론 다른 나라도 이러한 노력을 하지만 북한의 다른 약소국에 비해 협상 환경을 변경시키기 위해 다양한 수단과 방법을 구사하고 있으며 또 협상의제를 자국에 유리하게 이끌어나가는 기술이 비교적 뛰어난 편이다. 북한은 자국에 유리한 협상환경을 조성하기 위해 중소분쟁을 이용한 것처럼 한미일 3국의 경쟁을 이용한다. 그리고 위기 조성 등 벼량끝 전술을 비롯한 부정적인 수단을 사용하기도 하고 협상 상대에 대한 파격적인 대우라는 긍정적인 수단을 사용하기도 한다" 김용호, 위의 논문 pp. 305~306.

제3절

북한의 전략문화와 협상행태 결정요인

1. 전략문화 개념

어느 국가든 현재의 정치체계의 특성을 분석하고 이해하기 위해서는 그 동안의 역사와 전통, 문화에 대한 올바른 이해와 평가가 중요함은 두 말할 나위가 없다. 왜냐하면 현재 정치체계의 구성과 기능 및 절차들이 국가의 역사적 변천과 무관할 수 없기 때문이다. 다시 말하면 그들의 생성과 발전은 그 국가의 역사나 전통, 문화에 의해 의식적, 무의식적으로 영향[40]을 받을 수밖에 없다는 것이다.

문화는 특별한 생활양식을 뜻하며 이런 양식은 구체적인 행태들을 통해 표현되며 비교정치 분석에서 문화는 의미와 정체성 체계[41]로 규정된다고

40) 클리포드 기어츠(Clifford Geertz)는 문화에 대해서 "역사적으로 전수된 의미 양태로서 이것은 상징들 속에서 구체화된다. 또한 그것은 상징적 행태로서 표현되어진 전승된 개념체계로서 이해된다. 이런 상징적 형태들을 통해 인간들은 삶에 대한 그들의 지식과 태도들을 전달하고 영속화시키며 발전시킨다."라고 주장하였다. Clifford Geertz, *"Religion as a System"*, The Interpretation of Cultures (New York: Basic Books, 1973), p. 89.

볼 수 있다. 이러한 이론적 배경에는 비교정치론의 정치현상을 분석하는 방법으로 문화적 접근법에 해당되며 문화의 개념이 다음과 같이 몇 가지 연관성을 갖는다. 첫째로 문화는 정치가 발생하는 상황을 형성해 준다. 둘째로 문화는 개인을 집단적 정체성과 연계시킨다. 셋째로 문화는 집단들을 구별시키고 집단 내에서 집단들 간의 행위들을 조직한다. 넷째로 문화는 다른 사람들의 행위와 동기를 해석하는데 필요한 틀을 제공한다. 끝으로 문화는 정치조직체와 동원을 위한 자원들을 제공한다. 즉 문화적 관점에서 중요한 것들은 신념, 관습, 의식, 행태 등이다.[42] 이것들은 서로 상이하게 작용하지만 개인들에 의해서 내면화되고 또 한 문화 속에서 살고 있는 사람들 간에 공유되고 보강된다는 사실이다.

마자르(Michael J. Mazarr)는 보다 넓은 의미의 국제관계에 있어서 문화적 요인의 영향에 대하여 첫째, 삶의 장치로서의 문화, 둘째, 인식의 여과장치로서의 문화, 셋째, 사회 · 경제적 영향으로서의 문화, 넷째, 문명의 충돌 등 4가지 모델을 제시하면서 상호 연계되어 있는 문화적 요인에 대한 중요성을 강조했다.[43]

이러한 문화적 접근법을 배경으로 하는 전략문화(strategic culture)는 문화와 전략의 관계에 초점을 맞춘 이론적 시각으로서 냉전시대 소련의 전략적 정책결정 과정에 대한 분석으로부터 형성되었다.

잭 스나이더(Jack Snyder)는 1977년 소련의 제한적 핵전쟁 독트린을 분석하면서 전략문화 붐을 촉발시켰다. 스나이더는 소련지도부가 핵무기를 제한적으로 사용하려고 했던 이유를 밝히면서 소련의 행위를 볼셰비즘의 사회

41) 이와 같이 규정하는 시각은 해석에 있어 중심적 역할을 담당한다. 해석은 문화와 정치를 이해하기 위한 주요한 열쇠이다. 신정현,『비교정치론』(서울: 법문사, 2000), p. 188.

42) 신정현, 위의 책, pp. 178~194.

43) Michael J. Mazarr, "Culture and International Relations: A Review Essay", *Washington Quarterly,* Vol. 19 No. 2(1996), pp. 178~182.

문화적 특징으로 단순하게 설명하는 방법은 과대 결정론적 오류를 갖는다고 지적했다. 소련의 핵전략을 일반적, 합리적 인간의 행동 기준에 의해 분석하기 보다는 소련 정책결정론자 본인들의 태도를 중심으로 분석해야 된다고 지적하면서 "소련에는 핵전략에 대한 신념, 태도 및 행동양식의 집합체라고 할 수 있는 소련 특유의 전략문화가 존재한다."라고 주장했다. 여기에서 스나이더는 "전략에 관한 사고를 유도하고 경계를 지으며, 전략적 이슈가 공식화되는 방법에 영향을 미치는, 그리고 전략적 논쟁의 어휘와 인식적 한계를 설정하는 태도와 신념의 실체"를 묘사하기 위해 '전략문화'라는 용어를 만들어냈다.[44)]

전략문화[45)]는 무력행사 혹은 무력위협 행위와 관련한 한 국가의 전통, 가치, 태도, 행동양식, 관습, 상징, 그리고 환경적응 및 문제해결에 대한 독특한 방식 등의 집합을 의미한다. 또한 전략문화 이론에 따르면 국가는 역사적 경험에 기반을 둔 전략적 선호도를 지니고 있으며, 안보정책은 각 국가 및 지도자들의 철학, 정치, 문화, 인지적 특성 등에 의해 영향을 받는다.

이러한 전략문화는 상당히 흥미로운 개념이다. "각 국가가 당면한 안보상황과 관련해 정책적 판단(특히 군사력의 사용과 관계된 정책결정)을 내리는 데 있어 해당국가 고유의 문화적 요소가 영향을 미친다."[46)] 이는 충분히 설득력이 있으며 국가의 정책적 판단은 국가의 포괄적 전략(defensive strategy)이라는 맥락 속에서 이해될 수 있다. 포괄적 전략은 국가의 안보를 실현하기 위한

44) Jack Snyder, *"The Soviet strategic culture: Implications for Nuclear Options"*, (Santa Monia: Rand Corporation Report R-2154-AF, September, 1977), p. 6.

45) 한편 이강석은 "전략문화란 군사적 작전 · 기술 · 조직을 말하기 이전의 개념으로 전쟁수행에 관한 한 지정학적 조건, 국가적 전통, 정치사회적 요인, 군민 관계와 관료조직, 군사기술과 무기체계, 그리고 정치문화와 이데올로기 등 모두를 포괄적으로 말하는 개념이다."라고 주장하고 있다. 이강석, "박치기형 북한의 전략문화", 『월간 북한』 제200호 (북한연구소, 1988), 184쪽.

46) 황일도, "북한의 전략문화와 군사행태 -핵무기개발, 재래식전력 배치, 연평도 포격사례를 중심으로", 연세대학교 대학원 박사학위논문, 2012, p. 30.

계획과 수단으로서 이는 단지 군사적 힘의 사용만이 아니라 경제적, 정치적, 심리적 수단 등을 포괄한다. 전략문화는 국가의 포괄적 전략의 결정요소로서 군사적이며 물질적 전략과 달리 인식환경(ideation milieu)의 역할을 한다. 따라서 포괄적 전략은 전략문화적 요인에 의해 결정되는 문화적 구성체로서 어떻게 국가의 리더들이 문화적, 역사적 프리즘을 통해 세계를 바라보는 가를 반영한다.47)

각 국가는 역사적 경험에 기반한 전략적 선호도를 지니고 있으며, 어느 특정한 문화요소로 이루어진 것이 아니라 다양하고 중첩되는 요소들로 역사적으로 형성된 것이다. 전략문화는 특정 사회의 전략적 전통에 관한 형성적 요인들(formative sources) 속에서 확인해야 할 것이다. 또한 전략문화라고 담론 할 수 있기 위해서는 현재 현저하게 존재한다거나 과거 어느 한 시기에만 지배가치로 나타났다고 해서가 아니라 뿌리 깊은 역사적 원천으로부터 나오는 공유된 정보이어야 한다.

이러한 전략문화 이론은 기존의 접근방법에 문화적 접근방법을 접목함으로써 한 국가의 전략적 행동에 대한 보다 다양한 해석을 하거나 혹은 기존의 이론이 제대로 설명하지 못하는 행동에 대한 해석을 가능하게 하기 위한 것이다.

최근의 전략문화와 관련된 연구에서는 전략문화를 도출할 수 있는 사회·문화적인 저작물로 정책결정자들에게 기존의 전략적 사고와 행동이 무엇인지 알려주는 텍스트(Text)48) 문제가 중요한 화두로 대두되고 있다.

---

47) 조화성, 앞의 논문, p. 151.

48) 먼저 국어사전적 의미를 살펴보면 ① 주석·번역·서문 및 부록 따위에 대한 본문 또는 원문, 원전 ② 문장이 모여서 이루어진 한 덩어리의 글 ③ 교과서 등을 의미하는 단어이다. 민중서림, 위 사전, 2617쪽. 구체적인 독서 행위나 비평 행위를 통해 독자에게 소통되고 해석되기 이전의 문학 원전(原典)을 가리킨다. 본래 이 용어는 20세기에 들어와 발전한 문학 연구 분야인 '원전 비평'에서 다양한 이본들 중 확정된 원본 하나를 지칭하기 위해 사용된 것이다. 한용환, 『소설학 사전』(문예출판사, 1999). 이러한 텍스트의 이해과정은 필자, 텍스트, 독자, 상호작

2. 북한의 전략문화

북한의 전략문화는 기본적으로 한반도라는 지정학적 위치와 한반도가 겪은 역사적 경험으로부터 영향을 받았다. 그러나 분단이라는 특수한 상황에 처하게 되면서 북한의 전략문화 형성에는 새로운 요인들이 개입되었다. 특히 분단이후 한국전쟁의 경험과 주체사상의 도입은 북한의 전략문화에 중요한 영향을 미쳤다.[49] 즉 북한의 전략문화는 현재의 상황만을 의미하는 것이 아니라 오늘날의 북한이 어떻게 국가를 건설하여 통치하고 국제사회에서 어떻게 생존해 왔는지 전체적인 맥락 속에서 살펴보는 것이다. 북한의 전략문화는 김일성의 항일유격대 경험, 전통적 전략사상, 유교적 위계질서, 주체사상 등을 총 망라하여 종합적으로 형성된 것이다. 다시 말해서 어느 특정한 문화요소로만 구성되어진 것이 아니라 다양하고 중첩되는 요소[50]들을 통하여 역사적으로 형성된 것이다. 그럼에도 불구하고 북한 전략문화 형성요인 중 가장 핵심적인 요소는 김일성의 항일유격대 경험이다.

항일유격대 경험은 북한 사회에서 정치적 신화로 존재하며, 일정 정도

용, 문화맥락에 있다는 것으로 나눌 수 있으며 텍스트의 이해는 텍스트 속에 담겨져 있는 의미가 독자의 마음속에 새롭게 구성됨으로써 이루어진다. 독자가 텍스트의 기호에서 뜻을 파악하는 활동이 '뜻알기'이며, 텍스트가 담고 있는 속뜻을 찾는 것이 '속뜻 풀기'이다. 김도남, "텍스트 의미의 위치와 이해 과정에 대한 교육적 인식", 『독서연구』 19 (한국독서학회, 2003), p. 72. 특정국가의 전략문화를 확인하기 위한 다양한 방법론을 사용할 수 있다. 예를 들어보면 설문조사, 사회조사방법론을 활용하여 사고방식의 패턴을 계량적으로 추출하는 방법, 역사적인 서술방법 등 다양한 방법이 있다. 북한의 경우에는 이러한 방법론 사용이 제한되어 텍스트를 활용하는 방법을 적용한 것이다.

49) 홍용표, 『북한의 전략문화와 안보정책』 (서울: 통일연구원, 2000), pp. 6~11.

50) 북한 전략문화 형성요인에 대하여 홍용표는 지정학적 요인, 역사 · 경험적 요인, 분단의 영향, 전쟁의 경험: 한국전쟁, 정치문화: 주체사상 요인을 김백주는 전통적 전략 사상: 북한의 대외관계사 및 전쟁 인식, 사회적 관계: 유교적 위계질서, 김일성의 항일무장투쟁 경험, 해방과 국가건설 경험, 주체와 주권개념의 요인으로 형성되었다고 주장하였다. 홍용표, 위의 논문, pp. 11~24. 김백주, "북미협상과 북한의 전략문화", 경남대학교 북한대학원 석사학위논문, 2001, pp. 28~46.

사실에 기반하고 있음에도 불구하고 일종의 정치신화의 구조를 갖추고 있다.[51] 이러한 항일유격대 경험은 북한체제를 통치하는 정통성의 근간이[52] 되었으며, 곧 북한이 어떻게 반응하고 조치하여야 할 것인지에 대한 모범답안을 제시하고 있다고 해도 과언이 아니다.

와다 하루키는 "북조선 사람들이 현재를 살아가는 기준이나 사상·도덕의 모든 것이 거기에서 주어졌다는 뜻이다. 따라서 북조선을 인식하기 위해서는 김일성이 참가한 이 만주항일전쟁의 역사를 우선 알아야 한다."[53] 라고 강조하고 있다. 북한의 정치문화는 전략문화를 형성하는 데 대단히 중요한 요소로 자리 잡고 있으며, 항일유격대 경험은 오늘날 북한 전략문화의 핵심 사항으로서 군사 분야에서 당연히 그 빛을 발휘하고 있다.

김일성은 항일유격대 시절 통일전선전술[54]을 추구하면서 항일을 위해서 잠재적인 적으로 간주되는 민족주의 진영과도 연대할 수 있음을 절실하게 보여주었다. 원래 통일전선전술은 사회주의자들의 투쟁방식 중 가장 기본적인 형태의 전술이다. 또한 각계각층과 당면목적을 달성하기 위하여 각자의 최고 강령을 제쳐놓고 최저 강령의 일치점에 있어서 정치적으로 협동하는 전통적 전술[55]이다. 통일전선은 세계 공산주의운동사에서 가장 일반적

51) 정우일·유영옥 공저, 『상징정책론』 (서울: 홍익제, 1991), p. 244.

52) 와다 하루키는 『북조선: 유격대국가에서 정규군국가로』에서 김일성의 항일전쟁은 조선민주주의인민공화국의 국가사상, 이데올로기의 알파요, 오메가이다. 북조선에서는 막대한 에너지를 투여해 이레 관해 연구하고 정사를 서술하며 거기에 기초한 교육과 학습을 진행하고 있다고 주장하였다. 와다 하루키, 『북조선: 유격대국가에서 정규군국가로』 (서울: 돌베개, 2002), p. 37.

53) 와다 하루키, 위의 책, p. 37.

54) 북한에서 말하는 "통일전선이란 일반적으로 일정한 혁명의 전략단계에서 그 혁명에 리해관계를 같이하는 여러 정당, 사회단체 및 개별적 인사들이 로동계급의 당의 령도 밑에 공동의 원쑤를 반대하여 싸우며 같은 목적을 달성하기 위하여 무은 정치적 련합을 말한다", 허종호, 『주체사상에 기초한 남조선혁명과 조국통일리론』 (평양: 사회과학출판사, 1975), p. 102.

55) 유동열, "북한의 통일전선론 체계와 구사실태", 『북한학보』 제31집 (북한학회, 2006), p. 165.

인 전술이지만 김일성은 이를 통하여 실용주의적 협상전략을 배웠다고 할 수 있다. 이것은 상호주의와 동등성을 강조하는 적과의 사전협상을 의미하는 것이다. 이러한 경험은 북한이 외부의 위협에 직면하였을 때 어떻게 반응하고 조치해야 할 것인지를 결정하는 효율적인 지침이 된 것으로 보인다. 그렇기 때문에 항일유격대 경험은 김정일 시대의 군사협상 전략과 협상행태에 있어서도 주요한 지침이 되었다.

남북협상에 참여하였던 이동복[56]과 송종환[57]은 북한과 협상과정을 통해서 상대하는 동안 일정한 협상 패턴을 발견[58]하게 되었다고 전했다.

그들은 "최초단계에서 거창한 제안을 내놓고 협상태도를 경직시킨 다음 마지막에는 상대방이 요구 조건을 수용하지 않는다고 비난하는 식이다. 필요에 따라서는 입장을 뒤집기도 하고, 때때로 합의도출에 열심인 것처럼 보이기도 하며, 또 어떤 때는 똑같은 주제에 관한 똑같은 문제에 대해서도 전혀 무관심한 태도를 보인다."[59]라고 주장하였다. 이러한 협상패턴은 조절

---

56) 이동복은 북한의 협상단계를 ① 협상 테이블로 나감 ② 합의도출 ③ 합의조건에 대한 이견제시 ④ 합의취소 ⑤ 남한에게 협상결렬의 책임전가로 제시하였다.

57) 송종환은 북한의 협상단계를 첫째 단계에서 북한 측은 상대를 협상테이블로 유인하여 세부사항을 차후에 논의할 수 있을 것이라고 주장하면서 원칙적인 합의에 도달하기 위해 노력한다. 둘째 단계에서 북한은 상기의 원칙적인 합의를 멋대로 해석하여 유리한 방향으로 세부합의를 이끌어내려 한다. 셋째 단계에서는 합의가 이뤄지지 않을 경우 북한은 일방적으로 회담 중단을 선언하는 동시에 합의 도출에 실패한 것은 남한 측의 책임이라고 비난하다. Song Jong Hwan, "How the North Korean Communists Negotiate : A Case Study of the South-North Korean Dialogue of the Early 1970s," *Korea and World Affairs,* vol. 8, No. 3(fall 1984), p. 634.

58) 북한의 협상에 대해서 많은 학자들이 일정한 협상패턴을 발견된다고 하면서 '일방적 해석', '전제조건', '일괄합의', '주도권 장악' 등 일정한 협상행태를 제시하고 있다. 그러나 이러한 협상행태가 왜 표출되게 되었는지는 통상 북한의 적화통일 등 공산주의 협상전략에 의거 나타나고 있다고 주장하고 있다. 현재도 각종 북한의 협상행태는 일정한 협상패턴으로 동일하게 표현되고 있지만 근본적으로 김일성의 항일유격대 시절 군사담판에 의거 북한식 전략문화로 나타나고 있는 현상은 제대로 제시하지 못하고 있다고 판단된다. 그렇기 때문에 기존의 관행적인 해석이 주류를 이루고 있다.

59) 척 다운스 저, 『북한 협상전략』, 송승종 역 (서울: 한울아카데미, 1999), p. 267.

위 및 적십자 회담에서 입증되었으며 북한의 대부분 회담에서 표출되었다.

이와 같은 협상행태가 어디에서부터 시작되었는지 전략문화 개념에 의거하여 접근해보면 의문점을 어느 정도 해소할 수 있다. 다시 말하면 지금까지의 북한의 행동, 특히 군사적 행동과 관련하여 국제체제에 순응하지 못하는 '비합리적인 행동'이라는 해석 이외에 설명하기 어려웠던 사항들에 대한 재해석이 가능할 것이다. 위와 같은 문화적 접근법의 논리에 따라 북한의 문화 · 역사적 특수성을 고려할 경우, 비합리적이고 예측 불가능해 보이는 행동들이 어디에 근거하여 표출되었는지 새로운 시각으로 바라볼 수 있다. 김정일 시대의 군사협상에 대해서 한걸음 가까이서 보다 더 심도 있는 분석이 가능하다.

김정일 시대의 군사협상에 대해서 전략문화 접근법을 시도하는 이유는 북한의 협상전략은 타 국가의 전략과 구별되는 독특한 행태를 가지고 있다는 가정에서 기초한다. 서구 국가의 협상이 갈등관계에 있는 당사자들의 공동의 이익을 찾아내는 문제해결의 과정이라면, 북한의 협상은 상대방을 제압하는 공장이나 조작을 통해 이익을 추구하는 과정으로 평가[60]할 수 있다. 북한의 독특한 협상행태의 형성 요인으로는 전체주의 정부형태와 주체사상 등 북한의 정치체제의 속성을 강조하는 연구[61]와 북한의 항일유격대 경험, 유교적 가치관 등 문화적 요인을 강조하는 연구[62] 등에서 확인할 수 있다.

북한의 군사협상 전략 및 협상행태의 특징을 학문적으로 알기 쉽게 설명하기란 쉽지 않다. 국내뿐만 아니라 미국 등 서구에서도 마찬가지로 북한에 대하여 여전히 '비합리적'(irrational)[63]이며 '예측불가능'(unpredictable)하다는

---

60) 김용호, "북한의 대외협상 행태분석", 『국제정치논총』 제40집 4호 (한국국제정치학회, 2000), p. 294.

61) Chuck Downs, *Over the Line: North Korea's Negotiating Strategy* (Washington, D.C: The AEI Press, 1999), p. 12.

62) Scott Snyder, *Negotiating on the Edge* (Washington, D.C: United States Institute Peace Press), 1999.

63) 비합리적이라고 주장하는 대표적인 사례는 불량국가론을 예로 들 수 있으며 "북

평가를 많이 하고 있다. 그러나 북한의 행동을 '비합리적'이고 '예측불가능'한 것이라고 단정할 경우에는 향후 북한의 제반 정책을 전망하여 관련 정책을 개발하는 데 한계가 있을 수밖에 없는 현실이다. 그렇다고 하여 처음부터 어떠한 전망도 내놓지 않거나 기존과 동일한 방법으로 일관하는 것은 문제가 될 수 있다. 왜냐하면 전망하지 않는다는 것은 군사협상에 대한 책무를 다하지 않는 것과 다름없기 때문이다. 또한 기존의 방법 역시 북한의 특수성만을 고려하여 예전과 동일한 전망 결과가 도출되어 그 의미가 퇴색되어 합리적이지 못하기 때문이다. 이와 같은 한계를 극복하기 위한 방법으로 북한의 문화 및 역사적 특수성 등을 고려하여 '비합리적'이고 '예측불가능'한 북한의 행동을 일정 정도 '합리적'이고 '예측가능'한 행동 양식으로 도출하고자 한다.

혹자는 이러한 전략문화 이론을 적용하여 북한의 군사협상의 전략이나 협상행태를 분석한다는 것조차도 예측으로부터 동떨어질 수 있는 현상이 될 수 있다고 할 수 있을 것이다. 그럼에도 불구하고 이러한 시도는 북한체제를 좀 더 가까이 접근하려는 것일 뿐 아니라 기본적으로 군사협상에 내재하고 있는 본질에 다가가기 위한 방법으로 충분히 연구 가치가 있다. 이러한 북한의 전략문화 이론은 기존의 일부 제한적으로 설명되거나 극복하지 못했던 북한의 군사협상 행태의 설명에 대해서 좀 더 현실적인 접근이 가능하게 할 것이다.

3. 협상행태 결정요인

협상행태의 모델을 제시하기 전에 협상행태를 결정짓는 결정 요인들에

한의 외교형태가 예측불가능하고 일반적인 방법으로는 통제되지 않는다는 주장은 학문적 연구보다는 미국 정치인들이 자주 언급했다.", 박상현, "북한 대외정책의 합리성에 관한 고찰", 『통일정책연구』 18 (통일연구원, 2009), pp. 36~37.

살펴볼 필요가 있다. 협상의 효과성을 좌우하는 협상행태 결정요인들은 일목요연하게 정리하는 것은 매우 난해한 과제이다. 이는 협상행태를 결정하는 요인이 협상자가 살고 있는 "사회의 문화와 수용하고 있는 규범에 의한 크게 좌우되기 때문이다."[64)]

협상행태에 영향을 미치는 결정요인에 관해서 현재까지 많은 학자들에 의해 관심과 연구 시각에 따라 다양하게 연구되고 논의되어 왔다. 협상행태 및 협상행태 결정 요인을 학자별로 정리한 내용은 다음 〈표 2-1〉과 같다.

〈표 2-1〉 학자별 북한협상 행태 결정요인 및 협상행태

구분	송종환	홍양호	허문영	스코트 스나이더	척 다운스
협상행태 결정요인	혁명적 이데올로기에 입각한 협상관 북한의 정치문화 환경적응과 실리추구	협상관, 협상목적, 협상구조, 정치체제, 협상자, 상호관계, 문화배경	협상관, 협상상황, 협상능력	빨치산 게릴라전통, 주체사상 사회주의 혁명 모델 도입, 김일성 우상화, 유교규범 등	지도자를 신격화하는 기이한 전체주의적 정부형태
협상형태	개막단계 -축제분위기 조성 -선 제의와 유리한 회담 환경 조성 등 중간단계 -회담촉진 -회담 상대방에 압력 등 합의단계 -최고지도자의 개입 -전술적 모호성 유지 등 이행단계 -합의사항 소극적 -합의사항 일방적해석 등	진의협상과 의사협상, 협상전략, 협상전술, 국제규범과 협상규범, 재량권의 한계, 명분과 실리	협상목표, 협상전략, 협상전술	벼랑끝 전술, 적의 단점이용 전술, 상호주의, 동시성, 형식 대 내용을 강조하는 전술	원칙에 합의하기, 합의 재해석, 대화결렬 책임을 상대방에게 전가하기
참고문헌	북한협상행태의 이해	탈냉전시대 북한의 협상행태에 관한 연구	6·15공동선언 이후 북한의 대남협상행태	북한의 외교전쟁 벼랑끝 협상	북한의 협상전략

* 저자별 참고문헌에 기초하여 협상행태 결정요인과 협상행태를 재구성.

64) 이달곤, 『협상론』(서울: 법문사, 2005), p. 56.

북한의 협상을 종합적으로 이해하려면 협상행태의 결정요인들을 체계적으로 분석해야 한다. 특히 군사협상은 일반협상과는 달리 북한이 독특한 행태[65]를 나타내고 있어 북한 내부사정, 국제적 관계, 남북관계 등을 종합하여 분석할 필요가 있다. 협상행태에 영향을 미치는 독립변수에 대해서도 다양한 논의가 있어 왔다. 특히 소여와 게츠커는 협상목적, 협상요건, 협상당사자의 다양한 문화적, 개인적 배경자료 등을 사용하여 협상과정과 그 협상결과의 상관관계를 규명한 바 있다.[66] 그는 협상의 이념이나 규범, 협상의 목적, 그리고 협상전략 등이 기본적으로 협상의 효과성 즉 종속변수에 큰 영향을 미칠 것이라고 말했다.[67] 물론 북한협상행태의 결정요인의 상당부분은 김정일 정권의 속성에 기인하는 것으로 추측해 볼 수 있다. 이를 뒷받침하듯 송종환은 강력한 중앙 통제 하에서 협상을 진행하는 것[68]을 북한 협상의 큰 특징으로 보고 있다. 문광건은 북한이 대남협상을 "민족적 화해를 위해서가 아니라 대남적화통일정책의 수행도구로서 활용한다."[69]라고 주장하였으며, 문성묵은 "북한이 남한과의 모든 협상을 남조선혁명화 달성을 위한 수단으로 인식하고 있다."[70]라고 지적하였다.

북한의 전략문화에 나타난 결정요인을 바탕으로 군사협상 행태에 가장 중요하게 영향을 미치고 있는 협상행태 결정요인을 협상상황, 협상목표, 협상의제의 순서로 판단하였으며 이를 살펴보고자 한다. 물론 협상행태의 결정요인은 도출된 것 외에도 타 요인을 추가할 수 있다. 그럼에도 불구하고

---

65) 북한협상의 특징을 "비외교적인 모욕과 무례함"이라고 주장하면서 휴전협상, 판문점 군사정전위 회담 등에서 나온 북한대표의 욕설 등을 사례로 들고 있다. 척 다운스 저, 앞의 책, p. 27.
66) 이달곤, 앞의 책, p. 54 재인용.
67) 이달곤, 위의 책, p. 56.
68) 송종환, 앞의 책, pp. 142~149.
69) 문광건, "북한식 협상행태의 변화전망과 대북협상 원칙", 『국방논집』 26호 (국방연구원, 1994).
70) 문성묵, "북한의 대남군사협상 전략 · 전술", 『국방』 260호 (국방부, 1995).

본 논문에서는 김일성 회고록 '세기와 더불어'의 항일유격대식 협상모델에 원형으로 판단된 '오의성과의 담판' 및 '고이허와의 담판' 사례에서 협상상황, 협상목표, 협상의제 등이 가장 큰 영향을 미치고 있기 때문에 세 가지 사항을 결정 요인으로 선정하였다. 이는 북한의 모든 군사협상 행태에 대해서 핵심적인 영향을 미치고 있는 주요한 결정요인[71]이다.

가. 협상상황

협상 당사국들이 어떠한 국내외적 정세와 상태에 처해 있는지를 의미한다. 북한의 경우 협상상황은 김일성이 강조하였던 남조선혁명과 조국통일을 위해 추진해온 '3대 혁명역량 강화노선'을 적용한 것이다. 군사협상 상황과 관련하여 3대 혁명역량이 어떤 상황에 놓여 있는지를 우선적으로 검

71) 양무진은 북한의 대남협상행태의 지속과 변화에서 지속의 측면은 첫째, 최고지도자 및 체제의 비난에 대한 불용, 둘째, 군사문제의 대미 직접담판, 셋째, 회담의 일방적 연기, 넷째, 회담결렬에 대한 책임전가, 다섯째, 합의사항의 이행을 지연시키거나 자의적 해석에 의한 선별적 이행이고 변화의 측면은 첫째, 수세적, 타협적 협상태도, 둘째, 군사문제와 교류협력문제의 분리, 셋째, 협상의제의 다양화, 넷째, 협상장소 선정의 신축성, 다섯째, 협상대상의 다양화, 여섯째, 실리중시라고 주장하였다. 양무진, 위의 논문, p. 269~270. 허문영은 6·15공동선언 이전과 이후 대남협상 행태 비교에서 북한의 대남협상행태는 비록 근본적 변화에까지는 미치지 못하나, 피상적(현상적) 변화는 넘어선 부분적 변화에 이르고 있는 것을 평가된다고 하면서 첫째, 협상목표에 있어서는 그 내용에 있어서는 변화가 없으나 우선순위에 있어서는 변화가 있는 것으로 나타났다. 둘째, 협상전략과 관련해서는 지속과 변화의 양측 면이 모두 있는 것으로 분석되었다. 셋째, 협상전술과 관련하여서도 변화와 지속의 측면이 공존하고 있다. 넷째, 그 결과 협상성격에 있어서도 비록 지속성이 크나, 변화의 측면도 계속해소 커져가고 있는 실정이다. 다섯째, 협상스타일에 있어서도 지속성 속에서 변화가 일어나고 있는 것으로 분석되었다. 또한 북한의 대남협상행태 결정요인 또한 지속과 변화가 있는 것으로 나타났다. 첫째, 협상관과 관련하여서는 변화가 없는 것으로 나타났다. 둘째 협상상황과 관련하여서는 상당한 변화가 있는 것으로 판단되었다. 셋째, 협상능력과 관련하여서는 지속과 변화의 측면이 공존하고 있다고 주장하였다. 허문영, 위의 책, p. 153~156.

토[72]해야 한다. 즉 이는 국제정세, 남한정세, 북한의 내부정세가 어떤 상황인지를 먼저 분석해야 하는 것이다.

이와 같은 상황을 포함하여 군사협상의 특수성을 고려해 보면 협상에 영향을 미치는 협상상황은 세 가지가 있다. 첫째 북한의 국내사정, 둘째 남북관계, 셋째 북한을 둘러싸고 있는 국제정세 등에 의해서 협상행태가 변화된다.

물론 협상상황의 변수들은 순위가 정해져 있지 않으나 군사협상의 특수성을 고려하여 우선순위를 제시하였으나 실제적으로는 동시에 복합적으로 영향을 미칠 것으로 판단된다. 아울러 북측은 체제위기 극복은 물론 유리한 협상상황을 조성하기 위하여 대남 군사협상과 군사도발을 병행하여 구사[73]하고 있다. 이것은 군사협상시 군사도발을 대남전략의 또 하나의 수단으로 이용하고 있음을 알 수 있게 해준다.

김일성 회고록에서 항일유격대식 협상모델의 원형으로 제시된 '오의성과의 담판' 및 '고이허와의 담판' 사례에서 협상상황은 내부적으로 강대국 일본의 제국주의가 항일투쟁을 하고 있는 김일성의 유격대를 토벌하고 있는 사항으로 절대적인 위기 상황이었다. 나아가 구국군에 의한 항일유격대원의 희생으로 자신들의 혁명마저 위기에 처해 있었다. 김일성은 구국군과의 반일연합전선을 구축하여만 일본에 맞서 싸울 수 있는 기본 토대가 마련되는 상황이었다. 이와 같은 협상상황은 항일 유격대의 생존과 연계된 문제

---

72) 북한의 對南革命전략 기조는 1964년 2월 27일 당중앙위원회 제4기 8차 전원회의에서 김일성이 주장한 전(全)조선혁명 달성을 위한 '3대혁명 역량강화노선', 즉 북한 사회주의혁명 역량강화, 남한 사회주의혁명 역량강화, 국제 사회주의혁명 역량강화이다. 김일성, 『김일성 저작선집 4』(평양: 조선로동당출판사, 1968), pp. 77~96.

73) 국방장관회담, 장성급군사회담, 군사실무회담 등의 군사협상이 지속되었던 2000년대 초 · 중반에는 1990년대 초보다 강도 높은 중 · 고강도 도발을 더 많이 일으켰다. 1990년대 초 협상기간 중에는 고강도 도발이 없었던 반면 2000년대 초 · 중반 협상기간에는 미사일 발사와 핵실험 등 고강도 도발을 3회나 일으켰다. 이미숙, "군사협상과 군사도발 병행 행태를 통해 본 북한의 대남전략", 『통일정책연구』 제20권 2호 (통일연구원, 2011), p. 154.

로 담판 시 직접적으로 영향을 주었으며, 협상행태로 그대로 드러나 있다.

나. 협상목표

협상목표는 협상의 당사자가 협상을 통하여 얻고자 하는 이상적인 상태를 의미한다. 이러한 협상의 목표는 협상의 결과로도 대체될 수 있으며, 가시적인 성과 또는 이익의 형태로 나타나게 된다.

국제협상에서 각국이 갖는 목적이나 목표는 다섯 가지 유형[74]으로 나누어 볼 수 있다. ① 연장협상 : 현존 협정의 시한을 연장해 정상적인 관계를 유지하려는 협상으로 관세협정의 연장이나 해외군사기지 유지권의 갱신, 국제기구의 주요 간부 교체 등을 들 수 있다. ② 정상화협상 : 비정상적 관계를 종결짓거나 묵시적으로 이루어진 합의를 공식화하려는 데 목적이 있다. 정전을 통하여 전투를 중지시키거나 외교관계를 다시 수립하거나 군사동맹의 체결로 일시적인 점령을 종식하고 기타 전후의 불명확한 관계를 강화조약을 통해 정식화하는 노력 등이 포함된다. ③ 재분배협상 : 공세적인 협상당사자가 수세에 있는 협상당사자를 상대로 불리한 양보를 강요하는 것이다. 영토, 정치적 영향력, 제도적 기능과 권한, 경제적이나 군사적 자산 등을 새롭게 배분함으로써 현상을 변경시키려는 것이다. 기본적으로 공세 측에 이익이 있으며 수세 측에 손실이 있다. ④ 혁신협상 : 새로운 제도나 기구를 창설함으로써 발생하는 새로운 관계나 임무의 설정으로 상호이익을 추구하는 협상을 말한다. 협상결과로 나타나는 변화는 협상관계국에게 반드시 균등한 이익을 주는 것은 아니더라도 모든 관계자들에게 이롭게 작용한다는 점에서 재분배협상과는 대조를 이룬다. ⑤ 부수효과협상 : 합의에 관심 없이 부수효과를 얻기 위해 진행되는 협상으로 사전계획하거나 우연히 발생한 부수효과나 숨은 목적의 실현을 노리는 협상을 말한다. 협상을

74) 프레드 이클레, 『협상의 전략』, 이영일 · 이형래 공역 (서울: 한얼문고, 1972), pp. 38~39.

투쟁의 수단으로 간주하는 공산주의 협상의 대표적 유형이다.

북한 협상의 경우 위에서 분류한 협상목표 중 하나를 택하기 보다는 두 개 이상의 목표를 두고 협상에 임하고 있다. 일반적으로 서구 국가들의 협상의 목표협상을 상호주의에 입각하여 흥정을 통해 주고받는 상업주의적 절충 과정으로서 현안 문제의 해결수단으로 보는 데 비해 북한은 앞에서 제시한 바와 같이 투쟁에 있어서 완전한 승리 추구를 목표로 하고 있다. 북한의 사회주의 헌법[75] 서문에서도 명백하게 "김일성동지의 사상과 령도를 구현한 주체의 사회주의조국이다."라고 밝히고 있다. 이는 북한이 전적으로 김일성과 김정일의 사상에 의거 통치되고 있음을 극명하게 보여주고 있는 증거이다.

북한의 조선로동당 규약 전문[76]에서도 알 수 있듯이 온 사회의 주체사상화와 공산주의사회를 건설하는 것이 최종 목적이며 탈냉전 이후 국가목표인 사회주의 체제유지를 국가목표로 병행 추진하고 있다.[77] 그러나 2000년대 이후에는 2개 목표를 동시에 추진하되 체제유지에 우선순위를 두고 있다. 군사협상을 탈냉전 이후에는 우선적으로 체제유지라는 국가목표를 달

75) 김정일 시대의 군사협상 연구시점을 기준으로 김일성 헌법이라고 불리는 제8차 개정헌법(1998. 9. 5, 최고인민회의 제10기 제1차 회의에서 수정 보충)을 참고하였으며, 북한은 1948년 9월 8일 인민민주의 헌법을 제정한 이후 11차 개정을 통하여 유지하고 있으며, 2012년 4월 13일 11차 개정 내용에 대해서는 김일성 · 김정일 헌법이라고 주장하고 있다.

76) "조선로동당의 당면목적은 공화국 북반부에서 사회주의 강성대국을 건설하며, 전국적 범위에서 민족해방과 인민민주주의 혁명의 과업을 완수하는 데 있으며, 최종목적은 온 사회의 주체사상화와 공산주의사회를 건설하는 데 있다. 조선로동당은 남조선에서 미제국주의 침략군대를 몰아내고 식민지통치를 청산하며 그리고 일본 군국주의의 재침기도를 좌절시키기 위한 투쟁을 전개하고 남조선 인민들의 사회민주화와 생존권투쟁을 적극지원하고 조국을 자주적 평화적으로 민족대단결의원칙에 기초하여 통일을 이룩하고 나라와 민족의 통일적 발전을 이룩하기 위하여 투쟁한다", 조선로동당 규약, 1980년 10월 13일.

77) 이미숙, "북한의 남북한 군사협상 결정요인 고찰", 『국방연구』 제53권 제1호 (국방부, 2010), p. 74.

성하기 위하여 대남전략수단으로 활용하고 있는 것이다. 오랫동안 군사회담 전문가로서 활동해온 문성묵[78]은 자신의 오랜 경험을 바탕으로 북한의 협상목표는 "당면은 체제유지요 궁극적으로는 대남적화라 할 수 있다고 강조하면서 그 이유로 북한은 당초에 군사회담 자체에는 별다른 관심을 두지 않았다. 2000년 6월 제1차 남북정상회담 결과 발표된 6·15공동선언에는 군사적 긴장완화나 신뢰구축 등 군사관련 합의는 포함되지 않았던 것도 이 때문이다."[79]라고 주장하였다. 아울러서 북측은 체제위기를 극복하기 위해 대남 군사협상과 군사도발을 병행하여 구사하고 있다. 이것은 군사협상에 이어 군사도발을 대남전략의 또 하나의 수단으로 인식하고 있음을 알 수 있게 해준다.

김일성 회고록 항일유격대식 협상모델의 원형으로 제시된 '오의성과의 담판' 및 '고이허와의 담판' 사례에서도 협상목표는 명확하게 구국군과 반일연합전선을 구축하는 것이었다. 이러한 당면 목표는 항일유격대의 미래를 보장하느냐 못하느냐와 직접적으로 연계된 문제였기 때문이다. 이는 김정일 시대 체제유지와 직접적으로 관련이 있는 사항과 매우 유사하다.

다. 협상의제

남북한 군사협상은 국내사정, 남북관계, 국제적인 환경 등을 배경으로 협상이 개시되었다. 협상 개시 전 서방 민주주의 국가와의 회담의 경우 사전에 충분하게 의제를 조율한 후 회담을 진행하는 것이 정상적인 관례이다.

---

78) 육군제3사관학교를 13기로 졸업하였으며, 경북대학교 박사과정을 마치고 국방부에서 1992~2009년까지 18년 10개월 동안 대표적인 군사회담 전문가로 국방장관회담, 장성급군사회담, 군사실무회담 실무자 및 대표로 활동하였다. 軍 특성상 국방부 군사회담 분야에서 장기간 보직하기는 매우 어려운 사항이었지만 특별히 군사회담 전문가로 인정받아 활동을 지속할 수 있었다.

79) 문성묵, "남북군사회담 경험을 기초로 살펴본 북한의 협상전략", 『한반도군비통제』 47집 (국방부, 2010), pp. 44~45.

그러나 남북관계에서는 그렇지 못한 경우가 빈번했다.

김정일 시대 대표적인 군사회담 전문가인 문성묵은 협상의제와 관련하여 "남북군사회담의 경우 의제 자체에 대한 공감대 없이 상대방이 무슨 문제를 제기할지도 정확치 않은 상태에서 회담이 열리는 경우가 대부분 이었다. 그러다 보니 짧은 일정에 의제도 조율되지 않은 상황에서 제대로 된 합의가 나오기 어렵다. 결국 회담이 공전되고 생산적인 결과를 도출해 내기 어려웠다. 사전에 의제를 조율하는 경우에 있어서도 북측은 우리 측이 요구하는 의제를 들어주는 조건으로 반드시 반대급부를 요구하였다."[80]라고 주장하였다. 또한 "북측은 제기한 의제들 중 자기들이 원하는 방향으로 타결되지 못하자 이에 대한 불만으로 회담을 회피한 것이 아닌가 생각된다." 라고도 하였다.

협상의제는 양적측면에서도 꼼꼼히 고찰해 볼 필요가 있다. 협상의제가 한 가지라면 협상당사자의 이해관계가 맞서 경쟁적일 가능성이 높다. 반면에 의제가 둘 이상인 경우에는 서로가 중요하게 생각하는 의제에 있어서 보다 덜 중요한 협상의제에 대해서는 양보할 수 있는 여유가 있을 수 있다. 의제가 다수일 경우 어떤 의제에서는 상당부분을 양보하고 다른 의제에 대해서는 상대방으로부터 양보를 얻어내고자 한다. 즉 협상에서 상대측에게 중요치 않는 의제에 대한 대화의 집중력을 떨어뜨리는 효과를 노리는 것이다.

또한 군사협상 특성상 협상의제가 반복적으로 논의되는 경우가 많다. 과거 협상의제는 다음 회담의제를 진행하는 데 크게 영향을 미친다. 이번 회담에서 어떤 의제에 관하여 양보를 하면서 그 대가로 이번 회담, 아니면 다음 회담에서 다른 의제를 타결할 때 부수적 보상을 약속 받을 수 있다.

2000년대 이후 군사협상의제는 외형상으로는 현실적이고 실리적인 군사

80) 문성묵, 위의 논문, p. 58.

협상 의제를 주요 협상의제로 채택하고 있다. 그러나 북한은 제안한 협상의제[81]와 의제내용의 이중성[82]을 보여주고 있으며 의제별 협상순서에 대해서도 남북 양측이 상이하게 주장[83]하곤 했다. 특히 반복적이고 지속적인 북한의 군사협상 의제를 면밀하게 분석해보면 협상행태의 본질에 좀 가까이 접근할 수 있다. 본질적인 의제가 군사협상에서 다루어져야 됨에도 불구하고 북한은 우선적으로 체제유지 및 경제적 실리를 위한 의제를 군사협상에서 활용했으며, 북한은 본질적인 군사협상 의제에 대해서는 저자세로 일관했다.

81) 대표적인 의제로는 철도·도로연결과 서해해상우발충돌방지, 선전중지·수단제거, 군축과 군사적 신뢰구축 관련내용 등이다.

82) 이미숙, 앞의 논문, pp. 263~269.

83) 남측은 '先군사적 신뢰구축'을 북측은 '先군축 후 군사적 신뢰구축'을 주장하고 있다.

제3장

북한의 항일유격대식 협상모델과 분석틀

제1절

'세기와 더불어'에 나타난 전략문화와 군사협상

1. 군사협상의 전략문화이론 적용

북한은 각종 군사회담을 통하여 군사정책 목표를 달성하고자 노력하였다. 이러한 북한의 대남군사협상행태를 일반화하기 쉽지 않다는 것은 군사협상 자체가 국가이익과 연계되어 복잡하게 작동되고 있기 때문이다.

그동안 많은 연구들이 군사협상을 분석하는 데 있어서 주로 사회주의권 전략 및 전술과 이데올로기적인 면에 과도하게 집중하였거나 다소 편향된 시각을 가지고 연구에 임했다는 것은 부정할 수 없는 사실이다. 연구자의 관심분야에 따라서 선정된 기준들이 개별적 상황에 맞추어서 설명하는 방식으로 전개될 수밖에 없는 한계점을 가지고 있다.

종래의 규범적, 기술적 접근법에 의한 북한 군사협상의 분석들이 동태적이고 복잡한 남북관계의 현실을 정확히 설명하기란 쉽지 않을 뿐만 아니라 앞으로의 협상 전망에 대해서도 예측을 어렵게 하고 있다. 그렇다면 대안으로서 어떤 학문적인 연구방법[1)]을 제시할 수 있는지 이것 역시 난해한 문제이다.

최근의 전략문화이론은 비교정치론의 문화적 접근법을 통하여 정치현상을 구체적으로 비교분석하고 있는 방법으로 활용되고 있다. 이러한 전략문화적 접근법은 북한의 군사협상을 이해하는 방법론으로 활용될 수 있으며, 나아가 군사협상 분야에도 효과적으로 적용할 수 있는 대안이 될 것이다.

특히 북한사회가 군사국가화 경향이 분명해지는 사회적 현상을 살펴보면 군대의 '사회로의 침투'와 사회자체의 군사화[2])로 볼 수 있다. 이를 가능하게 하고 있는 동인 자체가 김일성의 항일무장투쟁 전통이라는 사실에 착안하여 전략문화의 근간을 이루고 있는 항일무장투쟁기간 중의 협상사례를 분석하여 김정일 시대에 비교하여 보면 전략문화가 어떻게 착근되어 진행되고 있는지를 살펴볼 수 있을 것이다. 나아가 군사 협상행태에 대하여 비교적 객관화하여 분석할 수 있는 시각을 제공할 것으로 판단되어 군사협상에 전략문화 이론을 적용한 것이다.

2. '세기와 더불어' 속의 전략문화적 특성

북한의 전략문화의 핵심사항인 항일유격대 경험과 관련하여 과연 어떤 문헌이나 자료 등을 통하여 군사협상을 분석할 것인가는 가장 중요한 문제이다. 북한은 1960년대 초부터 광범위한 대중학습을 통하여 항일유격대원의 사상과 투쟁의지, 투쟁방법을 배우고 실천하도록 요구받았다. 학습방법으로는 학습조나 연구토론회, 감상모임 등을 조직하여 주제별로 장기간 학

1) 이와 같은 문제점에 봉착하게 되었을 때 정치학의 새로운 연구경향이 강조되었으며, 1960년대에는 비교정치론이 주도적인 정치학분야로서 등장하여 학문적 발전에 기여하였다. 2000년대 전후 연구방법론의 일환으로 문화적 접근법, 합리적 선택론, 구조주의적 분석의 방법이 새로운 영역을 많이 제시하고 있다.

2) 항일무장투쟁 전통이 집단과 사회 속에 확산되고, 개인과 집단이 체화함으로써 군사문화의 사회적 침투가 쉽게 이루어질 수 있었다. 이 전통 자체가 역사적으로 군사적인 내용이었을 뿐만 아니라 주민들에게 각인되는 내용 역시 군사문화였기 때문이다. 김용현, "북한의 군사국가화에 관한 연구", 동국대학교 대학원 박사학위논문, 2001, p. 141.

습-발표-토론의 순환과정을 반복[3]하여 텍스트속의 속뜻을 찾아 현실에서 구현하게 되었기 때문이다.

본 연구에서는 김일성이 역사적, 서술적으로 저술하여 현재까지 활용되고 있는 제반 원전들을 텍스트라고 할 것이다. 이러한 원전은 북한 주민들에게 사상적인 기반체계를 이루고 있으며 거대 담론으로 형성되어 있다. 텍스트 가운데 북한의 통치 엘리트들에게 압도적인 영향력을 갖고 있으며, 가장 핵심적인 주요 텍스트를 키텍스트로 명칭하여 활용하고자 한다.

키텍스트와 관련된 선행연구 결과 존스턴(Johnston)은 특정 국가의 전략문화를 도출하기 위한 방법으로 첫째, 입증이 가능해야 하며 둘째, 해당국가의 전략적 선택에 대한 경험적 예측을 제공하여야 하며 셋째, 문헌과 텍스트 등 구체적이고 경험적인 산물이 있어야 하며 넷째, 시간의 흐름이나 세대교체에 따른 변화요소가 어떻게 진행되는지 추적할 수 있어야 한다고 주장하였다. 이러한 방법론의 배경으로 존스턴은 중국연구에 있어서 '무경칠서(武經七書)'라는 고전병법서를 키텍스트로 활용[4]하여 무력사용에 관한 인식과 대외관계 인식을 분석하였다. 한편 국내에서는 김백주[5]가 조선 문종 때 저술된 '동국병감'을 활용하여 북한이 대외관계사와 전쟁을 어떻게 인식하고 있는지를 살펴보았다. 또한 황일도[6]는 북한의 전략문화를 엿볼 수 있는 방법론으로 키텍스트에 대한 분석이라는 경로를 채택하여 북한의 군사행태를 분석하였다. 특히 키텍스트로 선정된 김일성 회고록 '세기와 더불어'(1-8권)를 세부적으로 분석한 후 정체성 및 위협인식 등 3개 분야 11개 주요 의미구조로 분류하여 전략문화적 속성과 정책선택을 비교하는 데 활용하였다.

3) "혁명전통 교양을 목적지향성 있게 적극적으로", 『로동신문』, 1961년 12월 17일.
4) Alastair I. Johnston, *Cultural realism: strategic culture and grand strategy in Chinese history* (Princeton, N.J: Princeton University Press, 1995), p. 39.
5) 김백주, "북미 협상과 북한의 전략문화", 경남대학교 북한대학원, 2001.
6) 황일도, 앞의 논문.

본 연구에서는 북한 전략문화의 특성을 고려하여 이와 같은 키텍스트 방법론을 활용하되 김일성의 회고록 전체를 분석하지 않고 순수한 담판 사례만을 분석하여 김정일 시대의 군사협상과 비교하여 협상행태가 어떻게 진행되고 있는지를 살펴보고자 하는 점에서 기존의 키텍스트 활용 방법론과 차이가 있다고 할 수 있다.

연구의 관점은 이러한 기본적인 군사 협상행태의 인식틀을 가지고 김정일 시대의 북한은 군사협상시 어떻게 행동하면서 대응하는지 또는 행동을 제한하거나 기존의 선택과 일관성을 갖도록 유도하고 있는 것은 무엇인지를 살펴보고자 한다. 즉 키텍스트에서 북한 군사협상의 원형을 도출한 후 구조화된 인식틀 속에서 김정일 시대 군사 협상행태에 대하여 어떻게 작동되었는지를 분석하고자 한다.

그럼 과연 텍스트들 중에서 어떤 텍스트를 통해서 북한의 전략문화를 확인할 것인지가 다음 단계이다. 북한의 키텍스트 선정기준은 여러 가지 있을 수 있지만 가장 합리적인 방법은 첫째, 북한의 군사정책 결정과정에서 충분한 권위를 갖고 인용되어온, 성문화된 문서나 책자이여야 하다. 둘째, 본 논문의 주제인 군사협상에 대한 사례가 잘 드러나 있으면서 현재에도 그 영향력 혹은 규정력이 유지되고 있어야 한다. 셋째, 키텍스트 관련하여서는 누구도 비평하거나 개인의 사상을 추가 할 수 없는 절대적인 것이어야 한다. 이러한 선정 기준을 고려해 보면 김일성의 회고록인 '세기와 더불어'는 선정 기준에 가장 합당한 문헌임을 확인[7]할 수 있다. 북한에서 아직

7) 북한의 책자 중 학습사전을 발간한 책으로 학습사전 첫 페이지에서 "회고록 ≪세기와 더불어≫는 인민의 자유와 행복을 위하여, 시대와 인류의 앞길을 개척하기 위하여 바치신 절세의 위인의 영웅서사시적 한생이 집대성 되어 있는 불멸의 혁명적대백과전서이다. … 회고록 ≪세기와 더불어≫는 그가 담고 있는 한없이 풍부한 혁명적 내용과 거대한 견인력으로 하여 우리 인민의 성스러운 주체혁명위업과 진보적 인류의 자주위업 수행의 앞길을 휘황히 밝혀주는 혁명의 교과서로 된다. … 회고록 ≪세기와 더불어≫에 대한 학습을 더욱 심오히 하고 있으며 그에 담겨져 있는 불멸의 사상과 내용들을 투쟁과 생활의 지침으로, 고무적 기치로

까지 '세기와 더불어' 이상으로 기준을 충족시키는 문헌은 존재하지 않으며 김정일 또한 회고록에 대해서 직접적으로 귀중한 혁명의 교과서[8]라고 언급하고 있다. 또한 미국의 대북정책 연구자인 스코트 스나이더는 『벼랑끝 협상』에서 김일성의 경험은 북한인이 협상과 같은 특정한 상황에 대응하는 방법을 보여주는 원형[9]이 되었다고 주장하였다.

물론 김일성 전집이나 선집과 달리 김일성에 자신의 주도적인 계획아래 구성, 집필된 문헌을 근거로 하는 것은 회고록 자체가 단순히 개인의 삶을 정리한 일반적인 회고록과 달리 북한이라는 체제에서 김일성이 남긴 마지막 유훈이라는 사실이다. 국가적 역량을 총 동원해 김일성이 작성[10]한 성문화된 문서이며, 김정일을 통해 이후 각종 정책문서와 담론에서 반복적으로 인용되며 공유된 저작인데다 무력사용의 문제나 전정의 종류, 안보를 다루는 데 선호되는 수단 등 군사 분야의 핵심쟁점들을 집중적으로 논의한 문헌이라는 점에서 더욱 그렇다. 아울러서 이 회고록은 현재도 북한의 간부들과 당원들, 북한 군인들[11], 근로자들의 기본적인 혁명의 교과서로 사용되고 있다. 특히 내용 중에서 김일성의 항일유격대 활동은 그에 대한 최대의 찬사증거[12]로 삼고 있으며, 오늘날 북한의 사고를 지배하고 있다고 해

삼고 있다."고 분명하게 밝히고 있다. 『위대한 수령 김일성동지의 회고록 ≪세기와 더불어≫ 학습사전』 1, (평양: 과학백과사전종합출판사, 1998), p. 1.

8) 김정일, "경애하는 수령 김일성동지의 위대한 업적을 빛내여나가자", 『김정일 선집 13』 (평양: 조선로동당출판사, 1998), p. 52.

9) 스코트 스나이더, 『벼랑끝 협상』, 안진환 · 이재봉 역 (파주: 청년정신, 2003), p. 52.

10) 김일성이 회고록 작성 시 총적인 구성안과 구체적인 집필요강을 사전 작성한 후 작성을 진행하였다.

11) 북한은 증보판 학습사전을 발행하면서 "간부들과 당원들, 인민군군인들, 근로자들의 학습에 도움을 줄 목적으로 편찬발행한다"고 분명히 밝히고 있으며, "불멸의 사상과 내용들을 투쟁과 생활의 지침으로 고무적기치로 삼고있다"고 주장하고 있다. 과학백과사전종합출판사, 『위대한수령 김일성동지의 회고록 ≪세기와 더불어≫ 학습사전』 (평양: 과학백과사전총합출판사, 2008), p. 1.

12) 북한은 그들의 주체사관의 출발시점을 항일무장투쟁에서 찾고 있다는 점이다. 조선로동당출판사, 『조선로동당력사』 (평양: 조선로동당출판사, 1991), p. 13.

도 과언이 아니며 여전히 수령의 교시로 여겨지고 있다. 북한은 "누구나 수령의 교시에 의해서 사고하고 행동해야 한다."[13]라는 점은 주지의 사실이다. 이와 같은 영향력을 포함하여 여러 측면들을 고려해서 '세기와 더불어'를 선택한 것이다.

김일성 회고록 '세기와 더불어'의 일반적인 현황을 살펴보면 다음 〈표 3-1〉과 같다.

〈표 3-1〉 '세기와 더불어' 현황

구 분	시 기	판 형	페이지	발행년월일	비 고
1	1912~1930년	국판	361	1992. 4. 3	학습사전은 간부들과 당원들, 인민군군인들, 근로자들의 학습에 도움을 줄 목적으로 여러 권에 나누어 편찬 발행 학습사전1(1998), 2(1999), 증보판 학습사전(2008)
2	1930~1933년	국판	454	1992. 4. 3	
3	1933~1935년	국판	454	1992. 11. 25	
4	1935~1936년	국판	470	1993. 5. 30	
5	1936~1937년	국판	461	1994. 5. 10	
6	1937~1937년	국판	414	1995. 2. 20	
7 (계승본)	1937~1940년	국판	403	1996. 6. 25	
8 (계승본)	1940~1945년	국판	493	1998. 6. 15	

* 참고문헌: 조선대백과사전 16 (평양: 백과사전출판사, 2000). pp. 11~14.

본 연구에서 활용한 김일성 회고록 '세기와 더불어'는 표에서 제시한 바와 같이 조선로동당 출판사에서 출판된 8권(계승본 포함)을 활용하였다. 물론 1979년부터 1998년까지 총 50권으로 발간한 김일성 저작집 중 '세기와 더불어' 1~6권을 다시 조판해 제작한 45, 46권(1996년)과 47~50권(1997년)의 김일성 저작집이 있기도 하지만 연구목적상 단행본 '세기와 더불어'를 활용하였다.

13) 전현준은 김일성이 수령이 된 이유에 대하여 3가지 이유를 들고 있다. 첫째는 항일빨치산 경력, 둘째 사회주의적 개혁과 정부수립, 셋째, 한국전쟁에서의 승리 등이라고 하였으며, 여기서 첫 번째로 항일빨치산 경력을 들었다는 점이다. 강성윤 편, 『김정일과 북한의 정치 -어제 오늘 그리고 내일-』 (서울: 선인, 2010), p. 34.

먼저 키텍스트로 선정한 '세기와 더불어'에 나타난 주요 전략문화적 특성을 간략하게 살펴보면 김일성은 회고록에서 자신의 생애를 회고하는 형식으로 구성 되어있다. 회고록 내용 중 중국을 배경으로 하는 김일성의 항일유격대 활동[14]이 가장 중점적으로 서술되어 있다. 김일성의 유격대가 일본군이나 만주군 등과 교전하면서 싸운 전투를 시계열로 자세히 기술하고 있다. 여기에는 김일성이 고심했던 군사전략 분야 인식이 그대로 드러나 있으며, 이러한 사항들은 오늘날까지도 북한군의 군사전략 원형이 되고 있다. 이렇게 분류된 회고록의 내용은 북한의 정치, 경제, 사회, 군사 등 모든 분야에서 반복적인 인용[15]과 학습을 통하여 새로운 국제정치 환경 속에서 북한이 선택해야 하는 군사정책과 협상행태의 양상을 규정하는 중요한 역할을 하고 있다.

---

14) 이러한 김일성의 항일유격대 전통은 현재 북한의 사상문화적 기반으로 정착되어 있다. 김광운은 북한정치사연구 결론에서 "김일성 지도체계는 일제하 항일무장투쟁으로부터 배양되어 김일성의 정권장악과 함께 그 원형이 성립되었다. 김일성 지도체계를 만들어낸 항일유격대 전통은 오늘날까지고 북한의 당·정권기관·군대의 조직과 활동의 기본원리로 작동하고 있다"고 하였다. 김광운, 『북한정치사연구 1』(서울: 선인, 2003), p. 749.

15) 북한은 모든 연구논문, 각종도서, 군사교범을 포함하여 각종 발간물의 서문이나 내용 중에 김일성 회고록, 전집, 김정일 선집에 수록된 내용을 반드시 제시하여 논리를 전개하고 있다.

제2절

항일유격대식 협상모델

1. '세기와 더불어' 담판 사례 분석

김정일 시대의 군사협상 행태를 분석하기 위해서는 오늘날 북한의 군사전략의 원형은 물론 전반적인 정치, 경제, 사회, 문화적으로 지대한 영향력을 미치고 있는 김일성 회고록 '세기와 더불어'를 분석하여야 한다. 특히 여기에 제시되고 있는 모든 담판사례를 확인하고 분석하여야 할 것이다. 우선 회고록 내용 중에서 제반 담판 사례를 확인하는 것이 첫 번째 절차이다. 이렇게 도출된 담판[16]사례를 대상으로 담판행태에 대해서 세부적인 분석을 실시하여야 한다. 이렇게 분석된 담판사례 중에서 담판의 원형, 즉 협상모델을 선정하여야 할 것이다. 협상모델 선정시에는 성공과 실패사례를 선

16) '세기와 더불어' 나타난 협상은 김일성이 유격대 활동시기에 실시하였던 협상들이다. 그렇기 때문에 군사협상으로 판단하였으며, 북한의 정권이 성립되지 않는 상황에서 군사협상에 해당 되느냐 안 되느냐의 문제는 본 논문의 논의 대상이 아니다. 여기에서는 현재의 북한의 통치엘리트들이 항일무장투쟁 시기 김일성의 군사협상을 통하여 받아들이고 있는 전략적 교훈과 인식들이 전략문화의 속성으로 구성되는데 이러한 전략문화가 협상에서 어떻게 활용되었는지를 유추하는 것이 본 책자의 핵심사항이다.

정하여 제반 군사협상 행태에 대한 효율적인 분석이 가능토록 하여야 한다. 이렇게 선정된 협상모델을 근거로 2000년대 이후 김정일 시대 군사협상에서 나타난 협상행태와 상관관계를 분석하였을 때 비로소 북한의 군사협상 행태에 대한 제반사항을 효과적으로 분석할 수 있을 것이다. 이와 같은 분석결과는 앞으로 준비되고 진행될 남북군사협상의 협상행태에 대해서 북한의 의도를 좀 더 정확하게 파악하는 데 유용하게 활용될 수 있을 것이다.

회고록 내용 중 주요 담판 사례를 살펴보면 총 6건의 담판[17] 내용이 김일성에 의해 회고되어 있다. 6건의 담판 내용 중 5건의 사례가 협상으로서 기본적인 틀을 유지하고 있으며, 1건은 협상의 틀을 갖추지 못하고 있다. 5건의 담판사례 중 양자 간 협상사례는 4건이며 나머지 1건은 다자간 국제 담판사례이다. 4건의 양자 간 담판사례 중 2건은 김일성이 성공한 사례이며, 나머지 2건은 실패한 사례이다. 본 연구에서는 남북한 군사협상을 고려하여 양자 간 담판사례를 활용하였다.

세부적으로 담판 사례를 살펴보면 1권에 회고된 1건은 '고이허와의 담

17) 김일성 회고록 원문에는 '담판'이라는 용어로 표현되어 있다. 본 연구에서는 김일성의 회고록을 언급할 때에는 '담판'의 용어를 김정일 시대에는 '협상'의 용어를 사용하였으며, 필요시에는 혼용하여 사용하였다. 참고적으로 냉전시대의 공산주의자들의 협상이론과 행태에 대해서는 알프레드 D. Wilhelm, Jr.)가 저술한『중국인들의 협상기법-방식과 특징』(The Chiness at the Negotiation Table-Style & Characteristics)의 책자를 참고하면 빌헬름은 국가간 협상을 다루는 데 있어서 중국 공산주의자들이 사용하는 다양한 용어와 그 용어들 간에 존재하는 개념의 차이를 지적하였다. 즉, 중국 공산주의자들의 경우 일반적인 의미에서 영어의 'negotiation'을 직역한 중국어는 '담판'이지 '협상'이 아니라는 것이다. '담판'에는 우호적 협상과 적대적 협상의 개념이 함께 함축되어 있으나 적대적 협상쪽에 더 가까운 의미를 갖는다. 우호적 협상의 경우에는 사용되는 용어들이 '회담', '회상', '협상' 등으로 이 가운데 '협상'이 가장 우호적 분위기에 적용되는 용어이다. 따라서 적대적 협상의 경우 중국공산주의자들은 '협상'이라는 용어를 사용하지 않는다. 여기에서는 서두의 협상이론에서 제시한 바와 같이 협상이라는 용어로 사용하였다. Alfred D. Wilhelm, Jr.: *The Chiness at the Negotiation Table-Style & Characteristics*(Washing, D.C.; National Defense University Press, 1994), pp. 3~10.

판'[18]내용으로 체포된 반일인민유격대 인원들 석방문제와 반일합작 문제 관련하여 김일성이 고이허와 단독으로 담판한 내용이다. 협상의 틀을 갖추고 있으나 고이허 측에서 일방적으로 담판을 결렬시켜 더 이상 담판이 진행되지 못했다.

2권에서는 2건의 담판내용이 회고되어 있는데 1건은 '구국군과의 담판'[19]으로 김일성은 구국군이 항일전쟁에서 우리의 전략적인 동맹자가 될 수 있다는 확고한 입장을 가지고 구국군과의 관계를 개선하는 것은 물론, 심지어 그들과 연합전선도 형성해야 한다고 주장하여 내부적으로 토론 후 승인을 거쳐 회담대표로 김일성이 선발되어 담판을 실시한 내용이다. 구국군의 우사령부대와 담판을 위해 담판장에 도착하였으나 담판부대에 의해 감금되었지만, 구국군의 참모장인 길림 육문중학교 시절 스승이었던 류본촌 선생의 도움으로 감금해제는 물론 담판을 성공적으로 마칠 수 있었다는 내용이 담겨 있다. 담판준비로부터 대표 선발, 담판내용이 비교적 자세하게 설명되어 있다. 나머지 다른 1건은 '양세봉과 담판'[20]으로 반일합작에 관련하여 담판을 진행하였으나 결렬된 내용으로 담판준비과정과 담판초기, 중간단계의 논쟁과정이 자세히 회고되어 있다. 그러나 김일성은 비록 상층의 담판은 실패하였지만 하층의 담판은 성공하였다고 판단하였다.[21]

3권에 소개된 2건 가운데 1건은 유격구 생활시 일본인 목재소장과 중국인 목재상이 유격구로 찾아와 채벌 허가를 얻기 위한 담판을 회고한 내용

18) 김일성, 『세기와 더불어 1』 (평양: 조선로동당출판사, 1992), pp. 335~338.
19) 김일성, 『세기와 더불어 2』 (평양: 조선로동당출판사, 1992), pp. 278~296.
20) 김일성, 앞의 책, pp. 358~376.
21) 김일성은 담판결렬 후 이동 간 참모장 차광수와 대화에서 ≪왜 참모장동무는 독립군과의 담판을 실패작으로만 보려고 하오?≫ ≪그럼 실패작이 아니고 성공작이란 말이요? 어쨌든 량사령은 합작이 아니라 무장해제음모를 꾸미지 않았소.≫ ≪참모장동무는 상층의 표정만 보았지 하층의 얼굴은 보지 못했구만. 독립군대원들이 우리 유격대를 보고 얼마나 감탄하고 부러워하였소. 나는 무장해제설보다 그걸 더 중시하고 싶단 말이요. 중요한 것은 상층의 표정이 아니라 하층의 태도요. 나는 거기서 합작의 장래를 보고 있소.≫, 김일성, 앞의 책, p. 373.

으로 담판의 형식은 갖추고 있으나 군사협상과는 거리가 있는 담판 내용이다. 다른 한건은 '오의성과의 담판'[22]으로 구국군과 반일인민유격대와 반일연합전선을 맺음으로서 동맹관계로 형성하기 위한 담판이다. '오의성과의 담판'은 담판의 계획, 준비, 실시, 이행단계까지가 비교적 자세하게 회고되어 있어 군사협상의 전형적인 사례로 볼 수 있다.

계승본[23]인 7~8권에서는 8권에 1건이 회고되어있다. 회담내용을 세부적으로 살펴보면 소련, 중국, 북한이 회담대표로 참석한 3자회담으로 일명 '하바롭스크 회의'[24]라고 불리며 국제당의 초청으로 참석하여 조선혁명문제를 토의하였다고 회고하고 있다. 다자협상으로 김일성이 직접 참석하여 의제를 토의하였으며, 사전에 회담 준비사항 및 회담 실시간 토의내용이 자세하게 기술되어 있다. 전반적으로 공산당 회담내용 및 회담방법 등을 파악할 수 있으나 군사회담으로서의 의미는 제한된다. 그러나 김일성의 중국, 소련인원들과 회담 시 회담행태 등을 확인할 수 있다. 지금까지 김일성의 회고록 '세기와 더불어' 각 권별로 나타난 군사협상 현황을 살펴보면 다음 〈표 3-2〉와 같다.

---

22) 김일성, 『세기와 더불어 3』 (평양: 조선로동당출판사, 1992), pp. 169~181.

23) 김일성 사망이후 조선로동단 중앙위원회가 이전의 회고를 수집 및 정리한 7~8권은 계승본이라는 이름이 붙어있다. 이 때문에 7~8권의 경우 각 장마다 서두에서 "위대한 수령 김일성 동지께서 ….."와 같은 3인칭 시점을 사용해 상황을 설명하고 이어서 김일성의 구어체 회고를 인용하는 방법을 취하고 있다.

24) 김일성이 회고한 하바롭스크 회의는 "1940년 12월에 소집되여 1941년 3월 중순까지 계속되었는데 비밀사업을 하는 군대병영에서 진행되었습니다. … 회의 첫단계에서는 동북항일련군과 조선인민혁명군, 각성위의 책임일군들이 처음으로 한자리에 모인 조건에서 각 로군과 성위간의 련계와 국제당 및 쏘련과의 관계에서 공동보조를 취하기 위한 대책적문제를 놓고 여러날 진지하게 협의하였습니다. … 하바롭스크 회의는 소할바령회의와 함께 우리 혁명의 새로운 전환기를 열어놓은 하나의 계기로 되었습니다. 소할바령회의와 하바롭스크회의는 1940년대 전반기 항일무장투쟁의 내용과 형식을 규정해주고 조선혁명가들이 조국해방에 대한 확고한 신념을 가지고 우리 혁명의 주체적력량을 강화하면서 다가올 대사변을 주동적으로 맞이할 수 있게 해준 중요한 회합"이었다고 회고록에서 주장하고 있다. 김일성, 『세기와 더불어 8』 (평양: 조선로동당출판사, 1998), pp. 112~128.

<표 3-2> '세기와 더불어'에 나타난 군사협상 현황

구 분	담판(협상)사례 : 총 6건
세기와 더불어 1	·**고이허와의 담판** : 체포된 항일유격대 인원들 석방문제와 반일합작 문제 관련 김일성과 고이허가 담판을 실시하였으나 결렬됨. (실패 사례)
세기와 더불어 2	·**구국군과의 담판** : 항일전쟁에서 우리의 전략적인 동맹자로 될 수 있다는 확고한 립장을 가지고 구국군과의 관계를 개선하는 것은 물론, 그들과 연합전선까지도 형성해야 한다고 주장, 길림육문중학교 시절 스승이였던 류본촌 선생과 만남으로 문제해결, 회담대표로 김일성 선발 ·**양세봉과 담판** : 반일합작 관련하여 담판을 실시하였으나 결렬됨.
세기와 더불어 3	·유격구 생활시 담판 : 대두천에 있는 친화목재소의 일본인 소장과 중국인 목재상은 유격구에 찾아와 채벌 허가를 얻기 위한 담판을 요청한 사항 ·**오의성과의 담판** : 구국군과의 관계를 동맹관계로 형성하기 위한 담판 (성공 사례)
세기와 더불어 4, 5, 6, 7(계승본)	담판내용 없음
세기와 더불어 8 (계승본)	·하바롭스크 회의 : 국제당의 초청으로 참석하여 조선혁명문제 토의 (소련, 중국, 조선 등 3자회담)

* 진하게 표시된 협상들이 기본적으로 협상의 틀을 유지하고 있는 사례임.

2. 항일유격대 군사협상모델의 구축

북한은 '항일유격대식'의 전통을 '혁명전통'으로 승격시켜 '소련식'을 대체하는 사회주의 교양의 정신적 내용[25]으로 깊숙이 자리 잡고 있다. 또한 로동당 활동방식의 총체를 의미하는 사항으로 사용되고 있다. '혁명전통'을 계승한다는 것은 항일유격대의 '사상체계', '사업방법', '사업작풍'을 계승하는 것을 뜻하는 것이다.[26] 특히 '항일유격대식 사업방법'에 대하여 김일성은 "당조직들과 당일군들은 당세도, 관료주의, 형식주의를 없애고 모든 일

25) 서동만, 『북조선사회주의체제성립사』(서울: 선인, 2005), p. 813.

26) 김일성은 "항일유격대의 혁명전통을 계승한다는것은 무엇을 의미합니까? 그것은 항일유격대의 사상체계를 계승하며 그 우수한 사업방법과 사업작풍을 계승한다는 것을 의미합니다. 항일빨찌산은 지주, 자본가를 위해서가 아니라 근로인민의 리익을 위해서 싸우며 언제든지 인민과 같이 살고 인민과 같이 싸우는 그러한 투쟁정신의 전통을 세웠습니다"라고 주장하였다. 김일성, "조선인민군은 항일무장투쟁의 계승자이다" 『김일성 저작집』 제12권(조선로동당출판사, 1981), p. 65.

을 주인다운 립장에서 책임적으로 하며 당과 혁명을 위하여, 로동계급과 인민대중을 위하여 성실히 일하는 사업기풍을 철저히 세워야 하겠습니다. 우리 당은 당사업 방법을 개선하는데서 '항일유격대식 사업방법'을 구현할 데 대한 원칙을 견지하고 있습니다. 당조직들과 당일군들은 항일유격대식 사업방법의 요구대로 현실속에 들어 모든 사업에 정치사업을 앞세우고 당 정책 관철에도 대중을 조직동원하며 아랫사람들을 도와주고 가르쳐주며 이신작칙의 모범으로 대중을 이끌어야 하겠습니다."[27]라고 강조하였다.

북한에서는 제반사항에 대하여 항일유격대식의 용어를 사용하면서 '항일유격대식 학습방법', '항일유격대식 사업방법' 등으로 현재 널리 사용 및 학습되어지고 있다. 당의 구호 자체도 '생산도 학습도 생활도 항일유격대식으로!'와 같은 구호[28]를 앞세워 당 정책의 무조건적 관철을 독려[29]하고 있다. 또한 이러한 혁명전통을 계승 발전시키기 위한 투쟁을 당사업의 중요한 과업[30]으로 여기고 있으며, 오늘날에도 여전하게 진행되고 있다. 즉 '항일유

27) 김일성, "조선로동당창건 30돐에 즈음하여" 『김일성 저작집』 제30권 (조선로동당출판사, 1985), p. 545.

28) 1974년 3월 김정일은 유격대국가를 표현하는 기본적인 슬로건으로 "생산도 학습도 생활도 항일유격대식으로!"라는 구호를 제시하고 항일유격대식 당생활체계를 새로운 당생활 총화제도로 확립하였다. 조선로동당출판사, 『조선로동당력사』 (평양: 조선로동당출판사, 1991), pp. 482~484.

29) 김정일, "전당에 혁명적당풍을 철저히 세우자" 『김정일 선집』 제9권 (조선로동당출판사, 1997), p. 125.

30) "우리는 혁명전통을 계승발전시키기 위한 투쟁을 당사업의 중요한 과업으로 틀어쥐고나감으로써 혁명과 건설을 힘있게 다그치며 주체의 혁명위업을 빛나게 계승완성하여야 할것입니다. 혁명전통을 계승발전시키는데서 나서는 중요한 문제는 당원들과 근로자들을 우리 당의 혁명전통으로 튼튼히 무장시키며 혁명과 건설의 모든 분야에 그것을 철저히 구현하는것입니다. 당조직들은 당원들과 근로자들 속에서 혁명전통교양을 강화함으로써 그들이 당에 대한 끝없는 충성심과 높은 혁명정신을 가지고 우리 당의 영광스러운 혁명전통을 견결히 옹호보위하도록 하여야 합니다. 당조직들은 ≪생산도 학습도 생활도 항일유격대식으로!≫라는 혁명적구호를 높이 들고 사회생활의 모든 분야에 혁명전통을 철저히 구현하며 온 사회의 주체사상화를 다그치기 위하여 적극 투쟁하여야 하겠습니다" 김일성, "조선로동당 제6차대회에서 한 중앙위원회 사업총화보고" 『김일성 저작집』

격대식 사업방법'은 현재까지도 모든 사업에 대한 기틀을 마련하고 원형을 창조한 불멸의 혁명업적[31]으로 간주되고 있다. 이와 같은 항일유격대의 혁명전통은 북한 사회에서 배우고 실천해야 하는 중요한 요소로서 자리 잡고 있다. 특히 제반사업에 대하여 원형을 창조한 불멸의 혁명업적이라고 강조하는 사항을 고려하였을 때 당연히 항일유격대 시절의 협상은 오늘날 군사협상의 원형으로 간주되고 있을 것이다. 물론 김정일, 김정은 시대의 협상인원들은 이러한 협상모델을 학습 및 교육 받았을 것으로 판단된다.

김일성의 회고록에 나타난 담판 사례를 각 권별로 분석해 보았다. 담판내용을 분석한 결과 일방적인 담판이나 본 연구와 거리가 있는 담판을 제외하면 '오의성[32]과의 담판' 및 '고이허와의 담판'이 협상의 절차를 준수하면서 연구가치가 있는 전형적인 것으로 표준 협상모델[33]로 판단할 수 있

제35권 (조선로동당출판사, 1987), p. 382.

31) "위대한 수령 김일성 동지께서는 이렇듯 항일혁명투쟁을 조직령도하시는 력사적 행정에서 언제나 인민들속에 들어가시여 그들에게 사랑과 믿음을 주고 해설과 설복으로 사람들의 마음을 움직이고 사상을 발동시키는 방법, 모든 사업에 정치사업을 앞세우는 방법, 우가 아래를 도와주는 방법을 기본내용으로하는 항일유격대식사업방법을 창조하시고 그것을 빛나게 구현하여오시였다. 이것을 력사상 처음으로 인민에 대한 사랑과 믿음의 정치를 철저히 구현하여 혁명의 주인으로서의 인민대중의 지위와 역할을 확고히 보장해주는 혁명적사업방법의 기틀을 마련하고 그 원형을 창조한 불멸의 공적으로 된다." 조선로동당출판사,『위대한 수령 김일성동지의 불멸의 혁명업적 11』(평양: 조선로동당출판사, 1999), p. 146.

32) 북한측 문헌에 의하면 오의성은 중국인으로서 장개석의 보좌관이었으며 민족주의자이며 반일부대 지휘관이다. "중국 동북군 왕덕림부대에서 중대장을 하다가 왕덕림이 9·18사변 직후 반변하여 항일구국의 기치를 들자 그에 호응해나섰다. 1932년 2월 주욱 국민구국군조직당시 구국군 전방사령관으로 임명되었다. 1933년 1월 왕덕림이 중국관내로 가기 위해 쏘련으로 들어간후 구국군의 나머지부대들로 동북국민구국군을 뭇고 총사령으로 되었다. 위대한 수령 김일성동지께서 반일부대와 전면적인 련합전선을 위하여 1933년 6월 라자구에서 담판하실 때 반일인민유격대와 반일련합전설을 맺는데 동의하였다." 위대한 수령 김일성동지의 회고록 ≪세기와 더불어 학습사전 1≫ (평양: 과학백과사전종합출판사, 1998), p. 338.

33) "게릴라 전통에 대한 신화는 김일성의 민족주의 사상의 튼튼한 뿌리가 되었으며 김일성의 경험은 북한인이 협상과 같은 특정한 상황에 대응하는 방법을 보여주는

다. 2가지 담판 사례를 선정한 이유는 담판 준비단계, 초기단계, 중간단계는 성공과 실패의 영향이 최소화한 가운데 일정한 담판절차에 의거해 진행된다. 그러나 담판의 최종 및 이행단계는 성공이냐 실패하느냐에 따라 담판행태가 극명하게 달라진다. 그렇기 때문에 김일성이 담판한 사례 중에서 성공한 사례와 실패한 사례를 가지고 분석을 했다.

왜냐하면 성공한 사례는 항일유격대 시절의 절박한 상황에서 최종단계나 이행단계에 있어서 합의사항을 적극적으로 이행할 수밖에 없는 담판행태가 표출된다. 이렇게 되면 당연히 성공한 담판사례의 행태만 도출하게 된다. 그러면 반대로 실패한 사례가 포함되지 않아 제대로 된 담판의 행태를 분석할 수 없다. 따라서 실패한 사례를 분석해야만 반대의 담판행태를 분석할 수 있을 것이다. 이렇게 성공과 실패의 2가지 담판사례를 분석했을 때 합리적인 담판행태 분석이 될 것으로 판단하였으며, '오의성과의 담판'은 성공한 사례로 '고이허와의 담판'은 실패한 사례로 선정하여 분석하였다. 이와 같이 성공 및 실패 사례로 선정된 표준담판에 대해서 '항일유격대식 협상모델'[34]로 명칭하여 본 논문에서 활용하고자 한다.

'항일유격대식 협상모델'은 김일성의 회고록 '세기와 더불어'에 회고된 담판사례 중에서 협상모델의 원형으로 판단되는 '오의성과의 담판'과 '고이허와의 담판' 사례분석을 통해 북한 군사협상 행태를 파악할 수 있도록 모델화한 것이라고 할 수 있다.

원형이 되었다" 스코트 스나이더, 안진환 · 이재봉 역 (파주: 청년정신, 2003), p. 52.

34) **'항일유격대식'**의 용어에 대한 사전적 정의를 먼저 살펴보면 "위대한 수령 김일성 동지께서 항일무장투쟁시기에 몸소 창조하신 우리 당의 전통적인 활동방식의 총체를 이르는 말, 항일유격대의 자력갱생, 간고분투의 혁명정신과 인민적인 군중사업방법, 혁명적인 생활기풍과 학습방법 등을 통털어 이르는 말이다. 항일유격대식은 모든 낡은 재래식을 타파하고 격식과 틀이 없이 혁명에 대한 무한한 충실성과 자력갱생, 간고분투의 정신에 기초하여 모든 것을 혁명적으로 실속있게 하는 활동방식이다." 사회과학원,『조선말대사전』제2권 (사회과학원, 1992), p. 923.

이와 같은 모델의 명칭은 북한체제를 유지하고 있는 근간인 항일유격대의 혁명전통[35]과 당의 전투력 및 당 사업 방법을 개선하기 위한 '항일유격대식 사업방법'에 착안하여 '**항일유격대식 협상모델**'로 명명하였다.

3. 항일유격대식 협상모델의 구성

합리적인 협상모델을 구성하여 협상행태(negotiation behavior)[36]를 분석할 수 있다면 보다 객관적으로 군사협상을 관찰하는 것이 가능하다. 모델을 구성함으로써 북한의 군사협상에 대한 전반적인 흐름과 일련의 절차 등을 쉽게 파악할 수 있으며 나아가 향후 협상의 진행사항을 전망할 수 있을 것이다.

이러한 협상행태는 협상자가 협상과정에서 표출하는 전반적인 사항이다. 이러한 협상행태는 협상과정에서 다양한 모습으로 표출된다. 이러한 협상행태는 어떤 한 특정 요인 또는 여러 가지 요인들이 복합적으로 상호작용하여 특정행태가 표출된다고 할 수 있다.[37]

북한 협상 연구자 중 대표적인 학자인 척 다운스(Chuk Downs)는 북한의 협상행태에 대하여 "적당한 시기를 포착하여 그때마다 수용적인 자세와 비타협적인 자세, 호전적인 태도와 평화 애호적인 태도, 호언장담과 애원을 교묘히 연출하였다."[38]라고 주장하였다.

---

35) 1967년 항일빨치산파 중심의 유일사상체계가 확립됨으로써 항일유격대의 혁명전통이 체제 정당화의 근거로 자리 잡게 되었다. 고유환, "북한사회주의체제의 구조적 위기와 김정일정권의 진로", 『한국정치학회보』(한국정치학회, 1991), pp. 231~232.

36) 홍양호는 협상행태를 "협상자가 협상과정에서 표출하는 전략, 전술, 인식, 행동패턴, 스타일, 태도 등을 포함하는 포괄적인 의미"로 사용한다. 홍양호, 앞의 논문, p. 177.

37) 협상행태는 협상자가 협상과정에서 표출하는 협상목표, 협상전략, 협상전술로 구성된다. 허문영, 『6 · 15공동선언 이후 북한의 대남협상 행태 : 지속과 변화』(서울: 통일연구원, 2005), p. 9.

38) 척 다운스, 앞의 책, p. 252.

군사 협상행태 모델의 구성요소는 현재까지 연구된 결과를 종합[39]하여 비교해 본 결과 구성사항은 협상관, 협상문화, 협상전략, 협상전술로 구성된다. 이와 같은 구성요소들을 활용하여 모델을 작성한 다음 김정일 시대 군사협상시 항일유격대식 협상모델이 어떻게 적용되고 있는지 분석하여 보면 북한의 군사협상 행태를 보다 체계적으로 접근할 수 있을 것이다. 세부적인 내용을 김일성 회고록에 제시된 협상사례와 연계하여 살펴보면 다음과 같다.

가. 협상관

협상관은 협상에 대한 기본적인 인식을 의미하는 것으로 타협과 양보를 통해 상충하는 이해를 조정하여 화해와 평화를 추구하기 위한 긍정적인 일반협상관과, 화해를 이루기 위한 것이 아닌 다른 수단을 통한 투쟁에 불과한 것으로 일관되게 승리만은 추구해야 한다는 부정적 의미의 특수협상관이 있다.

먼저 일반협상관과 특수협상관의 주요내용을 비교 분석하여 특수협상관의 의미를 보다 명확하게 인식할 필요가 있다. 특수협상관은 외교를 또 다른 어떤 수단에 의한 전쟁으로 간주하는 권력정치에 바탕을 두고 있다. 예를 들어보면 레닌은 협상을 "혁명의 목표를 달성할 수 있는 하나의 수단으로 이용해야 함을 강조"[40]하였다. 냉전시대에는 일반적으로 민주주의 국가들은 일반협상관을 사회주의 국가들은 특수협상관을 적용하고 있다[41]고

---

39) 앞장의 학자별 북한 협상행태 결정요인 및 협상행태 표 참조

40) 레닌은 "진실로 혁명적인 당의 임무는 온갖 타협의 거부가 불가능함을 선포하는 것이 아니라 모든 타협을 통하여 자기의 원칙, 자기의 계급, 자기의 혁명적 과업, 혁명을 준비하며 대중을 혁명의 승리로 준비 시키는 자기 사업에 충실성을 관철하는 능력을 가지는 데 있다"고 하였다. 김웅희, 위 논문, 266에서 재인용.

41) 해롤드 니콜슨, 『외교론』 (서울: 평민사, 1992), pp. 56~59.

주장하기도 하였다. 이러한 일반협상관과 특수협상관 주요내용을 상호 비교하면 다음 〈표 3-3〉과 같다.

〈표 3-3〉 일반협상관과 특수협상관 주요내용 상호 비교

구 분	일반협상관	특수협상관
협상 배경	상호갈등요인 평화적 해결	투쟁의 또 다른 수단
협상 목적	화해와 평화추구	투쟁의 연속으로 승리추구
협상목적과 관계	협상자체가 목적	일시적인 한 방편으로 활용
전략·전술	상업적	군사적
협상의 우선순위	국가의 위신, 지위, 서열 등	조정, 타협, 인간적 이성과 신뢰
국제규범	준수	미준수, 필요시 준수사항도 파기
적용유형	서구 민주주의 전형적인 협상	사회주의권 국가의 전통적인 협상

김일성은 회고록 '세기와 더불어'의 구국군과 협상시에도 협상을 투쟁의 연속으로 인식하고 승리를 추구하기 위한 모습이 잘 드러나 있다.

> "나는 반성위의 반대를 무릅쓰고 어떤 장애가 있든 가야겠다고 고집하였다.… 우리는 구국군이 비록 여러 가지 제한성은 있어도 투쟁목적과 처지의 공통성으로부터 항일전쟁에서 우리의 전략적인 동맹자로 될 수 있다는 확고한 립장을 가지고 구국군과의 관계를 개선하는 것은 물론, 그들과 련합전선까지도 형성해야 한다고 주장하였다. … 이 문제를 가지고 당조직의 본부가 있는 소사하 김정룡의 집에서 하루종일 회의를 하였다. 그 모임을 지금은 소사하회의라고 한다. 그 회의가 아주 격렬하였다. 구국군부대안에서 별동대로 활동하는것이 가능한가 불가능한가, 유익한가 유익하지 않은가 하는 문제를 걸고 아침부터 밤늦게까지 목이 아프게 론쟁을 하였다. … 나는 구국군과의 합작을 실현한 그때부터 통일전선을 위한 최상의 수단은 주체적힘이라는 것과 이힘을 키우지 않고서는 어떤 우군이나 우방과도 련합하여 투쟁할 수 없다는 것을 좌우명으로 삼고 혁명의 주체를 튼튼히 하기 위한 투쟁을 일생동안 벌려왔다.[42]

42) 김일성, 『세기와 더불어 2』 (평양: 조선로동당출판사, 1992), pp. 280~281.

"그러나 고이허는 나의 성의있는 설복을 끝내 받아들이려고 하지 않았다. … ≪나는 만일 당신들이 끝끝내 청년들의 기세를 꺾으려든다면 씻을수 없는 죄악을 력사에 남기게 될 것이다. … 좋다. 당신네가 나를 죽이겠다면 죽이라. 나는 이미 죽을 각오가 되어있다고 경고하였다.≫"[43]

이와 같이 '오의성과의 담판' 사례에서 분명하게 알 수 있듯이 담판에 임하는 자세가 투쟁의 또 다른 수단으로 인식[44]하고 있다는 것이다. 김일성은 담판 자체를 전투나 투쟁으로 생각하고 반드시 승리하기 위해서 '오의성과의 담판'에 자신이 가야겠다고 고집을 부리고 있다. 또한 힘을 가지지 않고서는 투쟁할 수 없다고 하면서 일생동안 투쟁을 벌여왔다고 서술하고 있다. 이것은 김일성의 담판에 대한 명확한 인식, 즉 그의 협상관을 잘 보여주고 있다. 즉 혁명 달성을 위한 다른 형태의 투쟁으로 보는 특수협상관을 보여주고 있는 사항이다.

항일유격대 시절의 '고이허와의 담판'에서도 목표 달성이 어렵다고 판단되자 김일성은 나를 죽이겠다면 죽이라고까지 위협하면서 담판에서 승리하기 위해 투쟁하는 모습이 적나라하게 묘사되어 있다.

김일성은 담판자체를 항일유격대가 목표로 하는 혁명의 성공을 위하여 추진하는 다른 수단에 의한 투쟁이며, 최소한으로는 항일유격대의 생존을 보존하기 위한 전술적 책략에 불과하다는 특수한 협상관을 가지게 된 것이다. 김일성의 이런 경험들은 협상이나 기타 어려운 상황에 봉착했을 때 어떻게 행동할 것인가에 대한 모델을 제시하고 있다.

---

43) 김일성, 『세기와 더불어 1』(평양: 조선로동당출판사, 1992), p. 340.
44) 김일성은 "구국군과의 관계를 적대적관계로부터 동맹관계로 전환시키는 것은 조선공산주의자들에게 있어서 혁명을 계속하느냐 마느냐 하는 운명적인 문제로 다시금 상정되였다. 나는 용단을 내려 구국군 전방사령인 오의성을 찾아가기로 결심하였다."고 하면서 향후 항일유격대 생존과 관련된 문제를 해결하기 위하여 담판에 임하고 있는 모습을 보여주고 있다. 김일성, 『세기와 더불어 3』(평양: 조선로동당출판사, 1992), p. 170.

일본 식민통치에 대항하던 빨치산 게릴라 활동 과정에서 어떤 장애물이 놓이더라도 그들은 살아남았다. 항거불능의 곤경에 직면하여 자신을 유지하고 살아남으려는 의지력은 잃을 것이 거의 없는 북한 협상자들에게 벼랑끝 전술과 같은 대담성과 배짱을 부리는 중요한 교훈을 준 것이다.[45] 이러한 특수협상관은 바로 항일유격대 시절부터 형성되어 오늘날까지 협상관으로 내재되어서 군사협상 시 활용되고 있는 것이다.

김일성의 이러한 언급들은 협상에 대하여 구소련 또는 중국의 영향을 받은 것으로 남한과의 협상을 혁명달성을 위한 수단으로 생각하는 인식을 하였다. 북한의 독특한 전략문화와 연계하여 김정일은 대남전략[46] 및 연방제 통일정책은 물론 전반적인 북한체제의 통치면에서 김일성 유훈을 그대로 받들고 있기 때문에 혁명적 대남관 및 특수협상관을 그대로 유지하고 있다. 북한은 남북협상에 대해서도 남조선혁명투쟁의 연장선상에서 통일의

---

45) 스코트 스나이더, 앞의 책. p. 22.

46) 김정일은 1970년대 중반에 "우리 혁명의 당면한 지상의 과업은 갈라진 조국을 통일하고 전국적 범위에서 민족의 자주권을 확립하는 것입니다. 이 력사적과업을 해결하기 위한 투쟁은 간고한 투쟁입니다.", 김정일, "올해 당사업에 틀어쥐고나가야 할 몇 가지 중심적과업에대하여",『김정일선집』제5권 (조선로동당출판사, 1995), p. 233. 1980년대는 "조국통일은 우리 수령님께서 제일 심려하는 문제입니다. … 조국통일을 위하여 몸과 마음을 바치는 사람만이 애국자이며 혁명가입니다. 조국통일은 곧 애국이며 조국통일을 위한 투쟁은 최대의 애국투쟁입니다.", 김정일, "위대한 수령님을 높이 모시고사회주의건설을 다그치며 조국통일을 앞당기자",『김정일선집』제5권 (조선로동당출판사, 1995), p. 245. 1990년대는 "우리는 어떻게 하나 1990년대를 조국통일의 연대가 되게 하여야 하며 수령님대에 반드시 조국을 통일하여야 합니다.", 김정일, "당사업을 강화하여 우리식 사회주의를 더욱 빛내이자",『김정일선집』제12권 (조선로동당출판사, 1997), p. 263. 1999년도에는 "위대한 수령 김일성동지께서 개척하시고 이끌어 오신 조국통일위업을 계승하여 우리 대에 기어이 조국을 통일하려는것은 우리 대에 기어이 조국을 통일하려는것은 우리 당의 확고한 결심이며 우리 인민의 혁명적 의지이다", 김정일, "올해 당사업에 틀어쥐고나가야 할 몇가지 중심적과업에대하여",『김정일선집』제14권 (조선로동당출판사, 2000), p. 347. 2000년대에는 '우리민족끼리' 구호 아래 민족대단결과 '민족공조' 구호 아래 통일전선을 강조하는 등 김일성에서 김정일로 이어지는 사상은 동일하다고 판단된다. 장석, 앞의 책, 220~230쪽.

수단으로 보고 있다. 특히 대화와 협상의 대원칙[47]으로 조국통일 3대 원칙을 제시하였으며 남북대화시 대화와 협상의 3가지 원칙을 제시하여 남북대화에 임하는 당사자들에 강조하고 있다.

"첫째는 남북대화, 협상에서는 통일을 위한 근본문제부터 풀어나가는 원칙을 지켜야 한다. 둘째는 남북대화, 협상은 전 민족의 요구와 의사를 민주주의적으로 반영할 수 있는 폭 넓은 대화로 되어야 한다. 셋째는 남북대화, 협상은 민족공동의 리익으로부터 출발해 남북간의 공통점을 찾고 차이점을 뒤로 미루는 원칙에서 진행돼야 한다"[48]고 지시하였다.

이러한 원칙은 표면적으로는 일반적인 협상관처럼 보이지만 내부적으로는 선(先)통일 후(後)평화의 원칙과 통일전선을 견지하고 있는 입장 등을 종합해보면 북한 측의 협상관은 특수협상관을 유지하고 있음을 알 수 있다. 물론 일부에서는 남한측과 서방 자본주의 국가에 대한 인식에 있어 변화의 모습을 보여주기 시작하였다고 주장하면서 냉전기와 달리 수세적 차원에서 공존을 지향하고 있다고 보는 시각도 있다.[49]

나. 협상문화

대부분의 학자들은 문화적 가치가 협상행태에 중요한 영향을 미치고 있다는 데 동의하고 있다. 특히나 각국의 고유한 문화가 국가의 협상행태에 결정적인 역할을 하고 있다는 입장에서 문화적 접근방법에 의한 연구가 증가하는 추세에 있다. 기본적으로 북한체제는 기본적으로 사회주의적 형식을 취하고 있지만 그 권력의 정당화방식, 집단의식의 형태, 권력의 세습, 개

47) 남북대화, 협상에서 반드시 지켜야 할 대원칙은 조국통일 3대원칙이다. 바로 자주, 평화통일, 민족대단결의 조국통일 3대 원칙이다. 장석, 위의 책, p. 226.

48) 장석, 위의 책, pp. 229~234.

49) 허문영, 『6 · 15공동선언 이후 북한의 대남협상 행태 : 지속과 변화』(서울: 통일연구원, 2005), pp. 113~116.

인과 집단 간의 관계, 국가와 개인 간의 관계 등을 규정하는 통치담론에서는 사회주의적 측면과 함께 전통적 측면을 가지고 있다.[50] 이러한 전통담론은 지배주체의 고유한 것으로서 그것의 생산이 부분적으로 문화적 자산을 매개한다는 속성을 띠고 있기 때문에 일면 자연스럽고 타고 난 것으로 보이며 나아가 문화의 전파로 간주된다.[51] 이러한 문화적 요소들은 북한사회의 기본적인 생활뿐만 아니라 정치체제 속에서 영향력을 크게 발휘하고 있다.

북한의 협상행태에 영향을 미치고 있는 협상문화는 인간의 지식, 믿음, 예술, 도덕, 법, 관습, 그리고 인간이 사회성원으로서 습득한 여러 가지 능력과 습관을 포함하는 복합체[52]라는 광의의 개념에서 벗어나 전승되고 창조된 내용으로서 가치나 사상의 유형으로서 또는 인간행동의 형성을 좌우하는 상징적, 의미적 체계[53]라는 협의의 개념의 정의로서 역사와 전통, 정치체제와 이념, 정책목표 등을 포함하는 문화라고 할 수 있다.

항일 유격대식 군사협상모델에서 협상문화의 요소는 대표적으로 ① 김일성 주도형, ② 압박과 회유의 위협적 협상, ③ 통일전선 등을 포함하는 문화로 정의할 수 있다. 물론 이외에도 많은 요소가 도출될 수 있지만 여기에서는 군사협상의 특성을 고려하여 세 가지로 한정하였다. 이와 같은 군사협상 문화요소는 군사협상 진행 간 협상행태로 표출되는 기본적인 바탕을 이루고 있다. 세부 요소들을 구체적으로 살펴보면 다음과 같다.

---

50) 전미영, "북한의 통치담론과 전통문화", 『북한연구학회보』 제7권 제2호 (북한연구학회, 2003), p. 187.

51) 권희영 · 이만우, "북한사회의 전통담론: 그 대중지배의 원리", 『현대북한연구』 제4호 (북한대학원대학교, 2001), p. 155.

52) Clyde Kluckhohn, "Culture", *Julius Gould & William Kolb(eds.) Dictionaries of Social Science* (New York: Free Press of Glencoe, 1964), pp. 165~168.

53) 오명호, 『현대정치학이론』 (서울: 박영사, 1990), p. 418.

1) 김일성 주도형

군사협상 문화의 첫째 요소는 '김일성 주도형' 협상문화이다. 북한 정치문화의 전통적 요소인 지배구조의 전통적인 면에서 잘 드러나 있듯이 북한식 유일체제의 작동원리인 '혁명적 수령관'과 '사회정치적 생명체론'에서 확인할 수 있다.

먼저 '혁명적 수령관'은 인민대중이 역사의 창조자이지만 지도자 없는 대중은 무의적이 비조직 군중에 불과하므로 혁명세서 승리하기 위해서는 수령이 필수적이라는 것이다.[54] '사회정치적 생명체론'이란 '집단주의적 생명관'으로서 주요내용은 수령 - 당 - 대중은 결코 분리될 수 없는 하나의 생명을 가진 유기체적 통일체라는 것이다. 그리고 개별적 사람들의 생명의 중심이 뇌수인 것처럼 사회정치적 집단에 있어서는 수령이 최고 뇌수로서 대중은 사회정치적 생명체의 뇌수인 수령과의 혈연적인 결속을 통해서만 자기의 사회정치적 생명을 빛내어 나갈 수 있다[55]는 논리이다. '사회정치적 생명체론'은 수령론의 이론적 토대를 마련하게 하였으며, 수령 - 당 - 대중의 전일적 관계를 지향한다. 이렇게 됨으로써 수령은 "우리 인민에게 가장 고귀한 정치적 생명을 안겨주신 자애로운 어버이"라는 논리가 탄생하였으며, 어버이 수령에게는 절대적인 충성과 무조건성이 최선의 방법인 것이다. 북한 사회에서 수령의 교시와 당의 방침은 가장 숭고한 삶의 요구로 강요되는 것이다.

따라서 오직 수령을 제외하고 북한의 모든 사람들은 수령이 당을 통하여 지시하는 것을 무조건 이행하고 수령의 교시에 어긋나는 것에 대해서는 비타협적으로 투쟁하는 논리가 되는 것이다. 회담장에 나오는 협상 인원들은 오로지 수령이 제시한 협상전략이나 전술을 관철하기 위하여 투쟁을 하게

---

54) 이종석, 『현대북한의 이해』(서울: 역사비평사, 2000), pp. 212~220.
55) 김정일, "주체사상 교양에서 제기되는 몇 가지 문제에 대하여", 『김정일선집』 제8권 (조선로동당출판사, 1998), p. 448.

되는 것이다.

항일 유격대식 협상 중 '오의성과의 담판'에서 김일성은 담판을 전적으로 주도하고 있는 모습이 적나라하게 표현되어 있다.

> "나는 용단을 내려 구국군[56] 전방사령인 오의성을 찾아가기로 결심하였다. … 나는 반성위의 반대를 무릎쓰고 어떤 장애가 있든 가야겠다고 고집하였다. … 나는 구국의 집결처에 내가 가야 한다는것을 완강히 주장하였다."[57]
>
> "나는 국민부에서 청년사업을 책임진 고이허를 찾아가 담판을 하려고 마음먹었다. … 나는 동무들을 설복한 다음 차광수에게 뒷일을 부탁하고 고이허를 찾아갔다. … 나는 동무들에게 국민부가 남만청총대회를 소집해놓고 진보적인 청년들을 모해하고있으니 대회에서 탈퇴하고 그들의 테로행위에 대해서는 성토문을 써서 발표하는 방법으로 만천하에 고발하자고 하였다."[58]

위와 같은 담판 사례에서 보듯이 모든 군사협상에 관련된 사항은 김일성에 의해서 계획되고 준비되어 실시된다는 것을 알 수 있다.

협상의 전 과정에 걸쳐 김일성이 스스로 담판을 주도하고 있다는 사실은 항일 유격대의 혁명전통이 북한 사회의 전반을 규정하고 있다는 것을 직접적으로 증명하는 것이다. 북한은 현재도 과정보다는 지도자의 결정이 가장 중요한 결심사항이다.

---

56) 구국군은 1932년 2월 8일 왕청현에서 창설되었으며 원래 명칭은 '길림중국국민구국군'이다. 와다 하루키, 『김일성과 만주항일투쟁』, 이종석 옮김(서울: 창작과비평사, 1992), pp. 102~103. 한편 김일성의 주장에 의하면 중국 동북지방에는 동북자위군, 반길림군, 항일구국군, 항일의용군, 산림대, 대도회, 황창회와 같은 형형색색의 반일부대들이 많았고 일제가 만주를 강점한 후 항일구국의 기치를 들고 구동북군에서 떨어져 나온 애국적인 군인들과 관리들 그리고 농민들로 이루어진 민족주의 군대 등 이 부대들을 통털어 구국군이라고도 불렀다는 것이다. 그 중 유명한 것으로는 왕덕림, 당취오, 왕봉각, 소병문, 마점산, 정초, 리두의 부대들을 들고 있다. 김일성, 『세기와 더불어 2』 (평양: 조선로동당출판사, 1992), pp. 277~278.

57) 김일성, 『세기와 더불어 3』 (평양: 조선로동당출판사, 1992), pp. 170~172.

58) 김일성, 『세기와 더불어 1』 (평양: 조선로동당출판사, 1992), pp. 337~340.

2) 압박과 회유의 위협적 협상

군사협상 문화의 둘째 요소는 '압박과 회유의 위협적 협상' 문화이다. 북한은 협상의 전 과정을 통하여 위협적인 발언 등을 통한 압박과 회유를 반복한다. 이와 같은 배경에는 협상을 다른 형태의 투쟁으로 보는 중국이나 구소련의 협상관을 배웠기 때문에 협상 장소에서 대화와 타협을 통한 협상보다는 싸움을 하러 나온 사람처럼 행동한다.

북한의 협상 인원들은 목표달성을 위하여 군사작전과 유사한 협상을 벌인다. 공동이익 추구나 호혜적 반대급부보다 일방적 이익과 양보를 주장하고 기대했던 목표 성취가 어려울 것으로 보이면 상대방에게 거칠고 무자비하게 대하는 조야성(toughness)[59]을 보인다. 이러한 협상문화를 바탕으로 실제 북한 측은 자신들의 입장만은 고집하는 요지부동의 자세를 취하고 장기간에 걸쳐 똑 같은 제안을 반복하면서 회담을 끝없이 지연시키는 행태를 반복[60]한다.

항일 유격대식 협상 사례인 '고이허와 담판'에서는 김일성은 위협적 언사를 하면서 담판을 진행하고 있는 모습이 잘 나타나 있다.

> "나는 고이허에게 최봉을 비롯한 대회준비위원회성원들을 왜 체포하였는가고 직방 들이댔다. … 나라와 민족의 장래를 위해 뛰여다니는 청년들을 도와주지는 못할망정 체포한다는 것이 말이 되는가고 항변하였다. … 나는 만일 당신들이 끝끝내 청년들의 기세를 꺾으려든다면 씻을 수 없는 죄악을 력사에 남기게 될 것이다, 당신들이 비록 몇 명의 육체는 억제할 수 있을지 몰라도 공산주의를 지향하는 청년대중의 사상은 억제할 수 없을 것이다, 좋다, 당신네가 나를 죽이겠으면 죽이라, 나는 이미 죽을 각오가 되어있다고 경고하였다."

---

59) 문광건, 앞의 논문, pp. 184~185.

60) 송종환, "북한 협상행태 연구의 문화적 접근", 『협상연구』 8권 2호 (한국협상학회, 2002), p. 239.

위와 같이 담판 사례에서 보듯이 김일성은 담판 시 매우 강한 협박성 언행을 통하여 압박과 회유 및 독촉을 하고 있는 모습이 세부적으로 서술되어 있다.

북한은 항일 유격대식 위협적 협상문화를 바탕으로 군사협상에서 남한 측에 대하여 압박과 회유, 억지와 변명, 독촉과 지연, 책임전가[61] 등을 포함하는 협상행태를 나타내고 있다.

이와 같은 '압박과 회유의 위협적 협상' 문화의 대표적인 협상전략이 '벼랑끝 전략'으로 널리 알려져 있는 것이 사실이다. 문성묵은 6·15선언 이후 남북 간 군사 협력은 여타 분야에 비해 저조한 실정이다. 처음부터 큰 기대를 건 것은 아니었으나, 매번 북한의 '벼랑끝 전략'에 휘둘려서 군사 분야의 협력은 진전을 이루지 못해왔다고 주장[62]하였다.

3) 통일전선

군사협상 문화의 셋째 요소는 '통일전선' 협상문화이다. 일반적인 통일전선의 개념은 일정한 공동목표에 대하여 당파 또는 단체가 상호 협동하여 공동행동을 취하는 투쟁행태를 의미한다.

북한은 통일전선의 개념에 대하여 "통일전선이란 일반적으로 일정한 혁명의 전략 단계에서 그 혁명에 리해관계를 같이하는 여러 정당, 사회단체 및 개별적 인사들이 로동계급의 당의 령도 밑에 공동의 원쑤를 반대하여 싸우며 같은 목적을 달성하기 위하여 무은 정치적 련합을 말한다."[63]라고 설명한다. 다시 말하며 통일전선은 "사회주의자들의 가장 대표적인 조직동

61) 군사협상 전문가 문성묵은 북한 협상행태의 특징 중 압박과 회유를 가장 큰 특징으로 제시하고 있다. "남북군사회담 경험을 기초로 살펴 본 북한의 협상전략", 『한반도 군비통제』 제47집 (국방부, 2010년 6월), p. 63.

62) 문성묵, "군사회담을 통해 본 남북관계 평가", 『원광군사논단』 (원광대학교 출판국, 2005), p. 439.

63) 허종호, 『주체사상에 기초한 남조선혁명과 조국통일리론』 (평양: 사회과학출판사, 1975), p. 102.

맹전술로 사회주의 세력이 주적을 타도하는 데 있어 자파세력만 힘만 가지고서는 불가능할 때 필요한 동조세력을 획득하고 그들과 잠정적인 동맹체를 형성하여 투쟁하는 조직전술"[64]이라고 정의할 수 있다.

이와 같은 통일전선전술은 사회주의자들의 가장 기본적인 투쟁방식으로 군사협상 문화의 중요한 배경으로 자리 잡고 있다. 북한은 실리주의적 입장에서 체제안정과 경제적 이익에 최우선을 두면서 그 저변에는 통일전선 구축을 염두에 두고 있다. 특히 총리회담과 국방장관회담, 군사 및 경제 분야 회담 등 모든 당국자 간의 회담은 상층통일전선 구축 차원의 회담이었다.[65]

항일유격대식 협상 중 '오의성과의 담판'을 보면 구국군과의 통일전선을 구축하기 위한 모습이 잘 나타나 있다.

> "≪오사령을 공산당으로 만들 생각은 없습니다. 공산당이란건 누가 시켜서 되는게 아니니까요. 그렇지만 일본제국주의자들과 싸워서 이기자면 힘을 합치는것이 좋다고 생각합니다.≫ … ≪우린 따로 하면 했지 공산당과 합작은 안하우!≫ … ≪그래도 힘이 부족한 때에야 합작해서 일본놈과 싸우는것이 좋지 않겠습니까.≫ … ≪글세 난 공산당 신세는 안진다니까.≫ … ≪사람의 전도를 어떻게 압니까. 그러나 이제 우리 신세를 지게 될는지도 모릅니다.≫ … ≪사령, 그건 념려마시오. 우리 공산당선전을 할 생각이 없습니다. 그저 항일선전만 하겠습니다.≫"

위와 같은 담판 사례에서 보듯이 김일성은 구국군에 소속된 부대 중 왕청현 일대에서는 항일무장 세력 중 가장 큰 부대인 오의성 부대와 통일전선을 구축하여 항일유격대의 활동보장 및 반일 연합전선을 구축하는 데 성공하였다.

---

64) 유동열, "북한의 통일전선론 체계와 구사 실태", 『북한학보』 제31집 (북한연구소, 2006), p. 165.
65) 차주완, "북한의 통일전선전술 변화 연구", 『군사논단』 제66호 (국방부, 2011), p. 41.

북한 측은 통일전선 협상문화를 배경으로 군사협상 자체를 통일전선전술의 장으로 널리 활용하고 있다.

다. 협상전략

전략적인 기본 이론을 바탕으로 군사협상 행태에 근본적으로 영향을 미치는 군사협상 전략을 군사정책 목표와 연계하여 살펴보고자 한다. 군사력을 보유한 세계 각국의 가장 일반적인 군사협상 전략은 자국의 국가이익과 국가안보를 위한 군사협상 전략을 수립하여 군사협상시 활용할 것이다. 이러한 군사협상 전략은 군사정책 목표로부터 도출할 수 있다.

북한의 군사정책 목표를 로동당 규약[66]과 사회주의 헌법[67]에 근거하여

---

66) 본 연구에서는 2000~2010년까지 김정일 시대 군사협상 기간을 고려하여 1980년 10월 13일 제6차 당대회에서 수정 · 보충한 조선로동당 규약을 근거로 활용하였다. 왜냐하면 2010년 9월 수정 · 보충 전까지 유효한 로동당 규약이기 때문이다. 참고적으로 조선로동당규약은 1946년 1차 당대회에서 제정된 이후 1948년 2차 당 대회에서 수정되었고, 1956년 3차 당 대회에서도 수정되었으며, 1970년 5차 당 대회에서는 '김일성 주체사상'이 보충되었다. 1980년 10월 13일 제6차 당 대회에서 수정 · 보충된 이래 변경이 없다가 2010년 9월 28일 제3차 당 대표자회에서 30년 만에 수정 · 보충되었다. 김정은 체제 이후 2012년 4월 11일 제4차 당 대표자회에서 또 다시 수정 · 보충되었다.

67) 먼저 김일성이 헌법에 대한 인식과 중요성을 언급한 내용을 확인하면 이에 따라 헌법 4장 국방 제59조에 의해 도출된 군사정책목표가 군사협상전략에 어떠한 비중으로 군사협상전략에 영향을 미쳤는지를 개략적으로 판단할 수 있기 때문이다. 원문 내용 중 진하게 표현한 부분은 김일성의 헌법에 대한 인식을 표현하고자 표시하였다. 김일성은 "조선민주주의인민공화국 사회주의헌법은 로동자, 농민, 병사, 근로인테리들을 위한 가장 인민적인 헌법입니다. 새로운 헌법은 로동자, 농민, 병사, 근로인테리들의 의사와 요구를 충분히 반영하고있으며 **근로인민들의 리익을 철저히 옹호**하고있습니다. … **조선민주주의인민공화국 사회주의헌법은 가장 혁명적인 헌법**입니다. 국가기관체계를 위주로 서술한 헌법들과는 달리 사회주의사회에서의 정치, 경제, 문화 분야의 제 원칙들을 전면적으로 규제하고있는 우리 나라 사회주의헌법은 우리 당과 공화국정부의 정책을 옹호하며 사회주의혁명의 전취물을 튼튼히 지키는 **프로레타리아독재의 예리한 무기**로, 사회주의경제건설을 힘있게 다그치며 사상혁명과 문화혁명을 강화하고 사회주의적

살펴보면, 북한 로동당 규약 서문에서 근로인민의 이익옹호, 사회주의 제도 강화 및 완전한 승리, 혁명전통 계승, 평화와 민주주의 및 민족적 독립과 사회주의 공동위업 달성[68]에 대하여 강조하고 있다. 다음은 사회주의 헌법으로 1992년 7차 사회주의 헌법 개정시부터 '제4장 국방의 장'[69]을 신설하여 명시하기 시작했다. 북한이 헌법을 통해서 공식적으로 제시하고 있는 군사정책의 목표[70]는 근로인민의 이익옹호, 외래의 침략으로부터 사회주의

생활양식을 확립하여 온 사회를 혁명화, 로동계급화하는 강력한 수단으로 복무할것입니다"고 주장하였으며 이른바 근로인민의 이익을 철저히 옹호하는 것을 그 사명으로 하고 있다고 하겠다. 김일성, "우리나라 사회주의제도를 더욱 강화하자", 『김일성 저작집』 제27권(조선로동당출판사, 1984), pp. 609~610. 또한 "우리는 사회주의헌법을 채택함으로써 사회주의혁명과 사회주의건설에서 이룩한 위대한 승리를 더욱 공고히 하고 로동자, 농민의 혁명주권을 일층강화하였으며 사회주의의 완전한 승리와 조국의 자주적평화통일을 위한 투쟁에서 새로운 **강력한 무기**를 가지게 되었습니다", 김일성, "조선민주주의 인민공화국 사회주의 헌법 채택" 『김일성 저작집』 제28권 (조선로동당출판사, 1984), p. 1.

68) "조선로동당은 인민들의 물질적 및 문화적 수준을 끊임없이 높이는 것을 최고의 활동원칙으로 삼는다.", "…사회주의 제도를 강화하고 사회주의의 완전한 승리를 촉진시키기 위한 투쟁에서 사상, 기술, 문화혁명을 활발히 수행한다.", "… 조국을 자주적 평화적으로 민족대단결의 원칙에 기초하여 통일을 이룩하고 나라와 민족의 통일적발전을 위해 투쟁한다. … 제국주의와 지배주의를 반대하며 평화와 민주주의, 민족적독립과 사회주의 공동위업의 승리를 쟁취하기 위하여 투쟁한다." 조선로동당 규약, 1980년 10월 13일 제6차 당대회에서 수정 · 보충.

69) 제4장 국방, 제58조 조선민주주의인민공화국은 전인민적, 전국가적 방위체계에 의거한다. 제59조 조선민주주의인민공화국 무장력의 사명은 근로인민의 리익을 옹호하며 외래침략으로부터 사회주의제도와 혁명의 전취물, 조국의 자유와 독립, 평화를 지키는데 있다. 제60조 국가는 군대와 인민을 정치사상적으로 무장시키는 기초우에서 전군간부화, 전군현대화, 전민무장화, 전국요새화를 기본내용으로 하는 자위적군사로선을 관철한다. 조선인민민주주의인민공화국 사회주의 헌법, 1992. 4. 9, 7차 개정.

70) 이러한 군사정책 목표는 최초 1992년 7차 헌법 개정시에는 제4장 59조에 근로인민의 이익옹호, 외래의 침략으로부터 사회주의 제도와 혁명의 전취물을 보위, 조국의 독립과 평화를 수호 등 3가지로 제시되어 있었으나 2009년 9차 헌법 개정시부터는 제4장 59조에 **'선군혁명로선을 관철하여 혁명의 수뇌부를 보위'**에 관한 내용을 추가하여 4가지로 되어있다. 그러나 여기에서는 김정일 시대의 군사협상 전략을 분석하기 때문에 2009년에 추가된 내용은 제외하고 분석하였다.

제도와 혁명의 전취물을 보위, 조국의 독립과 평화를 수호 등으로 요약할 수 있다.

이와 같은 군사정책 목표는 북한의 기본적인 군사협상전략 수립에 직접적으로 영향[71]을 미쳤을 것으로 보인다. 도출된 군사정책 목표를 김일성 회고록인 '세기와 더불어'에 나타난 전략문화의 내용과 연계하여 협상전략을 도출하면 다음과 같다. 먼저 군사정책 목표의 정체성에 관련된 분야를 살펴보고자 한다.

> "제국주의 련합의 강력한 봉쇄속에서 인민대중의 중심의 우리식 사회주의를 어떤 방법으로 계속 고수하고 빛내여나가겠는가 하는 것이다. 한세기전에도 조선반도는 대국들의 포위환으로 둘러싸여 있었다. … 외래침략자들과 제국주의자들의 포위와 봉쇄는 력사적으로 조선민족에게 강요되고있는 시련이다. 나도 우리민족과 더불어 한평생을 이 포위와 봉쇄속에서 살아왔다. … 그러므로 일생을 자주적으로 살려고 결심한 사람들은 제국주의자들의 봉쇄를 항상 각오해야 하며 그것을 뚫고나갈수 있는 준비를 해야 한다."

북한은 미국과 일본이라는 제국주의 국가들의 포위와 봉쇄 속에서 살아왔다고 주장하면서 이것을 뚫고 생존하여 최후의 승리를 이루는 것이야말로 '세기와 더불어'가 전하고자 하는 북한의 국가적 목표이자 정체성이다.[72] 이러한 최후의 승리[73]는 김일성과 대를 이어서 김정일의 신년사[74]를 통해

---

71) 북한의 군은 당에 의해 철저히 장악되어 있으며 군대는 "당의 전략적 목표, 과제 실현을 무장으로 받드는 기둥"으로 간주되며 "군대는 당의 령도를 생명선으로 하며 당의 령도를 받아야만 군력강화도 력사적 사명 수행도 이루어 낼수 있다"고 북한의 선군정치 이론가들은 주장하고 있다. 김인옥, 『김정일장군 선군정치리론』(평양: 평양출판사, 2003), p. 30; 김철우, 『김정일장군 선군정치』(평양: 평양출판사, 2000), p. 50.

72) 김일성 회고록 『세기와 더불어 4』(평양: 조선로동당출판사, 1993), pp. 139~140.

73) 김일성은 회고록에서 "… 사회의 법칙도 이와 다를바가 없다. 백두산밑에서는 백두의 정기를 타고난 후대들이 생기기 마련이다. 1세들이 눈보라와 강풍 속에서

서도 분명히 알 수 있다. 이와 같은 내용 중에서 핵심적인 요지는 반드시 대를 이어 싸우면 반드시 승리할 수 있다는 선언으로 끝을 맺고 있다. 이러한 북한의 전략문화를 고려해 보았을 때 군사정책 목표를 좀 더 명확하게 확인할 수 있다. 위와 같은 제반 사항을 고려하여 북한의 군사정책 목표를 도출하면 북한 로동당 규약과 헌법에서 언급된 '근로인민의 이익옹호', '외래의 침략으로부터 사회주의 제도와 혁명의 전취물[75]을 보위', '조국의 독립과 평화를 수호'라는 군사정책 목표를 지향한다고 볼 수 있다.

북한은 이와 같은 군사정책 목표를 달성하기 위하여 다음 단계로 군사전략[76]을 수립하여 군사력을 운영하고 있다. 이와 같은 근거에 의거 군사협

심혼을 다 바쳐 개척하고 발전시켜온 조선혁명을 2세, 3세, 4세들이 김정일조직비서의 령도밑에 충효일심의 정신으로 부단히 계승완성시켜나가자는것은 참으로 자랑스러운 일이다. 나는 우리의 후대들이 선렬들의 그 리념에 끝까지 충실하리라고 확신한다. 훌륭한 선렬들의 품에서는 훌륭한 후대들이 자라나는 법이다.", 김일성, 『세기와 더불어 4』(평양: 조선로동당출판사, 1993), p. 320.

74) 김일성은 신년사를 통하여 위와 같은 "인류의 미래는 결코 제국주의에 속할 수 없으며 제국주의가 멸망하고 사회주의가 승리하는 것은 어길 수 없는 역사의 법칙입니다. … 총대를 억세게 틀어쥐고 죽음도 두려움없이 맞받아싸우면 반드시 승리할 수 있다는 반제투쟁의 진리를 과시한것은 우리 군대와 인민은 크나큰 자랑이다. … 조선혁명의 앞길에는 의연히 난관과 시련이 가로놓여있으나 최후의 승리는 우리의 것이다. 자기 위업의 정당성과 불패성을 굳게 믿고 광명한 미래를 향하여 신심드높이 나아가는 우리 당과 군대와 인민에게는 오직 승리오 영광만이 있을것이다. … 주체년호로 빛나는 김일성 조선의 100년대를 우리 식 사회주의의 위대한 승리로 장식하여야 할 력사적사명이 우리 세대의 심장을 끝없이 격동시키고 있다."『로동신문』, 신년사, 1990년 1월 1일, 2003년 1월 1일, 2009년 1월 1일.

75) 북한은 혁명의 전취물를 혁명투쟁에서 이룩된 성과로 정의하고 있으며, 혁명에서 승리하려면 자연과 사회, 사람을 개조하기 위한 수많은 문제를 해결하여야 하며 이 과정에서 일정한 성과들이 이룩되게 된다. 이러한 성과들을 새로운 사회제도의 수립과 그 개조과정에서 이룩된 성과, 여러 가지 사상 정신적 물질적부를 창조하기 위한 투쟁에서 이룩된 모든 것이 다 속한다. 하고 있으며 이를 위해서는 인민대중이 혁명에서 승리하기 위하여서는 혁명의 전취물을 귀중히 여기고 옹호고수하면 확대하고 빛내여 나가기 위하여 투쟁할 것을 강조하고 있다. 특히 내외의 계급적 원쑤들을 반대하는 투쟁을 강화해야 한다고 주장하고 있다.『조선대백과사전』24 (평양; 백과사전출판사, 2001), p. 223.

상 전략은 군사적인 차원에서 어떻게 정책목표를 달성할 것인가 기준을 두고 적합성(Adaptability), 달성가능성(Feasibility), 용납성(Acceptability) 등 세 가지 평가 요소를 고려하여 수립[77]하게 된다. 특히 군사정책 목표를 달성하기 위한 군사정책과 연계된 3개 협상전략을 도출하였다. 이러한 협상전략의 원천은 당연히 당으로부터 시작되었을 것이며, 당의 군대이며 항일유격대의 전통을 계승한 군대는 군사정책 목표를 달성하기 위한 전위대로서 협상장으로 나갈 준비를 하게 되는 것이다.

먼저 '근로인민의 이익옹호'를 위한 군사정책 목표에서는 '항일유격대 활동보장 및 차후작전 담보'를 군사협상 전략으로 활용할 것이다. 이와 같은 군사협상 전략에 대한 사례는 항일 유격대 시절 '오의성과의 담판' 및 '고이허와의 담판'에서 찾아질 수 있다.

> "일본제국주의자들과 싸워서 이기자면 힘을 합치는 것이 좋다고 생각합니다. … 오의성과의 첫 접촉에서 성과를 거둔 우리는 지체없이 구국군에서 가장 완고한 세력인 채새영부대를 반일련합전선에 끌어넣기 위한 사업에 달라붙었다."
>
> "민족주의자들과의 합작을 이룩하자면 언제든지 한번은 속을 터놓고 허심탄회하게 이야길 나누어보아야 하였다. 비록 분위기는 살벌하였지만 지금이야말로 그런 기회라고 할 수 있었다."

---

76) 용병술체계에 의하면 국가목표를 달성하기 위하여 국가 통수기구로부터 전투부대에 이르기까지 군사력을 운용하는 군사전략, 작전술, 전술의 계층적 연관관계를 뜻한다. 군사전략은 국가전략의 일부로서 국가목표 달성을 위해 정치, 외교, 경제, 사회 등 국력의 제분야와 더불어 전쟁을 준비하고 수행하는데 적용된 즉 용병술을 말한다. 도출된 군사정책 목표를 달성하기 위한 군사전략을 수립하여 목표달성에 기여하게 될 것이다. 황성칠, 앞의 책, p. 222.

77) 군사전략은 그것이 타당한가 여부를 검토하는 과정을 거치게 되는데 군사정책 목표를 달성가능한가와 그 목표를 달성하기 위해 구상된 최선의 방법을 선정하였는가?, 그리고 가용한 자원으로 이를 달성할 수 있는가?, 전략이 도덕적 측면과 비용대 효과 측면에서 허용이 되는가? 여부를 검토하는 것이다. 육군대학,『군사전략』(육군인쇄창, 2007), pp. 3~10.

김일성은 항일유격대의 미래와 차후작전을 위하여 중국의 반일부대와 담판을 실시하였던 것이다. 대외적으로는 반일부대와 담판을 통하여 중국일대의 반일부대들과 담판 시 동등한 관계를 유지하면서 영향력을 행사하여 차후작전을 담보하고 유격대의 활동 터전과 유격대 활동을 보장받는데 지대한 역할을 하였을 것으로 판단된다. 어려운 항일유격대 시절에 담판 전략은 당연히 반일부대들과 연합전선을 구축에 관련된 담판 의제가 우선적으로 제시되었으며, 나아가 이러한 전략은 당연히 항일유격대의 생활보장과 차후 진로를 모색하기 위한 발판으로 이어진 것이다. 대내적으로는 유격대원의 내부결속과 반일부대의 지원을 통한 경제적 실리를 보장받는 효과[78]를 염두에 두었다는 것이다. 또한 기본적으로 유격대원의 어려운 활동[79]을 챙길 수 있고 크게는 작전간 필요한 군수품 및 생필품을 취하기 위하여 내부적으로 논란이 많았던 어려운 담판을 선택한 것이다. 기본적으로는 경제적 실리획득을 상시적으로 염두에 두고 유격대 활동과 담판을 진행했다.

78) 오의성과의 담판과 동녕현성전투의 성공으로 하여 동만의 유격부대들과 구국군부대들, 반일항일세력들 속에서 우리의 이름이 널리 알려지게 되였다. 오의성과의 합작과정을 통하여 우리는 통일전선을 강화하는것이야말로 전반적항일혁명을 추진시키는데서 계속 틀어쥐고나가야 할 생명선이며 중심고리라는것을 더욱 절실히 깨닫게 되었다. 김일성, 『세기와 더불어 3』 (평양: 조선로동당출판사, 1992), p. 183.

79) 김일성 회고록 내용에서 알 수 있듯이 항일운동의 어려움으로 유격대원의 내부결속과 향후 진로에 대한 모색은 항일유격대의 미래를 결정하는 중요한 사항이었다. "하늘에서는 비행기가 돌아치면서 투항을 권고하는 삐라를 뿌리고 땅에서는 ≪토벌≫에 동원된 일본군무리들이 사방에서 우리를 포위하였다. 우리 나라의 고산지대에서조차 볼수 없는 혹독한 추위와 허리를 치는 장설 때문에 대오는 좀처럼 앞으로 전진할수가 없었다. 림시변통으로 그날그날 얻어먹으며 힘들게 저축해둔 식량도 바닥이 났다. 5월에 소사하에서 입고 떠난 군복마저 다 찢기고 터져서 살이 드러났다." 김일성, 『세기와 더불어 2』 (평양: 조선로동당출판사, 1992), p. 445. "적들은 만신창이 되여 허덕이면서도 검질기게 늘어붙어 장기전을 기도하였다. 인원도 무기도 식량도 공급받을데가 없는 우리를 장기전의 함정에 빠뜨려 얼어죽고 굶어죽게 하려는것이였다", 김일성, 『세기와 더불어 3』 (평양: 조선로동당출판사, 1992), p. 258.

다음으로 '외래의 침략으로부터 사회주의제도와 혁명의 전취물을 보위'의 군사정책 목표에서는 '조국의 독립활동'의 협상전략이 포함될 것이다. '조국의 독립활동'의 군사협상 전략에 대한 사례를 항일유격대 시절 '오의성과의 담판' 및 '고이허와의 담판'에서 살펴보면 아래와 같이 나타나 있다.

> "유격대는 구국군의 행패가 두려워 밤에만 행군하고 낮에는 행군조차 하지 못하는 형편이었다. 구국군과의 관계를 해결하지 않고서는 조선사람이 살아서 숨조차 쉴수 없었다. 구국군과의 관계를 적대적관계로부터 동맹관계로 전환시키는 것은 조선공산주의자들에게 있어서 혁명을 계속하느냐 마느냐 하는 운명적인 문제로 다시금 상정되었다.[80] 우리는 국민부를 타도하자는 것도 아니고 새 사상에 기초해서 모든 조선청년들이 단결하자고 호소했는데 그것이 박해의 리유로 될수 있겠는가. 나는 필요한 경우 국민부의 간부들과 담판이라도 할 배짱이였다.[81]"

김일성은 군사담판을 통하여 만주지역 일대에서 반일부대들과 연합전선을 구축하여 항일운동을 전개했다. 중국지역에서 항일유격대의 활동보장을 보장하고 담판능력을 제고하기 위하여 일본군과의 지속적인 소규모 전투를 실시하여 오의성과 담판 시에도 유리한 담판환경 조성 및 담판의 효율성을 극대화 하였다. 김일성은 항일운동을 수시로 전개하여 항일유격대 본래의 목적과 담판에 유리한 환경을 조성하기 위하여 기습적인 군사 활동을 전개하였다.

마지막으로 '조국의 독립과 평화를 수호'하기 위한 북한의 군사정책 목표에서는 반드시 포함시켜야 할 사항이 있는데 그것은 다름 아닌 담보물을 확보하는 것이다. '군사적 신뢰구축 및 신무기 개발'의 군사협상 전략에 대한 사례는 항일유격대 시절 '오의성과의 담판' 및 '고이허와의 담판'에 잘 나타나 있다.

---

80) 김일성, 앞의 책, p. 170.
81) 김일성, 『세기와 더불어 1』(평양: 조선로동당출판사, 1992), p. 336.

"유격대와 자위대를 일방으로 하고 관영장 부대를 타방으로 하는 두 무력이 힘을 합쳐 1932년 봄에 덕골에서 일본수비대의 침공을 격퇴한 것은 그 좋은 실례로 된다. … 혁명을 추동하는데서 결정적인 것은 자기 힘을 최대한으로 발동하는 것이며 남들의 원조는 부차적인것이라는 립장을 확고히 가지게 되었다. 그래서 우리는 병기창사업을 특별히 중시하고 거기에 화력을 집중하였다. 병기창이 생산한 무기가운데서 이채를 띠는 것은 파손된 퉁포나 38식보총 총신을 잘라서 외방으로 쏘개 만든 단발권총이였다. … 화약을 만들 때에 소용되는 원자재는 군중이 동원되여 다 해결하였다. … 병기창 일군들이 처음으로 만든 작탄을 소리폭탄이라고 하였다. 소리폭탄은 고추폭탄으로 발전하였다가 연길폭탄이라는 위력한 작탄으로 완성되였다."

먼저 중국에서 김일성은 반일부대들과 좋은 관계를 유지하면서 일본수비대의 침공을 격퇴시킨 '덕골전투'[82]는 군사적 신뢰 구축의 좋은 예이다. 또한 항일유격대 시절에는 핵무기나 미사일 관련된 무기체계가 도입돼 있지 않았지만 김일성은 당시 신무기나 다름없던 화약을 자체적으로 생산하는 과정을 자세하게 회고하고 있으며, 여기에 참가한 인원들을 '자력갱생의 선구자'[83]라고 부르면서 영웅으로 묘사하고 있다. 아울러 병기창을 만들어

82) 항일유격대 시절 담판 관련하여 군사적 신뢰구축을 실시한 대표적인 전투는 '덕골전투'로서 '덕골전투'는 반공풍조가 뿌리깊이 스며있는 왕청일대에서 공산주의자들의 영상을 개선하고 구국군과의 관계를 적대적관계로부터 협동적관계로 전환시키는 좋은 계기를 주었다. 김일성, 『세기와 더불어 3』(평양: 조선로동당출판사, 1992), pp. 165~166.

83) 우리는 자력갱생의 구호를 들고 무기를 자체로 만들기 위한 투쟁도 동시에 벌리였다. 처음에는 야장간에서 쇠를 달구어 칼이나 창과 같은 도창무기를 만들었다. 그다음에는 권총과 작탄을 만들어냈다. … 수리바위굴에 있던 병기창에서는 연길현 팔도구광산의 혁명조직을 통해 얻은 폭약으로 폭탄까지 만들어냈다. 처음에는 소리폭탄이라는 폭탄을 만들어냈다. 그런데 이폭탄은 소리만 요란했지 살상력이 별로 없었다. 그 약점을 퇴치하려고 만든것이 고추폭탄이였다. 소리폭탄보다는 효과가 좋았지만 이 폭탄도 역시 냄새만 지독했지 살상력은 거의 없었다. 화룡동무들은 그후 고춧가루대신 쇠쪼각을 넣어 살상도가 높은 폭탄을 만들었다. 그 폭탄이 바로 유명한 연길폭탄이다. 연길폭탄이 세상에 나온 다음 우리는 화룡에 있는 박영순을 데려다가 소왕청 대방자에서 이틀동안 작탄강습회를 조직

항일유격대 시절에 활용한 단발권총, 연길폭탄 등 신무기 개발에 김일성은 집중하였다.

이러한 김일성의 신무기에 대한 인식은 항일유격대 시절부터 자리 잡게 되었다. 동북인민혁명군 참여 시절 주보중과 전술토의 내용을 살펴보면 중무기에 대한 김일성의 인식을 살펴볼 수 있는 대목[84]이 있다. 이것은 김일성의 중무기나 신무기에 대한 기본적인 인식으로 북한의 무기체계를 확보하는데 있어서 매우 중요한 사항이다. 실제 북한군은 무기체계에서도 중무기 및 신병기에 대한 집착[85]은 과도할 정도이다. 이러한 중무기나 신무기

하였다. 동만각지에 작탄제조기술을 보급하기 위해서였다. … 박영순은 작탄 제조법과 그 사용법, 보관취급법에 대한 강의를 하였다. 그들이 화룡에서 자력갱생하여 개발해낸 폭탄제조과정에 대한 이야기는 강습참가자들의 한결같은 찬탄을 자아냈다. 수리바위굴병기창을 주관한 박영순, 손원금 동무들이 아주 재간있는 동무들이였다. 후날 이 병기창은 조선인민혁명군의 믿음직한 무기 제조기지, 수리기지로 되여 항일전쟁에 큰 공헌을 하였다. 만일 어느 문필가가 무장을 획득하기 위한 투쟁에서 우리 인민이 발휘한 무비의 희생성과 대담성, 림기응변의 기지와 비상한 창발성에 관한 일화를 종합하여 형상적화폭으로 펼친다면 그것은 아마 하나의 장엄한 서사시로 엮어질 것이다. 김일성, 『세기와 더불어 2』 (평양: 조선로동당출판사, 1992), pp. 267~268.

84) 김일성은 회고록에서 "주보중은 빨치산이 포나 중기관총과 같은 중무기를 가지고 다니는 것은 유격전의 특성에 맞지 않는다고 하면서 그것을 모험이라고 하였다. 나는 그의 주장이 일리가 있다고 긍정하면서도 중무기가 유격전에 적합한가 적합하지 않은가 하는 것은 좀 두고 보아야 할 문제라고 생각하였다. 원래 우리는 항일전쟁을 시작할 때 유격대가 사용하게 될 기본무기는 경무기로 되어야 한다는 원칙을 밝힌 바 있다. 그런데 태평구전투에서 박격포를 쏘아보고 그 위력을 가늠하게 된 다음부터는 유격전이라고 하여 중무기를 덮어놓고 쓰지 않은 필요가 없다는 것과 환경과 조건에 따라서는 중무기를 적절히 쓰는 것이 큰 은을 낼 수 있다는 견해를 가지게 되었다. 실지로 쏘련의 빨찌산들은 공민전쟁때 포나 막심중기를 사용한 전례를 가지고있었다"고 주장하였다. 김일성, 『세기와 더불어 4』 (평양: 조선로동당출판사, 1993), pp. 267~268.

85) 북한은 체제유지를 위한 핵무기 및 미사일에 등 중무기 및 신무기에 대해서 정치군사강국으로 전변되는데 핵심무장력으로 인식하고 있으며 실제 조선인민군을 육·해·공군 및 전략로케트군, 조선인민내무군으로 구분하고 있다. 최근에는 김일성 광장에서 열린 김일성 생일 100회 기념 열병식간 김일성·김정일 깃발→항일혁명무장투쟁시기 열병종대 … →대공미사일 전차→방사포 트럭→방사포 전차→대공포 전차→수륙양육 전차 순으로 열병이 진행되었다. 조선중앙TV 및

체계는 오늘날 다름 아닌 핵무기와 미사일로 이어진다는 것은 너무나 자명한 일이다. 특히 회고록 내용 중에는 항일유격대 시절의 5개의 전투상황[86]이 자세하게 회고되어 있다. 이중 북한에서 유격전의 요구를 최상의 수준에서 구현한 전투라고 주장하고 있는 보천보 전투[87]의 회고에서 김일성은 다음과 같이 주장하였다.

> "이 전투는 유격전의 요구를 최상의 수준에서 구현한 전투였다. 전투목표의 설정과 시간의 선택, 불의의 공격, 방화를 통한 충격적인 선동, 활발한 선전활동의 배합 등 모든 과정이 하나에서부터 열까지 립체적으로 맞물린 빈틈없는 작전이였다."[88]

회고록에서 알 수 있는 것은 유격전에 관한 김일성의 인식이 현대의 비대칭전[89] 개념과 일치하고 있다는 점이다. 항일유격대 시절에 형성된 군사사상의 인식이 현재 북한의 배합전술이나 대량살상무기 개발 등 비대칭전

김정은 연설문, 2012년 4월 15일.

86) 김일성 회고록『세기와 더불어』1~8권에 회고된 전투상황은 3권 : 동녕현성 전투, 마촌작전 5권 : 백두산기슭에서 싸움, 6권: 보천보의 불길, 간삼봉 전투, 7권 : 대흥단 전투가 총 6개의 전투상황이 회고되어 있으며, 이중에서 6권의 보천보 전투를 '보천보의 불길'이라고 회고하면서 장장 30페이지에 걸쳐서 2개의 절로 나누어 자세하게 설명하고 있다.

87) 김일성은 보천보 전투에 대하여 "이 전투는 망국사의 흐름을 광복에로 돌려세운 결정적인 계기의 하나였다고도 표현할수 있다"고 주장하였다. 북한에서는 보천보 전투의 가장 주요한 의의에 대하여 "우리 인민들에게 조선이 죽지않고 살아있다는것을 보여주었을뿐만아니라 싸우면 반드시 민족적독립과 해방을 이룩할수 있다는 신념을 북돋아주는 혁명의 서광을 비쳐준데 있었다"고 주장하고 있다. 김일성,『세기와 더불어 6』(평양: 조선로동당출판사, 1995), p. 149.『위대한 수령 김일성동지의 회고록 ≪세기와 더불어≫ 학습사전』증보판 (평양: 과학백과사전종합출판사, 2008), pp. 247~248.

88) 김일성,『세기와 더불어 6』(평양: 조선로동당출판사, 1995), p. 175.

89) 비대칭전의 군사용어사전의 정의를 살펴보면 "상대방이 효과적으로 대응할 수 없도록 하기 위하여 상대방과 다른 수단, 방법, 차원으로 싸우는 전쟁 양상"을 의미한다. 육군대학,『군사전략』(육군인쇄창, 2007), p. 112.

에 관한 북한의 군사전략에 지대한 영향을 미쳤다는 사실이다. 이러한 비대칭전의 인식은 흥미롭게도 오늘날 북한의 핵무기 및 미사일 개발과 그 궤를 같이하고 있다. 이와 같은 북한의 협상전략은 '주체'라 불리는 북한식 김일성주의에 그 뿌리를 두고 있다는 것을 다시 한 번 확인할 수 있으며, 이것은 다름 아닌 북한식 전략문화 인식틀의 산물인 것이다.

이와 같은 북한의 협상전략은 근본적으로 '주체'라 불리는 독특한 공산주의 이념에 그 뿌리를 두고 있다.[90] 이와 같은 맥락에서 앞서 제시한 군사정책 목표와 연계된 분야별 군사협상 전략 도출결과를 보면 다음 〈표 3-4〉와 같다.

〈표 3-4〉 군사정책 목표와 연계된 군사협상 전략

구 분	군사정책 목표	분야별 협상전략
내 용	근로인민의 이익옹호	항일유격대 활동보장 및 차후작전 담보
	외래의 침략으로부터 사회주의제도와 혁명의 전취물을 보위	군사적 신뢰구축 및 신무기 개발
	조국의 독립과 평화를 수호	조국의 독립활동

이러한 북한의 전략전술 작성의 기본전제 조건에 따라 군사협상 전략이 수립되었을 것으로 보인다. 이러한 방식으로 작성된 군사협상 전략은 협상전술의 행태로 표출될 것이다. 분야별 군사협상 전략에는 근본적으로 전략문화가 깊숙이 스며들어 있고 이러한 협상전략은 곧 협상전술로 이어지게 되어 있다.

라. 협상전술

김일성의 회고록 '세기와 더불어' 3권 제8장 반일의 기치높이, 2. 오의성

90) 척 다운스, 앞의 책, p. 39.

과의 담판[91]편을 살펴보면 김일성이 어떻게 협상을 계획, 준비, 실시, 협상하고 조치했는지 잘 드러나 있다. 특히 협상 준비 과정과 협상간 답변 요령, 돌발 상황 발생 시 조치 요령, 협상 후 후속 조치 사항인 추진 기구 설치 및 인원 편성 문제 등이 구체적으로 잘 나타나 있다. 또한 협상행태의 결정 요인도 확인할 수 있는 담판으로 협상 목표, 협상 의제 등이 잘 나타나 있다. 이러한 '오의성과의 담판' 및 '고이허와의 담판'에 대하여 북한은 군사협상 시에 롤 모델[92]처럼 따라하고 있는 것으로 보인다.

북한의 "항일유격대식 협상모델"인 '오의성과의 담판'과 '고이허와의 담판'에 대한 단계별 협상전술을 분석해보고자 한다. 협상단계는 기본적으로 학자들 별로 많은 연구가 제기되고 있으며 개략적으로 살펴보면 다음 〈표 3-5〉와 같다.

〈표 3-5〉 학자별 협상단계

구 분	협 상 단 계	비 고
자트만, 버만	진찰단계-처방단계-구체화단계	3단계
처치맨	준비단계-탐색단계-흥정단계-폐막단계	4단계
빌헬름	협상이전단계-개막단계-평가단계-종결단계-회담이후단계	5단계
솔로몬	개막단계-평가단계-폐막단계-이행단계	4단계
코웬	예비단계-초기단계-중간단계-최종단계-이행단계	5단계
스코트 스나이더	개막단계-중간단계-합의단계-이행단계	4단계
김용호	협상이전단계-초기단계-중간단계-최종단계	4단계
송종훈	개막단계-중간단계-합의단계-이행단계	4단계

91) 중국지역에서 항일운동시 구국군과 담판을 통해 소기의 목표를 달성한 담판으로 김일성의 군사협상 모습을 계획단계에서부터 준비, 실시, 이행단계까지 분석해볼 수 있는 자료이며, 나아가 현재 북한의 군사협상전략 및 협상행태를 분석할 수 있는 좋은 협상자료이다.

92) 2003년 국립국어원 '신어' 자료집에 수록된 단어로 "자기가 마땅히 해야 할 직책이나 임무 따위의 본보기가 되는 대상이나 모범"을 의미하는 신조어이다.

이와 같은 학자별 협상단계를 고려하되 본 연구에서는 김일성의 회고록에서 밝히고 있듯이 4단계로 구분하여 적용하였다. 세부적인 협상단계를 살펴보면 협상 준비단계→협상초기단계→협상중간단계→협상최종 / 이행단계로 구분하여 협상을 실시하였다. 회고록 원문에 잘 나타나 있듯이 김일성이 사전에 주도면밀하게 협상단계별로 사전에 준비 및 조치하여야 할 사항을 제시하고 있으며, 단계별로 협상전술이 잘 드러나 있는 것을 알 수 있다.

단계별로 나타나 있는 협상전술을 요약하여 보면 협상 준비 단계에서는 사전 협상분위기 조성과 유리한 협상환경을 조성하기 위하여 노력하였으며 유리한 협상의제를 탐색하고 있다. 협상초기 단계에서는 협상의 주도권 장악과 협상목표 달성을 위한 협상원칙을 제시하는 등 초기 단계에서부터 주도권을 장악하기 위한 모습이 잘 나타나 있다. 협상의 중간 단계에서는 협상 상대방과 지속적인 논쟁을 통하여 협상을 관철시키기 위하여 노력하였으며 협상의제의 변경제시 및 돌발 상황 발생 시 조치요령이 제시되어 있다. 협상최종 및 이행단계에서는 자신들의 요구사항을 관철하기 위해서 합의한 담판으로서 현재의 군사협상과는 약간 상이한 모습이 나타나 있다. 물론 합의사항 이행관련 사항은 잘 나타나 있다.

"항일유격대식 협상모델"의 원형인 '오의성과의 담판'과 '고이허와의 담판' 원문을 활용[93]하여 단계별로 나타난 협상전술을 세부적으로 분석할 수 있다. 성공한 담판 사례인 '오의성과의 담판'에 대하여 협상단계별로 분석하여 보면 다음과 같다.

"**일본제국주의자들은 조중인민을 리간**시키기 위하여 ≪조선사람이 만주를 빼앗으려 한다.≫, ≪공산당은 구국군을 무장해제 시키려 한다.≫

93) 원문내용 중 연구목적상 김일성이 오의성과의 담판을 계획, 준비, 실시, 최종 및 이행단계에서 조치한 사항 위주로 진하게 표시하여 협상단계별로 이해를 도왔다.

고 선전하는 한편 ≪민생단≫에 망라된 반동분자들을 내세워 ≪간도조선인자치구≫와 ≪조선법정자치정부≫의 수립을 골자로 하는 조선인의 간도자치를 부르짖게 하였다. 때로는 중국사람들의 집에 불을 질러놓고 조선유격대가 한짓이라는 황당한 소문을 퍼뜨리기도 하였다. **항일유격대와 반일부대와의 련합전선을 파국에로 이끈 또 하나의 요인**은 일제의 악랄한 귀순공작과 그에 따르는 반일부대 두령들의 항일의식의 변질에 있었다.

… **유격대는 구국군의 행패가 두려워 밤에만 행군하고 낮에는 행군조차 하지 못하는 형편**이었다.

투쟁무대를 왕청으로 옮긴 후 우리의 활동에서 **시급히 해결하지 않으면 안되었던 가장 큰 난문제**의 … 구국군과의 관계를 적대적관계로부터 동맹관계로 전환시키는것은 조선공산주의자들에게 있어서 혁명을 계속하느냐 마느냐 하는 **운명적인 문제로 다시금 상정**되였다. 나는 용단을 내려 구국군 전방사령인 오의성을 찾아가기로 결심하였다. 왕덕림이 간도땅에서 떠나가 버린 후 **구국군의 실권은 그가 쥐고있었다.** 오의성을 잘 설복하면 ≪김명산사건≫과 리광별동대참살사건으로 하여 동만 땅에 빚어진 **유격활동의 경직상태를 종식시키고 우리 혁명이 직면하고 있는 난국을 얼마든지 타개**할 수 있을 것이라는 신심이 생기였다. … 나는 오의성과의 담판을 성사시키기 위하여 반성위와 함께 진지한 의논을 하였다. … 나는 진한장가 호진민에게 편지를 쓰고 뒤이어 오의성과 채세영에게도 서한을 보내여 우리가 라자구로 가는 취지를 밝히였다. … 발신인이름옆에는 **격을 갖추느라고 네모나게 생긴 큼직한 도장**도 찍었다. 편지를 발송한 다음 라자구지방의 혁명조직을 통해 **오의성부대의 동태를 알아보았는데** 반응이 좋았다. 라자구의 지하조직들은 구국군이 시내입구에 ≪조선인반일유격대를 환영한다!≫는 **구호를 써붙인 사실**까지도 우리에게 통보해주었다. 나는 선발된 100여명의 대원들을 데리고 라자구로 떠났다. 새 군복을 입고 새 총에 새 가죽가방을 메고 질서정연하게 행군해가는 **우리 부대의 모습은 참으로 장관**이었다. 나는 백마를 타고 맨 앞장에서 **대오를 인솔**하였다. 태평구에 도착한 우리는 반일인민유격대의 **라자구입성에 관한 성명을 발표**하고 오의성부대에 전령병을 파견한 다음 거기서 회답을 기다리며 하루밤 류숙하였다. 다음날 라자구에서 **담판을 하는데 동의한다는 내용의 통지**가 왔다. 오사령이 이처럼 담판에 응해 나서기까지에는 **진한장의 보**

증이 큰 힘을 냈다. 내 편지를 받고 오의성에게 자기가 김대장을 아는데 **아주 좋은 사람이라고 소개**하였다. 우리는 구국군이 우리를 억류하고 해칠 수 있는 경우에 대처하여 **즉시 응원을 할 수 있는 무력**으로 훈춘에서 온 **1개 중대를 태평구 아랫마을에 배치**한 다음 나머지 50명만 데리고 붉은기를 앞세우고 나팔을 불면서 위풍당당하게 라자구시내로 들어갔다"

협상 준비단계에서 회담개최에 적극적인 입장을 표명하면서 담판을 먼저 제의하여 분위기 조성 및 유리한 협상환경을 조성하였다. 김일성은 담판준비를 철저히 하기 위하여 유격대원들에게 담판상황을 충분히 인식시켰으며, 내부적으로 담판에 대한 의제를 상정한 후 내부의견을 사전에 조율하였다. 또한 사전에 오의성에게 담판을 선제의하였으며 격을 갖추어 담판 서신을 발송하였다. 또한 담판을 먼저 제의한 후 상대방의 정황을 사전에 파악하여 담판을 준비하는 치밀함을 보여주고 있다. 라자구 시내 진입 시에는 가장 단정한 복장으로 시내를 행진하는 등 담판 분위기 조성에 앞장섰다.

또한 라자구에 입성하여 라자구 입성 성명을 발표하였으며 아울러서 구국군은 시내입구에 ≪조선인반일유격대를 환영한다!≫는 구호를 써 붙여 놓았다. 또한 유리한 협상 의제 탐색을 위하여 오의성 부대와 관련이 있는 인원과 협상에 대하여 집중적으로 토의를 실시하였으며, 라자구에 입성 후 1일간 대기하면서 사전에 협상 실무인원을 파견하여 협상 의제를 탐색하였다. 추가적으로 만약의 사태에 대비하여 1개 중대를 아랫마을에 배치하여 협상의 제고력을 높였다. 나아가 담판의 상대자이며 실권자인 오의성을 파악하기 위하여 많은 노력을 기울이고 있는 모습이 잘 나타나 있다. 이것은 무엇보다도 협상에서 주도권 장악과 유리한 협상 환경을 조성하기 위해서이다.

"나는 첫인사로 ≪장학량의 구동북군에서 많은 부대들이 일본군에 투항할 때 사령님네 부대가 항일에 나선 것을 애국적장거로 높이 평가합니다.≫ 하고 겸손하게 말했다. … ≪우리 사람들 한데서 들으니까 당신이 데리고 온 군대들이 알쭌히 새 총을 매구 왔다는데 그걸 몇자루 우리한데 있는 낡은 총과 바꾸지 않겠소?≫ 담판은 오의성의 이런 인사로부터 시작되었다. 인사치고는 아주 까다로운 인사였다. 한쪽으로는 추어올리고 한쪽으로는 응해 나서기 곤란한 흥정을 붙여 상대방의 속을 떠보려는 오사령의 모습을 보면서 나는 그가 쓴밥단밥 다 먹어본 외교의 능수이고 능구랭이라고 판단하였다. 수천 명의 부하들을 거느리고 있는 전방사령이 새 총 몇 자루가 탐나서 례의도 없이 첫 대면에 그런 주문을 한다고는 생각되지 않았다. ≪바꿀게 있나요. 그런 것쯤은 거저 줄 수도 있습니다.≫ 나는 오사령의 제의를 흔연히 받아들이면서도 넌지시 꼬리를 달았다. ≪그거 뭐 궁색스럽게 그런 놀음을 할거나 있습니까. 일본군대와 한바탕 싸우면 될터인데. … 그렇지만 정 요구한다면 그까짓거 거저 줄 수도 있습니다.≫"

협상 초기단계에서는 협상 분위기 반전과 주도권을 장악하기 위하여 오의성의 부대가 항일에 나선 것을 애국적 장거로 높이 평가한다고 하면서, 오의성이 휴대한 새총을 낡은 총과 교환해달라고 요청하자 김일성은 거져 줄 수도 있다고 큰소리를 친다. 또한 협상초기 단계에서 협상의 원칙을 교묘하게 오의성에게 제시하였다. 오의성이 교환을 요청한 총에 대해서 거져 줄 것처럼 대응하면서 일본군에 대항해서 연합하여 싸우는 문제에 대하여 협상하게 되었는데 협상의제와 원칙을 살짝 제시한 것이다. 고도의 협상전략을 사용하여 협상원칙을 제시하면서 협상의제에 한발자국 다가선 것이다. 또한 협상의제 면에서도 공산주의 선전이 아니라 항일운동에 관련된 것만 선전하겠다고 협상의제를 추가적으로 제시하면서 역으로 협상의 주도권을 장악하고 있다. 그러나 오의성은 담판초기부터 지속적으로 유격대에 대한 의심사항을 집중적으로 제기하였다. 이때 김일성은 여기에 담판의 승패가 달려있다고 판단 후 정확한 답변 및 추가적인 공세를 실시하여 협상의 주도권을 장악하면서 분위기를 반전시킨다. 즉 상대방의 협상의지를 꺾어 협상을 김일성 주도로 만들어 가는 것이다.

> "오의성은 수염을 내리쓴 다음 다른 각도에서 또 들이댔다. ≪그런데 …. 당신네 공산당은 상공당 마스고 다닌다면서?≫ ≪우리가 무엇때문에 상공당을 마스겠습니까. 그건 나쁜 사람들이 공산당한테 죄를 뒤집어씌우기 위하여 꾸며낸 선전이지요.≫ ≪그럼 김대장도 상공당에 절을 하오?≫ ≪난 상공당을 마스지도 않고 또 거기에 아무런 관계도 없으니까 절도 하지 않지요. **그래 오사령은 절을 하는가요?**≫ ≪안하지.≫ ≪그러니까 내가 절을 안하는 거나 오사령이 절을 안하는거나 같지 않습니까.≫ **말문이 막힌** 오희성은 … 말문이 막혀 오의성은 빙그레 웃으면서 아까처럼 또 수염을 쓸었다. ≪그건 그렇다 치고. 그런데 당신네 공산당은 남자, 녀자의 구별이 없이 한이불밑에서 자고 남의 재산을 막 빼앗는다는데 그게 사실이요?≫ **나는 담판의 성패여부가 이 대목을 어떻게 처리하는가 하는데 달려있으며 오의성에게 공산주의자들에 대한 올바른 인식을 주기 위해서는 그가 던진 미끼를 재치 있게 받아물어야 한다고 생각**하였다. ≪그것도 나쁜 사람들이 꾸며낸 선전이지요....
> **오의성은 동감의 표시로 고개를 끄덕**이였다. ≪그건 그럴듯한 말이요. 한참 국란이 심한 때인데 자기 혼자만 잘 먹고 잘살자는거야 나쁜 놈이지.≫ **나는 내친김에 계속 공세를 들이대였다. … 우리는 남녀간의 규률이 엄격합니다.**≫ ≪물론이지요. 우리 **공산당처럼 청백한 사람들은 이 세상에 없습니다.**≫ … ≪사령, 그건 념려마시오. 우리 공산당선전을 할 생각이 없습니다. **그저 항일선전만 하겠습니다.**≫"

협상 중간 단계에서는 지속적으로 오의성과 논쟁과 압박을 통하여 협상에 순순히 응할 수 있도록 협상 상대방과 격렬한 논쟁을 지속한다. 또한 협상의제 변경 제시 사항을 보면 지속적으로 오의성은 유격대의 상황에 대해서 김일성에게 질문을 하고 확인을 하고 있었는데 김일성은 한 발 더 나아가 일본군과 싸우기 위한 변경된 협상의제를 협상 중간에 제시하여 협상 상대방이 당황한 가운데 최후의 중요한 돌발 질문을 실시한 후 어쩔 수 없이 승낙하는 태도를 취하고 있다. 김일성의 담판 기술이 은을 내보여 준 것이다. 아울러서 오의성의 돌발 질문에 대하여 김일성은 기민하고 즉흥적으로 위기를 모면하고 있다. 사전에 충분한 담판준비를 하였음에도 불구하고 돌발질문에 대해서는 준비를 하지 못한 것에 대해서 후회하면서 대응책을 제시한 것이다. 이것은 김일성이 차후에 두고두고 모든 북한의 협상시마다 협상대표자들은 돌발 상황에 대한 대처요령을 충분히 연습한 후에 협상에 참가할 수 있도록 교육을 충분히 하였을 것으로 판단된다.

> "≪오사령을 **공산당으로 만들 생각**은 없습니다. 공산당이란건 누가 시켜서 되는게 아니니까요. 그렇지만 일본제국주의자들과 싸워서 이기자면 힘을 합치는것이 좋다고 생각합니다.≫ **오의성은 신경질적**으로 팔을 홱 내저었다. ≪우린 따로 하면 했지 공산당과 합작은 안하우!≫ ≪그래두 힘이 부족한 때에야 **합작해서 일본놈과 싸우는것**이 좋지 않겠습니까.≫ ≪글쎄 난 공산당신세는 안진다니까.≫ ≪**사람의 전도**를 어떻게 압니까. 그러다 이제 우리 신세를 지게 될는지도 모릅니다.≫ 그런데 김사령에게 한가지 부탁이 있소. 쟈잘리에 들지 않겠소? … 나는 그때 정말 쟈잘리란 말을 듣고 정신이 아찔해졌다. **오사령이 나를 골탕먹일 수 있는 만점짜리 문제를 내던진것이였다. … 우리는 담판준비를 할 때 이런 전황까지는 미처 예견하지 못하였다.** 어쨌든 이 자리는 면해야 하겠다는 생각이 들었다. ≪오사령하고 같이 쟈잘리에 드는 것은 뜻이 깊은 일이긴 합니다. 그런데 우리가 다른 조직에 드는 것은 당조직의 허락을 받아야지 그렇지 않고서는 마음대로 하지 못하지요. 조직에서 승인할 때까지는 그만둡시다.≫ 오사령은 이런 말로써 담판을 일단락지은 다음 내 손을 다정스럽게 잡았다놓았다. 담판의 성공은 확정적인것이였다...이날 우리는 오의성과 함께 항일유격대와 반일부대의 **일상적인 련계를 보장**하며 두 군대의 공동행동을 유지하는데서 조절자적역할을 감당하게 될 **반일부대련합판사처라는 상설적인 기구를 내오기로 합의하고 그 성원문제까지 토론**하였다. 나는 구국군과의 합작을 실현한 그때부터 통일전선을 위한 최상의 수단은 주체적 힘이라는 것과 이 힘을 키우지 않고서는 어떤 우군이나 우방과도 련합하여 투쟁할 수 없다는 것을 좌우명으로 삼고 혁명의 주체를 튼튼히 다음 위

한 투쟁을 일생동안 벌려왔다. … **라자구담판 후 반일부대련합판사처는 구국군과의 사업을 맹렬하게 벌리였다.** 판사처일군들은 린접의 산림대들에도 침투하여 그들을 반일련합전선에 끌어들이기 위한 적극적인 공작을 하였다.

이 **기구의 도움**으로 우리는 1933년 9월초 라자구부근의 로모저하라는 곳에서 오의성, 사충항, 채세영, 리삼협을 비롯한 반일부대의 지휘관들과 함께 동녕현성(삼차구)전투방안을 토의하기 위한 련합회의를 열고 작전방침을 최종적으로 확인하였다."[94]

협상 최종 및 이행 단계는 앞에서 제시한 바와 같이 성공사례와 실패사례로 구분하여 살펴보기로 하겠다. 먼저 성공 담판 사례를 살펴보면 김일성은 확실한 담판의 성공적인 내용을 보장받기 위하여 최종단계에서 오의성 부대와 구체적인 조치들을 취하였다. 다시 말하면 차후에 반일부대의 일상적인 련계를 확실하게 보장하기 위한 기구들을 설치하는 데 합의하고 그 인원수 까지 합의하였다. 그 이후에도 구국관과의 합의사항 이행조치를 위하여 '반일부대련합판사처'라는 기구를 활용한 적극적인 공작내용이 언급되어 있다. 그러나 '오의성과의 담판'에서 나타난 협상 최종 및 이행 단계는 김일성이 구국군과 연계보장 문제였기 때문에 합의사항 이행을 잘 준수할 수밖에 없는 사항으로 담판결과 합의한 사항에 대해서 최선을 다하는 모습을 보여주고 있다.

이와 같은 '오의성과의 담판'에서는 군사협상 단계와 각 협상 단계별로 나타나고 있는 협상 전술을 확인할 수 있다. '오의성과의 담판'에서 김일성은 이와 같은 각 단계별로 조치 및 실시하여야 할 사항에 대하여 충실하게 행동하였다. 또한 협상 단계별로 도출된 협상전술은 먼저 협상 준비 단계에서 협상 분위기 조성과 유리한 협상 환경 조성 및 유리한 협상의제 탐색을 시도했다.

94) 김일성, 『세기와 더불어 3』(평양: 조선로동당출판사, 1992), pp. 169~186.

협상 초기 단계에서는 협상 주도권 장악과 협상의 원칙을 제시한다. 협상 중간 단계에서는 협상 상대방과 지속적인 논쟁문제가 협상전술로 나타나고 있으며, 협상의제 제시면에서는 김일성이 일본군과 싸우기 위한 협상의제를 협상 중간에 제시하여 협상 상대방이 어쩔 수 없이 승낙하도록 하는 전략을 구사하고 있다. 협상 최종 및 이행 단계에서 김일성은 담판의 성공적인 내용을 확실하게 보장받기 위하여 오의성 부대와 기구 설치 합의 및 기구 편성 인원 확정 등 구체적이고 세부적인 조치를 취하는 것으로 나타난다.

김일성의 담판사례를 통해 협상행태 결정요인 면을 분석하여 주요한 결정요인은 다음과 같다. 협상에 대한 인식은 반드시 담판에서 승리하여야 한다는 특수협상관을 유지하고 있다. 김일성이 담판에 임하는 자세와 강한 의지를 엿볼 수 있는 대목이다.

협상목표는 구국군과 반일연합전선을 구성하는 것이 절체절명의 목표였다. 이것은 만주일대에서 항일유격대의 활동을 보장하느냐 못하느냐가 달려있는 사항인 것이다. 오늘날로 비교하면 체제유지 활동에 비유할 수 있다. 협상의제 또한 당연히 이에 따라 국군과 반일연합전선을 구축하기 위한 내용이 주된 의제가 될 수밖에 없다.

한편 실패한 사례인 '고이허와의 담판' 사례를 분석하여 보면 다음과 같다. 협상 준비단계에서 회담개최에 적극적인 입장 표명과 국민부 간부들과 담판을 준비하는 대담성이 잘 나타나 있다. 특히 시기적으로도 담판에 적합한 기회를 강조하면서 유리한 협상환경을 조성하였다. 차광수에게 후일을 부탁하고 고이허를 찾아가는 모습에서 협상의 제고력을 높이기 위한 모습이 잘 드러나 있다.

> "나는 필요한 경우 국민부의 간부들과 **담판이라도 할 배짱**이였다. … 비록 분위기는 살벌하였지만 **지금이야말로 그런 기회**라고 할수 있

었다. … 나는 동무들을 설복한 다음 차광수에게 **뒷일을 부탁**하고 고이허를 찾아갔다. … 내가 방에 들어서자 그는 당황해서 어찌할바를 몰라하였다. … 나는 고이허에게 최봉을 비롯한 대회준비위원회성원들을 왜 체포하였는가고 **직방 들이댔다.**"

협상 초기단계에서는 협상의 주도권을 장악하기 위하여 처음부터 고이허에게 관련 사항에 대하여 직접적으로 질문함으로써 사전 준비가 미흡한 고이허를 대상으로 주도권을 확실하게 장악했다. 또한 담판 의제인 국민부 민족주의자들과 합작을 통하여 일제를 반대하는 공동 투쟁을 전개하는 사항의 의제를 정확히 제시하면서 담판을 진행시켰다. 김일성은 자신의 설명사항에 담판의 승패가 달려있다고 판단 후 정확한 설명 및 추가적인 답변을 통하여 다시 한 번 협상의 주도권을 장악하면서 분위기 반전을 유도하는 모습이 잘 나타나 있다.

"나는 앞뒤가 다른 고이허의 태도에 더욱 분격을 금할수 없었지만 **될수록 마음을 가라앉히고 그를 설복**하려고 하였다. … 우리 청년들이 새 사조를 신봉하는 길은 공산주의 리념을 따른 길이 조국의 광복을 앞당기는 길이고 우리 민족의 장래에 행복을 가져오는 길이라는 것을 굳게 믿기 때문이다. … 나라와 민족의 장래를 위해 뛰여다니는 청년들을 도와주지는 못할망정 **체포한다는 것이 말이 되는가고 항변**하였다"

협상 중간 단계에서는 지속적으로 고이허와 논쟁하고, 압박 통하여 협상에 순순히 응할 수 있도록 협상 상대방과 강력한 논쟁을 지속한다. 논쟁 시에도 평정심을 유지한 가운데 간곡하게 설명함으로써 고이허 측의 심경 변화 또는 상대측의 변화를 유도하는 협상기술은 화술면에서나 기타 설명사항에 있어서 뛰어난 모습을 보여주고 있다. 담판 전에 치밀한 사전 준비를 하였음을 반증하는 것이다.

> "그러고는 **고이허에게 새 사조를 따르는 청년들은 박해할것이 아니라 손을 잡고 일제를 반대하는 공동투쟁을 전개해야 한다고 간곡하게 말했다.** … 고이허는 코웃음을 치면서 국민부는 남만청총을 내던지면 내던졌지 공산당의 손에 넘겨줄수 없다고 하였다. … 나는 고이허에게 **우리는 그런 종파쟁이들과는 전혀 다른 청년들이라고 다시 설복**하였다."

협상 최종 및 이행 단계의 전술은 담판 결렬에 대한 전형적인 책임 전가성 발언을 강하게 하고 있다. 구체적인 예를 보면 "씻을 수 없는 죄악을 력사에 남기게 될 것이다", "당신네가 나를 죽이겠으면 죽이라, 나는 이미 죽을 각오가 되어있다고 경고"하는 등 김일성은 위협성 발언을 서슴치 않고 있다. 나아가 김일성은 후속 조치 사항으로 만청총대회 탈퇴 및 그들의 테로 행위에 대해서는 성토문을 써서 발표하는 방법으로 만천하에 고발하자고 하였다.

> "그러나 고이허는 나의 성의 있는 설복을 끝내 받아들이려고 하지 않았다.
>
> **나는 만일 당신들이 끝끝내 청년들의 기세를 꺾으려든다면 씻을 수 없는 죄악을 력사에 남기게 될 것이다, 당신들이 비록 몇 명의 육체는 억제할수 있을지 몰라도 공산주의를 지향하는 청년대중의 사상은 억제할수 없을 것이다, 좋다, 당신네가 나를 죽이겠으면 죽이라, 나는 이미 죽을 각오가 되어있다고 경고하였다.** … 나는 동무들에게 국민부가 남만청총대회를 소집해놓고 진보적인 청년들을 모해하고있으니 **대회에서 탈퇴**하고 그들의 **테로행위에 대해서는 성토문을 써서 발표하는 방법으로 만천하에 고발**하자고 하였다."[95]

이와 같이 '오의성과의 담판'에서는 '고이허와의 담판' 사례를 통하여 분석된 단계별 협상전술을 제4장의 국방장관 군사회담, 장성급군사회담, 군

95) 김일성, 『세기와 더불어 1』 (평양: 조선로동당출판사, 1992), p. 339.

사실무회담 등 분야별 군사협상에서 나타난 협상전술과 비교 분석을 실시할 것이다. 북한의 전략문화에 의거 도출된 "항일유격대식 협상모델"의 협상행태가 김정일 시대의 군사협상에서도 동일하게 도출되고 있는 사항을 밝힘으로써 김정일 시대의 군사협상 행태가 북한의 전략문화에 의거 나타난 협상행태라는 것을 증명하고자 한다.

김일성 회고록에서 나타나 있는 군사협상 전술은 앞에서 제시한 것처럼 협상 준비 단계에서 군사회담을 선제의 하는 등 회담개최에 적극적인 입장을 표명하고 사전에 유리한 협상 분위기 조성과 협상 환경을 조성하기 위하여 노력하는 것을 볼 수 있다. 협상 초기 단계에서는 협상 진행 과정에서 주도권을 장악하기 위한 유리한 협상 의제 탐색을 시도했다. 협상초기 단계에서는 협상의 주도권 장악과 협상 원칙을 제시했다. 협상의 중간 단계에서는 협상 상대방과 지속적인 논쟁을 통하여 협상을 관철시키기 위하여 노력하였으며 협상중간 시기에 협상의제를 신속하게 변경 제시하여 협상 목표 달성에 최선을 다하였다. 협상최종 및 이행단계에서는 김일성은 확실한 담판을 보장받기 위하여 담판 부대와 구체적인 조치들을 취하였다.

현재 북한의 군사협상 행태는 회고록에서 나타나 있는 협상행태와 다르지 않을 것으로 판단된다. 물론 4장에서 사례를 정확하게 분석해보면 이와 같은 물음에 대한 답은 명확하게 드러날 것으로 보인다. 왜냐하면 북측은 오랫동안 김일성 지도체계[96]에 의거 당 · 정 · 군이 동일하게 움직이는 국가이며, 중요한 협상에는 반드시 군 대표가 협상에 참가하고 있다. 무엇보다도 김정일 시대의 정치적 위기관리 방식을 상징하는 군사국가의 제도화에서는 정치, 경제, 사회, 문화 등 제반 사항에서 군이 선도하고 있기 때문이다.

96) 김일성의 신 국가 건설에 대한 구상을 지도적 지침으로 하여 정치활동을 수행하며, 그의 지시에 따라 당 · 정 · 군이 하나의 유기체와 같이 움직이도록 짜여진 조직을 말한다. 김광운, 앞의 책. p. 28.

김정일 시대 군사협상 행태의 원형인 북한의 '항일유격대식 협상모델'을 통하여 군사협상 행태를 보다 정확하게 분석할 수 있을 것이다. 나아가 김정은시대 군사협상행태도 예측이 가능하다.

제3절

항일유격대식 협상모델을 적용한 분석틀

일반적으로 군사협상 행태는 특정요인이 협상행태로 나타나지 않고 여러 가지 구성요인들이 복합적으로 상호작용하여 협상행태로 표출된다는 사실을 알 수 있다. 이러한 군사협상 행태를 효율적으로 분석하기 위하여 앞에서 제시한 개념 및 김일성 회고록을 바탕으로 분석틀을 제시하고자 한다.

북한의 항일유격대식 협상모델 분석틀에 대한 개략적인 구성 요인을 살펴보면 다음과 같다. 먼저 군사협상에 대한 기본인식인 협상관을 바탕으로 →군사협상에 대한 협상문화 배경요소→군사정책 목표와 연계된 군사 협상전략→군사협상 단계별 협상전술로 분석틀을 구성하였다.

이와 같은 일련의 절차는 전략과정[97]에 의거하여 도출 및 작성하였으며 다음과 같은 세부내용으로 구성되어 있다. 먼저 군사협상에 대한 기본인식이라 할 수 있는 협상관을 가장 먼저 도출하였으며, 협상관은 항일유격대

97) 국가안보목표를 달성할 목적에서 군사력의 건설·배치 및 운용을 조정하는 술(術)과 과학(Art and Science)으로 정의하고 있으며, 전략과정의 마지막 단계는 전장전략의 구상과 이행인데 이는 통상 전술로 지칭된다. Dennis M. Drew·Donald M. Snoe, 『21세기 전략기획』, 권영근 역 (서울: 한국국방연구원, 2010), pp. 66~72.

시절의 구국군과 담판에서 승리하기 위한 특수협상관이다.

다음 단계는 이와 같은 특수협상관을 배경으로 김일성의 항일유격대 시절 담판 사례를 분석하여 도출한 협상문화의 요소를 '김일성 주도형', '항일유격대식 위협적 협상', '통일전선' 등으로 도출하였다. 협상문화의 요소는 군사협상의 원형으로 판단되는 '오의성과의 담판'과 '고이허와의 담판' 사례에서 분석간 도출된 내용을 참고하여 적용한 것이다.

그 다음 단계는 군사협상 행태를 분석하기 위하여 전략과정에 의거 군사정책 목표를 도출[98]하였다. 군사협상을 하는 이유는 궁극적인 이유는 군사정책 목표 달성을 위해서 협상을 실시한다고 해도 과언이 아니다. 군사정책 목표로부터 세 가지의 군사협상 전략을 도출하였다. 첫째는 항일유격대 활동보장, 둘째는 조국의 독립활동, 셋째는 군사적 신뢰구축 및 신무기 개발 등의 협상전략을 도출하였다.

마지막 단계는 군사협상이 진행되면 '항일유격대식 협상모델'로 학습된 협상 인원들에 의해 단계별 협상전술들이 나타난다. 이때에는 김일성 회고록 '세기와 더불어'에 제시된 '항일유격대식 협상모델'처럼 사전에 철저한 준비를 거쳐 군사협상을 진행한다.

단계별 협상행태는 '항일유격대식 협상모델' 작성 시 분석하였던 김일성 회고록 '세기와 더불어'의 담판 사례인 '오의성과의 담판'과 '고이허와의 담판'에서 도출되었던 협상전술들이다. 이와 같은 협상전술들은 각 단계별로 적용하여 분석될 것이다.[99]

---

98) 목표 결정에 대한 사항으로 전략과정에서 제시되고 있는 사항을 살펴보면 "변함없는 사실이 있는데 이는 거시 및 미시적 수준 모두에서 국가목표의 결정이 전략과정에서 중요한 의미가 있는 첫 번째 단계란 점이다. 목표가 분명하지 않는 상태에서의 승리는 요행과 다름이 없다.", Dennis M. Drew · Donald M. Snoe, 위의 책, p. 62.

99) 스코트 스나이더는 "게릴라 전통에 대한 신화는 김일성의 민족주의 사상의 튼튼한 뿌리가 되었으며, 김일성의 경험은 북한인이 협상과 같은 특정한 상항에 대응하는 방법을 보여주는 원형이 되었다. 그의 게릴라 부대는 앞에 놓여 있는 장

본 연구에서는 이와 같은 '항일유격대식 협상모델'에서 도출된 협상전술과 김정일 시대의 군사협상 전술의 상관관계를 분석하여 이를 증명할 것이다. 협상의 단계는 앞에서 제시한 바와 같이 김일성의 회고록의 군사협상 사례인 '오의성과의 담판'과 '고이허와의 담판'에서 분석된 단계를 적용하였다. 즉 '항일유격대식 협상모델'에서 제시된 바와 같이 4단계로 협상단계를 구분하여 적용할 것이다. 구체적으로 남북한 군사회담 대표들이 실제 협상 테이블에 나오기 전부터 시작되는 협상의 준비단계, 초기단계, 중간단계, 최종 및 이행단계 등 총 4단계로 구분하여 협상전술을 분석하고자 한다. 단계별 세부적인 협상전술을 살펴보면 다음과 같다.

먼저 협상 준비 단계에서는 적극적인 입장표명, 유리한 협상환경 조성 전술을 활용할 것이며, 협상 초기 단계에서는 협상의 주도권 장악 및 협상 원칙을 제시할 것이다. 협상 중간 단계에서는 협상의 주도권 장악 및 협상 원칙을 제시하며, 협상 최종 및 이행 단계에서는 대화 결렬 책임을 전가 및 합의사항 위반, 이행 소극적 및 미조치의 전술을 구사할 것이다. 물론 이와 같은 군사회담 단계에서 협상 진행 과정에서 변수에 의해서 협상중단이나 재개요인 등[100] 많은 상황들이 있을 수 있다.

애물이 무엇이든 생존할 것이며 생존은 최종적인 승리를 의미했다."고 주장하였다. 스코트 스나이더, 『벼랑끝 협상』, 안진환 · 이재봉 역 (파주: 청년정신, 2003), p. 52.

100) 김해원은 남북협상의 중단조건을 "북한의 1차 국가이익 영역인 정통성과 안보위협 중 어느 한 개가 변수라도 남한으로부터 침해행위가 발생할 경우 중단되며, 재개는 북한의 1차 국가이익 영역 중 어느 한 개의 변수가 충족되면서 2차 국가이익 영역(통일환경, 경제이익)의 어느 한 개 변수의 충족과 결합"될 때 재개된다고 주장하였다. 김해원, 앞의 논문, p. 47, pp. 64~65. 한편 양무진은 "특히 최고지도 및 체제의 비난에 대한 불용이다. 북측은 장군님, 수령님이라는 용어를 자주 사용하면서 회담의 재개와 합의도 최고지도자의 결단에 따른 것이라고 강조한다. 개혁 · 개방과 같은 변화의 문제를 남측이 언급하면 체제와 연관시켜 불순한 의도로 여긴다." 양무진, "북한의 대남협상행태: 지속과 변화를 중심으로", 『한국과 국제정치』 제19권 4호 (경남대학교 극동문제연구소, 2003), p. 269.

위와 같은 사항을 토대로 종합적으로 구성한 항일 유격대식 협상모델의 분석틀은 다음 〈표 3-6〉와 같다.

〈표 3-6〉 항일유격대식 협상모델 분석

항일유격대식 협상모델

협상관	협상문화	협상전략	협상전술	
특수 협상관	김일성 주도형	항일유격대 활동보장 및 차후작전 담보	협상준비 단계	·적극적인 입장 표명 ·유리한 협상 환경조성 ·협상의제 탐색
	압박과 회유의 위협적 협상	조국의 독립활동	초기단계	·주도권 장악 ·협상원칙 제시
			중간단계	·상대방과 논쟁 ·의제 변경
	통일전선	군사적 신뢰구축 및 신무기 개발	최종 / 이행단계	·대화결렬 책임전가 ·합의사항 위반, 이행 소극적 및 미조치

제4장

김정일 시대 군사협상에 대한 항일유격대식 협상모델의 적용

제1절

김정일 시대 남북군사협상 전개과정

1. 국방장관회담

가. 1차 국방장관회담

1) 협상환경

1998년 헌법 개정[1)]을 필두로 북한은 김정일 체제를 본격적으로 출범시켰다. 김정일 정권은 선군정치를 앞세워 사회의 기강을 바로 잡고 경제를 회복하려는 노력을 펼쳤다. 한편으로 그들은 핵실험과 미사일 프로그램을 통해 안보 문제를 해결하고, 다른 한편으로는 경제개선 조치를 단행함으로써 경제를 회복하고자 노력을 기울였다.

국제적으로도 미국은 클린턴 행정부의 유화적인 북미관계 개선의 일환으로 2000년 10월 조명록 특사의 미국방문[2)]과 매들린 올브라이트 미국 국

1) 북한의 8차 헌법 개정을 의미하는 것으로 주요 개정내용을 살펴보면 헌법 서문에 김일성을 사회주의 조선의 시조로 규정하였으며, 주석, 정무원을 폐지하였고 내각 부활 및 국방위원회 권한을 강화하였다.

무장관의 북한방문으로 외교대표부 설치, 실종 미군 신원확인, 한반도 긴장 완화를 위한 구체적인 세부조치 등 미 · 북 간의 현안들이 심도 있게 논의되었다. 한편 1998년 2월 출범한 김대중 대통령의 '국민의 정부'는 한반도에서 냉전을 종식하고 남북 간의 평화공존을 도모하며 나아가 평화통일을 실현하기 위하여 '대북 화해 · 협력정책'을 추진하였다. 국민의 정부는 이러한 대북정책 기조를 바탕으로 강력한 야당 및 보수적인 사회세력의 도전과 비판을 정면 돌파하려는 의도도 있었다.

특히 2000년 이후 북한은 경제개선을 위하여 실리를 강조하기 시작했다. 심각한 경제난과 국제적 고립에 직면해 있었던 김정일 정권에게 남한과의 교류와 경제협력은 북한의 경제성장을 위하여 꼭 필요한 조치였다.

마침내 2000년 6월 13일부터 15일까지 역사적인 남북정상회담이 개최되어 경제 · 사회 · 문화 분야에서 활발한 교류협력이 있었으나 군사당국자의 회담은 미비하였다. 이후 제반분야에서 균형된 교류협력이 필요하다고 판단되자 남한은 북한 측에 남군사당국자 회담 개최문제를 강력하게 제기[3]하였다. 그 결과 2000년 8월 29일부터 9월 1일까지 평양에서 개최된 제2차『남북장관급회담』에서 쌍방 군사 당국자들 간의 회담을 조속한 시일 내에 가지도록 협의 한다'는 원칙적 합의에 도달[4]하게 되었다. 이후 2000년 9월

2) 클린턴 행정부는 북한군부의 실력자인 조명록 국방위원회 제1부위원장을 미국으로 초청했다. 2000년 10월 9일부터 13일까지 조명록은 김정일의 특사자격으로 워싱톤을 방문했다. 조명록과 클린턴 대통령, 그리고 올브라이트는 북한과 미국간의 관계 정상화를 위한 여러 가지 방안을 논의했다. 조명록과 올브라이트 장관이 발표한 공동성명에서 "쌍방은 그 어는 정부도 타방에 대하여 적대적 의사를 가지지 않을 것"이라고 선언하고 올브라이트 국무장관이 클린턴 대통령의 북한방문을 준비하기 위해 가까운 시일 안으로 평양을 방문하기로 합의했다. 차상철,『한미동맹 50년』(서울: 생각의 나무, 2004), p. 233.

3) 제1차 남북장관급회담에서 "남북관계의 실질적인 발전을 위해서는 긴장완화문제를 협의할 수 있는 군사당국자간 대화가 필요하다는 점을 북측에 강력히 제기" 문성묵, '6 · 15공동선언 이후 남북군사회담 평가',『군사논단』제27(여름)호 (한국군사학회, 2001), p. 64.

4) 이는 당시 회담기간 중 박재규 통일부장관이 자강도에 머물고 있는 김정일을 찾

24일 북한 측 군사회담 대표단이 분단 이래 처음으로 판문점을 통과하여 군사분계선을 넘어 남으로 내려왔으며, 회담은 2000년 9월 25일과 26일 이틀간 제주도에서 개최되었다.

2) 협상의 진행

북한측은 2000년 9월 13일 인민무력부장이 판문점을 통해 국방부장관 앞으로 보낸 서한에서 회담 개최에 동의하며, 의제로는 경의선 문제를 논의하고 장소는 홍콩(또는 베이징)으로 하는 것이 적절하겠다는 의사를 밝혀왔다. 이에 대해 남한측은 9월 14일 답신을 통해 제1차 남북 국방장관회담을 9월 25일부터 26일까지 홍콩에서 개최하고, 6·15남북공동선언 이행을 위한 경의선 철도연결·도로개설 등 남북교류협력을 원활히 추진하는 데 필요한 군사 분야 지원문제와 군사당국자 간 직통전화 설치문제 등 군사적 신뢰조성 및 긴장완화와 관련된 상호 관심사들을 논의하자고 제의하였다.

2000년 9월 17일 북한 측은 사증교섭 등을 위한 시일이 촉박함을 이유로 회담장소를 제주도로 할 것을 수정 제의하면서, 6·15남북공동선언의 성실한 이행을 위해 먼저 우리 측으로 오기로 하였다고 언급하였다. 결과적으로 남한측은 북측의 제의에 동의한다는 내용의 답신을 보냄으로써 역사적인 남북 국방장관회담 개최가 최종적으로 합의되었다.

북한은 분단 이후 처음으로 판문점을 통하여 군사분계선을 넘어 남한 측으로 내려왔으며, 2000년 9월 25일부터 26일까지 이틀간 제주도에서 개최된 제1차 남북 국방장관회담에서 우리 측은 6·15남북공동선언 이행을 위한 군사적 긴장완화와 평화보장 공동 노력, 국방장관회담의 정례화, 남북군사위원회 및 군사실무위원회 설치를 제의하였다. 또한 상호 부대이동 통보, 군 인사 교류, 군사정보 교환, 남북군사직통전화 설치 등 군사적 신뢰구축

아가 개별 면담을 통해 가시화되었다. 김국방위원장은 이 자리에서 김용순 비서에게 협조해 주도록 지시한 것으로 전해졌다. 『동아일보』, 2000년 9월 1일.

조치와 당면과제인 남북 철도 · 도로 연결공사 관련 군사적 협력 문제를 협의할 것을 제안하였다.

이에 대해 북한 측은 6 · 15공동선언 이행에 방해를 주는 군사행동 금지, 민간인의 왕래와 교류협력을 보장하기 위한 군사적 문제, 군사분계선과 비무장지대를 개방하여 남북관할구역으로 설정하는 문제 등을 협의하자고 주장하였다. 또한 철도 · 도로 연결과 관련하여 남과 북의 인원, 차량, 기자의 비무장지대 내 출입을 보장하는 문제는 실무급에서 토의하자고 제의하였다. 남북한 쌍방은 두 차례의 전체회의와 여러 차례의 실무접촉을 통해 쌍방의견을 조율, 5개항에 합의하고 이를 공동보도문으로 발표하였다.

한편 북한 측 대표단은 제주도에서 한라산 영실과 항몽유적지, 분재예술원을 방문하고, 9월 26일 서울로 이동, 청와대로 김대중 대통령을 예방한 후 판문점을 통해 귀환하였다. 쌍방 회담 주요 요약내용과 대표단 명단은 다음 〈표 4-1〉와 같다.

〈표 4-1〉 제1차 남북 국방장관회담 주요 제의내용 및 대표단

구 분	남 한	북 한
주요 제의 내용	6·15남북공동선언 이행을 위한 군사적 긴장 완화와 평화보장 공동 노력, 국방장관회담의 정례화, 남북군사위원회 및 군사실무위원회 설치, 상호 부대이동 통보, 군 인사 교류, 군사 정보 교환, 남북군사직통전화 설치 등 군사적 신뢰구축 조치와 당명 과제인 남북 철도·도로 연결공사 관련 군사적 협력문제 제의	6·15남북공동선언 이행에 방해를 주는 군사행동 금지, 민간인의 왕래와 교류협력을 보장하기 위한 군사적 문제, 군사분계선과 비무장지대를 개방하여 남북관할구역으로 설정하는 문제, 철도·도로 연결과 관련하여 남과 북의 인원, 차량, 기재의 비무장지대 내 출입을 보장하는 문제는 실무급에서 토의하자고 제의
대표단	수석대표: 조성태 국방부장관 대표: 김희상 국방장관 특보, 육군중장 김국헌 군비통제관, 육군준장 송민순 외교부 북미과장 이인영 합참과장, 육군대령	단장: 김일철 인민무력부장, 차수 대표: 박승원 총참모부 부총참모장, 중장 김현준 인민무력부 보좌관, 소장 로승일 인민무력부 부국장, 대좌 유영철 판문점대표부 부장, 대좌

나. 2차 국방장관회담

1) 협상환경

노무현 정부는 김대중 정부의 대북 포용정책을 계승하면서 남북정상회담이 북핵문제 해결과 남북관계 발전을 위하여 반드시 필요하다는 인식을 가지고 있었다. 특히 노무현 대통령은 남북한 관계를 더욱 제도화시키고 임기를 끝내기를 원하고 있었으며, 남북정상회담에 대해서는 언제 어디서든 개최할 수 있다는 일관된 입장을 지속적으로 천명해 왔다.

2007년 8월 5일 남북 양측은 마침내 제2차 남북정상회담 개최에 합의하고 2007년 10월 2일부터 4일까지 평양에서 노무현대통령과 김정일 노동당 당비서간 제2차 남북정상회담을 개최하였다. 이 회담을 통하여 두 정상은 『남북관계 발전과 평화번영을 위한 선언』[5]을 발표하였으며, 남과 북은 적대관계를 종식시키고 한반도에서 긴장완화와 평화를 보장하기 위해 긴밀히 협력하기로 협의하였다. 이에 따른 군사적 보장조치 문제와 신뢰구축조치를 협의하기 위한 남북 국방장관회담을 2007년 11월 중에 평양에서 개최하기로 하였다.

2) 협상의 진행

남한과 북한은 『10 · 4선언』 3항[6]의 명시된 사항에 의거 군사적 긴장완화

---

5) 2007년 10월 2일부터 4일까지 평양에서 열린 남한과 북한 최고 지도자들의 회담. 남한의 노무현 대통령과 북한의 김정일 국방위원장이 회담을 하여 6 · 15공동선언의 적극 구현, 한반도 핵(核) 문제 해결을 위한 3자 또는 4자 정상회담 추진, 남북 경제협력사업의 적극 활성화, 이산가족 상봉 확대 등을 내용으로 하고 있으며 흔히 10 · 4남북정상선언 또는 2007남북정상선언으로 불린다.

6) 남북관계 발전과 평화번영을 위한 선언 내용 중 3항을 구체적으로 살펴보면 "3. 남과 북은 군사적 적대관계를 종식시키고 한반도에서 긴장완화와 평화를 보장하기 위해 긴밀히 협력하기로 하였다. 남과 북은 서로 적대시하지 않고 군사적 긴장을 완화하며 분쟁문제들을 대화와 협상을 통하여 해결하기로 하였다. 남과 북은 한반도에서 어떤 전쟁도 반대하며 불가침의무를 확고히 준수하기로 하였다.

와 신뢰구축을 구체화하기 위한 국방장관회담을 2007년 11월 27일부터 29일까지 평양 송전각 초대소[7]에서 개최하였다. 쌍방은 3차례의 전체회의와 수석대표 접촉 1회, 대표접촉 7회 등을 통해 입장을 절충한 끝에 『10 · 4선언』의 군사 분야 이행방안과 제반 현안에 대해 협의하고 7개조 21개항의 합의서를 채택하였다. 2차 회담은 1차 회담 후 약 7년여 만에 남북 군사적 신뢰구축은 물론 남북경협 확대를 위한 군사적 보장 장치가 시급한 상황 하에서 이루어진 것으로서 남북 간 군사 분야 협력증진에 합의, 한반도 평화를 확고히 보장할 수 있는 토대를 마련하게 되었다.

① 제1차 전체회의(2007. 11. 27)

남측은 남북군사공동위원회를 구성 · 운영할 것과 서해해상에 공동어로구역을 설정하고 평화수역으로 확대 · 발전시켜 나갈 것을 설명하면서 충돌 방지를 위한 개선조치의 마련을 제안하였다. 이와 함께 문산~봉동 간 철도 화물수송, 남북관리구역 통행절차 개선, 북한 측 민간선박의 해주직항로 통과, 한강하구 공동이용, 서울~백두산 직항로 등과 관련한 군사적 보장조치 문제를 조속히 해결할 것을 제의하였다. 무엇보다 일체의 적대행위를 금지하고 분쟁의 평화적 해결과 무력 불사용 원칙을 준수 및 종전선언 문제를 추진하기 위해 남과 북 군사당국간의 적극적인 협력을 강조하였다.

남과 북은 서해에서의 우발적 충돌방지를 위해 공동어로수역을 지정하고 이 수역을 평화수역으로 만들기 위한 방안과 각종 협력 사업에 대한 군사적 보장조치 문제 등 군사적 신뢰구축조치를 협의하기 위하여 남측 국방부 장관과 북측 인민무력부 부장간 회담을 금년 11월중에 평양에서 개최하기로 하였다."고 명시되어 있다.

7) 북한 측 송전각 초대소는 국방위원회에서 직접 관리하는 외빈 접대소로 대동강 백화원 초대소 맞은편에 위치하고 있다. 우리 측 정부 당국자에게는 최초로 공개되었다.

② 제2차 전체회의(2007. 11. 28) 및 종결회의(11. 29)

북한 측은 서해해상 평화수역 및 공동어로구역 설정 문제가 해결되지 않는다면 해주특구, 공동어로, 한강하구 등 다른 문제들도 해결하기 어렵게 될 것이라고 압박하였다. 이에 대해 우리 측은 현 NLL을 인정하는 조건 하에서 공동어로구역을 먼저 설정하고 향후 평화수역으로 확대 발전시켜 나갈 것을 제안하고, 우선적으로 서해에서의 긴장완화를 위한 현실적 방안을 마련하는 것이 정상선언의 취지에도 부합되는 것임을 강조하였다.

쌍방은 6차례의 실무대표접촉을 통해 주요 쟁점사안에 대한 상호 입장을 조율하고, 총 7개 항의 「남북관계 발전과 평화번영을 위한 선언」 이행을 위한 남북 국방장관회담 합의서를 채택하였다. 남북 국방장관 회담의 제1, 2차 전체회의 및 종결회의의 쌍방 주요 요약내용과 대표단 명단은 다음 〈표 4-2〉와 같다.

〈표 4-2〉 제2차 남북 국방장관회담 주요 제의내용 및 대표단

구 분	남 한	북 한
주요 제의 내용	분쟁의 평화적 해결을 위한 남북군사위원회 가동, 서해상에 공동어로구역을 지정하고 이 구역을 평화수역으로 설정, 협력사업의 군사적 보장, 최고 군사당국자간 직통전화 설치 및 군사적 신뢰구축 조치 협의, 한반도 비핵화 이행, 국군포로 문제 해결 및 유해공동발굴 등 제의	주적관 포기, 심리전 중지, 교전규칙 등 제도적 장치 재정비, 서해해상군사분계선을 쌍방의 영해권 존중방향에서 재설정, 북방한계선 남쪽에 평화수역을 설정하고 그 안에 공동어로구역 설정, 해외로부터 무력증강과 외국군과의 합동군사연습 중지, 종전선언 적극 추진, 제동을 거는 움직임 및 해당한 군사적 장치 제거 협력, 남북교류협력의 군사적 보장(해주직항, 제주해협 통과 포함) 등 제의
대표단	수석대표: 김장수 국방부장관 대표: 정승조 국방장관 특보, 육군중장 박찬봉 통일부 상근회담 대표 조병제 외교부 북미국장 문성묵 실무회담수석대표 준장(진)	단장: 김일철 인민무력부장, 차수 대표: 김영철 장성급회담수석대표, 중장 허찬호 소장 리인수 소장 박림수 실무회담수석대표 대좌

2. 장성급군사회담

실무회담 형태로 진행되던 군사회담이 군사적 의제를 갖는 명실상부한 군사회담으로 전환된 것은 한국 정부의 장성급 군사회담 제안을 북한이 수용하면서 시작되었다. 남한정부는 제13차 남북장관급 회담(2004. 2. 3~6)을 통해 기존 실무회담 중심의 군사회담을 장성급 군사회담으로 격을 높여 진행할 것을 최초로 제의하였다. 이것은 경제적 교류를 위한 군사적 보장조치를 위주로 하는 실무회담보다는 합의 수준이 높고 국방장관회담보다는 합의 수준이 낮으나 장성급 회담을 통해 남북 간 긴장 완화와 신뢰 구축을 위한 군사 의제를 논의할 수 있다는 장점이 많은 제안이었다. 또한 남북한 평화체제 구축의 근본적 문제를 해결할 수는 없어도 군사회담을 전문화, 상설화함으로 인해 남북한 간 군사 분야의 실질적 협의가 가능하며 이를 통해 군사적 긴장완화를 도모할 수 있다는 판단이었다.[8)]

남북 장성급 군사회담은 2004~2007년까지 4년간에 걸쳐 총 7회가 개최되었으며 "정전협정 틀 내에서 포괄적인 군사적 긴장완화 및 신뢰구축 문제 협의를 위한 장"[9)]으로 발전하기 위한, 대단히 의미 있는 군사협상이다. 한편 북한 측은 협상 기간 내내 노무현 정부를 상대로 "북방한계선을 무력화시키는 장으로 악용"[10)]하기도 하였다.

그럼에도 불구하고 이와 같은 장성급 군사 회담이 협상전략 및 행태 분석 시 중요한 의미를 가지는 이유는 다음과 같다. 첫째, 회담에 관련된 공개 자료 및 북한 언론 자료가 어느 군사 회담보다 풍부하다는 것이다. 둘째, 약 4년에 걸쳐 군사회담이 진행되는 동안 북한 측의 협상행태들을 직접

---

8) 황진환 · 정성임 · 박희진 "1990년대 이후 남북 군사분야 회담 연구 : 패턴과 정향", 『통일정책연구』 제19권 (통일연구원, 2010), p. 28.

9) 제1차 남북 장성급군사회담 대비 우리측 대책 회의시 장성급회담에 대한 회담성격 논의시 토의 및 제시된 내용.

10) 이상철, 『북방한계선 기원 · 위기 · 사수』 (서울: 선인출판사, 2012), p. 206, 260.

적으로 관찰할 수 있는 기회가 되었다는 점이다. 셋째, 국방장관회담이나 군사실무회담과 비교 시 군사적 긴장완화에 관련된 실질적인 군사회담으로서 의미가 크다는 점 또한 매우 중요하다.

위와 같은 점들을 모두 고려해 보았을 때 장성급 군사회담은 군사회담 자체로서 의미를 부여할 수 있으며, 이와 같은 회담을 통하여 북한 측의 협상전략 및 협상행태를 분석하는 데 아주 유용한 협상으로 활용될 수 있다. 이와 같은 장성급군사회담은 개최시기를 고려하여 3개의 시기로 구분하여 협상환경과 진행과정을 살펴볼 수 있다.

가. 1기(제1~2차 장성급군사회담)

1) 협상환경

2003년 1월 10일 NPT 탈퇴 성명 직후 북한은 외부제재가 가해진다면 미사일 발사를 감행할 것이라는 강경한 대응책을 제시하였으며, 미국의 선핵포기 조건으로 제시한 식량 및 에너지 지원은 거부한다는 입장을 밝혔다.[11] 이어서 북한 외무성은 모순되게도 북미 간의 직접 대화를 요구하고 나섰다.[12] 2004년 2월 25일부터 28일까지 개최된 제2차 6자회담에서 미국은 북한이 파키스탄의 지원을 받아 추진하고 있는 고농축 우라늄 프로그램을 폐기하고, '완전하고, 검증 가능하며, 돌이킬 수 없는 핵 폐기'를 실시할 것을 강조하였다.

북한은 2004년 신년사에서 강성대국 건설에 더욱 박차를 가할 것임을 천명한 바 있다. 아울러 주체사상 선포 30주년을 맞이하게 되는 뜻 깊은 해[13]

---

11) 2003년 1월 11일 주중 북한대사 최진수 기자회견, 2003년 1월 15일 북한 외무성 대변인의 조선중앙통신 기자 질문에 대한 답변.

12) 2003년 1월 25일 북한 외무성 대변인 답변.

13) "오늘 우리 혁명은 위대한 선군사상을 지침으로 하여 강성대국건설을 전면적으로 다그쳐나가는 격동적인 시대에 들어섰다. 이 보람찬 투쟁의 길에서 올해에 온

라고 주장하면서 주체사상 교육을 더욱 강조하였다.

대북화해협력정책을 추진했던 김대중 정권 시절 두 차례 연평해전[14]이 발생하였다. 특히 2002년 6월 29일 제2차 연평해전은 6·15남북공동선언 이후 한반도에 조성된 남북화해협력 분위기에 찬물을 끼얹는 결과를 초래하기도 하였다.

2004년 2월 3~6일에 개최된 제13차 남북 장관급 회담에서 남북은 한반도에서의 군사적 긴장완화와 신뢰구축을 위한 군사 당국자 간의 본격적인 협의를 하기 위해 남북 교류협력의 군사적 보장을 위한 기존의 남북군사실무회담과는 별도로 쌍방 군사 당국자 간 회담을 개최한다는 데 합의를 도출하였다. 이에 따라 2004년 2월 12일 남북 군사실무회담을 통해 장성급 군사회담을 가질 것을 제의하였으나 무응답으로 일관하던 북측이 2004년 5월 7일 제14차 남북 장관급회담에서 군사당국자회담을 개최한다고 재합의하였다.

북측은 또다시 2004년 5월 12일 남북군사실무회담 채널을 통하여 제1차 남북 장성급 군사회담을 2004년 5월 26일 금강산지역에서 개최할 것을 우리 측에 제의하였고 이에 대해 우리 측이 이를 수용하였다. 회담 개최 직전까지 수석대표 계급문제로 진통을 겪은 끝에 각기 1성급 장성을 수석대표[15]로 하는 회담 대표단 명단을 교환하여 회담이 개최되었다. 1~2차 장성급군사회담은 체제위협에 가장 저해요소로 작용하는 군사분계선 지역에서의 선전활동 중지와 그 수단들을 제거하는 데 큰 목적이 있었다. 남북 장성

사회의 주체사상화강령선포 30돐을 맞이하게 되는 것은 참으로 뜻 깊은 일이다", 『로동신문』, 2004년 1월 1일.

14) 1999년 6월 15일과 2002년 6월 29일, 2차례에 걸쳐 북방한계선(NLL) 남쪽의 연평도 인근에서 대한민국 해군 함정과 북한 경비정 간에 발생한 해상 전투.

15) 장성급군사회담 수석대표의 계급을 1성급 장성으로 협의하였으나 3차 회담부터 7차 회담까지 북측에서 2성급 장성인 김영철 인민무력부 중장이 단장으로 회담에 참석하였다.

급 회담의 근본적인 성격[16]은 '한반도에서의 군사적 긴장완화와 평화를 이루기 위하여 공동의 노력'을 기울이는 데 있다.

2) 협상의 진행

제1차 회담에서 남북 양측은 서해상에서 우발적 충돌방지 조치와 선전활동 중지 및 선전수단 제거에 관한 쌍방 입장 교환하였으며 북측은 군사분계선 지역에서 상대방을 자극하는 선전활동을 중지하고 그 수단들을 제거하는 문제[17]가 절박한 과제라는 이유로 이 문제부터 협의할 것을 주장하였다. 우리 측은 서해상에서 우발적 무력충돌을 방지하기 위한 세부적인 방안으로 서해 함대사 간 직통전화 설치·운영, 경비함정간 공용주파수 설정·운영, 시각신호 제정·활용, 불법어로행위 단속활동 관련 정보 교환 등 4가지를 제시하였다.

첫째, 서해 지역을 관할하고 있는 우리 측의 2함대사와 북측의 서해함대사간 직통전화를 조속히 설치, 둘째, 해상에서 긴급 상황이 발생될 경우를 위해 모든 선박에 기본적으로 설치되어 있는 상선공통망(156.8㎒)을 공용주파수대로 지정 활용, 셋째, 유·무선 통신망에 문제가 생겼을 경우에 대비하여 남북 경비함정간 시각신호를 제정·활용, 넷째, 쌍방 간 불법어로행위 단속활동과 관련한 정보를 교환 등을 제시하였다.

---

16) 제1차 남북 장성급군사회담 합의서 전문에 보면 회담의 성격이 잘 명시되어 있다. 1. 쌍방은 한반도에서의 군사적 긴장완화와 공고한 평화를 이룩하기 위해 공동으로 노력하기로 했다.

17) 북측은 전연일대에서 일체 선전활동을 중지하고 그 수단들을 전면 제거하는 것이 북남 사이에 불신과 반목을 해소하고 진정한 신뢰를 조성하는데서 초미의 문제라고 주장하면서 전연일대에서 선전활동을 중지하고 그 수단들을 제거하기 위한 다음과 같은 실천적 조치들을 취할 것을 제의함. 첫째, 6월 15일부터 전연일대에서의 모든 선전활동을 완전히 중지, 둘째, 8월 15일까지 확성기, 구호, 전광판 등 모든 선전수단을 전면 제거 할 것을 우리 측이 수용할 것을 촉구함, 통일부 남북회담본부 홈페이지 회담 자료실 1, 2차 남북 장성급군사회담 자료 참조.

제2차 회담은 제1차 회담의 합의에 따라 6월 3일 설악산에서 개최되었다. 회담에서 북한 측은 서해상 우발적 충돌방지 조치의 시급성과 필요성에 대해서는 원칙적인 공감을 표시하였으나 구체적인 방법에 있어서는 우리 측과 이견을 나타냈다. 또한 북한은 1차 회담에서 제기한 선전활동 중지 및 선전수단 제거에 관해서 구체적인 세부안을 제시하기도 했다.

우리 측은 한반도의 군사적 긴장완화를 위해 우선적으로 서해상 우발적 충돌방지 방안이 시급히 마련되어야 함을 강조했다. 그리고 제1차 회담에서 우리 측이 제시한 4가지 충돌방지 조치에 대해 우선 합의하여 6월 15일부터 실시할 것을 제의하였다. 아울러 서해상 우발적 충돌방지조치에 대한 협의를 조속히 마무리하고 난 이후 북한 측이 제기한 선전활동 중지 및 선전수단 제거에 대한 토의로 넘어갈 것을 제의하였다.

2004년 6월 4일 남북 쌍방은 우리 측이 제기한 '서해 충돌방지 문제'와 북측이 제기한 '선전활동중지 및 수단제거 문제'를 상호주의적 차원에서 일괄타결하여 『서해 해상에서 우발적 충돌방지와 군사분계선 지역에서의 선전활동 중지 및 선전수단 제거에 관한 합의서』를 채택 발효시켰다. 쌍방은 이번 회담에서는 반드시 합의를 이루어야 한다는 인식 하에 심야 협상을 진행하여 6월 4일 새벽에 합의서를 채택하고 회담을 종료하였다.

양측의 합의는 1999년과 2002년 두 차례 무력충돌이 발생한 서해상에서 남북의 해군 간 긴장 완화하려는 공동의 노력으로 이루어진 것이다. 또한 지난 60여 년 간 첨예하게 대치해온 군사분계선 지역에서 선전활동을 중지하고 선전수단을 제거하기로 합의함으로써 군사 분야에서 본격적으로 신뢰가 구축될 수 있는 발판이 마련되었다는 데 큰 의의가 있다.

남북 장성급군사회담 제1,2차 쌍방 주요제의 내용과 대표단 명단은 다음 〈표 4-3〉와 같다.

〈표 4-3〉 1기(제1, 2차) 남북 장성급군사회담 주요 제의내용 및 대표단

구분		남한	북한
주요 제의 내용	1차	남북 서해함대사간 직통전화 설치·운영, 경비함정간 공용주파수 설정·운영, 시각신호 제정·활용, 불법어로행위 단속활동 관련 정보 교환 등 4가지를 제시	군사분계선지역에서 상대방을 자극하는 선전활동을 중지하고 수단들을 제거하는 문제
	2차	남북 군사적 긴장완화를 위해 우선적으로 서해상 우발적 충돌방지조치	선전활동 중지 및 선전수단 제거 서해상 새로운 해상경계선 설정문제
대표단	수석대표: 박정화(국방부 해군준장) 대 표: 배광복(통일부 과장) 임인수(국방부 대령) 문성묵(국방부 대령) 정영도(국방부 대령)		단장: 안익산(인민무력부 소장) 대표: 유영철(인민무력부 대좌) 김상남(인민무력부 대좌) 배경삼(인민무력부 상좌) 박기용(인민무력부 상좌)

나. 2기(3~4차 장성급군사회담)

1) 협상환경

2005년 2월 10일 외무성 성명을 통해 핵무기 제조 및 보유를 공식으로 선언했다. 북한은 자위를 위해 핵무기를 만들었으며, 계속해서 자유와 민주주의를 지키기 위해 핵 무기고를 늘리기 위한 대책을 취할 것이라고 선언한 바 있다. 이와 더불어 6자회담의 무기한 참가 중단을 일방적으로 선언하기도 했다.[18] 또한 9월 16일 미재무부는 북한이 마카오에 있는 방코델타아시아(BDA)를 통해 위조달러 지폐를 유통시켰으며 마약 등 불법 국제거래 대금을 세탁한 혐의가 있다면서 BDA를 돈세탁 우려 대상으로 지정한다고 발표하였다. 이 조치는 BDA의 북한계좌에 있던 2,400만 달러의 동결로 이어졌고 세계 20여개 금융기관의 대북거래 중단으로 확산되었다. 이후 미국과 상호 간의 불신은 더욱 깊어만 갔다.

---

18) 외무성 대변인은 "부시 행정부의 증대되는 대조선 고립 압살 정책에 맞서 핵무기전파방지조약에서 단호히 탈퇴하였고 자위를 위해 핵무기를 만들었다"면서 "우리의 핵무기는 어디까지나 자위적 핵 억지력으로 남아있을 것"이라고 주장했다. 『조선중앙통신』, 2005년 2월 10일.

북한은 내부적으로 2002년 7·1경제관리 개선조치 이후 실리위주의 경제 정책 기조를 유지하였다. 특히 인민생활 향상을 최우선 목표로 설정하고 농업, 경공업과 기간산업의 개건 및 현대화를 위해 적극적으로 노력하였다. 시장 활동이 확산됨으로써 2005년 말을 전후하여 사회통제가 특별히 강화되기 시작했다. 이는 개혁조치들의 실패와 사회통제 이완 등 부작용에 기인한 것으로 판단된다. 동년 9월 당 중앙위원회에 계획재정부가 신설되어 경제 분야에서 내각에 대한 당적 통제가 강화되었다. 같은 해 10월 식량 전매제를 공표하고 배급제를 재도입하고 종합시장에서의 곡물거래를 전면 금지했으며 식량판매소에서 국정가격으로 식량을 구입하도록 했다. 이러한 내부사정에도 불구하고 신년사에서 "새해 주체95(2006)년은 선군혁명의 자랑찬 승리와 성과에 토대하여 사회주의강성대국건설에서 일대 비약을 일으켜나가는 전면적공세의 해이다."[19]라고 강조하였다. 아울러서 북한 주민들의 생활향상을 위해 "개건[20]현대화"[21]를 강력하게 주장하였다.

6·15 평양 행사에서 정동영 통일부장관은 김정일 위원장을 만나 장성급 군사회담 재개에 원칙적으로 합의하였으며, 제15차 남북 장관급회담에서 '북한 민간선박 제주해협 통과'라는 실리를 확보하며 장성급 군사회담 개최에 합의하였다. 2005년 8월 12일 판문점 '통일각'에서 개최된 제25차 남북 군사실무회담에서는 3단계 선전수단 제거 결과를 확인하고 우리 측이 제3차 장성급군사회담 일정 및 절차 문제를 협의하고자 하였으나 북측은 백

---

19) 『로동신문』, 2006년 1월 1일.

20) 개건의 정의를 살펴보면 "뒤떨어진것을 보다 선진적인 것으로 고쳐 다시 건축하거나 건설하는 것." 앞의 사전(1), p. 457.

21) 북한은 신년사에서 "현시기 경제건설에서 절박하게 나서는 중요한 과업은 인민경제를 개건현대화하기 위한 사업을 집중적으로 벌려나가는것이다. 인민경제 모든 부분, 모든 단위에서는 개건현대화사업을 중요한 경제전략으로 내세우고 새 출발을 한다는 립장에 서서 대담하고 통이크게 혁신적으로 내밀어야 한다. 자력갱생의 원칙에서 긴요하고 실리가 있는 대상부터 하나하나씩 실현하는 방법으로 개건현대화를 다그쳐야 한다." 위의 신문, 2006년 1월 1일.

두산 삼지연 공항 활주로 피치지원 및 UFL훈련 중단을 요구하면서 회담일정 협의를 거부하였다. 2006년 2월 3일 판문점 '통일각'에서 제27차 남북 군사실무회담이 열렸다. 쌍방은 제3차 장성급군사회담을 2월말에서 3월초경, 2일간 판문점 '통일각'에서 개최하기로 하였다.

3~4차 장성급군사회담에서는 서해 해상불가침경계선 재설정 문제를 논의되면서 북한측은 NLL을 무력화하기 위한 의도를 노골적으로 드러냈다.

2) 협상의 진행

제3차 회담은 통일각에서 개최되어 출퇴근 형식으로 회담을 진행하면서 서해해상에서 충돌방지 및 공동어로수역 설정 문제를 중점적으로 협의하였다. 북측은 서해상에서 충돌방지 문제를 근원적으로 해소하기 위해서는 서해해상불가침경계선 문제를 우선적으로 협의해야 하며, 이 문제를 협의할 때야 비로소 공동어로 실현 문제와 군사적 대책 및 철도 · 도로 통행의 군사적 보장 문제도 협의할 수 있다는 입장을 굽히지 않았다.

우리 측은 국제상선 공통망 주파수 변경 문제, 쌍방 함정 간 일일 정기 시험통신, 양측 서행 함대사간 직통전화 연결 등 쌍방 간 이행중인 서해충돌방지대책의 개선 조치와 함께 공동어로수역 설정 문제를 중점적으로 제기하였고 그 밖에 철도 · 도로 통행의 군사보장합의서 체결, 제2차 남북 국방장관회담 개최 문제 등도 제의하였다.

4차 회담에서 북한은 3차 회담에서 제기한 사항들을 중점적으로 논의 할 것을 요구하였다. 북측은 회담 초반부터 서해 해상불가침경계선 재설정 문제를 의제로 강력히 제시하고 공동어로 문제는 해상불가침경계선 확정 이후 수역을 설정하여 시행할 사항이며, 충돌방지 개선 조치 등은 부차적인 사항이라고 반복하여 주장하였다.

우리 측은 북한 측이 주장한 서해 해상불가침경계선 재설정 문제에 대해 1992년 남북기본합의서에서 해상불가침경계선이 확정될 때까지는 지금까지 관할하여온 구역을 해상불가침구역으로 하는 것으로 합의한 대로 북방한계선을 존중·준수하고 남북기본합의서에서 합의한 8개 군사 합의사항을[22] 전면적으로 협의 이행한다는 2가지 전제 하에 해상불가침경계선 문제를 남북 국방부장관회담에서 논의할 수 있다는 입장을 제시하였다. 그러나 북한 측은 장성급군사회담에서 다루자는 입장을 굽히지 않았다.

제3, 4차 남북 장성급 군사회담에서의 쌍방 주요 제의 내용과 대표단 명단은 다음 〈표 4-4〉와 같다.

〈표 4-4〉 2기(제3, 4차) 남북 장성급군사회담 주요 제의내용 및 대표단

구 분		남 한	북 한
주요 제의 내용	3차	서해 충돌방지대책의 개선조치와 함께 공동어로수역 설정을 제기	서해상에서 충돌방지를 근원적으로 해소하기 위해서 서해해상불가침경계선문제 우선협의, 협의할 경우 공동어로 실현문제와 신뢰구축을 위한 군사적 대책 및 철도·도로 통행의 군사적 보장 문제도 협의할 수 있다.
	4차	서해 충돌방지대책의 개선조치 및 공동어로수역 설정 등 군사적 신뢰구축과 긴장완화 문제, 철도도로 통행의 군사적 보장합의서 체결문제 들에 대해 중점논의 제의	서해 해상불가침경계선 재설정 문제 의제로 강력히 제시하고 공동어로문제는 해상불가침경계선 확정이후 수역을 설정하여 시행할 사항이며, 충돌방지 개선조치 등은 부차적인 사항이라고 반복 주장
대표단	수석대표: 한민구(국방부 육군소장) 대 표: 문성묵(국방부 육군대령) 엄현성(국방부 육군대령) 김형수(청와대 해군대령) 심용창(통일부 서기관)		단장: 김영철(인민무력부 중장) 대표: 리형선(인민무력부 대좌) 오명철(인민무력부 대좌) 배경삼(인민무력부 상좌) 박기용(인민무력부 상좌)

22) 남북기본합의서에서 합의한 8개 군사합의사항은 다음과 같다. ① 무력 불사용 ② 분쟁의 평화적 해결 및 우발적 무력충돌 방지 ③ 해상불가침경계선 계속 협의 ④ 군사직통전화 설치 및 운영 ⑤ 비무장지대의 평화적 이용 ⑥ 군 인사교류 및 정보교환 ⑦ 대량살상무기와 공격무기 제거 ⑧ 단계적 군축실현 및 검증, 남북사이의 화해와 불가침 및 교류·협력에 관한 합의서 참조.

다. 3기(5~7차 장성급군사회담)

1) 협상환경

미국의 북한에 대한 금융제재 조치가 가해지면서 북미 간 대립이 심화되고 6자회담이 장기간 재개되지 못하는 국면으로 접어들었다. 이러한 상황에서 북한은 2006년 7월 대포동 미사일 발사를 감행하였다. 이에 대하여 유엔은 안보를 소집하여 미사일 발사를 규탄하고 북한에 대한 미사일 및 대량살상무기를 관련 물자와 재정적 지원을 금지하는 안보리 결의 1695호를 2006년 7월 15일 채택하였다.

이에 대해 북한은 10월 3일 외무성 성명을 통해 핵실험 실시 계획을 발표 후 10월 9일 1차 핵실험을 실시하였다. 이것은 국제 비확산 체제에 대한 정면 도전임과 동시에 6자회담 당사국 간에 합의한 '9 · 19공동성명'[23]을 흔들어 버리는 행위였다. 미사일 시험 발사, 핵실험 등으로 남북 간 군사회담은 2006년 5월 제4차 남북 장성급군사회담 이후 개최되지 못하였다.

2007년 2월 8일부터 개최된 제5차 6자 회담 3단계 회의에서 북한 핵문제에 관한 '9 · 19공동성명 이행을 위한 초기 조치'를 2월 13일에 합의하였다. 이러한 2 · 13합의에 의거 한반도 비핵화와 평화체제 구축, 동북아 평화구조 정착을 지향하는 9 · 19공동성명의 전면적 이행을 위한 제도적 틀을 마련한 것이었다. 이어 2월 제20차 남북장관급회담이 개최되자 군사회담도 재개되었다. 2007년을 기점으로 남북한 관계는 확대와 심화과정을 거치게 되었다.

남북한 경제협력의 확대, 발전에 따라 2007년 남북 간 인적, 물적 교류도 대폭 증가하였다. 최고치를 기록한 2007년의 남북 왕래 인원은 약 16만 명, 남북교역액은 약18억 달러에 달하였다. 특히 금강산 관광은 2006년 10월 북

---

23) 9 · 19 공동성명은 제4차 6자회담 중 2005년 9월 19일 제1단계 회담에서 북한이 모든 핵무기를 파기하고 NPT, IAEA로 복귀한다는 약속을 한 것이다. 또한 한반도 평화협정, 단계적 비핵화, 북한에 대한 핵무기 불공격 약속, 북미 간의 신뢰구축 등을 골자로 하는 선언이다.

한 핵실험의 여파로 일시 위축되었으나, 2007년 6월부터 내금강 관광이 시작되면서 빠르게 회복되어 2007년 말까지 누적 관광객이 170만 명을 넘어섰다. 위와 같은 협상 환경에 의거하여 2006년 이후 1년이 넘도록 실시되지 못하고 있던 남북 장성급군사회담이 재개되었다.

한편 5~7차 장성급군사회담에서 북한은 북방한계선 폐기의 교두보를 구축하려고 하는 데에 가장 큰 목적이 있었다.

2) 협상의 진행

2006년 북한의 미사일 시험 발사와 핵실험 강행[24] 이후 남북당국자회담이 중단되면서 남북 군사회담도 모두 단절되었다. 그러나 2007년 6자회담 9·19 공동성명 이행을 위한 초기 조치 이후 남북 당국 간 회담이 재개되었다. 2007년 4월 30일 우리 측에서 남북관리구역 철도·도로 통행의 군사적 보장 문제 협의를 위해 군사실무회담을 5월 3일에 개최하자고 제의하였다. 이에 북측은 5월 8~10일까지 제5차 장성급회담을 개최하자고 수정제의하였고 우리 측이 이를 수용함으로써 그동안 중단되었던 제5차 남북 장성급군사회담이 개최된 것이다.

---

24) 북한은 2005년 9월 19일의 〈4차 6자회담〉을 통해 북핵 문제 해결을 위한 기본적인 합의가 이루어졌지만, 구체적인 방안은 마련되지 못하였다. 11월 9일부터 3일간 베이징에서 개최된 〈5차 6자회담〉도 실제 해결 방안에 대한 북·미간의 이견을 좁히지 못하고 성과 없이 휴회되었다. 2005년 9월부터 시작된, 북한의 마카오 계좌에 대한 제제는 2006년에도 계속 되고 있었다. 7월 5일 북한은 자신의 의지를 표명하기 위해 스커드, 노동, 대포동 2호 미사일을 시험 발사하였는데, 이는 미국을 더욱 강경하게 만들었다. 나아가 7월 24일 중국도 북한의 중국은행(Bank of China) 계좌를 동결하였다. 북한은 이러한 경색국면을 타개하기 위해 2006년 10월 함경북도 화대군 무수단리에서 지하수평갱도에서 핵실험을 전격 감행하였다. 정성장, "북한 핵실험 : 북한의 의도와 입장", 『정세와 정책』 특집호 (세종연구소, 2006), pp. 2~4.

제5차 회담에서 북측은 서해해상 충돌방지, 공동어로 수역설정, 해주항 직항문제들을 우선 논의하고, 철도·도로 통행의 군사적 보장 문제는 5월 17일 예정된 열차시험운행의 군사보장 문제에 국한하여 협의할 것을 주장하였다. 2000년 이후 7년 만에 공동보도문과 열차시험운행의 군사보장 잠정합의서에 합의하였다.

제6차 회담은 남북 장성급군사회담이 2007년 7월 24~26일까지 판문점 우리 측 지역 평화의 집에서 개최되어 출·퇴근 형식으로 진행되었다. 쌍방은 서해 해상에서 군사적 충돌방지와 공동어로 실현 및 경제협력 교류의 군사적 보장 문제에 관하여 중점 협의하였으나 북측의 완강한 자세로 합의 없이 회담을 종료하였다. 북측은 초반부터 남북 장성급 군사회담의 운명, 남북관계의 장래를 운운하면서 해상경계선과 공동어로 관련 북측 입장을 수용할 것을 압박했으나 우리 측은 북측의 NLL 공세를 적절히 차단하고 계속해서 기본 입장을 정확히 주지시켰다.

제7차 회담에서 쌍방은 남북관리구역 통행·통신·통관을 위한 군사적 보장 문제와 공동어로구역 및 평화수역 설정문제를 협의하였으며, 쌍방은 남북관리구역 통행·통신·통관 군사보장합의서를 타결하였다. 회담에서 남북관리구역 3통 관련 군사보장합의서를 채택·발효시킴으로써 개성공단과 금강산 관광을 활성화 시킬 수 있는 토대를 마련하였다. 또한 우리 측은 공동어로구역과 평화수역 설정관련 협의 진행 과정에서 확고한 입장을 유지 및 강조함으로써 우리 측의 입장은 변경할 수 없다는 점을 다시 한 번 북측에 주지시키는 계기가 되었다.

제5, 6, 7차 남북 장성급군사회담 쌍방 주요 제의 내용과 대표단 명단은 다음 〈표 4-5〉와 같다.

〈표 4-5〉 3기(제5, 6, 7차) 남북 장성급군사회담 주요 제의내용 및 대표단

구 분		남 한	북 한
주요 제의 내용	5차	철도·도로 통행 군사보장합의서 체결, 한강 하구 골재채취 등 남북경협 군사보장, 서해 충돌방지 개선 조치 및 공동어로 제시	5·17 열차시험운행, 해주직항 / 제주해협 통과, NLL~북 주장 영해사이 공동어로, 해상군사분계선 재설정 협의 요구
	6차	서해해상 충돌방지, 공동어로 실현, 남북경협 군사보장조치 등	서해해상경계선 협의, 공동어로 관련 북측 입장 수용 압박
	7차	서해 북방한계선을 기준으로 남북간 동일 면적의 공동어로구역을 설정하여 이 구역을 평화수역으로 하고 조건이 성숙되는데 따라 점차 확대 제의	북방한계선 이남에 평화수역 먼저 설정하고 평화수역안에 공동어로구역 지정 주장
대표단		수석대표: 정승조(국방부 육군소장) : 5~6차 이홍기(국방부 육군소장) : 7차 대 표: 문성묵(국방부 육군대령) : 5~7차 - 7차회담시에는 준장(진)으로 참가 길강섭(국방부 육군대령) : 5~6차 김왕경(합참 육군대령) : 5차 정진섭(합참 해군대령) : 6~7차 심용창(통일부 서기관) : 5~6차 황봉연(통일부 서기관) : 7차	단장: 김영철(인민무력부 중장) : 5~7차 대표: 박림수(인민무력부 대좌) : 5~7차 김용철(인민무력부 대좌) : 5차 오명철(인민무력부 대좌) : 6~7차 리선권(인민무력부 상좌) : 5~7차 박기용(인민무력부 상좌) : 5~7차

3. 군사실무회담

2000년 이후 2010년까지 총 47차례 진행된 군사회담[25)]은 남북한의 제반 교류협력을 군사적으로 보장하기 위한 목적으로 진행되었으며 실무회담 형식으로 전개되었다. 2000년 이후 2010년까지 총38차의 군사실무회담을 실시하였으며, 이러한 군사실무회담의 개최 목적은 제1차 남북국방장관 회담에서 합의된 남북철도·도로 연결의 군사적 지원을 위한 실무협의 추진 차원에서 개최하게 되었다. 그러나 2000~2003년까지 총20차례 회담이 이루어진 이후에는 국방장관회담 및 장성급군사회담 관련 의제로 논의 범위를 점차 확대하여 실시하였다.

25) 2000~2010년까지 군사회담은 총 47회였으며 세부적으로 살펴보면 남북 국방장관 회담 2회, 장성급군사회담 7회, 군사실무회담 38회를 실시하였다.

실무회담은 국방장관급회담 또는 장성급군사회담 등 상급회담을 통해 결정된 남북교류협력 안건에 대한 군사적 보장조치를 주요의제로 하였기 때문에 의제 설정이나 합의 도출 과정에서 남북 간 의견 충돌이 비교적 적었다. 회담의 파행성이 적었기 때문에 회담은 지속되었고 실무회담을 진행하는 과정을 통해 군사당국 간 최초의 핫라인을 개통함으로써 군사적 신뢰구축의 발판을 마련하게 되었다. 이는 차후에 있을 남북한 군사 당국자 간 대화와 협력이 긴밀히 이루어질 수 있는 조건을 창출한 것이었다.

2000년 이후 군사회담을 통하여 남과 북은 총 12건의 합의서를 채택[26]하였다. 실질적인 신뢰구축과 관련된 합의는 '6 · 4합의서'와 '6 · 4합의서의 부속 합의서' 등 2건에 불과하다. 이는 그동안 북한이 교류협력의 군사적 지원에서 보인 적극적인 태도와는 다르게 군사적 신뢰구축 조치 등 순수 군사 문제에 대한 협의 과정에서는 소극적 태도를 보여주었다.

한편 6건의 합의서가 군사실무 회담에서 체결되는데, 이는 북한이 군사실무 회담을 통하여 철도 · 도로연결사업과 식량 등 경제적 지원을 요구하는 방향으로 실무회담을 활용하였다는 것을 잘 보여주고 있다. 10여 년 동안 진행되어온 군사실무 회담은 남북 간 군사 회담이 군사적 긴장완화 조치로만이 아니라 교류협력의 확대를 이끌어내는 또 다른 장치로 기능을 수행하였다.

군사적 보장조치를 위한 실무협상으로서 큰 의미를 갖는 실무회담은 협상전략에 의거 행태를 분석할 수 있는 또 다른 군사협상틀이다. 정부의 교체에 따른 군사실무회담의 협상전략을 통하여 국방장관회담, 장성급군사회담과의 협상전략과 협상행태의 비교를 통하여 북한 군사협상의 진면목을 확인할 수 있다.

---

26) 남북 국방장관회담 시 2건, 장성급군사회담 시 4건, 군사실무회담 시 6건으로 총 12건의 합의서를 체결하였다.

남북 군사실무회담은 연구 목적상 대통령 재임기간을 고려하여 3기로 구분하여 분석하기로 하였다. 1기는 김대중 대통령 재임기간으로 2003년 2월 24일까지(1~15차), 2기는 노무현 대통령 재임기간으로 2008년 2월 24일까지(16~36차), 3기는 이명박 대통령 재임기간 중 2010년 12월 31일까지(37~38차)로 한정하였다. 군사실무 회담 기수별로 협상 의제와 진행 과정에서 논의된 사항에 대하여 살펴볼 필요가 있다.

가. 1기(제1~15차 군사실무회담, 2000. 11. 28~2003. 1. 27)

1) 협상의 진행

먼저 제1기 군사실무 회담의 회담의제 등 협상 내용을 고려[27]하여 협상 추진 내용을 고찰해 보면 다음과 같다.

제1차 회담에서 남과 북은 비무장지대 내 남북관리구역 설정시기, 설정범위 등 공사에 관한 상호 입장을 확인하고 토의를 진행하였다. 이후 총 5차례에 걸쳐 양측지역(통일각, 평화의 집)을 오가면서 회담을 진행하였다.

제5차 회담에서 쌍방은 지금까지의 쟁점을 타결하고 세부 사항들에 합의함으로써 『비무장지대내 남북관리구역 설정과 남과 북을 연결하는 철도와 도로 작업의 군사적 보장을 위한 합의서』를 타결하였다.

제6차 회담에서 '동해지구와 서해지구 남북관리구역 설정과 남과 북을 연결하는 철도·도로작업의 군사적 보장을 위한 합의서'를 채택하였으며, 제7차 회담에서는 남북 쌍방의 군사보장합의서 본문확인 및 초안교환, 제8차 회담은 '군사보장합의서'를 교환·발표시켰다.

27) 제1차~제5차 회담은 경의선지역 군사보장합의서 타결, 제6차~제8차는 동해지구와 서해지구 남북관리구역 설정과 남과 북을 연결하는 철도·도로 작업의 군사적 보장을 위한 합의서 타결, 제9차~제15차는 지뢰제거작업 상호검증, 공사현장 상호방문 등 협의, 동서해지구 남북관리구역 임시도로 통행 군사보장 잠정합의 타결 사항 등이다.

제9~15차 회담에서는 제2차 남북 국방장관회담 개최 관련 북측입장, 쌍방합의문(안), 비무장지대 균형공사와 지뢰제거 작업, '동해지구와 서해지구 남북관리구역 임시구역 임시도로 통행의 군사적 보장을 위한 합의서(안)' 협의 및 채택 · 발표하였다.

북한 측은 군사회담이 진행되는 동안에도 NLL 침범, MDL 월선, 2002년 6월 29일 제2차 서해교전 등 정전협정의 무력화를 시도하였다. 그럼에도 불구하고 군사실무회담은 남북간 군사적 신뢰구축에 관한 운영의 선례를 남겼다는 점에서 의의가 있다. 1기 남북군사실무회담 쌍방 주요협상 및 제의 내용과 대표단 명단은 다음 〈표 4-6〉과 같다.

〈표 4-6〉 1기(제1~15차) 남북군사실무회담 주요 제의 / 협의내용[28] 및 대표단

구 분		주요 내용
주요 제의 / 협의 내용	1차	비무장지대 내 남북관리구역 설정시기, 설정범위, 도로노선 위치와 관리구역 내 시설물 건설 등 공사에 관한 상호입장 확인 및 토의 비무장지대 지뢰제거작업 동시착공 문제 등 경의선 철도연결 및 도로개설에 따르는 군사적 보장문제를 상호이해 협조정신을 가지고 계속협의 북한 : 철도도로 연결에 따르는 정전협정 수정문제
	2차	비무장지대 내 남북관리구역 설정과 남과 북을 연결하는 철도·도로작업의 군사적 보장을 위한 합의서(안)을 협의, 도로노선을 확정, 남북관리구역 설정 및 운용, 공동규칙과 관련된 협의
	3차	남측 군사보장합의서(안) 설명 및 차후 회담에서 논의
	4차	군사보장합의서(안) 검토, 남북관리구역 설정 및 운용, 비무장지대 내 지뢰제거 및 철도·도로연결 방법, 공사현장에서의 군사 책임자간 접촉 및 연락방법 협의, 북한 : 합의서(안) 제시
	5차	비무장지대내 남북관리구역 설정과 남과 북을 연결하는 철도와 도로작업의 군사적 보장을 위한 합의서 타결[29], 북한 : 군사보장합의서(안) 제시
	6차	동해지구와 서해지구 남북관리구역 설정과 남과 북을 연결하는 철도·도로작업의 군사적 보장을 위한 합의서 채택 북한 : 동해지구 관리구역의 너비 설정, 지뢰제거 작업 문제, 동해지구에서의 접촉과 통신문제
	7차	남북 쌍방의 군사보장합의서 문본 확인 및 초안 교환 북한 : 비무장지대 개방 및 지뢰작업 문제, 통신선 연결, 지뢰제거 장비 지원

28) 남북군사실무회담은 남북철도 · 도로연결의 군사적 지원을 위한 실무협의 추진 차원의 회담성격을 고려, 회담의제를 제의하여 토의식이 아닌 쌍방간에 공동의제를 협의하는 형식의 회담이 주류를 이루었다.

	8차	군사보장합의서 교환·발효, 북한 : 보충합의서 채택 요구
	9차	제2차 남북 국방장관회담 개최관련 북측입장 확인, 철도·도로 연결 작업을 위한 쌍방일정별 공사계획과 노선도 교환 협의, 북한 : 경비초소 설치 문제
	10차	제2차 남북 국방장관회담 개최 관련 쌍방 합의문 검토, 비무장지대 균형공사와 지뢰제거장비 지원 협의
	11차	제2차 남북 국방장관회담 개최 관련 쌍방 합의문 추가 검토, 철도·도로 연결 관련 비무장지대 균형공사 관련 협의
	12차	제2차 남북 국방장관회담 개최 관련 공동보도 문안 및 회담개최에 원칙적으로 합의, 동해선 통신선 연결문제 협의
	13차	철도 도로연결 관련 균형공사 검증문제, 공동 측량문제, 동해선 통신선 연결문제를 협의, 제2차 남북국방장관 개최가 행정상 이유로 어렵다는 언급
	14차	동·서해지구 남북관리구역 임시도로 통행의 군사적 보장을 위한 잠정합의서(안) 및 동해서 통신선 연결문제 협의
	15차	동·서해지구 남북관리구역 임시도로 통행의 군사적 보장을 위한 잠정합의서 채택·발효(개성공단 개발과 금강산 육로관광 가능)
대표단	남 한	북 한
	수석대표: 김경덕(국방부 육군준장) : 1~11차, 문성묵(국방부 육군대령) : 12~15차 대표: 정승조(합참 육군대령) : 1~3차, 권혁순(합참 육군대령) : 4~5차, 박성규(합참 육군대령) : 6~8차, 문성묵(국방부 육군대령) : 9~11차, 정영도(육군대령) : 9, 12~15차, 이명훈(육군대령) : 9~15차, 이명훈(육군중령) : 1~8차, 정덕모(건교부 과장) : 1~5차, 서훈택(건교부 과장) : 6~8차, 정진양(국토관리청 도로건설과장) : 1차	수석대표: 유영철(인민무력부 대좌) : 5~7차 대표: 배경삼(인민무력부 상좌) : 5~7차, 정창욱(인민무력부 상좌) : 5차, 리병우(인민무력부 대좌) : 6-7차, 김기복(인민무력부 상좌) : 5~7차

29) 제5차 남북군사실무회담(2001.2.8)에서 합의서가 타결되었으나 북측은 행정상의 이유를 들어 합의서 발효절차를 무기한 연기하였다. 2002년 임동원 외교안보통일 특보 방북 시 공동보도문에서 남북쌍방은 경의선과 함께 새롭게 동해선 철도·도로를 조속히 연결한다는 데 합의하였다. 2002년 9월 12일 유엔군과 북한군간 비무장지대 일부 구역 개방에 대한 국제연합군과 조선인민군간에 합의서가 체결되었다. 국방부 정책기획관실, 앞의 책, p. 116.

나. 2기(제16~36차 군사실무회담, 2003. 9. 17~2008. 1. 25)

1) 협상의 진행

제2기 군사실무회담의 회담의제 등 회담 특성을 고려[30]하여 먼저 회담내용 위주로 고찰 및 분석하고자 한다. 제16차~제20차 회담에서 남한과 북한은 남북 상호 현장 확인방문 합의, 동·서해지구 남북관리구역 임시도로 통행의 군사적 보장을 위한 잠정합의서의 보충합의서를 채택·발효, 남북관리구역 경비초소 설치 및 운용에 관한 합의서(안) 협의 및 교환 후 발효하였다.

제21차~제25차 회담에서는 서해해상에서 우발적 충돌방지 조치와 군사분계선지역에서의 선전활동 중지 및 선전수단 제거에 관한 합의서의 부속합의서 채택·발효, 선전 수단 제거 대상 관련 이견 사항 및 착수 협의를 실시하였다. 특히 제21차 남북군사실무회담에서는 무박3일간 회담을 진행하였으며, 2004년 6월 15일부터 서해상에서의 우발적 충돌 방지 조치와 군사분계선 지역에서의 선전활동 중지 및 선전수단 제거가 시작되었다. 2004년 6월 14일 서해해상에서의 우발적 충돌방지 조치의 첫 단계로 오전 9시부터 약 2시간 동안 서행 북방한계선 인근 해상 5개 구역에서 남북 해군 함정 간 국제공용주파수를 이용하여 무선교신이 이루어졌다.

제22차 남북 군사실무회담은 2004. 6. 29~30일간 파주에서 개최되었다. 회담에서 남북 쌍방은 6월 12일 합의한 부속합의서에 따라 서해해상에서 우발적 충돌방지를 위한 유·무선 통신망 운영실태 평가 및 개선방안을 협

---

30) 제16~제20차 회담은 남북관리구역 임시도로 통행 군사보장 잠정합의서의 보충합의서 타결 동·서해지구 남북관리구역 경비초소 설치 및 운영에 관한 합의서 타결, 제21~제25차는 서해상에서의 우발충돌방지 조치와 군사분계선 지역에서의 선전활동 중지 및 선전수단 제거에 관한 합의서의 부속합의서 채택, 선전수단 제거관련 이견사항 협의, 제26~제36차는 철도·도로통행의 군사보장합의서 체결문제, 제5차 남북 장성급군사회담 공동보도문 합의이행문제 협의, 제2차 국방장관회담 합의문(안) 조율, 문산~봉동간 철도화물 수송의 군사보장 합의서 체결 및 관련문제 논의사항 등이다.

의하고 남북 쌍방이 6월 23일 교환한 1단계 선전 수단 제거 대상 목록과 이행실태를 상호 확인 평가하였다. 쌍방은 1단계 선전 수단 제거와 관련하여 대부분의 선전 수단 제거가 완료되었다는 점을 확인하였다. 다만, 북측의 김일성 구호 제거 문제와 우리 측의 종교시설물 철거·이동 문제와 같은 일부 견해 차이도 있었으나 남북 양측은 최단 시일 내에 이러한 문제를 협의·해결하고 2단계 제거 작업을 추진하여 합의된 기일 안에 완료하기로 하였다.

제26차~제36차 회담에서는 장성급 군사회담 개최합의 문제 협의, 열차 시험운행의 군사적 보장을 위한 잠정합의서 채택, 제2차 국방장관회담 개최를 위한 실무적 문제협의와 합의문안 조율, 문산~봉동간 철도화물 수송의 군사보장 합의서 등을 논의하고 합의하였다. 제2기 남북 군사실무회담 쌍방 주요협상 및 제의 내용과 대표단 명단은 다음 〈표 4-7〉과 같다.

〈표 4-7〉 2기(제16~36차) 남북 군사실무회담 주요 제의 / 협의내용 및 대표단

구 분		주요 내용
주요 제의 / 협의 내용	16차	남북 상호 현장 확인방문에 합의, 합의에 따라 쌍방 10명씩 지뢰제거 현장 검증, 분단이후 군사분계선을 넘어 상대측 지뢰제거 결과를 검증한 것은 처음 있는 일
	17차	동·서해지구 남북 관리구역 임시도로 통행의 군사적 보장을 위한 잠정합의서의 보충합의서 채택·발효
	18차	남북 관리구역 경비초소 설치 및 운용에 관한 합의서(안) 쌍방 입장 교환
	19차	초소 설치 및 운용에 관한 합의서와 관련하여 의견 접근, 일부 이견 조항은 문서교환방식으로 협의·채택 후 본회담을 통해 서명·발효하기로 합의
	20차	동해지구와 서해지구 남북관리구역 경비 초소 설치 및 운영에 관한 합의서 교환·발효
	21차	서해해상에서 우발적 충돌방지와 군사분계선지역에서의 선전활동 중지 및 선전수단 제거에 관한 합의서의 부속합의서 채택·발효
	22차	6월 12일 합의한 부속합의서에 따라 서해해상에서 우발적 충돌방지를 위한 유무선 통신망 운영실태 평가 및 개선방안을 협의하고 남북쌍방이 6월23일 교환한 1단계 선전수단 제거 대상목록과 이행실태를 상호 확인·평가
	23차	1단계 선전수단 제거대상과 관련항 이견사항들을 협의한 결과, 합의대로 이행하기로 하고 2단계선전수단제거에 착수할 것을 합의, 서해문제 관련사항은 쌍방 합의대로 충실히 이행할 것을 재확인

	24차	6·4합의서와 부속합의서에 따라 2단계 선전수단 제거결과를 평가하고 3단계 제거 개시에 합의하였으며 2005년 7월 25일부터 8월 13일까 3단계 선전수단 제거를 완료하기로 합의
	25차	3단계 선전수단 제거결과를 확인하고 우리측이 제3차 장성급군사회담 일정 및 절차문제를 협의하고자 하였으나 북측은 백두산 삼지연 공항 활주로 포장용 피치지원 및 UFL훈련 중단을 요구하면서 회담일정 협의 거부
	26차	제3차 장성급군사회담 일정을 6자회담과 연계할 입장임을 밝히는 등 강경한 태도 보임, 추후 접촉을 속개하여 장성급회담 의제와 철도·도로통행의 군사보장합의서를 협의하기로 하고 회담 종결
	27차	제3차 장성급군사회담을 2월말에서 3월 초경, 2일간 판문점 통일각에서 개최하기로 합의 의제는 서해해상에서의 충돌방지 및 공동어로수역 설정으로 하되 철도·도로 통행의 군사보장 합의서 체결문제도 함께 협의하기로 함
	28차	선전활동중지와 관련된 합의사항위반으로 우리측 민간단체들이 기구로 날려 보낸 전단을 증거물로 제시하면서 이에 대한 관련자 처벌 등 강력히 요청, 동·서해지구에서 통행질서 위반 사항들에 대하여 항의하는 한편, 민족공조와 국제공조 중 어떤 것을 택할 것인가를 강조하는 북측의 정치적 발언
	29차	제5차 남북 장성급군사회담에서 합의한 서해해상에서의 충돌을 방지하고 공동어로를 실현하는 문제, 남북교류협력의 군사적 보장문제 등과 관련된 서로의 입자을 개진하고 협의, 쌍방입장 확인
	30차	서해해상에서의 충돌을 방지하고 공동어로를 실현에 관한 합의서(안)에 대한 북측의 수용 촉구, 철도도로통행의 군사적 보장합의서 채택문제 협의 제의, 한강하구 골재채취 등 남북교류협력사업 내용 설명, 이들 사업에 대한 군사보장 문제에 대한 북측의 호응 촉구 북측은 민간단체에 의한 전단살포 중지를 요구하면서 서해해상에서의 공동어로 실현과 군사적 충돌방지, 남북교류협력 군사적 보장 등과 관련한 합의서(안)을 제시
주요 제의 / 협의 내용	31차	서해충돌방지 및 공동어로, 남북경협 군사보장 문제를 담은 제6차 장성급회담 합의서(안)에 대해 토의
	32차	제2차 남북 국방장관회담의 일정, 대표단 구성, 이동경로 등 실무적 절차 문제협의 회담의제는 남북관계 발전과 평화번영을 위한 선언의 이행을 위한 군사적대책을 합의, 회담일정 및 대표단 규모, 이동수단, 통신문제, 신변안전 보장문제, 참관지 문제 등을 협의
	33차 34차	제2차 남북 국방장관회담 관련 미흡한 실무절차 토의문제와 회담합의문안 조율
	35차	문산~봉동간 철도화물열차 운행을 위한 군사적 보장문제 및 차기 군사회담 일정을 협의하고 8개항의 문산~봉동간 철도화물 수송의 군사보장합의서를 채택
	36차	문산~봉동간 철도화물열차 정기운행 개시 이후 빈 열차로 다닌 통계치를 제시하면서 개선방안을 합의하자고 요구, 우리측이 전단을 살포하였다고 주장하면서 재발방지를 요구하였고 우리측은 북측에 살포된 전단이 일부 민간단체에 의해 이루어진것이며 이를 중단시키기 위해 우리측의 노력을 설명하고 남북간 합의를 준수한다는 우리측의 일관된 입장에는 변함이 없음을 재확인

	남 한	북 한
대표단	수석대표 : 문성묵(국방부 육군대령) : 16~35차, 32차부터 문성묵(국방부 육군준장(진)) 이상철(국방부 육군대령) : 36차 대표 : 정영도(육군대령) : 16,18,19차, 김지호(합참 대령) : 17차, 이순진(합참과장 육군대령) : 20차, 정진섭(합참대령) : 29~31차, 이상철(국방부대령) : 32~35차, 이명훈(육군대령) : 16~18, 20차, 길강섭(육군중령) : 17,19,20,26~28,36차, 김경중(건교부과장, 서기관) : 17, 20차, 권용술(합참육군대령) : 21~23차, 오남섭(해군대령) : 21~23차, 김진영(합참 육군대령) : 24~25차, 엄현성(해군 대령) : 24~27차, 심용창(통일부서기관) : 28~31차, 황봉연(통일부서기관) : 32~36차	수석대표 : 유영철(인민무력부 대좌) : 16차~26차, 박기용(인민무력부 상좌) : 28차, 박림수(인민무력부 대좌) 29차~36차 대표 : 배경삼(인민무력부 상좌) : 16~17,20~23,26차, 엄창남(인민무력부 상좌): 16,18,20~28,35~36차, 박기용(인민무력부 상좌): 17,20, 24~25, 32~34차, 전창재(인민무력부 상좌): 27,29~31차, 리선권(인민무력부 상좌): 28~36차, 김상남(인민무력부 대좌): 17~20차

다. 3기(제37~38차 군사실무회담, 2008. 10. 2~2010. 9. 30)

1) 협상의 진행

제3기 군사실무회담에서는 2008년 2월 이명박 정부 이후 실시된 제37차 군사회담과 38차 군사회담을 대상으로 추진내용을 고찰하고자 한다. 제37차 회담은 남북대화 중단 선언(2008. 3. 29) 이후 처음으로 군사실무회담 수석대표 명의의 전통문을 통해 남북 군사실무회담 개최를 제의하였다. 우리측이 동의함으로써 새 정부 들어 첫 군사당국간 회담이 진행되었다. 회담에서는 최근 남북 관계에서 현안으로 해결되어야 할 사안[31]들에 대한 우리 정부의 입장을 분명하게 전달하였다.

북측은 이에 대해 금강산 사건에 대한 북측 기존 입장을 반복하고 다른 문제에 대해서는 구체적 언급을 하지 않고 돌아가서 검토하겠다는 반응을

31) 북측이 대통령에 대한 부적절한 표현, 상호 비방·중상 즉각적인 중단 촉구, 남북대화 전면재개 강조, 금강산 관광객 사망사건 유감표명 및 진상규명과 재발방지 및 신변안전 보장대책, 개성관광객과 개성공단사업자들의 출입 및 통행 애로사항 해결 등에 대한 문제에 대해서 우리 정부의 입장을 전달하였다.

보였다. 또한 북측은 우리 측 민간단체에 의한 전단 살포 사례를 상세히 나열하고, 남북 간 합의 위반이라고 주장하면서, 이 문제에 대해 사과, 책임자 처벌, 재발방지 약속을 요구하였다. 앞으로 전단 살포 행위가 계속될 경우, 개성공단 사업과 개성 관광에 엄중한 후과가 있을 것이며, 군사분계선을 통한 우리 측 인원의 통행이 제대로 실현될 수 없고, 개성 및 금강산 지구 내 우리 측 인원의 체류가 불가할 수 있을 것임을 언급하였다.

이에 대해 우리 측은 군사분계선 지역에서의 선전 활동을 중지하기로 한 합의(2004.6.4)를 성실히 준수하고 있음을 재확인한 후, 북측이 이를 개성공단 사업과, 개성 · 금강산관광 등과 연계시키는 것은 부적절함을 지적하였다. 쌍방은 회담에서 제기된 제반 사안에 대해 각자의 입장을 교환하고 회담을 종료하였다.

제38차 회담은 2010년 9월 30일 판문점 평화의 집에서 개최하였으며, 우리 측은 기조발언을 통해 천안함 피격 사건이 과학적이고 객관적인 조사결과, 북한 측의 소행임이 명백히 밝혀졌다는 점을 분명히 지적하고, 이에 대한 시인 및 사과, 책임자 처벌, 재발방지 대책 등 책임 있는 조치를 조속히 취할 것을 강력히 촉구하였다. 또한 우리 측 해역에 대한 북한 측의 군사적 위협과 적대적 도발행위, 우리 당국에 대한 비방·중상 행위를 즉각 중단할 것을 요구하였다.

반면 북한 측은 기조발언에서 우리 측 민간단체의 전단 살포를 중단할 것을 요구하고 우리 해군함정들이 북한 측 해상경비계선을 침범하고 있다고 주장하였으며, 위와 같은 두 문제에 대해 우리 측이 '어떻게 대하는가에 따라 남북관계의 전도가 좌우될 것'이라고 위협성 발언을 서슴지 않았다. 한편 북측은 천안함 피격 사건과 관련해서는 우리 측 조사 결과를 인정할 수 없다고 하면서, 검열단 파견을 수용하라는 기존 주장을 반복하였다. 제3기 남북군사실무회담 쌍방 주요 제의 내용과 대표단 명단은 다음 〈표 4-8〉과 같다.

〈표 4-8〉 3기(제37~38차) 남북 군사실무회담 주요 제의 / 협의내용 및 대표단

구 분		남 한	북 한
주요 제의 / 협의 내용	37차	남북한 당국간 합의·이행 관련 문제 협의 북한측은 우리 민간단체의 북한측지역에 대한 전단살포문제 집중제기	
	38차	천안함 문제 시인·사과 책임자 처벌, 재발방지 등 책임 있는 조치 요구 민간단체의 전단살포 중단요구, 해군함정들의 북한측 해상경비계선을 침범하고 있다고 주장	
대표단		수석대표: 이상철(국방부 육군대령) : 37차 문상균(국방부 북한정책과장) : 38차 대표: 김정배(국방부 경의선 상황실장), 한기수(통일부 회담1과장) : 37차 김영철(국방부 해상작전과장), 정소운(통일부 회담1과장) : 38차	수석대표: 박림수(인민무력부 대좌) : 37차 리선권(인민무력부 대좌) : 38차 대표: 리선권(인민무력부 상좌), 박기용(인민무력부 상좌) : 37차 전창제(인민무력부 상좌), 홍석일(인민무력부 상좌): 38차

제2절

항일유격대식 협상모델의 적용

김정일 시대 군사협상 사례분석을 통하여 사례별로 항일유격대식 협상모델의 분석틀을 적용하여 군사협상 행태가 어떻게 적용되고 있는지 살펴보고자 한다. 군사협상모델의 세부 적용 방법은 군사협상 사례별로 3장의 분석틀에서 제시한 바와 같이 협상관→협상문화→협상전략→협상전술의 순서이다.

먼저 협상관에서는 협상 사례별로 특수협상관 적용 여부를 분석한다. 협상문화면에서는 앞서 제시한 '김일성→김정일 주도형', '항일유격대식 위협적 협상', '통일전선' 등 요소별로 협상사례에 어떻게 적용되고 있는지를 분석한다.

협상전략은 분석틀에서 제시한 바와 같이 '경제적 지원 확보를 위한 교류협력 사업의 군사적 보장', '체제유지 및 보장을 위한 군사활동', '군사적 신뢰구축, 핵무기 및 미사일 개발' 등 군사정책 목표에서 도출된 세 가지 협상전략별로 분석한다. 협상전술은 항일 유격대 시절 담판 사례 분석 과정에서 도출된 협상단계별 협상전술과 동일하게 진행되고 있는가에 대하여 분석하였다.

협상전술은 협상자가 협상과정에서 협상전략을 달성하기 위하여 표출하는 것으로 제3장의 북한의 항일유격대식 협상모델에서 제시한 바와 같이 북한의 군사협상 전술은 다음과 같이 분석하고자 한다.

준비 단계에서 북한은 회담개최를 선 제의하는 등 적극적으로 입장을 표명하고 유리한 분위기 조성하기 위해 노력하는 모습을 보였다. 또한 군사협상에서 유리한 협상의제를 탐색하는 전술도 엿보였다. 초기 단계에서는 협상 초반부터 기조발언을 통하여 주도권 장악을 시도하였으며, 기조발언 마지막 단계에서는 반드시 협상 원칙을 제시했다.

협상중간 단계에서는 협상의 진행 및 협상의 효율성에 대하여 의구심이 들 정도로 양측 간에 논쟁이 끊이지 않았다. 북측은 남한의 협상 의지를 저하시키고 나아가 협상 의제를 변경하는 전술도 종종 드러냈다. 마지막으로 최종 및 이행 단계에서는 위협하는 어투를 사용하면서 대화 결렬의 책임을 전가하고, 합의사항을 일방적으로 해석하며, 협상을 지연하는 등의 행태가 나타났다. 이행 단계에서는 합의사항 미준수와 이행에 있어서 소극적인 협상 전술을 보여주었다.

북한의 군사협상 행태를 협상단계별로 그룹을 설정하여 총 4개의 범주로 분류하였다. 첫째, 협상 준비단계의 '유리한 협상환경 조성 및 사전 유리한 협상의제 선정' 둘째, 협상 초기단계의 '협상주도권 장악 및 협상원칙 제시' 셋째, 협상 중간단계의 '협상상대방에 대한 논쟁과 압박 및 협상의제 변경' 넷째, 협상 최종 및 이행단계의 '대화결렬 책임전가 및 합의사항 위반' 등으로 구분하였다.

4개의 범주로 제시된 군사협상 행태가 연구 방법에서 제시하듯이 김일성 회고록 '세기와 더불어'에서 도출한 '항일유격대식 협상모델'과 직접적으로 연관되어 있음을 증명하고자 한다. 다시 말해 본 연구의 가장 핵심적인 사항으로 연구방법에서 제시하였던 가설을 증명하고자 하는 것이다. 이와 같은 군사협상 사례별 모델 적용 분석 간 관련 자료는 협상 참석인원 인터뷰,

남북군사회담 자료집, 북한의 언론보도 내용 등 군사협상 관련 자료를 활용하였다.

1. 국방장관회담

가. 협상관

항일유격대식 협상모델에서 김일성이 항일운동을 전개하면서 구국군과 담판에서 반드시 승리해야 하는 특수협상관을 유지하고 있었는데 이는 김정일 시대에도 여전히 특수협상관의 인식을 그대로 드러내고 있다.

제1차 국방장관회담에서 북한은 한때 회담 분위기 조성 차원에서 변화된 모습을 보였지만 실제로는 그들은 군사적 긴장완화와 신뢰구축을 위한 의제는 회피하고 교류협력을 보장하기 위한 군사적 문제 및 군사분계선과 비무장지대를 개방하여 남북관할구역으로 설정하는 문제 협의를 요구하였다. 이와 같은 의제들은 군사회담의 본질과는 거리감이 있는 사항으로 남북한 경제 및 사회·문화 분야의 교류협력을 보장하는 데 따르는 군사적 문제들을 해결하기 위한 의제들이다.

남북 간 군사적 신뢰구축을 이루기 위해서는 기본적으로 관련 의제들에 관하여 남북의 국방장관이 깊은 공감대를 이룬 가운데 이를 해결하기 위한 의지를 가지고 관련 사항들을 심도 있게 토의한다. 그럼에도 불구하고 상호 간에 공감대를 형성하고 공동으로 노력할 것이라는 다소 추상적인 선언에 합의하는 데에만 그쳤다. 이는 여전히 북한 측이 협상을 군사적 신뢰구축에 대한 문제 해결보다는 여전히 체제 유지를 위한 경제적 실리를 확보하는 수단으로 활용하고 있다는 것을 보여주는 사례이다.

2차 회담 진행 과정에서는 기조발언을 통하여 여전히 주적문제, 우리민족끼리 정신을 강조하는 등 "전쟁의 길을 택하려는 무모한 흉심의 발로로 될 뿐이다."라고 주장하면서 변화된 모습은 찾아볼 수가 없었다. 즉 이는 북한이 여전히 협상을 투쟁의 한 수단이며 투쟁에 있어서 수단과 방법을 가리지 않고 궁극적으로 승리를 추구하기 위한 특수협상관에 의거하여 군사회담을 진행하고 있다는 사실을 보여준다.

나. 협상문화

1) 김일성 주도 → 김정일 주도

항일유격대식 협상모델에서는 협상문화 중 구국군과의 협상을 김일성 주도형으로 실시하였다. 이는 김정일 시대에도 변하지 않고 모든 군사협상은 김정일의 주도하에 실시되고 있다.

군사협상에 있어서는 당연히 김일성에서 김정일 주도로 계승되어 군사협상의 전반적인 사항을 통제했다. 김정일은 1998년 9월 최고인민회의 제10기 제1차 회의에서 사회주의 헌법을 개정하여 개정헌법에서 실질적인 국가지도자인 국방위원장에 재추대됨으로써 당권과 군권을 합법적으로 장악한 국방위원장 통치체제를 출범시켰다.

김영남 최고인민회의 상임위원장은 1998년 9월 5일 재추대 연설에서 "국방위원회 위원장 중임은 나라의 정치 · 군사 · 경제 역량의 총체를 통솔 지휘하여 사회주의 조국의 국가체제와 인민의 운명을 수호하며 나라의 방위력과 전반적 국력을 강화 · 발전시키는 사업을 조직 영도하는 국가의 최고 직책"[32)]이라고 강조함으로써 국방위원회 통치체제를 유지하고 있음을 대내외적으로 공식화하였다. 이것은 국방위원장의 직위를 활용하여 북한을 통치하게 된 김정일이 자신이 만들어 놓은 '사회정치적 생명체론'에 의한 김일성의 후광을 최대한 이용하여 군사 통치체제를 구축한 것이다. 사회주의 헌법의 국방위원회 기능에 명시된 바와 같이 전반적 무력과 국방건설사

32) 통일부, 『주간북한동향』 제398호 (통일부, 1998), p. 8.

업의 지도라는 명분아래 일체의 무력을 지휘통솔하고 국방사업 전반을 지도하게 되어 군사협상 또한 당연히 김정일 주도하에 진행되었다.

국방위원장은 나라의 정치, 군사, 경제영역의 총체를 통솔지휘하며 국가체계와 인민의 운명을 수호하며 나라의 방위력과 전반적 국력을 강화시키는 사업을 조직령도하는 국가의 최고 직책인 것이다. 선군정치 체제는 국가기구 체계를 군사체계화한 것이 아니라 국가기구 체계에서 군사를 우선시하고 군사 분야의 지위와 역할을 최대한 높이도록 권능을 규제한 정치체제[33]이다.

이와 같이 김정일은 국방위원장으로서 군사협상을 전적으로 주도했지만 특히 6·15정상회담 이후 1차 회담, 10·4선언 이후 2차 회담[34]은 북한 주민들에게 김정일의 모습을 다시 한 번 각인[35]시켜 주는 역할을 하게 되었다. 이와 같은 사항들은 김정일이 제 분야에서 통치능력을 보여주면서 주민들의 사고를 통제하는 데 유리한 상황을 조성할 수 있도록 해주었다.

제1, 2차 국방장관회담은 김정일의 결정에 의거 협상이 개최되었으며 특히 2차 회담은 통일부장관이 김정일을 찾아가 개별면담을 통해 가시화 되었다. 2차 회담 합의서 관련하여 김정일 국방위원장에게 직접 승인을 받아야 한다며 김영철이 합의서를 들고 나간 후 3시간 40분이나 지나서 돌아왔다.[36] 이와 같은 군사협상에 관련된 제반사항을 김정일에 의해서 통제되고

---

33) 김봉호, 『위대한 선군시대』(평양: 평양출판사, 2004), p. 79.

34) 김정일은 2007년 남북정상회담에서 "국방장관급 회담은 2000년 9월에 제주도에서 한 이후에 질질 끌고 왔는데, 이번엔 평양에서 할 수 있다는 것을 천명하는 것이 좋지 않겠는가, 한다 해도 좋고 실무적 토론을 거쳐서, 군사당국 회담에서 안건은 서해 군사경계선 문제를 비롯해서 북남경제협력을 군사적으로 어떻게 보호하겠는가 하는 문제를 토론할 수 있다고 나는 생각합니다"라고 주장하였다. 이와 같은 상황을 고려할 때 군사회담의 개최 및 의제까지도 통제하고 있다는 것을 알 수 있다. 2007년 남북정상회담회의록.

35) 제1차 국방장관회담의 공동보도문을 1면 우측에 2단 박스기사로 글씨 크기를 조정한 후 게재하여 가장 많은 주목을 받았음을 알 수 있으며, 북한 주민에게 김정일의 광폭정치를 보여주고 있다. 『로동신문』, 2000년 9월 27일.

있다는 사실을 확인할 수 있다.

2) 압박과 회유의 위협적 협상

항일유격대식 협상모델에서는 협상문화 중 구국군과의 협상에서 압박과 회유의 위협적 협상이 나타났다. 이는 김정일 시대에도 변하지 않고 모든 군사협상에 북한 특유의 위협과 협박성 발언을 통한 항일유격대식 위협적 협상을 진행하였다.

제1, 2차 회담에 걸쳐서 기조연설을 통하여 위협성 발언을 거침없이 실시하고 있으며, 제2차 회담 협상 중에도 북한 측 김일철 인민무력부장은 NLL 획정문제를 우선 논의되지 않으면 다른 논의를 할 수 없다고 위협하였다. 또한 제2차 회담 시 1일차 전체회의가 개최되자마자 북한 측 단장 김일철은 기조발언에 앞서 반드시 짚어야 할 문제가 있다고 하면서 기선을 제압하려 하였다. 그는 남한 측이 불법적인 북방한계선을 유지하려는 입장에 매달리는 것은 남북정상 간의 약속을 지키지 않으려는 것이라고 비난한 후 김장수 장관에게 2차 남북정상회담 때도 예의 없는 행동에 불쾌감을 금할 수 없었는데 이번 회담이 과연 좋은 결실을 마련할 수 있을지 크게 우려된다고 인신공격도 서슴지 않았다.

북한 측 단장 김일철 인민무력부장은 "동족을 의연히 적으로 규정하고 힘의 우위로 문제를 해결하려고 생각한다면 그것은 긴장완화가 아니라 전쟁의 길을 택하려는 무모한 흉심의 발로로 될 뿐이다."[37]라고 주장하면서 위협적 협상을 시작하였다.

2차 회담 진행 중에 남한 측 협상대표단에 대하여 북한 측의 많은 협박과 회유가 있었다. 이것은 '고이허와의 담판'에서 김일성이 '고이허'를 협박하는 모습이 저절로 떠오르게 하는 대목이다.

36) 이상철, 앞의 책, p. 260.

37) 『로동신문』, 2007년 11월 28일.

3) 통일전선

항일유격대식 협상모델에서는 협상문화 중 구국군과 협상을 통일전선을 구축하기 위한 협상을 실시하였다. 이는 김정일 시대에도 변하지 않고 모든 군사협상을 상층통일전선의 구축의 일환으로 생각하고 있다. 또한 북한은 민족담론을 앞세워 통일전선 투쟁으로 활용하고 있다.

6·15공동선언 1항에 남과 북이 통일문제를 "우리민족끼리 서로 힘을 합쳐 자주적으로 해결해 나가기로 하였다."라고 한 항목을 근거로 북한은 '우리민족끼리'를 통일담론의 최상위 주체로 격상시켰다. 그리하여 북한은 '우리민족끼리'에 대해 나라의 통일문제를 해결에서 우리민족이 주인이 되고 민족의 단합된 힘에 의거하여 자주적으로 조국을 통일할 데에 대한 사상으로 공식 규정하고 있다.[38] 이때부터 북한은 '우리민족끼리'와 더불어 민족공조 개념을 작전 개념화시키는데 "우리민족끼리는 6·15공동선언의 기본정신이고 통일의 대명제이며, 민족공조는 공동선언의 성과적 이행과 자주통일의 담보인 민족대단결을 이룩하기 위한 방도"라는 것이다.[39] 그리고 북한은 민족공조를 "민족주체의 힘을 굳게 믿고 사대와 외세의존을 배격하는 자주리념의 구현"[40]이라고 규정하고 있다. 이렇게 하여 민족담론 투쟁은 '우리민족끼리'와 '민족공조'라는 두 테마를 중심으로 전개되기 시작했고 그 양식은 통일전선 전략 전술에 따르게 된 것이다. 즉 김정일 시대의 '우리민족끼리'와 '민족공조' 등은 통일전선 차원의 활동으로 풀이된다.

그리고 북한은 군사회담 자체를 통일전선으로 인식하고 있기 때문에 제1, 2차 회담 모두 상층 통일전선을 구사하고 있다. 또한 주적문제와 NLL문제는 회담진행 전후를 통하여 우리사회에서 남남 갈등을 야기했던 전형적인 사례이다.

---

38) 김광혁, "통일시대의 기본이념: 우리민족끼리", 『천리마』 (평양: 천리마사, 2007), p. 76.
39) 최기완, 『6·15시대와 민족공조』 (평양: 평양출판사, 2005), p. 45.
40) 『로동신문』, 2003년 1월 7일.

다. 협상전략

1) 항일유격대 활동보장 및 차후작전 담보 → 경제적 지원확보를 위한 교류협력 사업의 군사적 보장

항일유격대식 협상모델에서 구국군과 협상시 협상전략 중 하나는 항일유격대 활동보장 및 차후작전을 담보하기 위한 협상전략을 구사하였다. 이는 김정일 시대에도 변하지 않는 가운데 경제적 지원확보를 위한 교류협력 사업의 군사적 보장을 담보하기 위한 협상전략을 구사하고 있음을 보여준다.

김정일 시대 군사협상 자체가 북한 측 입장에서 보면 기본적으로 체제유지와 경제적 지원을 확보하기 위하여 진행되었던 사항이 많았다. 특히 김정일은 고난의 행군 이후 사회주의 경제건설을 다그쳐 북한 주민들의 생활을 끌어올리기 위해서 더욱 노력[41]하였다. 또한 당에서는 강성대국 건설구상의 일환으로 근로인민의 이익 옹호를 위하여 경제 건설에 관련된 구상[42]들을 지속적으로 펼쳐나갔다. 이것은 기본적으로 북한의 경제 건설을 끌어올리기 위한 자구책이었던 것이다. 나아가 경제적 지원 확보를 위한 교류협력 사업과 군사적 보장은 근로인민의 이익옹호와 자연스럽게 연결될 것이다.

---

41) 김정일은 2000년 신년사를 통하여 "혁명적 경제정책은 사회주의 경제강국건설의 전투적 기치이다. 제국주의포위속에서 제힘으로 살아나가는 길도 당의 경제정책에 있고 인민생활을 결정적으로 높이기 위한 비결도 당의 경제정책관철에 있다"고 주장하였다. "당창건 55돐을 맞는 올해를 천리마대고조의 불길속에 자랑찬 승리의 해로 빛내이자", 『로동신문』, 2000년 1월 1일.

42) "사회주의경제건설을 다그쳐 인민생활을 결정적으로 추켜세우는 것이다. 근로인민대중의 유족하고 행복한 생활은 강력한 국가경제력에의해서만 안받침되며 우리 당의 강성대국건설구상을 꽃피워 나갈 때 실현될 수 있다. 다시 말하여 경제건설에서 새로운 기백과 혁신에 넘쳐 총 돌격, 더 높이 비약해 나갈 때에야만 그 실현을 담보할수 있는 것이다." 천영철, "사회주의경제건설을 다그쳐 인민생활을 결정적으로 추켜 세우는것은 우리 제도제일주의를 구현하기위한 중요문제",『경제연구』 1(루계114호) (평양: 과학백과사전출판사, 2002), p. 8.

1990년대 사회주의 국가들의 잇따른 붕괴 이후 북한은 최대의 경제위기를 맞이하게 된다. 전시 경제가 아닌데도 유례가 없을 정도로 급격한 축소 재생산을 겪게 되었고 단기간 내에 빈곤의 늪에 빠지게 되었다. 다음 〈표 4-9〉와 같이 1990년대 말부터 서서히 회복이 되고 있으나 여전히 애로 상태에 놓여 있다. 세부적으로 살펴보면 2000~2005년 간 북한 경제는 연평균 약 2.2%의 성장세를 나타내었지만 2006년 이후 다시 마이너스 추세로 돌아서서 2006~2010년간 -0.1%의 연평균 성장률을 보이고 있다.

〈표 4-9〉 북한의 경제성장률 추이

년도	'99	'00	'01	'02	'03	'04	'05	'06	'07	'08	'09	'10
경제성장률	6.1	0.4	3.8	1.2	1.8	2.1	3.8	-1.0	-1.2	3.1	-0.9	-0.5

* 자료출처 : 한국은행, 『북한경제성장률 추정 결과』, 년도별 자료 참조.

2000년대 들어서면서부터는 김정일이 "우리에게 없는 것, 우리가 잘 만들지 못하는 것까지 자체로 만들기보다는 외국에서 사다 써서 노력과 자재의 낭비를 없애야 한다."[43]라고 하면서 북한은 개방형 자력갱생정책으로 변화를 보이기 시작하였다. 이어서 2001년 7월 1일에는 지난 반세기 동안 북한에서 조치된 가장 획기적인 경제개혁조치라고 할 수 있는 물가·임금·환율을 현실화하는 '경제관리개선조치', 즉 7·1조치를 단행하였다. 당시의 세계 언론들은 이 조치가 북한체제 수립 이래 '최대의 경제정책적 반전'이며 김정일의 '사활을 건 거대한 도박'이라고 보도[44]하였다. 이후 7·1조치에 대한 다양한 평가가 있지만 북한은 '실리'라는 명분 아래 생산성을 높일 수 있는 시장경제 요소 도입에 지속적으로 관심을 가진 것으로 보인다. 이러한 상황 속에서 '근로인민의 이익옹호'를 위한 경제적 지원 확보를 위한 교류협력사업의 군사적 보장의 김정일 시대의 군사협상전략은 어쩌면 당연한

43) 김정일 "폐쇄경제… 외국서 사다써라", 『연합뉴스』, 2006년 12월 26일.
44) New York Times, September 25, 2002.

전략으로도 여겨진다. 이것은 선군시대의 필수적 요구사항[45]으로 판단되며 실제로 북한에서는 이와 관련하여 "선군의 위력으로 사회주의강성대국 건설에서 새로운 비약을 이룩하자"라는 전투적 구호[46]을 앞세우고 사회주의 경제건설의 새로운 비약을 위하여 집중적으로 노력하였다. 이런 상황하에서 경제적 교류협력사업의 군사적 보장을 통하여 우선적으로 경제적 실리를 추구하는 것은 협상전략의 중요한 요소가 되었을 것이다. 특히 북한에 있어서 경제적 지원이 중대한 안보재(安保財)라는 사실을 눈여겨 볼만하다. 과거 경제 발전이 정권의 정당화를 위한 필수적 요소라는 차원에서 안보를 위한 조건일 뿐이었다면 이제 경제위기 상황의 북한에게 경제안정, 따라서 경제적인 지원은 직접적인 안보재일 수밖에 없을 것이다.[47] 당연히 이런 상황에서 경제적 안보재인 경제지원과 군사적 안보재 사이의 교환을

---

45) 북한은 인민들의 생활향상을 위하여 노력하는 것이 선군시대의 필수적인 요구사항이라고 하면서 "인민생활향상은 위대한 장군님의 선군정치를 정치사상적으로 군사경제적으로 안받침하기 위한데서 현시기 중요한 문제로 나선다. 인민생활향상에서 결정적전환을 가져와야만 위대한 수령님의 유훈과 경애하는 장군님의 의도대로 내 나라, 내 조국을 더욱 부강하게 하고 우리 식 사회주의 우월성을 더 높이 발휘하여 강성대국건설을 힘있게 다그쳐 나갈수 있다."고 주장하였다. 주현, "올해 인민생활향상에서 결정적인 전환을 가져오는것은 선군시대의 필수적요구", 『경제연구』 4(루계129호) (평양: 과학원출판사, 2005), p. 6.

46) 북한은 "강성대국 건설을 위한 우리 당과 인민의 투쟁의 앞길에는 새로운 전환적 국면이 열려지고 있다. 엄혹한 시련에 찼던 지난 10여년간 우리는 선군의 기치밑에 혁명대오의 일심달결을 백방으로 강화하고 나라의 방위력을 튼튼히 다져놓았으며 경제강국건설의 귀중한 물질적 밑천을 마련하였다. 사회주의강성대국의 령마루를 향하여 더 높이 비약하고 더 빨리 달려 나갈수있는 기초가 다져진 오늘 우리 당은 전당, 전군, 전민이 대담하고 전면적인 공격적을 벌려나갈것을 호소하고 있다", [사설], 원대한 포부와 신심에 넘쳐 사회주의경제건설에서 새로운 비약을 이룩하자', 『경제연구』 1(루계130호) (평양: 과학원출판사, 2006), p. 2.

47) 나아가 "20세기 말 국제정치의 주요 특징 중의 하나는 경제가 안보재의 요소가 되는 상황, 곧 포괄적 안보가 지배하는 상황이다. 북한의 경우 경제위기로 인하여 포괄적 안보개념이 소극적 차원에서 적용되기는 하였지만 이 변화는 돌이킬 수 없는 상황과 인식의 변화이다"라고 하였다. 박순성, 『북한 경제와 한반도 통일』 (서울: 풀빛, 2003), pp. 252~253.

기본내용으로 하는 남한의 포용정책을 수용하는 것은 김정일에게 있어서 최선을 선택이었을 것이다.

국방장관급회담의 성격을 고려할 때 실무적인 면보다는 큰 테두리 내에서 합의하는 것이 주요 사항이기 때문에 제1차 회담에서는 민간인들의 왕래와 교류, 협력을 보장하는 데 따르는 군사적 문제를 해결을 위해 적극 협력할 것을 공동 보도문으로 채택하였다.

특히 제2차 회담에서는 각종 교류, 협력사업들에 대한 군사적 보장대책들을 적시에 마련하기로 합의하였으며, 특히 문산~봉동간 철도화물 수송, 남북관리구역의 3통(통행, 통신, 통관)문제는 2007년 12월초에 군사실무회담을 개최하여 합의서를 체결하기로 합의하였다. 다시 말하면 경제적 지원 확보를 위한 교류협력 사업의 군사적 보장을 위한 틀을 구축한 것이다. 후일 우리 정부 내부 자료에 따르면 김대중, 노무현 정부 10년 동안 남한에서 북한으로 유입된 현물 · 현금의 총 규모는 69억 5950만 달러이며, 여기에는 쌀, 비료지원과 경협 등으로 북한에 들어간 현금 약 29억 달러를 모두 더한 액수다.[48] 이는 같은 기간 중국의 대북지원액 19억 달러의 3.7배, 북한 전체 수출액 77억 달러의 90%에 해당된다. 정부 당국자는 "북한은 중국과의 교역에서 매년 7~8억 달러의 적자를 내왔는데 이를 남한의 남북 교역으로 메워왔다."라고 밝힌 바 있다. 북한은 이와 같이 경제적 지원을 위하여 군사협상을 활용하였다. 김정일이 교류협력 사업에 대하여서는 직접 관심을 갖고 협상전략과 군사적 보장을 위한 의제를 제시하였다는 사실은 경제적 지원 확보에 얼마나 관심을 갖고 있는지를 방증하는 사항이다.

2) 조국의 독립활동 → 체제유지 및 보장을 위한 군사활동

항일유격대식 협상모델에서 구국군과 협상 시 협상전략 중 다른 하나는

48) 유석렬, "북한의 남북대전략과 배경, 그리고 과제", 『외교(계간)』 제97호 (한국외교협회, 2011), p. 33.

조국의 독립활동 전략을 구사하였다는 사항이다. 이는 김정일 시대에도 변하지 않는 가운데 체제유지 및 보장을 위한 군사활동 전략을 구사하고 있다.

김정일은 2000년대 대규모의 경제적인 침체와 북한체제의 불안을 극복하기 위한 방편으로 군사협상을 통해 경제적 실리를 도모하여 경제적 위기국면을 해소하려는 행태를 보였다. 그러면서 다른 한편으로는 변화의 과정에서 발생하게 될 체제 이완적인 요소들을 제거하기 위해 군사도발을 활용하는 이중적인 모습을 보인 것이다.[49] 군사도발은 경제난에 따른 주민 불만이나 동요를 막고 체제를 단속하는 군사주의적 방법이다. 즉 군사주의의 강조를 통해 현안의 '경제난'이라는 문제 자체를 희석시키려 하는 경제난 회피담론으로 군사주의가 추구되고 있는 것이다.[50]

군사회담과 병행하여 실시된 각종 군사도발[51]을 분석함으로써 '체제유지 및 보장을 위한 군사활동'의 협상전략이 군사협상 행태에 어떤 영향을 주고 있는지 알 수 있다. 북한은 지속적으로 군사도발을 실시하고 있으며 특히 2000년대는 총 292건의 군사도발을 자행하였으며, 유형별로 도발 횟수를 세

---

49) 이미숙, 앞의 논문, p. 149.

50) 이종석, 앞의 책, p. 547.

51) 김일성은 오의성, 사충항과의 담판을 통하여 "우리가 새롭게 깨달은것은 공동전선도 자기의 주체적인 힘이 강해야 실현할수 있다는것이였다. 만일 우리가 1932년의 남북만원정과 왕청을 중심으로 하는 1933년의 대소전투들에서 자체의 군사적실력을 충분히 발휘하지 못했거나 유격대를 승승장구하는 무적의 철군으로 발전시키지 못했더라면 오의성은 우리를 거들떠보지도 않고 문밖에서 쫓아버렸을 것이다. 오사령과의 합작이 그처럼 순조롭게 이루어질수 있은것은 우리의 힘이 강했고 정치도덕적풍모가 구국군보다 우월했기때문이며 우리의 열렬한 애국심과 국제주의적우애심, 자기, 위업의 정당성에 대한 확고한 신념이 그를 공감시켰기때문이였다. 나는 구국군과의 합작을 실현한 그때부터 통일전선을 위한 최상의 수단은 주체적힘이라는것과 이 힘을 키우지 않고서는 어떤 우군이나 우방과도 련합하여 투쟁할수 없다는것을 좌우명으로 삼고 혁명의 주체를 튼튼히 하기 위한 투쟁을 일생동안 벌려왔다" 주장하였으며 이와 같이 김일성은 반드시 협상 시에는 반드시 무력이 뒷받침 되어야 한다는 사실을 인식하고 협상 전략으로 활용한 것이다. 김일성, 『세기와 더불어』 3, p. 183.

부적으로 살펴보면 가장 많은 도발은 북한경비정 및 어선의 NLL침범이 225건이었다. 다음으로는 판문점 지역에서 미군에 대한 도발이 20건, 총격 및 포격도발이 12건 순으로 나타나고 있다.[52] 조선로동당의 "혁명적 무장력인 인민군대의 사명은 당의 혁명위업을 무력으로 보장하는데 있다."라고 주장하는 김정일은 혁명 위업을 위하여 불리한 상황에는 더욱 공세적으로 군사도발을 실시하여 체제유지 및 보장을 위한 군사도발 활동을 실시[53]하고 있다. 즉 '체제유지 및 보장을 위한 군사활동'은 군사협상에서 최초부터 유리한 협상환경 조성과 사전에 유리한 협상의제 탐색에 좋은 조건을 형성하게 된다는 점에서 군사협상의 주요한 전략으로 판단된다.

군사협상을 통해 김정일의 영도자 이미지를 부각시킴으로써 김정일 체제를 공고화하고 내부결속을 강화하는데 활용[54]하였으며, 이는 자연스럽게 김정일 체제의 대내외적 위상제고와 체제위기의 극복을 도모한 것이다. 특히 NLL 무력화를 노리기 위한 북한 경비정의 NLL 침범, DMZ내 총격, 북한군 전투기MIG-19 영공 침범(2003. 2), 연천 DMZ내 총격(2003. 7), 북한 경비정의 NLL 침범(2003. 8), 조선인민군판문점대표부 대변인은 정전협정 의무이행 포기를 주장하는 등 의도된 도발을 계속하였다. 특히 2002년 6월의 제2연평해전을 일으켜 남북화해협력 분위기를 또 다시 경색시킨 바 있다.

3) 군사적 신뢰구축 및 신무기 개발 → 군사적 신뢰구축, 핵무기 및 미사일 개발

항일유격대식 협상모델에서 구국군과 협상시 협상전략 가운데 또 다른 하나는 군사적 신뢰구축 및 신무기 개발 전략이다. 이는 김정일 시대에도

---

52) 국방부, 『2012 국방백서』 (서울: 호박앤컴퍼니, 2012), p. 309.

53) 김정일, "인민군대는 자기의 수령과 당, 자기의 제도와 조국을 목숨으로 사수하여야 한다", 『김정일 선집』 제8권 (조선로동당출판사, 1998), p. 48.

54) 김용현, "북한 내부정치와 남부관계: 7·4남북기본합의서, 6·15 비교", 『통일문제연구』 16권 제2호 통권 42호 (평화문제연구소, 2004), pp. 9~10.

변하지 않는 가운데 군사적 신뢰구축, 핵무기 및 미사일 개발전략을 구사하고 있다.

북한은 건국 이래 '자주권'[55]을 행사하는 것을 자주독립 국가의 첫째가는 징표로 여기고 있다. 조국의 독립과 평화를 수호하기 위하여 필요한 자주권을 수호[56]하기 위하여, 역설적인 사항으로 볼 수 있지만 군사적 신뢰구축은 필수적이라고 볼 수 있다. 왜냐하면 이러한 신뢰구축을 통하여 북한은 타 방향으로 군사력을 증강할 수 있기 때문이다.

북한은 군사적 신뢰구축을 위하여 정상회담 등 전방위 외교를 통한 군사적 신뢰구축에도 일정부분 노력을 경주하였다. 이러한 군사정책과 더불어 6·15 남북정상회담의 남북공동선언문을 통하여 제시된 5개항[57]을 기본바탕으로 군사협상을 실시하게 되었다. 유형별 군사회담 횟수를 비교하면 다

55) 자주권의 정의를 먼저 살펴보면 "나라나 민족이 남의 간섭을 받지 않고 모든 로선과 정책을 자기 나라실정과 자인 인민의 리익에 맞게 독자적으로 규정하고 집행할 수 있는 권리"로 판단하여 아주 신성시 할 정도로 중요시 여기고 있다. 『조선말대사전 2』 (사회과학출판사, 1992) p. 32.

56) 북한은 "세계와 자기 운명의 주인으로서 그 무엇보다도 얽매이지 않고 자주적으로 살며 발전하는 사회적 인간의 속성"이 자주성이라고 여기면서 이러한 자주성과 자주권은 나라와 민족의 생명이며 그 누구도 침해할 수 없는 당의 신성한 권리라고 주장하고 있으며 자신들의 존엄문제와 직접적으로 연계시키고 있다. 최근 자주권 관련하여 대표적인 주장을 살펴보면 "자주권은 나라와 민족의 생명이다. 자주권을 잃은 나라와 민족은 죽은 사람과 다를바 없다. 우리가 예나 지금이나 목숨을 버려도 나라와 민족의 자주권만은 버릴수 없다는 불굴의 신념과 의지를 가지고 싸워온 것은 바로 그 때문이다", 조선중앙통신, 우주공간기술위원회 담화문, 2012년 4월 19일.

57) 6·15남북공동선언에서 합의된 5개항을 항목별로 살펴보면 1. 통일문제를 우리 민족끼리 서로 힘을 합쳐 자주적으로 해결 2. 통일을 위한 남측의 연합제안과 북측의 낮은 단계의 연방제 안이 서로 공통성 있다고 인정하고 앞으로 이 방향에서 통일을 지향시켜 나가기로 함 3. 남과 북은 올해 8·15에 즈음하여 흩어진 가족, 친척방문단 교환 및 비전향장기수 문제 해결 등 인도적 문제를 조속히 풀어나가기로 합의 4. 경제협력을 통하여 민족경제를 균형적으로 발전 및 제반분야의 협력과 교류 활성화하여 서로의 신뢰를 다져 나가기로 함 5. 합의사항 조속한 실천을 위한 빠른 시일 안에 당국사이의 대화 개최 합의 등이다.

음 〈표 4-10〉과 같다.

〈표 4-10〉 2000년 이후 김대중 정권 : 노무현 정권 군사회담 횟수

구분	김대중 정권				노무현 정권			
	소계	국방 장관회담	장성급 군사회담	군사 실무회담	소계	국방 장관회담	장성급 군사회담	군사 실무회담
횟수	16	1	0	15	29	1	7	21

이와 같은 군사회담에도 불구하고 군사적 신뢰구축을 위한 의제 합의는 극히 미흡하다는 것은 이면에 또 다른 협상전략이 숨겨져 있다는 사실이다. 대표적인 예로는 북한이 그동안 교류협력의 군사적 지원에서 보인 적극적인 태도와는 다르게 군사적 신뢰구축 조치 등 순수 군사문제에 대한 협의는 소극적 태도를 보여주었으며 이는 북한이 군사협상에서 군사적 신뢰구축의 명분을 활용하여 타 방향으로 활용하고 있는 사항이다.

2000년 이후 남북 군사회담을 통하여 남과 북은 총12건의 합의서를 채택[58]하였다. 실질적인 신뢰구축과 관련된 합의는 '6 · 4합의서'와 '6 · 4합의서의 부속합의서' 등 2건에 불과하다.

이러한 군사적 신뢰구축을 가장하면서 북한은 가장 강력한 통제수단인 핵무기 및 미사일 개발 관련[59] 활동은 하였을 것으로 추정된다. 특히 북한은 이러한 '자주권'[60]을 수호하기 위한 핵심 전략으로 핵개발을 지속적으로

58) 남북 국방장관회담 시 2건, 장성급군사회담 시 4건, 군사실무회담 시 6건으로 총 12건의 합의서를 체결하였다.

59) 북한은 1955년 3월 '원자 및 핵물리학 연구소 설치'이래 지속적으로 핵개발은 추진해왔으며 2005년 2월에 핵무기 보유를 선언한 이후 2006년 10월 제1차 핵실험, 2009년 5월 제2차 핵실험, 2013년 2월 제3차 핵실험을 실시하여 현재에 이르고 있다.

60) 김일성은 북조선노동당 제2차대회에서 한 중앙위원회사업총화보고에서 "미제국주의자들은 자기의 팽창정책을 실현하며 약소민족의 자주권을 침범하기 위하여 ≪원자탄외교정책≫, ≪딸라외교정책≫, ≪트루맨주의≫, ≪마샬계획≫ 등 각종 술책을 다 쓰고있으며 세계를 지배하려는 전면적인 반동공세로 넘어갔습니다. 전쟁이 끝난 오늘날 미국팽창주의자들은 전쟁에서 파괴된 서구라파와 동방의 여러 나라들에는 물론, 서반구에까지 침략의 마수를 뻗치고있습니다. 미제국주의자들

추진하여 현재에 이르고 있다. 사실상 핵무기는 그 자체로서 강대국 이미지를 제공한다. 따라서 북한은 핵무기 개발을 통해서 '작은사회주의강국' 건설 이미지를 구축하여 대내외적인 정치적 위신을 증대시킴으로써 그들의 유일지배정권 안보를 추구하는 국가전략을 선택해 왔다.[61] 한편 핵개발 관련하여 자신들의 개발은 은밀하게 추진하면서 1950년대부터 미국의 핵공격 가능성에 대해 강도 높은 비난을 이어왔고 한반도 주변의 안보 상황에서 일정 수준 이상의 변화가 생길 때마다 이에 관한 언급은 거의 빠지지 않고 등장했다 해도 과언이 아니다.[62] 이것은 핵개발을 추진하여 완성하기 위한 전략의 일환[63]으로 보인다. 나아가 여건이 성숙되면 언제든지 지속적인 핵실험 또는 장거리 미사일 발사를 통한 위협전력으로 전환하여 활용할 것이다. 실제적으로도 2005년 2월 핵 보유 선언 이후에는 2006년 1차 핵실험을 실시하여 위협전략을 병행[64]하고 있다. 또한 북한은 핵실험 전에 장

은 남아메리카의 여러 나라들과 카나다의 경제를 침범하고있으며 전아세아를 지배하려고 책동하고있습니다. 일본과 중국에서의 미국의 정책은 이에 대한 가장 뚜렷한 증거로 됩니다. 미제국주의자들은 일본을 미국독점자본의 예속국으로 만들며 아세아와 태평양연안의 여러 나라들을 침범하기 위한 전초기지로 전환시키려고 시도하고있습니다." 김일성, "북조선노동당 제2차대회에서 한 중앙위원회사업총화보고.", 『김일성 저작집』 제4권 (조선로동당출판사, 1979), pp. 196~197.

61) 정영태, "김정은 체제의 대남정책과 남북관계 전망", 『김정은 체제 출범 이후 북한의 미래 전망: 2012년 학술회의』 (국가안보전략연구소, 2012), p. 57.

62) 김일성이 1950년 12월 12일 조선로동당 중앙위원회 3차 회의 발언에서 미국의 해리 트루먼 대통령이 "중국군의 개입에 효과적으로 대응하기 위해 모든 형태의 대응책을 취할 것이며 핵무기 사용을 실제 고려 중에 있다"는 언급을 시작으로 미국의 한반도 핵사용 가능성에 대하여 주요한 계기마다 지속적으로 규탄 발언 및 성명이 이어져 왔다. 유성옥, "북한의 핵정책 동학에 관한 이론적 고찰", 고려대학교 대학원 박사학위 논문, 1996, pp. 155~156.

63) 강력한 군사력을 확보하기 위한 전형적인 시간벌기 전략이었다. 협상으로 조성된 남북간의 화해분위기를 이용해 긴장을 조성하는 수단인 핵무기를 제작하였으며, 북한은 미국과의 관계개선의 실마리를 찾아 체제를 보장받으려 했다.

64) 북한은 2013년 3월 31일 로동당 전원회의에서 채택한 '경제 및 핵무력 건설 병진노선'에서 핵보유국의 지위를 공식 천명하였으며, 4월 1일 최고인민회의에서 '자위적 핵보유국의 지위를 더욱 공고히 할 데 대하여'라는 법령을 채택하였다. 법

거리 미사일을 발사[65]한 것으로 미루어 보아 핵무기뿐 아니라 미사일 개발에도 노력하고 있음을 알 수 있다.

4) 종합

앞에서 제시한 분야별 군사협상 전략에 의거 남북 국방장관회담의 세부 군사협상 전략을 살펴보면 다음 〈표 4-11〉과 같다.

〈표 4-11〉 국방장관회담시 북한의 분야별 세부 협상전략

구분	분야별 협상전략	세부 협상전략
내용	·경제적 지원 확보를 위한 교류협력사업 군사적 보장	·금강산, 개성공단사업, 철도 ·도로 연결 등 3대 남북경협 사업 확대의 군사적 보장
	·체제 유지 / 보장 위한 군사활동	·군사도발 활동 지속 - 제2연평해전 - DMZ, NLL 침범을 통한 NLL 무력화 및 심리전 수단제거를 위한 위협활동 - 억지주장
	·군사적 신뢰구축, 핵무기 / 미사일 개발[66] -핵위협 및 실험, 미사일 발사	·정전체제 → 평화체제 ·NPT 탈퇴 ·6자회담 시작 ·대미관계 개선 ·각종 군사회담 활동 강화 ·서해상 우발적 충돌방지 조치 ·각종 교류협력 강화 ·1차 핵실험 및 미사일 발사

제2조에는 "핵무력은 공화국에 대한 침략과 공격을 억제·격퇴하고 침략의 본거지들에 대한 섬멸적인 보복타격을 가하는 데 복무한다"고 돼 있으며, 법 5조에서는 "적대적인 핵보유국과 야합해 우리 공화국을 반대하는 침략이나 공격행위에 가담하지 않는 한 비핵국가들에 대하여 핵무기를 사용하거나 핵무기로 위협하지 않는다"고 밝혔다. 안보부서 관계자는 "북이 말하는 적대적 핵보유국은 미국, 야합했다는 나라는 한국"이라며 "결국 한국이 핵 공격 대상이라는 것"이라고 말했다. 『조선일보』, 2013년 4월 3일.

65) 북한은 핵실험전에 장거리 미사일 발사를 실시하였다. 2006년 10월 9일 1차 핵실험전 7월 5일 새벽 3시32분부터 8시까지 6발의 미사일을 발사한 데 이어 오후 5시에 1발을 추가 발사했다. 한편 2000~2010년까지 남북관계 주요일지에 공개된 미사일 발사 횟수는 총9회이다. 실제 미공개 횟수를 포함하면 더 많을 것으로 추측된다.

66) 김일성에서 김정일로 이어지는 핵무기 및 미사일 개발과 관련하여 북한은 조국

라. 협상전술

1) 협상 준비단계

항일유격대식 협상모델에서 구국군과 협상시 협상 준비단계에서는 협상을 위한 적극적인 입장표명과 유리한 협상환경조성 및 사전에 협상의제를 탐색하였다. 이는 김정일 시대에도 변하지 않는 가운데 적극적인 입장표명과 유리한 협상환경조성 및 사전에 협상의제를 탐색하는 전술을 구사하고 있다.

회담개최에 대한 적극적인 입장을 표명하면서 분위기 조성에 앞장섰다. 북한 측은 최초 회담장소를 홍콩이나 베이징으로 제의 하였으며, 우리 측은 홍콩 개최를 제의하였다. 북한은 최종적으로 제주도[67]로 수정 제의하여

의 독립과 평화를 수호하는 담보물로 생각하고 있다. "주체47(1958)년 5월 어느 날 최근 국제정치정세에서 주목되는것은 쏘련에서 새 내각이 구성되고 일련의 법령, 결정들이 채택된것이라고 말씀드리시였다. 그에 대하여 어떻게 생각하는가고 물으시였다. 김정일동지께서는 쏘련에서 지난 3월하순에 진행된 최고쏘베트 회의에서 농기계 뜨락또르 임경소 개편에 관한 법령과 원자 및 수소 무기시험을 중지할데 관한 결정을 채택하였다고 하는데 이것은 완전히 반맑스주의적이며 반 혁명적인것이라고 대답을 드리시였다. 김정일동지께서는 계속하여 여러 가지 자료들로 원자 및 수소무기시험을 중지할데 관한 결정 역시 수정주의적이며 반혁명적인 책동이라는데 대하여 분석하시고 그것은 제국주의들에 대한 투항이며", 『위대한 수령 김일성동지의 불멸의 혁명업적』 20, 조선로동당출판사, 2000, 98~99쪽. 1993년 6월 북미 공동성명을 통해 NPT 탈퇴를 유보했던 북한은 1994년 이뤄진 북미 제네바합의로 주요 핵시설을 동결했다. 당시 제네바 합의는 북한이 핵무기 개발을 중단하는 대신 미국이 북한에 2천MWe 경수로 원자로를 건설해 주기로 했다. 하지만 2002년 10월 고농축우라늄(HEU) 개발 의혹이 문제되면서 미국의 압박이 가중되자 2003년 1월 끝내 NPT에서 탈퇴하고 영변 원자로를 재가동했고 북미 제네바 합의는 휴지조각이 되고 말았다. 특히 북한은 제네바 합의로 주요 핵시설이 동결돼 플루토늄 생산이 어려워지자 그때부터 우라늄탄 개발에 박차를 가한 것으로 알려졌다.

67) 북한측은 최초 회담장소를 제3국으로 하되 홍콩이나 베이징으로 할 수 있다고 제의(2000. 9. 13)하였으나, 우리측은 홍콩으로 개최할 것을 제의(2000. 9. 14)하였다. 이에 북한측은 홍콩으로 하려고 하였으나 여러 가지 이유(홍콩은 북한측에게 생소, 대외사업기지 없음, 사증교섭을 위한 시간과다 소요, 내부검토 결과 등)를

회담에 참석하였다. 특히 사전 유리한 협상환경 조성을 위해 사전에 6·15 남북공동선언의 성실한 이행 강조[68]와 협상의제는 사전 탐색차원에서 경의선 문제 관련 군사적 안전보장 문제로 한정[69]하는 서신을 보냈다. 이에 비하여 우리 측은 6·15남북공동선언 이행을 위한 군사적 긴장완화와 평화보장 공동노력 등 국방장관회담의 비중과 격을 고려하여 많은 의제들을 준비[70] 하였다. 그럼에도 불구하고 북한측은 실무회담에서 구현할 수 있는 의제를 사전에 제시하는 등 협상의제를 탐색하였다. 이러한 국방장관회담은 차후 2차 국방장관회담에서도 명확하게 알 수 있듯이 국방장관 군사협상 개최관련 사항은 반드시 김정일 비준사항이라는 점이다.

제2차 회담에서는 최초 회담 준비단계에서는 1차 회담에 비하여 3회의 군사실무회담을 통하여 회담일정 및 장소, 의제, 대표단 구성과 규모 등을

들어 제주도로 결정(2000. 9. 17)하였다. 2000년 9월 제주 자연사 박물관을방문한 자리에 김용순 비서는 "제주도는 외래 침략자와의 투쟁에서 용감히 싸운 애국의 넋이 깃든 섬"이라고 언급해 제주도에 대한 인식을 드러내기도 했다. 또한 제주도 한라산을 한반도 남쪽 땅 끝으로 통일된 조국의 상징으로 인식하고 있다고 하였다. 또한 군사협상의 경호 및 신변문제에 있어서도 용이한 것으로 판단하여 제주도로 변경하여 협상에 참석하였다. '김일철 인민무력부장이 조성태 국방장관에게'(2000. 9. 13, 9. 17), '조성태 국방장관이 김일철 인민무력부장에게'(2000. 9. 14) 보낸 서신 내용 참조.

68) "우리 군사대표단이 먼저 남측에 나가는 것이 여러 가지 고려되는 측면도 없지 않지만 우리는 북남 두 수뇌분들이 합의한 높은 뜻을 받들어 북남공동선언을 성실히 리행하기 위하여 국제적 관계와 단계를 뛰여넘어 남측에 먼저 나가기로 하였습니다."

69) "이번 회담에서는 북남사이의 급선무로 제기되고 있는 신의주~서울사이 철도련결, 개성~문산사이 도로개설과 관련한 군사적 문제들을 협의 해결하여야 할 것입니다." 이는 2000년 9월 17일 김일철 인민무력부장이 조성태 국방장관에게 보낸 서신이다..

70) "우리측은 군사적 긴장 완화와 평화 보장에 대한 구체적 협의를 할 수 있다는 기대를 가지고 많은 준비를 했다. 하지만 북한은 철도 연결과 관련한 군사적 안전보장 문제만 협의하자고 선을 그었다. 당시 제주도에서 1박 2일 동안 열린 최초의 군 최고책임자간 회담은 매우 화기애애한 분위기에서 진행되었지만 실제로는 제한된 성과밖에 도출할 수 없었다." 서주석 전 청와대 안보정책수석, 한반도평화포럼, 인제대학원대학교, 제2기 한반도평화아카데미(2011년 10월 20일).

협의하여 회담 개시 전부터 유리한 협상환경 조성과 협상의제 모색 등에 주력하였다.

2) 초기단계

항일유격대식 협상모델에서 구국군과 협상시 협상 초기단계에서는 협상의 주도권 장악 및 협상원칙을 제시 하였다. 이는 김정일 시대에도 변하지 않는 가운데 협상의 주도권 장악 및 협상원칙을 제시하는 전술을 구사하고 있다.

협상의 주도권을 장악하기 위하여 기조연설에서부터 6·15남북공동선언의 성실한 이행을 강조하였으며 협상원칙 면에서 6·15남북공동선언의 이행에 방해를 주는 군사적 문제로 한정하자고 하였다.

제2차 회담에서는 기조발언에서부터 10·4선언의 철저한 이행과 우리민족끼리 정신을 강조하며 회담초기부터 여러 가지 협상술책을 동원[71]하여 남한측대표단을 압박하였다. 특히 협상에 임하면서 북한 군대의 "원칙적 입장과 실현방도"[72]를 제시하면서 협상의 원칙을 제시하였다.

---

71) 회담장에 김일성과 김정일 초상이 걸려있다는 사실을 발견하고 남측 대표단이 "저거 내려야지"라고 말하자 북측은 "당신은 아버지 어머니도 이거, 저거로 부르나"라고 따졌으며, 북측단장 김일철 차수(인민무력부장)은 기조연설에서 "경애하는 지도자 동지에 대한 결례를 한 장본인이 국방장관회담 대표로 와 있다"며 회담대표인 김장수 장관을 비판했다. 또한 "서해 해상경계선 획정문제를 우선 논의하지 않으면 다른 논의를 할 수 없다"고 위협하였다. 김장수 전 국방부장관 인터뷰(2012. 10. 28).

72) "첫째로, 쌍방군당국은 군사적 적대관계를 종식시키고 긴장완화와 평화를 보장하기 위한 실제적인 조치를 취하여야 한다. 둘째로 쌍방 군당국은 전쟁을 반대하고 불가침의무를 철저히 준수하기 위한 실천적인 대책을 세워야 한다. 셋째로 쌍방군당군은 정전체제종식과 평화체제구축에 관련된 수뇌들이 하루빨리 종전을 선언할수 있도록 군사적으로 호상 협력하여야 한다. 넷째로 쌍방군당국은 북남협력교류사업을 군사적으로 보장하기 위한 조치들을 취하여야 한다. 그러나 협력교류를 그 어떤 불순한 목적을 실현하기 위한 공간으로 악용하려는 기도는 사전에 짓부셔버리는것이 우리군대의 원칙적입장이다." 『로동신문』, 2007년 11월 28일.

3) 중간단계

항일유격대식 협상모델에서 구국군과 협상시 협상 중간단계에서는 협상의 상대방과 논쟁 및 협상의제를 변경하였다. 이는 김정일 시대에도 변하지 않는 가운데 협상의 상대방과 심한 논쟁 및 협상의제에 대한 내용을 일방적으로 변경 제시하는 전술을 구사하고 있다.

최초에 제시하였던 협상의제 중 철도·도로 연결과 관련한 비무장지대 출입보장 문제는 실무급 토의로 변경 제의하였으며, 군사적 문제와 군사분계선과 비무장지대를 개방하여 남북관할구역으로 설정하는 문제 등을 협의하자고 주장하였다. 우리측의 군사적 긴장완화 관련 주요의제에 대해서는 소극적인 협상자세[73]를 보여주었다.

제2차 회담에서는 실무회담에서조차 의제에 포함되지 않았던 기자들을 집합시켜 달라고 북한측 단장은 새로운 의제를 기습 제안하여 막무가내로 요구하였다. 또한 NLL 재설정 문제에 대해서 집요하게 요구하였으며 남한측 대표단장인 김장수 국방부장관에게 "노대통령에게 전화를 해서 물어보라고 하기도 했다." 2차 회담의 주요의제인 '서해평화협력지대' 구상을 실현하기 위한 남북공동어로구역과 평화수역의 설정문제는 협상초기, 중간, 최종단계까지 가장 큰 핵심과제로 한 치의 양보 없이 논쟁을 통한 정면대결이 펼쳐졌다.

4) 최종 및 이행단계

항일유격대식 협상모델에서 구국군과 협상시 협상 최종 및 이행단계에서는 대화결렬의 책임을 상대측에게 전가하며, 합의사항 이행 위반, 이행을 소극적인 자세를 취하거나 미조치하였다. 이는 김정일 시대에도 변하지 않

73) 우리측은 분단이후 처음 열리는 군 최고 수뇌부간 회담에서 철도·도로 연결의 군사적 보장문제만 다룰 수는 없어 본격적인 군사문제를 논의해야 함을 주장했고 결국 공동보도문 제2항에서 군사적 긴장완화와 전쟁위험제거를 위해 공동으로 노력한다는데 합의하였다.

는 가운데 대화결렬의 책임을 상대측에게 전가하며, 합의사항에 대한 이행 위반 또는 이행에 대하여 매우 소극적인 자세를 취하거나 미조치하는 전술을 구사하고 있다.

북한측은 제2차 국방장관회담을 2000년 11월중에 북측에서 개최하기로 합의하였지만 무응답으로, 2002년 11월에는 '행정상의 이유'로 회담에 응할 수 없다는 모호한 입장으로 개최가 무산되었다. 당시 북측이 제기한 의제들 중 자기들이 원하는 방향으로 타결되지 못하자 이에 대한 불만으로 회담을 회피한 것으로 판단하고 있다.[74] 북측은 2차 회담 결렬 책임을 남측에 전가하기 위하여 주적개념을 문제 삼아 거부하였다. 실제로 2차 국방장관회담은 7년이 지난 2007년 11월에 개최되었다. 우리측은 지속적으로 회담 제의 및 제5차, 6차 남북 장관급회담을 통하여 남북 국방장관회담을 더 이상 미루지 말고 재개할 것을 촉구하였다.

제2차 회담에서는 합의서 타결 관련하여 지연전술을 구사[75]하였다. 이러한 지연전술은 장성급군사회담에서도 역시 동일하게 적용하고 있다. 특히 합의문 작성시 문구내용에 대하여 애매모호한 미사여구 사용을 주장하여 실제 이행과정에서 빌미를 부여할 수 있는 추상적이고 정치적인 합의문이 작성되도록 요구하였다. 이행단계에서도 북측은 합의서에 제시된 각종 합의사항[76]들을 미준수하고 있으며 제3차 국방장관회담을 2008년 적절한 시기

---

74) 문성묵, "남북군사회담 경험을 기초로 살펴 본 북한의 협상전략", 『한반도군비통제』 (국방부, 2010), p. 56.

75) 남측은 합의서를 서울 상황실로 보내 노무현 대통령의 최종 승인을 곧바로 받았으나 북측은 김정일 국방위원장에게 직접 승인을 받아야 한다며 김영철이 합의서를 들고 나간 후 3시간 40분이나 지나서 돌아왔다. 날이 어둡게 된 18시45분에야 합의서 서명절차를 위한 종결회의가 열리게 되었다. 이상철, 앞의 책, p. 260.

76) 합의서 내용을 요약해 보면 1. 군사적 적대관계 종식 및 긴장완화 평화보장을 위한 실제적 조치 2. 불가침의무를 준수하기 위한 군사적 조치 3. 서해 해상 충돌방지와 평화보장을 위한 실제적 대책 4. 정전체제 종식 및 항구적 평화체제 구축을 위한 군사적 협력 5. 남북교류협력사업의 군사적 보장조치로서 서해평화협력특별지대에 대한 군사적 보장대책을 비롯한 문산-봉동간 철도화물 수송, 남북관리

에 서울에서 개최하기로 합의하였지만 아직까지도 개최되지 못하고 있다.

특히 2차 회담에서는 북한이 경제난을 극복하고 남북공조를 정당화하는 동시에 한미공조를 반대하고 남북공조를 강조함으로써 남한 내 남남 갈등을 유도할 수 있는 '우리 민족끼리'[77] 정신을 강조하였다. 이러한 '우리 민족끼리' 정신 강조[78]는 협상관, 협상목적, 전략 등이 변하지 않고 있다는 것을 단적으로 증명하고 있다.

북한의 민족 담론[79]을 주장하는 군사협상은 당연히 협상상황의 유리한 여건 조성 및 협상원칙 등을 제시하면서 주도권 장악으로 연결되어진 협상 행태로 나타나게 된 것이다.

5) 종합

지금까지 제1, 2차 남북 국방장관회담에서 나타난 협상전략에 의거 단계별로 나타나고 있는 협상전술을 종합적으로 정리하면 다음 〈표 4-12〉와 같다.

구역의 통행 · 통신 · 통관, 백두산 직항로 개설 관련 군사적 보장대책 등에 대해 협의 · 해결하기로 합의, 『남북관계발전과 평화번영을 위한 선언』 이행을 위한 남북 국방장관회담 합의서, 2007년 11월 29일.

77) 북한이 주장하는 우리 민족끼리는 우리 민족끼리 힘을 합쳐 조국을 자주적으로 통일하는 것이라는 뜻이다. 여기서 자주적 통일이란 외세의 간섭 없이 민족 자체의 힘으로 통일을 이루는 것을 말한다. 2000년 6 · 15공동선언 이후 북한의 민족담론은 '조선민족제일주의'와 '우리 민족끼리'로 대표된다. 송국현, 『우리 민족끼리』 (평양: 평양출판사, 2002), p. 18.

78) '우리 민족끼리'의 기능은 북한이 당면한 체제위기(체제결속 및 체제수호)를 극복하기 위한 담론이며 나아가 대남전략면에서 민족국가의 정통성 부각을 통한 남북관계 주도권을 행사하기 위해서 남한보다 상대적으로 우월한 위치에 있다는 논리를 전개하기 위해서이다. 강충희 · 원영수, 『6 · 15 자주통일시대』 (평양: 평양출판사, 2005), p. 106.

79) 2002년 6월 15일 로동신문 사설에서 "북남공동선언이 밝힌 자주통일의 대명제 〈우리민족끼리〉를 통일위업수행에서 변함없이 들고 나가는 것은 자주통일시대의 기본요구이다."라고 주장하면서 이 표현을 명제적 구호로 제시하고 있다. 『로동신문』, 2002년 6월 15일.

〈표 4-12〉 항일유격대식 협상전술과 김정일 시대 협상전술 비교
(제1, 2차 국방장관회담)

단 계	항일유격대식 협상전술	김정일 시대 협상전술		
협상 준비 단계	회담 개최에 적극적인 입장표명, 분위기 조성	1기	회담장소를 홍콩, 베이징 → 제주도로 수정 제의 및 방문	회담 개최에 적극적인 입장표명
		2기	3회 군사실무회담을 통한 적극적 입장	
	유리한 협상 환경 조성	1기	6·15남북공동선언의 성실한 이행 강조	유리한 협상 환경 조성
		2기	10·4선언의 철저한 이행과 우리민족끼리 정신을 강조	
	사전 유리한 협상의제 탐색	1기	경의선 문제 관련 군사적 안전보장 문제로 한정	사전 유리한 협상의제 탐색
		2기	남북관계 발전과 평화번영을 위한 선언 이행을 위한 군사적 대책	
협상 초기 단계	주도권 장악시도	1기	6·15남북공동선언의 성실한 이행 강조(계속)	주도권 장악시도
		2기	10·4선언의 철저한 이행과 우리민족끼리 정신을 지속 강조	
	협상원칙 제시	1기	6·15남북공동선언의 이행에 방해를 주는 군사적 문제로 한정	협상원칙 제시
		2기	군사적 대책과 관련한 군대의 원칙적 입장과 실현방도 제시	
협상 중간 단계	협상 상대방과 논쟁 및 압박	1기	경의선 문제 관련 군사적 안전보장 의제 외에 추가의제 소극적	협상 상대방과 논쟁 및 압박
		2기	서해 해상군사분계선 재설정 문제 집요하게 요구 및 압박	
	협상의제 변경 및 요구	1기	철도·도로 연결과 관련 비무장지대 출입보장 문제 실무급 토의 제의	협상의제 변경 및 요구
		2기	기자단 집합요구, 북측공동어로구역과 평화수역 북측주장 내용 공개 요구	
협상 최종 / 이행 단계	회담결렬 책임전가, 합의사항 일방적 거부, 지연조치	1기	주적개념 문제로 2차 남북 국방장관회담 개최 책임전가	회담결렬 책임전가, 합의사항 일방적 거부, 지연조치
		2기	회담결렬 책임전가	
	합의사항 이행 소극적 및 미조치	1기	제2차 국방장관회담 개최 합의사항(2000. 11) 미준수 및 소극적 태도(2007년 개최)	합의사항 이행 소극적 및 미조치
		2기	제3차 국방장관회담을 2008년 서울에서 개최하기로 합의하였으나 합의사항 미준수 (현재까지 미개최)	

2. 장성급군사회담

가. 협상관

항일유격대식 협상모델에서 협상관은 김일성이 항일운동을 전개하는데 구국군과 담판에서 반드시 승리해야 하는 특수협상관을 유지하고 있었는데 이는 김정일 시대에도 변하지 않고 특수협상관을 인식을 나타내고 있다.

협상관은 제1차~제7차 장성급군사회담에 대한 협상관은 남북 국방장관회담과 동일하게 특수협상관에 의거 군사협상을 진행하였다. 물론 제5차 회담에서 일반협상관의 자세가 일부 보였지만 심층분석 결과 교류협력 사업을 통한 경제적인 실리 등을 챙기기 위함이었다. 기본적으로 북한측은 군사협상을 투쟁형식으로 진행해 나갔다.

또한 북한측은 회담개최에 대하여 자기들의 필요와 목표달성을 위한 수단으로 최대한 이용한다. 이와 같이 회담 개최 자체를 무기화하고 있다는 사실은 군사회담에 대한 특수협상관 인식[80]을 다시 한 번 드러내고 있다.

나. 협상문화

1) 김일성 → 김정일 주도형

항일유격대식 협상모델에서는 협상문화 중 구국군과의 협상을 김일성 주도형으로 실시하였다. 이는 김정일 시대에도 변하지 않고 모든 군사협상은 김정일의 주도하에 실시되고 있다.

장성급군사회담은 2004~2007년까지 총 7차례 개최되어 군사적 긴장완화, 서해공동어로, 교류협력의 군사적 지원 등의 문제가 집중 협의된 군사회담

80) 문성묵 면담결과(2012년 5월 23일).

이다. 군사적 긴장완화를 위한 실천적 조치를 논의한 중요한 군사회담이었으나 북한은 NLL을 무력화 및 체제의 큰 부담요소였던 군사분계선 일대의 선전활동 중지와 선전수단 제거하기 위한 협상장으로 활용하였다. 이와 같은 군사협상은 당연히 김정일 주도형으로서 회담의 전략 및 개최는 물론 협상의제와 진행사항까지도 김정일에 의해서 통제되고 있음을 협상 참가자들은 증언하고 있다.

2) 압박과 회유의 위협적 협상

항일유격대식 협상모델에서는 협상문화 중 구국군과의 협상에서 압박과 회유의 위협적 협상을 실시하였다. 이는 김정일 시대에도 변하지 않고 모든 군사협상에 북한 특유의 위협과 및 협박성 발언을 통한 항일유격대식 위협적 협상을 진행하였다.

제1~제7차까지 실시된 장성급군사회담 진행간 한 번도 빠짐없이[81)] 남한측에게 위협성 발언을 실시하였으며, 대표적인 사례는 다음과 같다.

제3차 회담에서 북한측은 회담의 근본적인 의제인 NLL문제부터 협의해야 하며, 이 문제를 협의하지 못한다면 일체의 다름 회담이나 추가 회담은 없다고 위협하였다. 제4차 회담에서는 NLL에 대한 공격으로 회담을 일방적으로 몰고 나갔다.

제7차 회담에서는 “불법무법의 ≪북방한계선≫을 한사코 고수해보려는 남측의 주장은 화해협력의 시대에 도전하여 피의 교전을 불러온 력사의 전철을 다시 밟아보겠다는 위험한 사고방식이 아닐 수 없다”

전형적인 항일유격대식 위협적 협상문화가 군사협상 저변에 숨어있다는 것을 알 수 있는 군사회담이다.

---

81) 장성급 군사회담에 대한 로동신문 분석결과 북한측은 한 번도 빠짐없이 기조발언을 통하여 남한측을 위협하는 발언을 실시하였다.

3) 통일전선

항일유격대식 협상모델에서는 협상문화 중 구국군과 협상을 통일전선을 구축하기 위한 협상을 실시하였다. 이는 김정일 시대에도 변하지 않고 모든 군사협상을 상층통일전선의 구축의 일환으로 생각하고 있다. 또한 북한은 민족담론을 앞세워 통일전선 투쟁으로 활용하고 있다.

북한은 체제유지와 경제난을 극복하고 남북공조를 정당화하는 동시에 남한 내 남남 갈등을 유도하기 위하여 회담시마다 지속적으로 6·15공동선언, 우리 민족끼리 정신에 추가하여 10·4선언 정신까지 주장하고 있다. 우리 민족끼리 정신은 보이지 않는 가운데 상호 연계되어 있고 일맥상통한 것으로 북한측의 민족담론[82]이다. 이러한 의도는 제1~7차 남북 장성급군사회담에서 동일하게 표출되고 있다. 이것은 군사회담 자체를 상층 통일전선으로 인식하고 있기 때문이다.

다. 협상전략

1) 항일유격대 활동보장 및 차후작전 담보 → 경제적 지원확보를 위한 교류협력 사업의 군사적 보장

항일유격대식 협상모델에서 구국군과 협상시 협상전략 중 하나는 항일유격대 활동보장 및 차후작전을 담보하기위한 협상전략을 구사하였다. 이는 김정일 시대에도 변하지 않는 가운데 경제적 지원확보를 위한 교류협력사업의 군사적 보장을 담보하기 위한 협상전략을 구사하고 있다.

---

82) 우리 민족끼리 리념이 담고 있는 본질적 내용은 무엇보다 민족의 자주성을 민족자체의 힘으로 실현해야 한다는 것이다. 주장하면서 자주성에 대한 강조 수위를 높이고 있다. 북한은 우리 민족끼리를 북한의 통치이념인 주체사상과 접점을 찾아 민족주의와 공산주의를 서로 연결하는 도구로도 활용하고 있다. 김만혁, "우리 민족끼리의 리념과 본질", 『사회과학원 학보』 제2호(루계 42호) (사회과학출판사, 2004), p. 12.

북한은 자립적 민족경제건설노선을 새롭게 강조하면서 경제발전 전략의 변화를 도모한다. “체제재건과 경제개혁 사이에서 균형을 취하고 있던 북한은 2001년 이후 ‘인민경제의 기술적 개건’[83]을 강조하면서 경제정책의 변화를 추진한다.” 북한이 국방공업을 경제정책의 측면에서 강조하기 시작한 것은 2002년 하반기부터이다. 북한은 경제건설의 모든 부분에서 발전시킬 것을 요구하면서 많은 자금의 필요성을 강조하였다.[84] 더욱이 2004년도 신년사에서는 “경제과학전선에서 일대 비약을 일으켜야 한다”고 주장하면서 경제, 과학분야의 발전을 위해 힘찬 투쟁을 벌려 나가야 한다[85]고 명시하고 있다. 또한 사회주의사회에서 국가예산수입의 증대를 통하여 경제건설과 강성대국을 건설하여 주민들의 물질문화생활을 향상시킬 것을 강하게 요구하였다.[86] 이러한 경제건설과 더불어 지방경제의 발전[87]을 통하여 진

83) 북한은 신년사에서 “올해 경제건설의 중심과업은 현존경제토대를 정비하고 그 위력을 최대한 높이면서 인민경제전반을 현대적기술로 개건하기 위한 사업을 착실히 해나가는것이다. 인민경제의 기술적개건은 현 시기 경제사업의 중심고리이며 더는 미룰수 없는 절박한 과제이다. 우리는 모든 공장, 기업소들을 대담하게 현대적기술로 갱신해 나가며 최신과학기술에 기초한 새로운 생산기지들을 일떠세워야 한다. 온 사회에 과학기술을 중시하는 기풍을 세우며 기술혁신의 불길이 세차게 타 오르게 하여야 한다.”, 『로동신문』, 2001년 1월 1일.

84) 박순성, “김정일 시대 북한 경제정책의 변화와 전망”, 『북한연구학회보』 제8권 제1호 (북한연구학회, 2004), p. 58, p. 71.

85) “경제과학전선에서 일대비약을 일으켜야 한다. 현 시대에는 경제, 과학 분야가 나라의 국력을 담보하고 민족의 흥망성쇠를 결정짓는 주요전선으로 되고 있다. 경제과학전선에서 오늘 공격전은 승산이 확고한 투쟁이다. 우리는 올해에 ≪경제와 과학기술을 비약적으로 발전시켜 나라의 국력을 백방으로 다지자!≫라는 구호를 들고 힘찬 투쟁을 벌려야 한다.”, 『로동신문』, 2004년 1월 1일.

86) “사회주의사회에서 국가예산수입을 끊임없이 늘이는 것은 나라의 경제건설을 힘있게 다그치고 강성대국을 하루빨리 건설하여 근로자들의 물질문화생활을 체계적으로 높이기 위한 경제적 담보이다”, 김영수, “국가기업리득금과 그 합리적동원에서 제기되는 몇가지 문제”, 『경제연구』 제122호 (평양: 과학백과사전출판사, 2004), p. 24.

87) “현 시기 지방경제를 발전시키는 것은 나라의 경제토대를 강화하고 인민생활을 빨리 추켜세워 강성대국건설을 다그치기 위한 중요한 문제의 하나이다.” 심동명, “지방경제의 본질과 구조적내용”, 『경제연구』 제123호 (평양: 과학백과사전출판사,

정한 강성대국 건설로 나아가기 위한 제반 노력을 경주하였다.

이러한 북한의 사회주의 경제건설을 위한 어려운 국내사정은 제반협상에서 경제적 실리를 획득하기 위한 전략을 구사하게 되었던 것이다. 물론 김대중 정권과협상에서 진정성을 확인한 후 노무현 정권에서는 과감하게 체제유지관련 현실적인 문제와 경제적 지원 분야로 지원범위를 넓혀 가는 수순을 밟았다. 이것은 실제적으로 실리획득 확장 단계로 나아가는 협상전략을 구사한 것이다.

특히 장성급군사회담에서 경제적 지원 확보를 교류협력 사업의 군사적 보장에 대한에 협상전략을 살펴보면 경제적 보상의 문제와 직접으로 연계되는 금강산, 개성공단사업, 철도 · 도로 연결 등 3대 남북경협 사업 확대에 관련된 군사적 보장 협상의제를 들고 나올 수밖에 없었던 것이다.

또한 제7차 장성급군사회담에서는 남북은 동 · 서해지구 남북관리구역 통행 · 통신 · 통관의 군사적 보장을 위한 합의서를 채택하여 교류협력 사업의 군사적 보장활동을 지원하였다.

회담 연도를 고려하여 구분해 보면 다음 〈표 4-13〉과 같이 3기에 걸쳐서 진행되었던 내용을 확인할 수 있다.

〈표 4-13〉 북한 장성급군사회담 주요 경제적 관련 사항

구 분	1기 2004년(2회)	2기 2006년(2회)	3기 2007년(3회)
활동상황	NLL 침범 / 위협	제1차 핵실험	남북정상회담
경제적 관련사항	·금강산 당일 관광 시작 ·개성공업지구 방문 및 협력 사업승인절차 특례시행 ·남북간 식량차관 제공에 관한 합의서 채택	·개성 시범관광 ·이산가족상봉행사 ·대북 수해복구 및 비료, 식량 등 지원	·대북 식량, 비료 지원 ·경공업 원자재 대북지원 ·대북 에너지 설비·자재 제공 ·금강산 활성화 실무접촉

2004), p. 19.

2) 조국의 독립활동 → 체제유지 및 보장을 위한 군사활동

항일유격대식 협상모델에서 구국군과 협상시 협상전략 중 다른 하나는 조국의 독립활동 전략을 구사하였다. 이는 김정일 시대에도 변하지 않는 가운데 체제유지 및 보장을 위한 군사활동 전략을 구사하고 있다.

북한은 장성급군사회담을 이용하여 심리전 수단 제거 및 NLL무력화 주력하였다. 이와 같은 목표를 달성하기 위하여 회담기간 중에도 지속적으로 NLL을 침범하였다.

심리전 수단 및 NLL무력화를 위해서북한은 계획적으로 접근하였다. 우선은 심리전수단제거를 실시한 다음에 NLL 무력화의 목표를 달성하고자 하였다. 즉 1기 군사회담에서는 심리전 수단물 제거에 노력하였으며, 2기 군사회담에서는 1단계 목표 달성이 완성되자 2단계 목표인 NLL 무력화를 위한 협상전략을 표출하였다. 2단계의 목표 달성이 제한되자 3기 군사회담에서도 지속적으로 NLL 무력화를 위한 협상전략을 구사하였다. 물론 1단계의 목표는 달성하였지만 2단계 군사회담의 목표는 달성하지는 못했지만 자신들의 속내를 제시함으로써 목표 달성은 이룬 것으로 판단된다. 이러한 단계별 협상전략에 의거 군사활동을 진행하면서 장성급군사회담을 적극적으로 활용하였던 것으로 판단된다.

또한 북한은 체제유지 및 보장을 위하여 미군과의 합동군사연습, 이지스함 동해배치 등과 같은 군사문제를 다시 제기하고 성토하면서 한미 군사적 공조체제의 부당성을 이슈화[88]해 나가고자 하였다.

북한 로동신문 보도에서 확인[89]한 바와 같이 '우리민족끼리 리념'을 내세

---

88) 전현준 · 정영태 · 최수영 · 이기동, 『김정일 정권 등장 이후 북한의 체제유지 정책 고찰과 변화 전망』(통일연구원, 2008), p. 248.

89) 2004년부터 2007년까지 총7차례 개최되었던 남북 장성급군사회담 관련하여 6 · 15 공동선언, 10 · 4선언 등 우리민족끼리 정신을 강조한 사례가 총7회로서 모든 장성급군사회담에서 북한측은 남측 내부에서 남남갈등과 반미주의 확산 등을 노리고 지속적으로 주장하였던 것이다.

우면서 대미 공세를 위한 소재로 미군과의 합동군사연습문제 등을 집중 성토하였다. 우리가 추구하는 남북한 군사적 신뢰구축의 실질적인 협상을 추구하기 보다는 미국의 대한반도 전쟁책동 비난과 한미공조 체제의 부당성을 내세우면서 협상을 활용한 것이다. 특히 민족공조의 당위성을 강조하면서 한반도에 있어서의 대결구도를 민족제일주의 기치 아래 조선민족 대 미국의 대결구도로 유도하였던 것이다.

3) 군사적 신뢰구축 및 신무기 개발 → 군사적 신뢰구축, 핵무기 및 미사일 개발

항일유격대식 협상모델에서 구국군과 협상시 협상전략 중 또 하나는 군사적 신뢰구축 및 신무기 개발 전략을 구사하였다. 이는 김정일 시대에도 변하지 않는 가운데 군사적 신뢰구축, 항일유격대 시절의 신무기 개념인 핵무기 및 미사일 개발전략을 구사하고 있다.

군사적 신뢰구축, 핵무기 및 미사일 개발의 군사협상 전략을 위해서는 장성급군사회담의 성격을 고려하여 국방장관급회담보다는 훨씬 더 구체적이고 실현가능한 군사협상 의제를 제시하면서 협상목표를 달성하기 위한 노력을 경주하였다. 군사적 긴장완화 및 신뢰구축의 구체적인 사항으로는 '서해상에서의 우발적 충돌방지와 군사분계선 지역에서의 선전활동 중지 및 선전수단 제거에 관한 합의서(6 · 4합의서)'외 3건[90]을 합의하였다. 북한은 이와 같은 군사적 긴장완화와 신뢰구축을 앞세워가면서 내부적으로는 핵무기 및 미사일 개발에 박차[91]를 가하였다. 특히 2006년 7월 5일에는 대

---

90) 북한과 합의한 3건은 6 · 4합의서의 부속합의서(2004. 6. 12), 공동보도문(2007. 5. 11), 동 · 서해지구 남북열차시험운행의 군사적 보장을 위한 잠정합의서(2007. 5. 11) 등이다.

91) 통일연구원에서 발행한 남북관계연표 내용을 세부적으로 분석한 결과 노무현 정권 기간(2003. 2~2008. 2) 중 북한은 미사일 발사 3회, 핵 위협 및 실험 관련 발언을 16회 실시하였다. 통일연구원, 『남북관계연표 1948년~2011년』, 통일연구원, 2011,

포동 2호를 포함한 7발의 미사일을 동해안으로 발사하였으며, 동년 10월 9일 1차 핵실험을 통하여 핵 보유를 통한 핵강대국으로 지위를 확보하고자 하는 의도와 협상력의 극대화[92]를 위한 카드를 꺼내었다.

4) 종합

위와 같은 사항을 종합하여 북한의 장성급군사회담시 세부 협상전략을 도표로 제시하면 다음 〈표 4-14〉와 같다.

〈표 4-14〉 장성급군사회담시 분야별 세부 협상전략

구분	분야별 협상전략	세부 협상전략
내용	·경제적 지원 확보를 위한 교류협력사업 군사적 보장	·금강산, 개성공단사업, 철도·도로 연결 등 3대 남북경협사업 대폭 확대의 군사적 보장문제 구체화
	·체제 유지 / 보장을 위한 군사활동	·군사도발 활동 지속 ·군사분계선 일대의 선전활동 중지 및 선전수단 등 심리전 수단 제거 ·NLL 무력화
	·군사적 신뢰구축, 핵무기 및 미사일 개발 -핵위협 및 실험, 미사일 발사	·군사적 긴장완화 및 군사적 신뢰구축 관련 사항 일부 합의(4건) (협상간 활용, 차후 미준수) ·미사일 발사 / 핵실험 지속

라. 협상전술

1) 협상 준비단계

항일유격대식 협상모델에서 구국군과 협상시 협상 준비단계에서는 협상을 위한 적극적인 입장표명과 유리한 협상환경조성 및 사전에 협상의제를

pp. 344~454.

92) 북한의 핵실험은 두 가지 목표를 달성하기 위한 것으로 첫째는 대미 협상력의 극대화를 위한 정치적 카드이다. 둘째는 핵 보유를 통한 핵강대국의 지위를 확보하겠다는 것으로 보인다. 그러나 핵실험의 본질은 협상력의 극대화를 위한 정치적 카드의 성격이 컸다고 볼 수 있다. 김용현, "북핵사태 이후 6자회담과 북한의 진로", 『북한학연구』 2권 2호, 동국대학교 북한학연구소, 2006, p. 64.

탐색하였다. 이는 김정일 시대에도 변하지 않는 가운데 적극적인 입장표명과 유리한 협상환경조성 및 사전에 협상의제를 탐색하는 전술을 구사하고 있다.

적극적인 입장을 표명하면서 회담개최를 선 제의하는 등 회담개최에 협력하였다는 분위기 조성에 앞장섰다. 유리한 협상환경 조성을 위하여 북한측은 지속적으로 우리민족끼리 정신과 6·15공동선언, 10·4선언을 사전 강조하여 협상분위기 조성을 하였다. 반면에 북측은 사전 유리한 협상의제를 협상테이블에 올리기 위한 전략의 일환으로 협상의제를 탐색하였다. 특히 1기 회담시에는 군사분계선 일대의 선전활동 중지 및 선전수단 제거[93]에 관한 의제를 제기하였으며, 2기 회담시에는 서해해상불가침경계선 재설정 의제를 3기 회담시에는 서해해상 충돌방지, 공동어로 수역설정, 해주항 직항 등의 북측에 유리한 협상의제를 사전 제기하였다.

이에 비하여 우리측은 6·15남북공동선언 이행을 위한 군사적 긴장완화에 관련된 많은 의제들을 내실 있게 준비하였다. 이와 같은 회담 준비단계의 협상전술을 단계별 도표로 제시해보면 다음 〈표 4-15〉와 같다.

〈표 4-15〉 제1, 2, 3기 남북 장성급군사회담 회담 준비단계

구 분		제1기(1, 2차)	제2기(3, 4차)	제3기(5, 6, 7차)
협상 준비	적극적 입장	회담개최 先 제의[94]	회담개최 합의 (일정 및 절차 협의 거부)	회담개최 先 제의 (실무회담 수정 제의)
	유리한 협상환경	수석대표 계급문제 6·15공동선언	우리민족끼리 정신과 6·15공동선언	6·15공동선언 10·4선언
	유리한 협상의제	군사분계선 일대의 선전활동 중지 및 선전수단 제거	서해해상불가침경계선 재설정 문제	서해해상 충돌방지, 공동어로 수역설정, 해주항 직항

93) 북한은 전략적으로 열세에 있던 군사분계선 일대의 심리전 수단들에 대해서 1990년대부터 제거해줄 것을 절박하게 추구해왔던 숙원사업이다.

94) 제13차 남북장관급회담에서 한반도의 군사적 긴장완화와 신뢰구축을 위한 본격적인 협의를 위해 남북교류협력의 군사적 보장을 위한 기존의 남북군사실무회담과는 별개로 쌍방 군사당국자간 회담을 개최한다는 데 합의하여 우리측이 먼저

2) 초기단계

항일유격대식 협상모델에서 구국군과 협상시 협상 초기단계에서는 협상의 주도권 장악 및 협상원칙을 제시하였다. 이는 김정일 시대에도 변하지 않는 가운데 협상의 주도권 장악 및 협상원칙을 제시하는 전술을 구사하고 있다.

협상의 주도권을 장악하기 위하여 최초단계에서 부터 북한측은 기조 발언을 활용하여 기선제압을 시도하였다.

1기 회담시 기조연설[95]을 통하여 군사분계선 지역에서 상대방을 자극하는 선전활동을 중지하고 그 수단들을 제거하는 문제가 절박한 과제라고 하면서 이 문제부터 합의할 것을 강력하게 제기하였다. 또한 2003년 6월 29일 제2차 연평해전[96]을 언급하면서 "북남관계가 대결관계로 되돌아갈번 하였던 불미스러운 과거를 되풀이하지 말아야 한다고 주장"[97]하였다.

2004년 2월 12일 남북군사실무회담 채널을 통하여 2004년 2월 23일 판문점 평화의집에서 2성급 장성을 수석대표로 하는 제1차 남북 장성급군사회담을 가질 것을 제의하였으나 최초에는 북측은 무응답으로 일관하다가 2004년 5월 7일 제14차 남북 장관급회담에서 군사당국자회담을 개최한다는 데 재합의하였다. 이후 북측이 동년 5월 12일 남북군사실무회담 채널을 통해 장성급군사회담을 개최할 것을 제의하였다.

95) 제1차 남북 장성급군사회담시 북한측의 기조연설 요지는 다음과 같다.
· 현 시기 쌍방 군대들 앞에는 서해해상에서의 충돌방지문제뿐만 아니라 방대한 무력이 첨예하게 대치되어 있는 전연에서 상대방을 자극하는 선전을 중지하고 그 수단들을 제거하는 문제가 절박한 과제로 나서고 있음.
- 전연일대에서 일체 선전활동을 중지하고 그 수단들을 전면제거하는 것이 북남사이에 불신과 반목을 해소하고 진정한 신뢰를 조성하는데서 초미의 문제임.
· 전연일대에서 선전활동을 중지하고 그 수단들을 제거하기 위한 다음과 같은 실천적 조치들을 취할 것을 제의함.
- 첫째, 6월 15일부터 전연일대에서의 모든 선전활동을 완전히 중지.
- 둘째, 8월 15일까지 확성기, 구호, 전광판 등 모든 선전수단을 전면 제거함.
(통일부, 남북회담본부 홈페이지 회담자료실)

96) 2002년 6월 29일 서해 연평도 인근 해상에서 NLL을 침범한 북한 경비정 2척에 대한 퇴거작전 중 북한 경비정의 선제 기습공격에 우리 해군 경비함정이 대응사격을 실시함으로써 발생한 해상 교전.

2기 회담시에는 기조연설 전 한미 합동군사연습 관련하여 "북남관계발전에 돌이킬 수 없는 후과를 미치게 될 것이다."[98] 하는 강경한 발언을 실시하였다. 북한측은 서해해상 불가침경계선 문제를 우선 협의해야 하며, 이 문제를 협의할 경우 타 의제도 협의할 수 있다는 입장을 굽히지 않았다. 기조발언시에는 서해해상불가침경계선 문제에 대하여 4가지 원칙[99]을 제시하였다. 협상을 통한 의제를 조율해야 함에도 불구하고 억지주장을 하고 있는 것이었다.

3기 회담시에는 군사관계의 세가지 교훈[100]과 원칙적 입장을 제시하였다. 나아가 군사적 긴장완화의 문제에 대해 회담 기조연설시 부당한 처사라고 주장하였다. 이처럼 협상주도권 장악을 위해서 매회담시마다 북측은

97) 제1차 남북 장성급군사회담시 북측단장 안익산 소장 주장 내용,『로동신문』, 2004년 5월 27일.

98) 남조선 당국이 우리 공화국을 겨냥한 미국의 도발적인 전쟁연습소동에 가담하는 것은 우리에 대한 적대의사의 표시이며 나아가서 6·15공동선언을 무력화시키고. … 북남관계발전에 돌이킬 수 없는 후과를 미치게 될 것이다.『로동신문』, 2006년 3월 4일.

99) 제3차 남북 장성급군사회담시 북측단장 김영철 중장 기조발언 주장 내용으로 "상정된 협상의제 토의를 위한 원칙으로 첫째로, 서해해상충돌을 방지하고 공동어로를 실현하는 문제는 반드시 민족의 공영·공리를 도모하는 원칙에 기초하여 해결하여야 한다. 둘째로, 서해해상문제는 북남 쌍방이 조선서해에서 통일조선의 령해기산선을 확정하고 그에 기초하여 새로운 서해령해권을 내외에 선포하는 원칙에서 해결하여야 한다. 셋째로, 랭전의 유물로서 충돌을 일으킬수 있는 쌍방의 모든 주장들을 다같이 대범하게 포기하는 원칙에 기초하여 서해해상문제를 해결하여야 한다. 넷째로, 이미 합의되고 내외가 공인하는 법적, 제도적 요구를 철저히 지키는 원칙에서 서해해상문제를 해결하여야 한다.",『로동신문』, 2006년 3월 3일.

100) 제5차 남북 장성급군사회담시 북측단장 김영철 중장 기조발언 주장 내용으로 "첫째로, 민족중시의 립장을 떠나 겨레가 바라는 대화의 문을 닫아맨다면 군사적긴장완화의 길은 막히게 되며 통일의 대문도 열리지 못하게 된다는 것이다. 둘째로, 나라의 평화를 수호하고 긴장을 완화하는데 도움이 된다는 것은 인정하면서도 체면주의에 빠져 상정된 공명정대한 원칙과 제안에 호응하지 않는다면 북남대화 그자체가 무의미하게 된다는 것이다. 셋째로, 민족적화해와 단합은 안중에도 없이 이미 이룩한 군사적합의를 준수하지 않는다면 그로부터 초래되는 후과는 참으로 엄중하다는 것이다.",『로동신문』, 2007년 5월 9일.

기조연설시 강경한 발언을 실시하였다. 이러한 기조발언들은 처음부터 협상관련 하여 "기싸움의 연속"으로 표현할 수 있다. 이와 같은 협상초기 단계의 협상전술을 도표로 제시해보면 다음 표 〈4-16〉과 같다.

〈표 4-16〉 장성급군사회담의 협상 초기단계 전술

구 분		제1기(1, 2차)	제2기(3, 4차)	제3기(5, 6, 7차)
협상 초기	주도권 장악시도	군사분계선 지역에서 상대방을 자극하는 선전활동을 중지하고 그 수단들을 제거하는 문제가 가장 절박한 과제	한미합동군사연습 관련하여 "북남관계발전에 돌이킬 수 없는 후과 서해해상불가침경계선 문제를 우선 협의	북남군사관계의 교훈 3가지 군사적 긴장완화를 대하는 남측의 부당한 처사 추궁, 남측 주장 부당성
	협상원칙 제시	1차 현시기 쌍방 군사사이에 우선 협의 해결하여 할 사항	3차 서해해상불가침경계선 문제에 대하여 4가지 원칙 4차 상정된 의제 합의 방도	5차 장성급군사회담에 대한 원칙적 립장 6차 공동어로 실현에 대한 원칙 7차 상정된 문제들에 대한 우리군대의 원칙적 립장

3) 중간단계

항일유격대식 협상모델에서 구국군과 협상시 협상 중간단계에서는 협상의 상대방과 논쟁 및 협상의제를 변경하였다. 이는 김정일 시대에도 변하지 않는 가운데 협상의 상대방과 심한 논쟁 및 협상의제에 대한 내용을 일방적으로 변경 제시하는 전술을 구사하고 있다.

협상의제 등 협상과 관련된 문제 및 기타 협상과 관련이 적은 문제에 대해서도 상대방과의 지속적인 논쟁을 실시하였으며, 기습적인 협상의제 제시나 의제 변경의 행태를 보여주었다.

1기 회담시에 북측은 일방적으로 군사분계선지역에서 상대방을 자극하는 선전활동을 중지하고 그 수단들을 제거하는 문제가 절박한 과제라고 하면서 이 문제부터 협의할 것을 지속적으로 주장하였다. 이러한 의제를 양측 동의 없이 우선적으로 먼저 협상할 것을 요구하였다. 반면 우리측의 군사적 긴장완화 관련 주요의제에 대해서는 소극적인 협상자세를 보여주었다.

2기 회담시에는 협상초기부터 우리측에게 합동군사연습 및 군사적 대결사항 중지에 대해서 강력히 요구하는 등 최초부터 논쟁을 실시하였다. 아울러서 서해상에서 충돌방지를 근원적으로 해소하기 위해서는 서해해상불가침경계선 문제를 우선 협의해야 하며, 이 문제를 협의할 경우 공동어로 실현문제와 신뢰구축을 위한 군사적 대책 및 철도 · 도로 통행의 군사적 보장 문제도 협의할 수 있다는 입장을 굽히지 않고 집요하게 우리측에 요구하며 논쟁을 실시하였다. 북한측은 이러한 자신들의 주장을 언론에 공개하기 위해 공동 기자회견을 기습적으로 제의[101]하였다.

3기 회담 중 5차 회담에서는 남한측에서 삐라살포나 통행질서 위반, 해상침범 등 불미스러운 행위들이 더 이상 반복되지 않도록 협상과 관련이 적은 문제에 대해서 논쟁하였다. 또한 북한측은 전체 종결회의를 보도진에 공개하자고 요구[102]하였다. 이는 회담의제에 포함되지 않은 사항이었다. 6차 회담시에는 회담과 다소 거리가 있는 제안[103]들을 제시하였으면서 논쟁으로 시작하여 논쟁으로 회담이 종결되었다. 또한 최초의 협상의제였던 해주항 직항문제[104]에 대해서 우리측이 전향적이고 유연한 입장에서 통과절

---

101) "해상경계선 재설정문제를 남측 기자단에게 알리려고 하는 등 고도의 심리전을 구사하였으나 우리측은 공동합의문도 채택되지 못한 상황에서 남북 기자단을 대상으로 한 남북 수석대표의 공동기자회견과 북측 단장의 단독 기자회견은 회담 비공개 원칙에 위배됨을 주장하고 차단하였다. 우리측 기자단도 북측의 주장에 동조하지 않고 회담장을 이탈함으로써 북측의 기도는 무산되었다." 국방부 정책기획관실, 앞의 책, pp. 133~134.

102) "또한 북측은 전체 종결회의를 보도진에 공개하자고 요구하였다. 전례없이 공개된 회담장에서 북측 김영철 단장은 장성급군사회담의 기본의제가 서해 해상분계선 설정 문제인데도 남측은 협상대표단도 구성하지 않았다고 비난하면서 평화적인 공동어로를 지속적으로 담보할 수 있도록 서해 해상 군사분계선의 확정 문제에 달라붙어야 한다고 주장하였다.", 이상철, 앞의 책, p. 233.

103) 북측은 회담이 진행되는 동안 "민족중시, 평화수호, 단합실현의 정신에 맞게 문제토의에 이바지할수 있는 혁신적인 제안들 거듭 내놓고 그 실현을 위하여 성의있는 노력을 다 하였다.", 『로동신문』, 2007년 7월 27일.

104) 해주항 직항이 실현되면 북한 선박은 연평도와 인천 앞바다 사이의 NLL을 가로질러 남측 서해상으로 빠져나갈 수 있다. 해주항 직항로는 남북 경제 활성화와

차와 방법을 제시하였으나 오히려 북측에서는 해주 직항문제는 안 해도 좋다고 하면서 협상의제에 대하여 번복을 하였다.

4) 최종 및 이행단계

항일유격대식 협상모델에서 구국군과 협상시 협상 최종 및 이행단계에서는 대화결렬의 책임을 상대측에게 전가하며, 합의사항 이행 위반, 이행을 소극적인 자세를 취하거나 미조치하였다. 이는 김정일 시대에도 변하지 않는 가운데 대화결렬의 책임을 상대측에게 전가하며, 합의사항에 대한 이행 위반 또는 이행에 대하여 매우 소극적인 자세를 취하거나 미조치하는 전술을 구사하고 있다.

합의사항을 일방적으로 해석하거나 거부하였으며, 고의적으로 회담지연 전략을 구사하였다.

먼저 합의사항 일방적 해석 및 거부에 관련된 사항으로 1기 회담 중 제2차 남북 장성급군사회담시 우리측의 끈질긴 설득과 상호 의견조율을 통하여 서해상 우발적 충돌방지방안에 대한 합의서가 타결되었다. 이와 같은 합의서 체결의 의미는 남북 모두가 지난 50여 년간 준수해온 해상경계선인 만큼 북방한계선을 상호 인정하는 가운데 우발적 충돌을 방지할 수 있는 실질적인 의사소통수단을 마련한 것이다. 이러한 사항임에도 불구하고 북측은 합의사항의 일방적인 해석 및 거부를 통하여 지속적으로 '서해해상불가침경계선 재설정'을 의제로 제시하면서 이 문제를 협의하지 못한다면 일체의 다른 회담이나 추가 회담은 없다고 고집을 부렸다.

2기 회담시에는 북한측의 태도로 실질적인 회담이 진행되지 못하였으며, 3기 회담시에는 북한측은 어렵게 채택된 합의서의 서명자 문제를 빌미 삼아 회담을 장시간 동안 지연시켰다. 쌍방 수석대표가 합의했음에도 불구하

서해 긴장 완화에 긍정적 효과를 줄 수 있지만 북한으로선 NLL 무력화를 위한 도구로 악용할 가능성이 높다는 게 많은 군사전문가의 지적이다.

고 열차시험운행이 군사분계선을 통과하는 문제임으로 국방부장관과 인민무력부장의 서명을 받아 발효시키자고 주장하였다. 우리측의 주장에 따라 장성급군사회담의 수석대표 간에 서명·발표시키기로 최종 합의하였다. 그런데 김영철 북측단장이 직접 평양에 가서 서명·발효권자가 변경된 이유를 설명해야 한다며 시간을 달라고 우리측에 요청하였다. 문제는 오전 10:32분에 타결된 합의서를 가지고 김영철이 평양에 다녀올 때까지 회담이 정회되었다. 하루 종일 기다리던 회담의 종결회의가 17:45분에야 개최되어 공동보도문과 열차 시험운행의 군사적 보장 잠정합의서가 채택될 수 있었다.[105] 전형적인 회담 지연조치를 위한 전략이었던 것이다. 이러한 지연전술은 국방장관급회담에서 이미 협상행태로 표출되었으며, 장성급군사회담에서도 동일하게 나타나고 있다.

5) 종합

지금까지 제1, 2, 3기 남북 장성급군사회담에서 단계별로 나타나고 있는 협상전술을 정리해 보면 다음 〈표 4-17〉과 같다.

〈표 4-17〉 항일유격대식 협상전술과 김정일 시대 협상전술 비교
(제1, 2, 3기 장성급군사회담)

단계	항일유격대식 협상전술	김정일 시대 협상전술		
협상 준비 단계	회담 개최에 적극적인 입장 표명, 분위기 조성	1기	회담개최 선 제의 / 합의	회담 개최에 적극적인 입장
		2기	회담개최 합의	
		3기	회담개최 선 제의 / 합의	
	유리한 협상환경 조성	1기	6·15남북공동선언의 성실한 이행 강조, 수석대표 계급문제	유리한 협상환경 조성
		2기	6·15남북공동선언 철저한 이행과 우리민족끼리 정신 강조	
		3기	6·15남북공동선언, 10·4선언의 철저한 이행	

105) 이상철, 앞의 책, p. 233.

	사전 유리한 협상의제 탐색	1기	군사분계선 일대의 선전활동 중지 및 선전수단 제거	사전 유리한 협상의제 탐색
		2기	서해 해상불가침경계선 재설정	
		3기	서해해상 충돌방지, 공동어로 수역설정, 해주항 직항	
협상 초기 단계	주도권 장악시도	1기	기조발언 활용 군사분계선 지역 선전활동 중지 및 수단 제거 협상의제 강력하게 제기, 제2차 연평해전 언급	주도권 장악 시도
		2기	한미 합동군사연습관련 강경발언, 북측 의제 협의시 남측 의제 협의 가능	
		3기	군사관계 3가지 교훈, 군사적 긴장완화 부당한 처사 주장	
	협상원칙 제시	1기	1차 현 시기 쌍방군사사이에 우선협의 해결하여야 할 사항	협상원칙 제시
		2기	서해해상불가침경계선 문제 4가지 원칙, 상정의제 합의 방도	
		3기	장성급군사회담에 대한 원칙적 립장, 공동어로실현에 대한 원칙, 상정된 문제들에 대한 우리군대의 원칙적 립장	
협상 중간 단계	협상 상대방과 논쟁 및 압박	1기	군사분계선 지역 선전활동 중지, 수단 제게 문제	협상 상대방과 논쟁 및 압박
		2기	서해 해상군사분계선 재설정 문제 집요하게 요구 (3, 4차 회담 : 논쟁으로 시작 논쟁으로 종료)	
		3기	남측 삐라살포나 통행질서 위반, 해상침범 등 (6차 회담 : 논쟁으로 시작 논쟁으로 종료)	
	협상의제 변경 및 요구	1기	군사분계선 지역 선전활동 중지, 수단 제거 문제 동의 없이 우선 요구	협상의제 변경 및 요구
		2기	서해해상에서의 공동어로방식과 공동어로 수역에 대한 군사적 안전보장 조치는 실무적으로 결정, 북측 주장 언론에 공개하기 위한 공동기자회견 기습제의	
		3기	전체 종결회의 보도진 공개 요구, 해주직항문제 번복	
협상 최종 / 이행 단계	회담결렬 책임전가, 합의사항 일방적 거부, 지연조치	1기	서해 해상군사분계선에서 우발적 충돌방지를 위한 6·4 합의 일방적 해석(재설정 요구)	회담결렬 책임전가, 합의사항 일방적 거부, 지연조치
		2기	북측 협상태도 관련 협상 미 진행, 회담 지연, 합동군사연습 관련 돌이킬 수 없는 후과를 미치게 될 것.	
		3기	합의서 서명자 문제를 빌미, 장시간 회담 지연, 남측군 당국이 남북관계 발전을 바라지 않고 제동을 걸고 있기 때문에 더 이상 회담 불가 위협, 결렬 책임전가	
	합의사항 이행 소극적 및 미조치	1기	서해해상에서의 우발적 무력충돌방지 관련 6·4 합의 미 준수 ☞ 연평도 포격도발(2010. 11), 천안함 피격(2010. 3), 대청해전(2009. 11) 북측, 함정간 교신 응답상태 미흡 ☞ 제3국 불법어선 정보교환 중단	합의사항 이행 소극적 및 미조치

			(2008. 5. 19) 3차 장성급 군사회담 개최 합의 내용 미 준수(일정 지연)	
		2기	차기 회담일정 소극적, 전화통지문 통한 회담 제의 미응답	
		3기	2차 국방장관회담 회담 제시내용 공개 몸싸움(관례 위배), 회담일정 미정, 일방적 거부	

3. 군사실무회담

가. 협상관

항일유격대식 협상모델에서 협상관은 김일성이 항일운동을 전개하면서 구국군과 담판에서 반드시 승리해야 하는 특수협상관을 유지하고 있었는데 이는 김정일 시대에도 변하지 않고 특수협상관의 인식을 나타내고 있다.

국방장관회담, 장성급군사회담과 동일하게 특수협상관에 의거 군사협상을 진행하였다. 물론 실무협의 차원에서 개최된 회담이라 협상관이 변화되는 모습을 보여주었으나 근본적인 회담관은 변치 않았다. 이것은 군사회담을 대하는 북한측의 태도가 외부에서 비쳐지는 것처럼 일반적인 협상관을 가지고 자연스럽게 진행하는 것이 아니라 최초 기조발언에서부터 특수협상관에 의해 투쟁하고 있는 듯한 모습이 매번 군사회담에서 나타나고 있다.

또한 북한측은 군사회담을 통해 그들의 목표 달성을 위해 가능한 모든 수단을 적극 활용하고 있다.

이와 같은 군사회담에 대한 북한의 인식이 변치 않고 있다는 사실은 전형적인 특수협상관을 유지하면서 군사회담을 실시하고 있다는 사실이다.

남한과 북한이 대치상태가 유지되는 있는 현실을 고려하여 이러한 적대관계를 해소하고 군사적 신뢰구축과 화해협력의 장으로 나가기 위한 노력을 전개하는 회담이 군사회담이다. 근본적이 군사회담의 취지에도 불구하고 북한의 협상에 대한 인식은 항일유격대식 협상모델과 동일하게 특수협상관을 유지하고 있다.

나. 협상문화

1) 김일성 주도 → 김정일 주도

항일유격대식 협상모델에서는 협상문화 중 구국군과의 협상을 김일성 주도형으로 실시하였다. 이는 김정일 시대에도 변하지 않고 모든 군사협상은 김정일의 주도하에 실시되고 있다.

국방장관회담, 장성급군사회담은 물론이고 군사실무회담까지도 전형적으로 김정일의 통제하고 이루어지고 있다. 모든 군사회담은 김정일의 통제사항[106]으로 승인 없이는 군사실무회담 개최 자체부터가 불가능하다.

북한은 오랫동안 김일성 주도형의 군사회담을 김정일 통치 이후에는 당연히 김정일 주도아래 진행하고 있으며, 이러한 항일유격대식 사업방법을 김정일은 계승하여 군사회담에서 적용하고 있다. 그렇기 때문에 항일유격대식 사업방법은 항일유격대식 협상모델에서 언급한 바와 같이 오늘날까지도 군사협상 문화로 자리 잡고 있다.

2) 압박과 회유의 위협적 협상

항일유격대식 협상모델에서는 협상문화 중 구국군과의 협상에서 압박과 회유의 위협적 협상을 실시하였다. 이는 김정일 시대에도 변하지 않고 모

106) 북한의 사회주의 헌법 제6장 제2절 국방위원회 조항을 살펴보면 제100조 국방위원회는 국가주권의 최고 군사지도기관이며 전반적 국방관리기관이다. 제102 … 국방위원회 위원장은 일체 무력을 지휘통솔하며 국방사업전반을 지도한다. 제103조 1. 국가의 전반적 무력과 국방건설사업을 지도한다. 등을 고려해 보았을 때 모든 군사회담에 대해서 김정일이 조정통제하고 있다. 특히나 군사회담 참석인원의 면담을 통하여 확인 결과 상부로부터 강하게 지시를 받고 회담을 진행하고 있다는 것을 알 수 있다고 하였다. 문성묵 면담(2012년 5월 23일).

든 군사협상에 북한 특유의 위협과 및 협박성 발언을 통한 항일유격대식 위협적 협상을 진행하였다.

군사실무회담에서 압박과 회유의 위협적 협상에 대한 문화는 로동신문 보도를 분석해보면 잘 나타나 있다.

남한측 군사실무대표단에게 지적사항 위주 내용과 위협성 발언 및 회담 결렬 관련 책임 전가형 보도를 게재하였다. 매 회담시 북한은 지속적으로 의제와 관련 없는 내용반복 및 위협성 발언내용을 지속적으로 실시하였다.

제37차 군사실무회담에서 반공화국심리전행위는 란폭한 위반이며 도전 행위로 된다는데 그 위험성이 있다고 하면서 위협성 발언을 실시하고 있다.

북한의 군사협상 문화자체가 위협적 협상을 진행하고 있으며 이와 같은 사항은 항일유격대 시절이나 김정일 시대나 동일하게 진행되고 있다.

3) 통일전선

항일유격대식 협상모델에서는 협상문화 중 구국군과 협상을 통일전선을 구축하기 위한 협상을 실시하였다. 이는 김정일 시대에도 변하지 않고 모든 군사협상을 상층통일전선의 구축의 일환으로 생각하고 있다. 또한 북한은 민족담론을 앞세워 통일전선 투쟁으로 활용하고 있다.

북한은 앞에서 언급한 바와 같이 남한측과 실시하는 군사회담을 포함하여 제반 회담에 대해서 상층통일전선의 구축차원의 회담으로 인식하고 있다. 이 같은 사항 때문에 모든 회담의 결과는 향후 현장에서 보조수단으로 활용되고 확대 재생산된다.

이와 같은 이유로 북한측은 남북 정상회담의 결과인 6·15공동선언, 10·4 선언에 대한 이행투쟁을 지속적으로 요구하면서 남한 국민들을 선동하는 재료로 사용되고 있다.

로동신문에서 보도한 바와 같이 군사실무회담간 6·15공동선언의 정신과 우리 민족끼리 정신을 전반적으로 강조[107]하고 있다. 군사실무회담이라고 예외는 없다.

다시 말해서 통일전선전술은 대중을 자기 쪽으로 끌어들이기 위한 선동의 기술이며 결정적인 혁명의 시기를 조성하기 위한 힘의 축적기술이다. 그렇기 때문에 북한측은 공개적으로 군사회담에서 반드시 이행투쟁을 지속적으로 요구하고 있는 것이다.

다. 협상전략

1) 항일유격대 활동보장 및 차후작전 담보 → 경제적 지원확보를 위한 교류협력 사업의 군사적 보장

항일유격대식 협상모델에서 구국군과 협상시 협상전략 중 하나는 항일유격대 활동보장 및 차후작전을 담보하기위한 협상전략을 구사하였다. 이는 김정일 시대에도 변하지 않는 가운데 경제적 지원확보를 위한 교류협력 사업의 군사적 보장을 담보하기 위한 협상전략을 구사하고 있다.

김정일은 2002년 7월 『7 · 1경제관리개선조치』에 이어 신의주 특별행정구 구상의 발표(2002. 9. 19), 금강산관광지구법(2002. 11. 13) 및 개성공업지구법(2002. 11. 20) 등 경제관련 조치를 집중적으로 발표하면서 '실리사회주의'[108]가 모습을 드러내었다.

김대중 정권에서는 경의선 지역 군사보장문제 합의 및 동해지구와 서해지구 남북관리구역 설정과 철도 · 도로 작업의 군사적 보장을 통한 경제적 실리 획득에 노력하였다. 특히 위와 같은 군사적 보장문제를 통하여 개성공단 개발과 금강산 육로관광 발판 구축으로 경제적 발판을 마련하는 계기

---

107) 국방장관군사회담 등을 협의하기 위한 실무회담(제32차 등)을 제외하고는 "모든 것은 남측의 태도에 달려있다"고 주장하면서 매번 군사실무회담에서 6 · 15공동선언 또는 10 · 4선언 이행을 강조하고 있다.

108) 배종렬, "김정일의 북한경제 10년: 무엇이 달라졌으며 어떻게 바뀔 것인가?", 『북한경제와 남북경협: 현황과 전망』 2004 (북한경제 심포지엄, 2004), p. 12.

가 되었다.

노무현 정권에서 김정일은 체제유지 및 보장에 대한 자신감을 통하여 3대 남북경협사업에 대한 군사적 보장조치를 실질적으로 확대시켜 나갔다. 특히 동서해지구 남북관리구역 임시도로 통행의 군사적 보장을 위한 잠정합의서를 채택·발효시킴으로써 개성공단 개발과 금강산 육로관광이 가능토록 발판을 마련하였던 사항에 추가하여 보충합의서까지 채택·발효하여 본격적인 남북교류협력사업의 군사적 지원을 담보하였던 것이다. 이와 같은 군사적 보장조치로 인하여 노무현 정권에서 남북통행 횟수 및 남북 교역액은 북한의 대외경제에서 남한이 차지하는 비중은 2007년에는 37.9%로 최고치를 보였다. 이렇게 보면 북한의 대외경제에서 남한이 차지하는 비중이 매우 크다는 사실에는 이견을 제시하기 어려울 것으로 보인다. 또한 양적인 면에 국한시켜 보면 북한경제에서 남북경협이 차지하는 위상은 매우 높다고 평가할 수 있다.[109] 다음 〈표 4-18〉을 통하여 한눈에 확인할 수 있다.

〈표 4-18〉 노무현 정권에서 남북교역 비중 및 남북통행 횟수

(단위 : 백만 달러, 퍼센트)

연도	북한 무역총액	북중 교역액	남북 교역액	남북 교역비중	남북통행 횟수(편도기준 횟수)			
					누계	육로	해로	공로
2003	3,115	1,023	724	23.2	2,801	667	2,022	112
2004	3,554	1,385	697	19.6	5,392	3,240	2.124	28
2005	4,057	1,580	1,055	26.0	9,654	4,859	4,497	208
2006	4,346	1,700	1,350	31.1	15,175	6,686	8,401	88
2007	4,739	1,974	1,798	37.9	20,449	8,405	11,891	153
2008	5636	2,787	1,820	32.3	12,299	6,348	5,908	43

* 2008년도 남북통행횟수는 9월까지 합계, 단 무역총액 연간총액임.
* 출처: KOTRA, 북한의 대외무역 동향, 각년도: 통일부, 월간 남북교류협력동향.

---

109) 조동호, 『공진을 위한 남북경협 전략 - 보수와 진보가 함께 고민하다』, 동아시아연구원, 2012, p. 35.

위 도표에서 알 수 있듯이 노무현 정부에 대한 김정일의 군사실무회담 세부 협상전략은 군사적 지원보장을 통하여 경제적인 실리를 취하면서 체제결속을 유지하였던 것이다.

군사실무회담을 통하여 3대 남북경협의 군사적 보장조치로 인한 경제적 실리를 대폭적으로 확대하여 나갔다.

이명박 정권에서는 기본적으로 개성공단과 금강산 관광에 대한 경협활동 등에 대해서 지속적인 군사적 보장활동을 유지하는 것이었다.

그러나 남북관계가 새로운 관계 정립을 위한 과도기적 조정기로 접어들던 중 2008년 7월 남한의 금강산 관광객이 북한 초병의 총격으로 사망하는 사건[110]이 발생하여 금강산 관광이 중단되는 등 남북관계는 더욱 경색 국면으로 접어들었다.

2) 조국의 독립활동 → 체제유지 및 보장을 위한 군사활동

항일유격대식 협상모델에서 구국군과 협상시 협상전략 중 다른 하나는 조국의 독립활동 전략을 구사하였다. 이는 김정일 시대에도 변하지 않는 가운데 체제유지 및 보장을 위한 군사활동 전략을 구사하고 있다.

북한은 협상 중에도 DMZ, NLL 침범 등 군사도발 활동을 지속적으로 실시하였으며, 체제 유지와 직접적으로 관련이 있다고 판단되는 군사분계선 지역에서의 선전활동 중지 및 선전수단 제거 관련 협의를 실시하였다. 이와 같은 선전활동 중지 및 심리전 수단의 제거는 체제유지 및 보장을 위한 주요한 군사활동이었다.

체제유지를 위한 군사활동은 북한의 선택[111]에 따라 시기와 장소를 가리

110) 금강산 관광객 피격 사망 사건은 2008년 7월 11일 오전 4시 50분경(단, 일부 증언에 의하면 오전 5시 15분~20분경) 금강산관광지구에서 여성 관광객 박왕자가 규명되지 않은 이유로 북한군의 총격을 받아 사망한 사건이다. 북한은 관광객이 군사 경계지역을 침범하였다는 주장을 하였으며, 남한측에서 요구하고 있는 진상규명을 북한이 거부함에 따라 사건의 실제 경위는 제대로 밝혀지지 않았다.

지 않고 군사도발 활동을 지속하였다.

지속적으로 저강도 군사도발 활동을 실시하던 것에 비해 이명박 정권에 대해서는 강화된 군사도발 활동을 협상전략으로 선택하였다. 그 결과 대청해전, 서해NLL 항행금지구역 설정 및 해안포 사격, 금강산 남측자산 동결 등의 도발과 강경조치를 취하였다. 북한은 2010년 3월 백령도 서남방 약 2.5km의 우리 영행에서 초계작전 중이던 천안함을 공격하여 침몰시켰다. 동년 11월에는 연평도의 해병부대와 민간인 거주지에 무차별로 170여 발의 포격을 실시하여 해병대원 2명과 16명이 중경상을 입었으며, 민간인 또한 2명이 사망하고 다수의 부상자가 발생하였다.[112]

3) 군사적 신뢰구축 및 신무기 개발 → 군사적 신뢰구축, 핵무기 및 미사일 개발

항일유격대식 협상모델에서 구국군과 협상시 협상전략 중 또 하나는 군

---

111) 홍관희는 "북한은 군사협상의 개최 여부와 상관없이 도발을 자행하는 행태를 보였다. 한국의 대북정책과도 관계없이 북한의 대남 군사도발은 지속되었다."라고 주장하였다. 홍관희, 『대북포용정책의 발전방안 연구 -남북 화해 · 협력 촉진방안-』, 통일연구원, 2000, p.18; 이미숙은 "북한이 군사도발을 중시한다는 것은 북한이 정치적 안정을 더 중시한다는 의미이기도 하다. 즉 북한은 경제가 아무리 어려워도 인민들을 위해 군사협상을 통해 해결방안을 찾기보다는 체제유지를 위해 군사도발을 선택한다는 것이다. 북한이 군사도발을 선택한다는 것은 한국정부로부터 경제적 지원을 포기함을 의미하므로 북한의 경제난은 더욱 악화되고 북한 주민의 고통과 부담은 더욱 가중될 수밖에 없다. 그럼에도 불구하고 군사도발을 자행한다는 것은 군사협상보다 군사도발을 내부통제와 체제존속의 효율적인 방편으로 인식하고 있음을 의미한다."고 주장하였다. 이미숙, 앞의 논문, pp. 152~153.

112) 통일교육원에서 발간한 '북한의 이해 2013'에서는 "이러한 북한의 행동은 국제사회와 남한에 대해 공격 및 협박을 가하고 위협함으로써 당면한 남북문제와 국제협상에서 이득을 취하고 보상 또는 태도변화 등을 노린 것"으로 주장하고 있다. 통일교육원, 『북한의 이해 2013』, 한동문화사, 2013, p. 129. 이와 반면에 황일도는 북한의 전략문화적인 측면을 고려하여 "북쪽이 연평도 포격이라는 극단적인 정책선택을 감행한 이유는 총체적 역경에 처한 상황을 극복하고 자존감을 회복하는 것이 그 주된 목표"였다고 설명하고 있다. 황일도, 앞의 논문, p. 217.

사적 신뢰구축 및 신무기 개발 전략을 구사하였다. 이는 김정일 시대에도 변하지 않는 가운데 군사적 신뢰구축, 핵무기 및 미사일 개발전략을 구사하고 있다.

북한은 먼저 신뢰구축을 위한 각종 군사회담활동 강화와 군사적 긴장완화의 공동노력을 위한 남북 공동보도문 채택, 정전협정 재확인 등을 통하여 신뢰구축을 추진하였다. 그럼에도 불구하고 한편으로는 핵무기 및 미사일 개발 여건조성을 위하여 노력하였다. 북한측은 지속적으로 남측과 군사협상을 강화하면서도 미사일 발사 및 제1, 2차 핵실험[113] 등을 통하여 위협전략 수위를 최고조로 상승시켰다.

북한은 남한, 미국, 일본 등의 경고에고 불구하고 2006년 7월 4일 미국 독립기념일에 대포동 2호 미사일을 포함한 7기를 시험 발사하였다. 7월 15일 UN은 이에 대응하여 북한이 모든 미사일 활용을 유예하고 6자회담으로 복귀할 것을 요구하는 대북결의 1695호를 채택하였다.

그럼에도 불구하고 북한은 10월 3일 1차 핵실험을 실시하였다. 이는 한층 더 위협적인 맞대응 전략과 벼랑끝 전략을 구사한 것이다.

북한의 핵실험은 부시 행정부의 외교적 실패를 부각하기 위한 측면에서 미국을 상대로 하는 공세적 대응이었다.

북한의 2차 핵실험은 국제사회의 거듭된 경고에 불구하고 2009년 5월 25일 실시하였으며 26~27일에는 연이어 단거리 미사일 발사를 강행했다. 2차 핵실험은 1차 핵실험에 이어 2년 7개월만의 핵도발이다 2009년 4월 5일 장거리 로켓 발사 이후 불과 50일 만에 자행된 핵 위협이다.

북한은 군사적 신뢰구축이라는 대전제하에서 내부적으로는 핵은 남한과의 경쟁에서 우위를 확보할 수 있는 핵심군사력이자 지속적인 정권유지를

113) 통일연구원에서 발행한 남북관계연표 내용을 세부적으로 분석한 결과 이명박 정권 기간 중(2008. 2~2010. 12) 중 북한은 미사일 발사 9회, 핵 위협 및 실험 관련 발언을 19회 실시하였다. 통일연구원, 앞의 책, pp. 454~506.

보장하는 최후의 보루이고 김정일이 전면에 등장한 후 북한의 대내 지도이념으로 정착된 선군정치를 현실에 구현하는 실천수단[114]이 되었던 것이다.

4) 종합

분야별 군사협상 전략에 의거 군사실무회담의 세부 군사협상전략은 다음 〈표 4-19〉와 같다.

〈표 4-19〉 군사실무회담에 대한 분야별 세부 군사협상 전략

구분	분야별 협상전략	세부 협상전략
내용	·경제적 지원 확보를 위한 교류 협력사업 군사적 보장	·경의선 지역, 동해지구와 서해지구 남북관리구역 설정과 철도·도로 작업의 군사적 보장을 통한 경제적 지원확보 - 개성공단 개발과 금강산 육로관광 발판 구축
	·체제 유지 / 보장 위한 군사활동	·군사도발 활동 지속/강화 - DMZ 군사도발, NLL 침범, 천안함, 제2연평해전 - 정전협정 의무이행 포기 주장
	·군사적 신뢰구축, 핵무기 및 미사일 개발 -핵위협 및 실험, 미사일 발사	·군사회담활동 지속 및 강화 ·군사적 긴장완화 공동노력 공동보도문 채택 ·정전협정 재확인 ·미사일 발사 및 핵실험(1, 2차)

라. 협상전술

1) 협상준비단계

항일유격대식 협상모델에서 구국군과 협상시 협상 준비단계에서는 협상을 위한 적극적인 입장표명과 유리한 협상환경조성 및 사전에 협상의제를 탐색하였다. 이는 김정일 시대에도 변하지 않는 가운데 적극적인 입장표명과 유리한 협상환경조성 및 사전에 협상의제를 탐색하는 전술을 구사하고 있다.

114) 김강녕, “북한의 핵실험과 우리의 대응”, 『동북아연구』, 2009, p. 42.

적극적인 입장을 표명하면서 회담개최를 선 제의하거나 남측제의에 신속히 합의하는 등 협력하였다는 분위기 조성에 앞장섰다. 유리한 협상환경 조성을 위하여 북측은 장성급군사회담과 동일하게 지속적으로 우리민족끼리 정신과 6 · 15공동선언, 10 · 4선언을 사전 강조하여 협상분위기 조성에 최선을 다하였다. 반면에 북측은 사전 유리한 협상의제를 협상테이블에 올리기 위한 전략의 일환으로 협상의제을 사전 탐색하였다. 특히 1기 회담시에는 ① 주적개념 철회 ② 합동군사연습, 한미연합훈련 금지, 대규모 군사연습 중지 등에 관한 의제를 제기하였으며, 2기 회담시에는 ① 전단살포 중지, 선전수단 제거 관련사항 ② 서해해상에서 우발 충돌방지 문제 의제를, 3기 회담시에는 ① 남측 민간단체에 의한 전단살포 사례 관련 사과 ② 책임자 처벌 및 재발방지 약속 요구 등 북측에 유리한 협상의제를 사전 제기하였다.

이에 비하여 우리측은 6 · 15남북공동선언 이행을 위한 군사적 긴장완화에 관련된 많은 의제들을 제시하였으며, 이명박 정부 출범 이후에는 상호비방 중지, 남북군사회담 재개, 금강산관광객 사망에 따른 유감표명과 재발방지 및 신변보장 대책을 제기하였다.

위와 같은 회담준비 단계의 협상전술을 단계별 도표로 제시해보면 다음 〈표 4-20〉과 같다.

〈표 4-20〉 제1, 2, 3기 군사실무회담 회담 준비단계

구 분		제1기(1~15차)	제2기(16~36차)	제3기(37~38차)
협상 준비	적극적 입장	회담개최 先 제의 / 합의	회담개최 先 제의 / 합의	회담개최 先 제의 / 합의
	유리한 협상환경	6·15공동선언	우리민족끼리 정신과 6·15공동선언	6·15공동선언 10·4선언
	유리한 협상의제	주적개념 철회, 합동군사연습, 한미연합훈련 금지, 대규모 군사연습 중지	전단 살포 중지, 선전수단 제거 관련사항, 서해해상에서 우발 충돌방지 문제 의제	남측 민간단체에 의한 전단 살포 사례 관련 사과, 책임자 처벌 및 재발방지 약속 요구

2) 초기단계

항일유격대식 협상모델에서 구국군과 협상시 협상 초기단계에서는 협상의 주도권 장악 및 협상원칙을 제시하였다. 이는 김정일 시대에도 변하지 않는 가운데 협상의 주도권 장악 및 협상원칙을 제시하는 전술을 구사하고 있다.

협상의 주도권을 장악하기 위하여 초기단계에서부터 북측은 협상 시작과 동시에 기선제압을 시도하였다.

1기 회담시 최초부터 "독수리 합동군사연습으로 대화분위기를 흐리게 하였다"고 주장하였으며 또한 "2000년 국방백서에 주적개념 명시로 남북합의에 대한 로골적인 배신"이며 참을 수 없는 도전이라고 하면서 엄중 항의하였다.

2기 회담에서도 1기 회담과 동일한 방법으로 회담 초기부터 "쌍방이 선전수단을 제거하고 선전활동을 중지한다는 합의에 어긋나게 7월부터 우리의 일부 지역에 기구를 리용하여 삐라를 살포하는 것과 같은 위반행위들을 주저 없이 벌리였다."고 주장하였으며 또한 "을지 포커스 렌즈-05 합동군사연습을 벌리려하고 있다." 하면서 북측은 조선군당국의 차후 움직임을 지켜보면서 하자는 것이 우리의 립장이라고 협박성 발언을 서슴치 않았다. 아울러서 30차 남북 군사실무회담에서는 우리측이 민간 삐라살포기구와 여러 가지 방송수단을 동원해서 심리전을 벌이고 있다고 주장하면서 이와 같은 사항은 "북남군사적합의에 대한 란폭한 위반이고 도전이며, 반민족적행위, 반평화적 책동, 군사적도발행위이다고 주장하면서 공식사죄 및 관련 심리전단체를 엄벌에 처하고 재발방지 대책을 민족앞에 공식담보"하여야 한다고 강력하게 요청하였다.

3기 회담시에는 이명박 정권 이후 처음으로 실시되는 군사실무회담에서 북측은 회담초기부터 "삐라살포행위의 엄중성에 대하여 폭로[115]와 주적관 확립 관련하여 망발을 망탕하고 있다고 하였으며, 최근에는 금강산관광 일방적 중지 및 을지프리덤 가디언을 비롯한 모험적인 각종 군사연습을 매일같이 벌려놓고 있다고 주장하면서 앞으로의 북남관계는 전적으로 역사적인 10·4선언, 그리행을 위한 모든 북남합의들이 남측의 태도여하에 달려있다는 것을 명심하여야 한다고 강조"하였다. 이처럼 협상주도권 장악을 위해서 매회담시마다 북한측은 회담초기부터 협박적이고 강경한 발언으로 회담을 실시하였다. 이러한 발언들은 처음부터 군사협상관련 하여 "주도권의 장악을 위한 연속적 행동"으로 표현할 수 있다.

협상원칙 면에서는 살펴보면 군사실무회담의 성격상 국방장관회담이나 장성급군사회담처럼 사전 기조연설을 통하여 협상원칙을 제시하지는 않았지만 회담초기에 추궁성 발언을 통하여 북한측의 원칙을 사전에 제시[116]하고 있다고 해도 과언이 아니다. 위와 같은 내용으로 1기회담시에는 비무장지대안의 개방되는 구역에 대한 관할권문제와 주적관 철회문제에 대한 북

115) 북측은 남측 민간단체 삐라살포 행위에 대하여 과민할 정도로 매번 반응하고 있으며 "너절한 삐라살포로 자기 수령, 자기 조국을 생명보다 더 귀중히 여기는 우리군대와 인민의 신념과 의지를 감히 흔들어보려는 처사라고 규탄하고 우리측은 그러한 비렬하고 유치한 반공화국심리전행위는 오히려 우리 군대와 인민의 적개심만을 백배해줄뿐이라고 언명하였다." 또한 삐라살포에 계속 매여달린다면 첫째로, 지금의 진행중인 개성공업지구에서 모든 북남협력사업과 개성관공에 엄중한 후과가 초래될것이며 둘째로, 군사분계선을 통한 남측인원들의 통행이 제대로 실현될수 없게 될것이며 셋째로, 개성공업지구와 금강산관광지구에 체류하고있는 남측인원들이 더 이상 현지에 남아있을수 없게 될것이라고 엄숙히 경고하였다. 위와 같은 반응은 삐라살포가 북한체제 유지에 직접적인 영향을 주는 요인으로 판단이 된다. 왜냐하면 지금까지 남측행동에 대한 많은 공식대응 중에 개성공단의 경협사업과 연계한 사례는 매우 이례적인 사항이며 이와 같은 대응책만 보아도 충분히 알 수 있다. 『로동신문』, 2008년 10월 3일.

116) 북한측은 회담시 사전 회담을 성공적으로 진행하기 위해서는 옳은 관점과 태도를 가져야 한다면서 "회담을 성과적으로 진행하는데서 나서서는 가장 중요한 문제는 대화상대방에 대한 옳은 관점과 태도를 가지는 것이라고 하면서 이러한 견제에서 남측이 우리를 주적으로 보던 20세기의 낡은 대결관념과 의식을 버리고 함께 손잡고 통일과 번영에로 나아가야 할 겨레로 대한 진정한 동족관련을 가지고 21세기 첫회담부터 좋은 결실을 맺도록 노력함으로써 민족의 념원과 기대에 보답하여야 할것"이라고 강하게 주장하였다. 『로동신문』, 2001년 2월 1일.

한의 전제조건을 제시하였으며 2기회담시에는 군사분계선지역의 선전수단 제거사업 지연문제 및 한미합동군사연습 중지 등 회담의제와 관련이 없는 내용에 대해서 우리측에게 지적 및 추궁하면서 회담의 원칙을 고수하였다. 3기회담시에는 삐라살포행위 및 군사연습 중지를 협상의 가장 중요한 전제조건[117]으로 제시하고 있다. 또한 제31차 군사실무회담에서는 협상의 원칙을 추가적으로 제시하기도 하였다. 이를 살펴보면 "이미 이룩된 북남합의와 정전협정, 국제적으로 공인된 법적요구를 철저히 지킬데 대한 원칙들을 협의의 기초로 삼을데 대하여 제안"[118]하였다. 이러한 군사실무회담에서 원칙 아닌 원칙들이 마치 협상원칙인 것처럼 북측이 사전에 제시하여 군사실무회담시 자신들에게 유리한 방향으로 협상을 이끌어가는 대표적인 군사협상 전술이다.

3) 중간단계

항일유격대식 협상모델에서 구국군과 협상시 협상 중간단계에서는 협상의 상대방과 논쟁 및 협상의제를 변경하였다. 이는 김정일 시대에도 변하지 않는 가운데 협상의 상대방과 심한 논쟁 및 협상의제에 대한 내용을 일방적으로 변경 제시하는 전술을 구사하고 있다.

협상의제 등 협상과 관련된 문제 및 기타 협상과 관련이 없는 문제에 대해서 삐라살포행위, 주적관련 문제, 한미합동군사연습 등에 대해서 상대방과의 지속적인 논쟁 및 강하게 항의하였으며, 기습적인 협상의제 제시나 의제 변경의 행태를 보여주었다. 대표적인 사례를 살펴보면 1기 회담시 제

117) 북한은 3기 군사실무회담시에는 "지금 북남군사적 관계가 마치 폭발직전의 시한탄을 방불케하고 있는 상태에서 반공화국삐라살포행위가 계속되는 경우 우리 군인들의 분노가 언제 새로운 군사적충돌의 도화선에 불찌로 번져질지 누구도 예측할수 없다"고 주장하면서 군사실무회담의 원칙보다 더 강하게 추궁하고 있다. 『로동신문』, 2008년 10월 3일.

118) 『로동신문』, 2007년 7월 17일.

3차 군사실무회담에서 북측은 회담의제와 전혀 관련이 없는 주적개념 문제를 강하게 제기하여 실제회담이 1시간 만에 종료되었다. 제13차 회담에서는 협상의제인 남북 국방장관회담 개최 관련 의제에 대하여 북측은 일방적으로 제2차 남북 국방장관회담 회담 개최 관련하여 행정상 이유로 어렵다고 협상의제를 회피하였을 뿐만 아니라 백두산지역 삼지연 공하에 저질피치를 지원하여 항공기 이착륙이 어렵다는 이유로 회담불가를 통보하였다.

2기 회담시에는 제26차 군사실무회담시 북측은 협상의제인 장성급회담 일정 및 협상의제에 대하여 협의하지 않고 장성급회담 일정을 6자회담과 연계할 것을 기습적으로 밝힌 협상의제를 제시하였다. 군사실무회담에서도 장성급군사회담처럼 협상초기부터 우리측에게 삐라살포행위 중지, 주적개념철회, 합동군사연습 및 군사적 대결 사항 중지에 대해서 강력히 요구하는 등 최초부터 논쟁을 실시하였다.

3기 회담 중 제37차 군사실무회담에서는 회담과 관련이 없는 남측에서 삐라살포 및 합동군사연습 등에 대해서 강하게 논쟁하였다. 또한 최초 남북당국간 합의·이행사항 관련 문제에 대해서 협의키로 하였으나 북측은 협상의제와 관계없이 최초부터 민간단체의 북측지역에 대한 삐라 살포문제 집중 제기하였다.

4) 최종 및 이행단계

항일유격대식 협상모델에서 구국군과 협상시 협상 최종 및 이행단계에서는 대화결렬의 책임을 상대측에게 전가하며, 합의사항 이행 위반, 이행을 소극적인 자세를 취하거나 미조치하였다. 이는 김정일 시대에도 변하지 않는 가운데 대화결렬의 책임을 상대측에게 전가하며, 합의사항에 대한 이행위반 또는 이행에 대하여 매우 소극적인 자세를 취하거나 미조치하는 전술을 구사하고 있다.

합의사항을 일방적으로 해석하거나 거부하였으며, 고의적으로 회담지연

전략을 구사하였다.

먼저 합의사항 일방적 해석 및 거부에 관련된 사항으로 1기 회담 중 제1차 군사실무회담시 비무장지대안의 개방되는 구역에 대한 관할권을 넘겨받지 못하여 북측이 유엔군측과 협의하느라 많은 시일을 허비하게 되었다고 하면서 남측에게 회담연기 책임을 전가하면서 정전협정무력화의 속셈을 드러내었다. 실제로는 제5차 군사실무회담에서 합의된 비무장지대 내 남북관리구역 설정과 남과 북을 연결하는 철도와 도로작업의 군사적 보장을 위한 합의서를 주적개념 문제와 연계하여 1년을 지연하여 2002년 9월 유엔군과 합의하였다.

2기 회담시에는 북한측의 태도로 실질적인 회담이 진행되지 못하였으며, 민간단체 전단살포 관련, 삐라살포 행위는 란폭한 위반 및 범죄행위, 반민족적 행위, 군사적 도발행위로 간주하는 등 합의사항의 일방적인 해석을 주장하였다.

3기 회담시에는 북측은 "남조선괴뢰군부의 북남합의위반행위를 강하게 추궁"하면서 회담을 고의적으로 지연 및 지속적인 군사실무회담을 중지시키고 있다.

다음은 회담결렬 책임전가 및 합의사항 지연, 소극적인 합의사항 이행과 위반에 관련된 사항으로 북측은 우리측의 삐라살포행위 및 주적개념문제와 한미 합동군사연습 관련하여 회담결렬의 책임을 전적으로 남측에 전가하였다. 1기 회담시의 구체적인 내용을 살펴보면 다음과 같다. 제1차 군사실문회담에서 대화결렬 관련하여 남측에 책임을 전가하기 위한 사전 기조발언시 회담 상대방에 대한 압력차원의 내용을 주장[119]하였다. 또한 서해

119) 제1차 남북군사실무회담에서부터 북측은 "쌍방이 합의한 북남군사실무회담이 제 날자에 열리지 못하고 제1차 인민무력부장급 회담에서의 합의가 어느 하나 제대로 리행되지 않고 있는 것은 전적으로 남측의 부당한 립장과 태도 때문이라고 지적하였다.『로동신문』, 2000년 11월 29일.

해상에서의 우발적 무력충돌방지 관련 합의한 내용에 대해서는 반론의 여지가 없을 정도로 북측은 지속적은 NLL 침범 및 천안함 피격, 연평도 포격 도발 등을 도발하여 합의사항을 완전히 미준수하고 있다. 그리고 제3차 군사실무회담에서는 회담의제에 포함되어 있지도 않은 주적개념을 문제 삼아 회담결렬책임을 우리측에 전가하면서 회담개시 1시간 만에 회담을 종료하였다. 또한 주적 관련하여 합의서 서명 · 발효 지연 회담장소를 북측에서 갖자고 제의하여 남측 내부를 흔드는 데 활용[120]하기도 하였다. 2기 회담에서는 삐라살포행위 관련하여 좋게 발전하고 있는 북남관계에 심각한 영향을 미치게 될 것이라고 주장하여 향후 회담에 대한 엄포성 발언 및 회담책임을 전가하기 위한 압력차원의 내용을 강하게 언급[121]하였다. 3기 회담에서도 지속적으로 삐라살포행위 관련하여 북남협력사업과 개성관광에 엄중한 후과가 초래할 것이라고 책임전가형 발언을 실시하였다. 군사회담과 관련이 없는 민간단체의 전단 살포와 관련하여 12월 1일 조치를 시행[122]하였다. 회담이 열리면 구체적인 일정을 사전에 협의하여 확정지어야 한다는 것은 회담의 기본적인 사항임에도 불구하고 북측은 회담일정을 확정하는 것 자체에 대단히 소극적으로 임한다. 남한측이 안달하도록 유도하면서 자기들이 반드시 관철해야 하는 사안이 있을 경우는 일정을 최대한 지연시키는 것이다.

북한은 체제유지와 경제난을 극복하고 남북공조를 정당화하는 동시에 남한 내 남남 갈등을 유도하기 위하여 회담시마다 지속적으로 6 · 15공동선

---

120) "우리내부에서 주적문제가 정치화되어 상당한 혼란을 야기한바 있다." 문성묵, 앞의 논문, p. 56.

121) "이것은 괴뢰군부를 비롯한 남조선괴뢰당국이 북남관계개선과 민족적화해협력이 아니라 대결과 분렬의 길로 내닫고 있다는 산 증거로 된다", 『로동신문』, 2008년 10월 3일.

122) 2008년 12월 1일 북한측 조치 시행사항으로 군사분계선 통행제한, 개성관광 중지, 남북간 열차운행 중단, 남북육로 통행 제한 등의 조치를 말한다.

언, 우리 민족끼리 정신에 추가하여 10 · 4선언 정신까지 매 회담시 강하게 주장하였다. 이는 제반군사협상에서 기본적으로 변하지 않는 북한의 전형적인 협상전략 및 협상행태를 드러내고 있는 것이다. 이러한 의도는 남북 국방장관회담, 남북 장성급군사회담, 군사실무회담에서도 동일하게 표출되고 있다.

5) 종합

지금까지 제1, 2, 3기 남북 군사실무회담에서 단계별로 나타나고 있는 협상전술을 정리해 보면 다음 〈표 4-21〉과 같다.

〈표 4-21〉 항일유격대식 협상전술과 김정일 시대 협상전술 비교
(제1, 2, 3기 군사실무회담)

단계	항일유격대식 협상전술	김정일 시대 협상전술		
협상 준비 단계	회담 개최에 적극적인 입장표명, 분위기 조성	1기	회담개최 선 제의 / 합의	회담 개최에 적극적인 입장 표명
		2기	회담개최 선 제의 / 합의	
		3기	회담개최 선 제의 / 합의	
	유리한 협상 환경 조성	1기	6·15남북공동선언의 성실한 이행 강조	유리한 협상 환경 조성
		2기	6·15남북공동선언, 우리민족끼리 정신 강조	
		3기	6·15남북공동선언, 10·4선언의 철저한 이행	
	사전 유리한 협상의제 탐색	1기	남북 군사보장합의서 합의선 안 토의(경제적 실리)	사전 유리한 협상의제 탐색
		2기	군사분계선 일대의 선전활동 중지 및 선전수단 제거 및 서해 해상불가침경계선 재설정	
		3기	전단 살포문제 집중제기(회담책임 전가)	
협상 초기 단계	주도권 장악시도	1기	주적개념 명시 및 한미 합동군사연습관련 강경발언	주도권 장악 시도
		2기	삐라살포행위 집중 추궁	
		3기	삐라살포행위 집중 추궁, 모든 북남합의들은 남측의 태도 여하에 따라 달려있다고 협박성 발언	
	협상원칙 제시	1기	비무장지대안의 개방되는 구역에 대한 관할권 문제	협상원칙 제시

		2기	군사분계선지역의 선전수단제거사업 지연문제 및 한미합동군사연습 중지 관련 지적 및 추궁에 대한 원칙	
		3기	삐라살포행위 및 군사연습중지가 가장 중요한 전제조건	
협상 중간 단계	협상 상대방과 논쟁 및 압박	1기	주적개념문제	협상 상대방과 논쟁 및 압박
		2기	합동군사연습 및 군사적 대결사항 중지	
		3기	남측 삐라살포 및 합동군사연습 중지	
	협상의제 변경 및 요구	1기	남북 국방장관회담 개최 관련 행정상 이유로 회피	협상의제 변경 및 요구
		2기	장성급회담일정 6자회담과 연계할 것 기습적 요구	
		3기	최초 남북당국간 합의·이행사항 관련 문제협의키로 하였으나 민간단체의 삐라 살포문제 집중 제기	
협상 최종 / 이행 단계	회담결렬 책임전가, 합의사항 일방적 거부, 지연조치	1기	비무장지대 관할권관련 정전협정 무력화 시도 및 군사적 보장을 위한 합의서 타결에 대한 문제를 주적개념 문제와 연계하여 합의서 타결 지연, 제3차 군사실무회담에서 주적개념문제로 회담 1시간 만에 결렬, 책임전가	회담결렬 책임전가, 합의사항 일방적 거부, 지연조치
		2기	민간단체 전단 살포 관련, 삐라살포행위는 란폭한 위반 및 범죄행위, 반민족적 행위, 군사적 도발행위로 간주, 삐라살포행위 관련하여 좋게 발전하고 있는 북남관계에 심각한 영향을 미치게 될것	
		3기	남조선괴뢰군부의 북남합의위반행위를 강하게 추궁하면서 군사실무회담 지연, 삐라살포행위 관련하여 북남협력사업과 개성관광에 엄중한 후과 초래 및 회담공개 요구	
	합의사항 이행 소극적 및 미조치	1기	서해해상에서의 우발적 무력충돌방지 관련 합의 미준수 ☞ 대청해전(2009. 11), 연평도 포격도발(2010. 11), 천안함 피격(2010. 3)	합의사항 이행 소극적 및 미조치
		2기	회담일정 확정시 소극적 태도, 민족공조와 국제공조 중 택일요구	
		3기	회담일정 미확정	

제5장

항일유격대식 군사협상의 특징과 전망

김정일 시대의 군사협상에 대하여 사례별로 항일유격대식 협상모델을 적용하여 4장에서 분석한 결과 협상행태가 동일하게 진행되고 있음을 증명할 수 있었다. 이것은 항일유격대식 협상모델이 북한의 군사협상모델로서 일정한 논거의 틀을 제공하고 있음을 의미하는 것이다.

북한 군사협상 행태 모델인 항일유격대식 협상모델만이 가지고 있는 주요한 특징을 도출하여 의미를 살펴보고 모델의 지속과 변화를 전망해보고자 한다.

모델의 특징과 전망을 살펴보는 것은 제1장의 연구목적에서 제시한 바와 같이 북한의 군사 협상행태의 본질을 정확하게 파악하여 북한체제를 이해하는데 많은 시사점을 주고자 한다. 나아가 북한체제 이해의 증진과 향후 북한과 군사협상에 대비하여 대북협상 정책 수립간 협상행태 분석 및 협상 전략수립에 기여하기 위해서다.

항일유격대식 협상모델의 주요 특징은 분석틀에서 제시한 바와 같이 모델의 구성요소인 협상관, 협상문화, 협상전략, 협상전술 등 분야별로 가장 주요한 특징과 이를 구현하기 위한 행동방식으로 기술하겠다.

이와 같은 항일유격대 협상모델의 주요 특징들은 김정일 시대 군사협상에서 북한 군사협상 대표단에 의해서 많이 표출되었던 협상행태이다.

제1절

항일유격대식 협상의 특징

1. 체제유지를 위한 벼랑끝 전략

남북한 군사협상이 개최된 2000년대 초반의 북한은 지속되는 식량난과 미국의 대북적대정책과 경제제재로 위기상황에 봉착[1]해 있었다. 과거 이와 같이 북한이 어려웠던 시기는 1930년대 초반 항일유격대 시절 일본 제국주의가 유격대를 토벌하기 위한 상황과 구국군과의 대립 상태가 최악[2]이었다는 점에 있어서 위기상황이었다. 물론 당시에는 북한 체제를 유지하는 것은 아니지만 김일성은 항일유격대를 보존하면서 유격대원들의 생활과 항일운동을 전개하기 위한 여건을 조성해주어야 하는 인식을 가지고 있었기 때문에 항일유격대 생활에 있어서 중대한 위기로 판단했다는 점은

---

1) 특히 북한은 2001년 9 · 11테러에 따른 미국의 대테러전쟁 개시 및 대북중유 지원과 대북송금 중단 등 대북경제제재로 북한의 경제난은 곤란하였다.

2) 일제의 집요한 리간책동과 반일부대 두령들의 빈번한 동요, 쏘베트좌경로선의 해독적인 후과로 하여 항일유격대와 구국군과의 관계는 1833년에 들어와서 다시금 교전 직전의 상태에까지 이르게 되었다. 김일성, 『세기와 더불어 3』 (평양: 조선로동당출판사, 1992), p. 165.

김정일 시대에 있어서 북한의 위기상황과 유사한 점이 있다. 이와 같은 시점에서 김일성의 입장은 항일유격대의 생존과 활동을 보존하기 위한 구국군과의 담판은 당면한 난관을 극복할 수 있는 유일한 방법이었다.

담판을 통하여 구국군과 협조관계를 유지하면서 항일운동을 전개할 수 있도록 여건을 조성하는 것이었다. 담판에서 현실적으로 구사할 수 있는 유일한 전략은 바로 벼랑끝 전략을 구사하는 것이었다.

북한의 벼랑끝 전략은 이미 조성된 위기로 인해 혹은 조성된 위기가 악화되는 과정에서 발생하는 미래의 위험을 상대방에게 인식시키고 그 부담을 상대방에게 전가하면서 양보를 이끌어내는 측면을 가지고 있다. 결국 위기 조성 및 상황 악화로 치닫는 북한의 벼랑끝 전략에는 상대방이 선의(善意)던 악의(惡意)던 무시정책으로 일관하지 못하도록 끊임없이 상황을 악화시켜 나가는 특성[3]이 자리 잡고 있다고 볼 수 있다. 즉 벼랑끝 전략[4]은 협상시에 위기를 조성하거나 이미 조성된 위기상황을 점진적으로 악화시키면서 상대방의 양보를 얻어내기 위한 유도방식으로, 자신의 이익을 극대화시키기 위한 제반 위협적 행동을 말한다.

이와 같은 항일유격대식 협상모델의 특징인 체제유지를 위한 벼랑끝 전략은 김정일 시대에도 동일하게 이어지게 되었다.

남북 군사협상은 역설적으로 김정일 정권의 위기에서 시작되었다. 북한이 부시대통령의 악의 축 발언을 사실상의 선전포고로 인식하고 미국의 위협을 저지할 수 있는 억지력의 확보와 함께 대미관계의 개선을 원했기 때문이다. 그럼에도 불구하고 북미 관계가 교착상태로 빠져 들어감에 따라

3) 서훈, “북한의 선군외교 연구: 약소국의 대미 강압외교 관점에서”, 동국대학교 박사학위논문, 2008, p. 116.

4) 위기조성 외교의 측면에서 본 벼랑끝 전략은 “일방이 타방을 위협하거나 의도적으로 위기를 조성함으로써 상대방의 양보를 유도하는 방식으로서, 자신의 이익을 최대화하려는 일련의 위협적 행동”으로 규정하였다. 서보혁, 『탈냉전기 북미관계사』 (서울: 선인출판사, 2004), p. 170.

북한은 군사적으로 불리한 상황을 벗어나기 위한 방편으로 남북한 군사협상을 선택했다. 군사협상을 통하여 조성된 남북간의 화해 분위기를 이용해 미국과의 관계개선 및 체제를 보장[5]받으려 했다. 또한 북한체제의 저해요소였던 군사분계선 일대의 심리전 수단제거를 위해 우선적인 노력을 기울였다. 북한은 군사협상을 진행하면서 경제적 실리를 추구하기 시작했다. 이러한 국제정세와 남북관계 속에서 김정일은 군사협상을 진행하면서 체제유지를 위한 벼랑끝 전략을 구사하였다. 이와 같은 이유로 군사협상 의제도 군사분계선 일대 심리전 제거 관련된 의제와 서해 NLL 문제, 경제적 실리추구를 위한 철도·도로 연결 등에 관련된 의제가 대부분이었다. 군사적 신뢰구축에 관련된 의제는 당연히 회피하거나 소극적이었다.

남북 군사협상에서 체제유지를 위한 벼랑끝 전략을 통하여 북한은 체제유지에 저해가 되는 심리전 수단을 제거하는 데 성공하였다. 또한 서해 NLL 문제 제기나 경제적 지원확보를 위한 교류협력 사업의 군사적 보장 등에서도 이와 같은 전략을 통하여 경제적 실리를 획득하였다.

2. 동조세력 확보를 위한 통일전선

김일성 스스로도 항일유격대 시절의 '오의성과의 담판'을 통쾌한 사변[6]으로 평가하고 있다는 사실은 통일전선에 대한 김일성의 생각을 엿볼 수 있는 사항으로 협상에서 통일전선의 중요성을 강조하고 있다.

북한은 통일전선전술을 군사협상 문화의 중요한 배경으로 인식하고 있

5) 북한 외무성 담화, 2002년 10월 25일.

6) 김일성은 회고록에서 오의성과의 담판은 합작이 그 시발점에서 얻은 성과를 전동만의 범위에로 확대시킨 력사적인 진일보였으며 5·30폭동과 만보산사건으로 시작된 조중 두나라 민족의 무의미한 대립과 류혈을 종식시키고 반만항일의 거세찬 흐름을 하나의 대하에로 합류시킨 통쾌한 사변이었다고 주장하고 있다. 김일성, 『세기와 더불어 3』(평양: 조선로동당출판사, 1992), p. 183.

으며, 군사협상을 통일전선의 유형[7] 중 상층통일전선으로 이용하고 있다.

이와 같은 군사협상 문화의 배경과 김일성의 인식을 고려하여 항일 유격대식 협상모델의 주요한 특징으로 '통일전선은 생명선이며 중심고리'라는 명제를 적용한 것이다.

항일 유격대식 협상 중 '오의성과의 담판' 및 '고이허와의 담판'을 살펴보면 구국군과의 통일전선을 구축하기 위한 모습이 잘 나타나 있다.

> "≪… 그렇지만 일본제국주의자들과 싸워서 이기자면 힘을 합치는 것이 좋다고 생각합니다.≫ … ≪그래도 힘이 부족한 때에야 합작해서 일본놈과 싸우는것이 좋지 않겠습니까.≫ … ≪사령, 그건 념려마시오. 우리 공산당선전을 할 생각이 없습니다. 그저 항일선전만 하겠습니다.≫ … ≪… 일상적인 련계를 보장하며 두 군대의 공동행동을 유지하는데서 조절자역할을 감당하게 될 반일부대련합판사처라는 상설적인 기구를 내오기로 합의하고 그 성원문제까지 토론하였다.≫ … 오의성과의 합작과정을 통하여 우리 통일전선을 강화하는것이말로 전반적 항일혁명을 추진시키는데서 계속 틀어쥐고나가야 할 생명선이며 중심고리라는 것을 더욱 절실히 깨닫게 되었다. … 항일혁명앞에 가로놓였던 가장 큰 암초는 제거된 셈이다."[8]

항일유격대 시절 담판 사례 중 먼저 '오의성과의 담판'에서 김일성은 구국군부대와 통일전선을 구축하기 위해서 심혈을 기울이고 있는 모습이 잘 나타나 있다. 특히 오의성에게 김일성의 체면을 봐서라도 항일유격대와 연합전선을 구축할 것을 요청하고 있다. 또한 통일전선 구축의 조절자 역할

---

7) 통일전선의 유형에는 ① 구축대상에 따라 상층, 중층, 하층 통일전선 ② 범위에 따라 지역, 전역통일전선 ③ 조직형태에 따라 연합, 단일전선 ④ 식민지 여부에 따라 민족해방, 민족민주전선 ⑤ 합법여부에 따라 합법, 비합법, 반합법통일전선 ⑥ 내용에 따라 반미구국전선, 반파쇼민주연합전선, 조국통일전선 등으로 광범위하게 분류되고 있다. 차주완, "북한의 통일전선전술 변화 연구", 경남대학교 대학원 박사학위논문, 2010, p. 48.

8) 김일성, 『세기와 더불어 3』 (평양: 조선로동당출판사, 1992), pp. 177~180.

을 담당하게 되는 기구를 조직하여 합법적으로 구국군내부로 항일유격대원을 투입할 수 있는 여건을 조성하였다. 이것이 바로 숨은 통일전선전술의 본 모습이다.

김일성은 '오의성과의 담판'을 통하여 통일전선을 구축하게 된 것을 혁명을 진행하는 데에 있어서 '생명선이며 중심고리'라는 중요한 의미를 부여하고 있다.

이처럼 통일전선은 북한의 전략문화와 연계되어 군사협상시 반드시 적용하는 대명사가 되었다.

김일성은 구국군과의 통일전선을 구축하여 일본군을 타격하고 이어서 여건이 성숙되면 항일혁명 앞에 장애로 여겨지는 구국군[9]마저도 조치하겠다는 생각을 가지고 있다.

> "≪… 고이허에게 새 사조를 따르는 청년들을 박해할것이 아니라 손을 잡고 일제를 반대하는 공동투쟁을 전개해야 한다고 간곡하게 말했다.≫ … ≪나는 고이허에게 우리는 그런 종파쟁이들과는 전혀 다른 청년들이라고 다시 설복하였다.≫ … ≪나는 만일 당신들이 끝끝내 청년들의 기세를 꺽으려든다면 씻을수 없는 죄악을 력사에 남기게 될것이다. 당신들이 비록 몇 명의 육체는 억제할수 있을지 몰라도 공산주의를 지향하는 청년대중의 사상은 억제할 수 없을것이다. 좋다. 당신네가 나를 죽이겠다면 죽이라. 나는 이미 죽을 각오가 되어있다고 경고하였다.≫"[10]

'고이허와의 담판'사례에서는 김일성이 고이허에게 통일전선을 구축하기 위해서 담판 진행간 "당신네가 나를 죽이겠다면 죽이라"고까지 협박에 가까

9) 김일성은 '오의성과 담판' 결과에 대하여 "항일혁명앞에 가로놓였던 가장 큰 암초는 제거된 셈이다."라고 주장하고 있다. 김일성, 『세기와 더불어 3』(평양: 조선로동당출판사, 1992), p. 183.

10) 김일성, 『세기와 더불어 1』(평양: 조선로동당출판사, 1992), pp. 337~339.

운 언행을 하면서 심혈을 기울였지만 통일전선구축에 실패하였다. 그러나 이것은 김일성이 평소 통일전선에 관한 신념을 보여주고 있는 단적인 사례다.

담판 사례에서 보듯이 김일성은 항일유격대 시절 항일 유격대의 활동보장 및 반일 연합전선을 구축하기 위해 심혈을 기울였다.

또한 북한은 정권수립 이후 정치, 경제, 사회, 문화 등 각 분야에서 나름대로 상당한 변화를 보여주었으나, 대남전략 영역인 대남정책과 대남공작 부분에서는 일관성을 보여주고 있다는 것은 남한 내부에 제2전선이 있다고 믿기 때문이다.[11)]

이와 같은 김정일 시대에서 대남전략 영역으로 판단하고 있는 군사협상에서 통일전선은 민족담론을 앞세워 회담시 집중적으로 공략하고 있으며, 다음 〈표 5-1〉과 같다.

〈표 5-1〉 군사회담별 민족담론을 이용한 통일전선 사례

구 분	북한측 주장내용
국방장관회담	10·4선언 강조, 우리 민족끼리 정신 강조, 주적문제
장성급군사회담	6·15공동선언, 10·4선언 강조 및 우리 민족끼리 정신과 민족중시 립장 강조
군사실무회담	6·15공동선언, 10·4선언 강조, 주적문제

통일전선을 적극 활용하는 협상전술은 항일유격대 시절에는 물론이고 김정일 시대에도 더욱 변화 발전되어 민족담론분야까지 통일전선의 내용이 확대되고 있다.

11) 김동성, "북한의 통일전선 전략전술과 대남 정치심리전", 『전략연구』 제57호 (한국전략문제연구소, 2013), p. 346.

3. 협상승리를 위한 행동방식

가. 협상의 주도권 장악하기

북한이 협상을 하면서 협상주도를 위해 노력하고 있다는 사실은 널리 알려진 사실이다.[12] 이는 북한이 협상을 일종이 투쟁수단으로 간주하며, 반드시 승리해야 한다는 생각으로 협상의 진행과정에서 모든 방법을 동원해 협상을 주도하려고 하기 때문이다.[13] 특히나 북한은 군사협상의 개막단계에서 만면에 미소를 띠고 분단조국에 살고 있는 동포들의 고통을 해소하고 통일을 앞당기기 위해 최선을 다할 것을 강조하는 강한 수사적 연설을 하고 우호와 친절의 제스처를 보이면서 회담일시, 장소, 의제 등 회담의 절차문제에 대한 북측안을 먼저 제안하여 회담을 주도하려 한다.[14] 북한은 모든 군사협상시 협상주도권을 장악하기 위하여 대표단 구성은 물론이고 회담대표단의 이동수단, 이동경로, 기자단 포함여부 등 회담 개최과정에서 제기되는 사안마다 반대급부를 요구하거나 주도권 장악을 위한 수단으로 활용하고 있다.[15]

북한측의 회담주도권을 장악하기 위한 전략은 회담 개막단계로부터 최종단계에 이르기까지 계속 이어진다. 특히 공개리에 개최되는 개막단계의 회담에서는 매우 강렬하다.[16] 이와 같은 사례는 그동안 실시하였던 남북적십자회담이나 군사회담 등에서 대표적으로 잘 드러나고 있다.[17] 또한 양무

12) 김용호, 앞의 논문, p. 294.
13) 홍양호, 앞의 논문, pp. 233~234.
14) 송종환, 앞의 책 p. 176.
15) 문성묵, 앞의 논문, p. 60.
16) 송종환, 앞의 책, p. 167.
17) "남측이 회담을 먼저 제의한 경우에는 북측은 이를 단순히 수락하는 형식을 취하지 않고 북측이 오래전부터 주장해오던 것을 남측이 뒤늦게나마 수락한 것을 환영한다고 하면서 북측이 채택하고자 하는 의제 등이 포함된 구체적 내용을 역제

진은 "회담제의 단계에서부터 종결단계에 이르기까지 회담의 주도권과 남측에 대한 기선을 제압하기 위하여 노력하였다."[18] 이것은 북측이 최초부터 회담의 전반적인 흐름을 장악하기 위해서 사용하는 행태로서 정세가 유리하다고 판단되면 선제제의, 기습제안 등을 실시하였다. 니콜라스 에버스타트(Nicholas Eberstadt)는 이는 "주체사상을 주도권 장악 제일주의"[19]라고 좀 더 정확하게 정의하였다.

주도권 장악을 위한 협상전략의 특징은 김일성 회고록 '세기와 더불어'의 '오의성과의 담판'에서 잘 나타나 있다.

> "우리사람들한테서 들으니까 당신이 데리고 온 군대들이 알뚠히 새 총을 메구 왔다는데 그걸 몇 자루 우리한테 있는 낡은 총과 바꾸지 않겠소? … 수천 명의 부하들을 거느리고 있는 전방사령이 새 총 몇 자루가 탐나서 례의도 없이 첫 대면에 그런 주문을 한다고는 생각되지 않았다. ≪바꿀게 있나요. 그런 것쯤은 거져 줄 수도 있습니다.≫ 나는 오사령의 제의를 흔연히 받아들이면서도 넌지시 꼬리를 달았다. ≪그거 뭐 궁색스럽게 그런 놀음을 할거나 있습니까. 일본군대와 한바탕 싸우면 될 터인데. …그렇지만 정 요구한다면 그까짓 거 거저 줄 수도 있습니다.≫"[20]

김일성은 담판의 분위기 반전과 주도권 장악을 위하여 오의성의 부대가 항일에 나선 것을 애국적 장거로 높이 평가한다고 하면서, 오의성이 휴대한 새총을 낡은 총과 교환해달라고 요청하자 거저 줄 수도 있다고 큰소리

의 하였다." 2002년 4월 27일 정주년 전 남북적십자회담 대표 인터뷰; 송종환, 앞의 책(재인용), p. 167.

18) 양무진, 「북한의 대남협상행태: 지속과 변화를 중심으로」, 『한국과 국제정치』 제19권 4호, 경남대학교 극동문제연구소, 2003, p. 256.

19) Nicholas Eberstadt, *Korea Approaches Reunification(Armonk, N.Y M.E. Sharpe for the National Bureau of Asian Research*, 1985), p. 132.

20) 김일성, 『세기와 더불어 3』 (평양: 조선로동당출판사, 1992), pp. 174~175.

를 치면서 협상 초기단계부터 보이지 않는 주도권 장악의 신경전을 벌였다.

또한 김일성은 새총만이 아니라 병력까지도 지원할 수 있다는 것을 간접적으로 내비치면서 연합작전을 함께 할 것을 역제의 하였다. 여기에는 김일성의 숨어있는 고도의 전략이 포함되어 있다. 그것은 항일유격대 시절의 총기는 생명과도 같은 것인데 함부로 준다는 것은 상상을 초월한 사항이지만 겉으로는 다 줄 것처럼 하면서 무엇이든지 조치해 줄 수 있다는 체면문화를 중시하고 있다. 또한 연합작전을 구실로 유격대 인원들을 구국군부대에 투입시켜 합법적으로 통일전선전술을 수행할 수 있다는 다른 큰 목적이 숨어 있었던 것이다. 오의성은 새총을 구국군에게 넘겨주고 평화관계를 유지하는 것을 제의하였다가 오히려 역공을 당하여 김일성의 항일유격대와 연합작전을 강요당하게 된 것이다. 여기서 오의성은 "우린 따로 하면 했지 공산당과 합작은 안 하우!"라고 하면서 김일성의 제의를 뿌리치지만 "그래도 힘이 부족한 때에야 합작해서 일본놈과 싸우는 것이 좋지 않겠습니까." 라고 더욱 세차가 밀어붙이는 김일성의 제의를 내치지 못하게 된다. 여기에서 오의성이 만약 김일성의 제의를 무시한다면 구국군은 일제와 싸울 의지가 없는 것을 스스로 인정하게 되어 입장이 매우 곤란하게 된 것이다. 김일성이 완전히 담판의 주도권을 장악하게된 것이다.

이와 같은 주도권 장악을 위한 전략의 특징은 김정일 시대 군사협상에서 전형적으로 표출되는 협상행태이다.

북한측은 협상의 주도권을 장악하기 위해 군사회담시에 6·15공동선언, 10·4선언정신과 '우리 민족끼리' 정신을 언급하면서 회담 최초부터 주도권을 장악하기 위해서 노력하여 왔다. 이와 병행하여 자신들의 의지를 관철시키기 위해 소위 벼랑끝 전술도 구사해 왔다.[21]

---

21) 문성묵, 앞의 논문, p. 72.

김일성 이후 김정일 후계지배체제의 공고화를 이룩하고 대내외적 위기를 극복하기 위한 '우리 민족끼리' 이념은 '조선민족제일주의'[22]가 핵심을 이루고 있다. 언어적 유희와 민족적 정서를 자극하여 협상주도권을 장악하기 위한 수법은 군사협상 관련 모든 로동신문에서 단골 메뉴로 등장한지 오래이다. 또한 회담에서 중요한 합의문 작성 관련하여 남북 양측이 조율을 실시하기 전에 북측은 주적관 포기, 한미 연합훈련 중지, 심리전 중지 등 억지 주장을 통한 주도권 장악[23]에 앞장서고 있다.

군사회담별 '협상주도권 장악' 현황을 종합하여 살펴보면 다음 〈표 5-2〉와 같다. 군사회담별로 구별되게 비교[24]하였지만 실제적으로는 모든 군사협상에서 동일하게 적용하고 있는 협상행태이다.

〈표 5-2〉 군사회담별 협상 주도권 장악 현황

협상행태	회담 적용 / 평가		주장 내용
협상 주도권 장악	국방장관회담	10·4선언 강조 우리 민족끼리 정신 강조	기조발언시 주적관 포기, 심리전 중지
	장성급군사회담	6·15공동선언 및 우리 민족끼리 정신과 민족중시 립장 강조	기조발언시 위협성 발언 및 기싸움의 연속, 합동군사연습 중지 등 억지주장, 회담시 사전 옳은 입장과 자세, 공정한 원칙, 합의할 의제 제시
	군사실무회담	남남갈등 및 유도, 회담의제의 이중성	주도권 장악을 위하여 협상의제와 관련이 없는 위협성 발언, 책임 전가형 내용 강력하게 주장

22) '조선민족제일주의'는 6·15공동선언 이후 '우리 민족끼리' 리념은 바로 우리 민족제일주의에 기초하고 있는 리념으로 주장된다. '조선민족제일주의'가 '우리 민족끼리'의 정수인 것이다. 류광선 "우리 민족제일주의는 자주통일을 앞당기기 위한 애국애족의 기치", 『로동신문』, 2004년 1월 5일.

23) 북한측은 남북국장장관회담, 장성급군사회담, 군사실무회담 등에서 회담문안 조율전 남한측 대표들에게 대표적인 억지주장을 실시하여 회담 주도권을 장악하려고 한다.

24) 군사회담 관련하여 제시하고 있는 협상행태는 로동신문 보도를 종합 분석하여 분야별 군사회담에서 기본적으로 동일하게 적용되고 있는 협상행태는 생략하였으며, 회담별로 북한측이 기조연설 또는 회담시 강력하게 주장하고 있는 내용 위주로 구분하여 작성하였다.

협상초기 단계에서부터 협상의 주도권을 장악하면서 협상의 원칙[25]을 제시하고 있으며 이러한 문제로 인하여 협상 중간단계에서는 지루한 협상 상대방과 논쟁으로 이어진다. 대표적인 군사회담이 NLL 관련한 장성급군사회담과 제37, 38차 군사실무회담이다. 이와 같은 군사회담에서는 자신들의 일방적인 협상원칙만 주장하고 강요할 뿐이다.

이러한 주도권 장악에 대한 사항은 지속적으로 이어져 북한의 제반협상의 작동원리로 굳혀지게 된다. 정전협정 기간 중에 김일성이 제시한 원칙적 방도에 그 내용이 잘 나타나 있다.

---

25) 북한은 원칙성에 대하여 "사업과 생활에서 원칙적립장을 튼튼히 지키는 품성이나 특성"이라고 주장하면서 "원칙성을 지키는 것은 공산주의 운동의 본성적 요구이다. 당의 활동에서 원칙성을 견지하지 못하면 혁명을 전진시킬 수 없고 이미 이룩한 전취물을 고수할 수 없다"고 하면서 원칙성 준수에 강한 집착을 가지고 있다.『조선말대사전 2』(사회과학출판사, 1992), 1817쪽. 원칙에 대해서 김일성은 "사업에서의 엄격한 원칙성, 이것은 우리 일군들이 가져야 할 필수적인 품성입니다", 김일성,"관료주의를 퇴치할데 대하여",『김일성 저작집』제9권 (조선로동당출판사, 1980), p. 279. "만일 공산주의자들이 자주성과 독자성을 잃어버리고 남이 하는대로 따라간다면 로선과 정책에서 원칙성과 일관성을 가질수 없게 되며 이렇게 되면 결국 자기 나라의 혁명과 건설사업을 망칠뿐 아니라 국제공산주의운동과 세계혁명의 발전에도 커다란 손실을 주게 될 것입니다. 주체사상을 자기 활동의 지도적 지침으로 삼고 있는 우리 당은 오직 맑스-레닌주의원칙에 튼튼히 서서 자기의 모든 로선과 정책을 우리나라의 실정에 맞게 자주적으로 규정하는 혁명적인 당입니다. 우리 당은 반제투쟁이나 온갖 기회주의를 반대하는 투쟁도 누구의 명령이나 지시에 따라 맹목적으로 하는 것이 아니라 어디까지나 자신의 신념에 기초하여 하고 있습니다. 우리는 이와 같이 자기 활동에서 자주성을 확고히 견지하면서 맑스-레닌주의와 프로레타리아국제주의 원칙에 기초하여 같은 목적을 위하여 투쟁하는 벗들과 단결하고 그들의 경험에서 맑스-레닌주의원칙에 부합되고 우리나라 실정에 맞는 배울만한 것이 있으면 배우기 위하여 노력하고 있습니다. 우리 당의 이러한 립장은 형제당들도 다 리해하고 또 그것이 옳다고 인정합니다. 제국주의자들과 반동들의 어떤 교활한 책동도 우리 당과 정부의 자주적이며 원칙적인 립장을 훼손할수 없으며 우리나라와 다른 사회주의나라들과의 단결을 약화시킬 수 없습니다."라고 주장하고 있다. 김일성, "레바논 ≪알 안와르≫ 신문 기자 알리발루트가 제기한 질문에 대한 대답",『김일성 저작집』제24권 (조선로동당출판사, 1983), p. 326.

"언제나 주도권을 튼튼히 틀어쥐고 나가야 한다는 것이다. 적들과의 담판에서 주도권을 틀어쥐는 문제는 담판의 승리를 위한 관건적인 문제이다. 담판에서 주도권을 튼튼히 틀어 쥐여야 우리의 요구에 맞게 담판을 주동적으로 끌고 나갈 수 있다. 전투에서 주도권을 잃게 되면 우세한 력량을 가지고도 맥을 추지 못하고 격파 되는 것처럼 정전담판에서도 주도권을 틀어쥐지 못하며 피동에 빠져 자기의 정당한 요구를 실현할 수 없다."[26)]

이것은 협상시에 명확한 투쟁목표이며 이정표라고 주장하면서 제반협상에서 반드시 지켜야 할 대원칙으로 활용하고 있다. 이러한 주도권 장악에 대한 사항을 김일성은 매우 강조하였으며 '전투에서 주도권 장악'[27)]으로 까지 이어졌다.

나. 사실왜곡과 뒤집어씌우기

항일유격대식 협상모델의 특징 중 첫째는 '사실왜곡 및 뒤집어씌우기'의 특징을 가지고 있다. 북한과의 군사협상에서 반드시 등장하는 이 같은 특징의 근원은 항일유격대 시절에서부터 유래되고 있다.

---

26) "위대한 수령 김일성동지께서 제시하신 조국해방전쟁시기 조선정전담판에 관한 방침과 그 정당성", 박철, 앞의 논문, p. 11.

27) "다음으로 중요한 것은 전투에서 주도권을 튼튼히 틀어쥐는 것입니다. 전투에서 주도권을 튼튼히 틀어쥐는가 못쥐는가 하는 것은 전투의 승패를 좌우하는 중요한 문제입니다. 더우기 유격전에서 주도권을 쥐는 문제는 매우 중요합니다. 유격전에서 주도권을 튼튼히 틀어쥐면 적을 마음대로 족칠 수 있지만 주도권을 쥐지 못하면 피동에 빠져 전투에서 실패를 면할 수 없습니다. 유격전에서 주도권을 튼튼히 틀어쥐려면 적을 잘 알고 언제나 적에 대하여 선수를 써야 합니다. 이렇게 하려면 적에 대한 정찰을 강화하며 조성된 정세와 구체적인 정황에 맞게 부대를 신속히 집중, 분산, 이동하며 여러 가지 전투행동을 능란하게 하여야 합니다. 그리하여 이르는 곳마다에서 적의 지휘부, 통신결속소, 창고, 도로, 교량들을 파괴소멸하여 적들로 하여금 정신을 차리지 못하게 하여야 합니다." 김일성, "전투에서 주도권 장악", 『김일성 저작집』 제6권 (조선로동당출판사, 1980), p. 170~171.

'오의성과의 담판' 내용 중에서 관련 내용을 살펴보면 잘 알 수 있다.

> "그런데 당신네 공산당은 남자, 녀자의 구별이 없이 한이불밑에서 자고 남의 재산을 막 빼앗는다는데 그게 사실이요? 그것도 나쁜 사람들이 꾸며낸 선전이지요. 공산주의물을 잘못 먹은 몇몇 사람들이 지주의 땅이라면 친일, 반일을 가리지 않고 덮어놓고 빼앗을 사실이 있는데 우리도 그걸 잘되였다고 보지 않습니다. 그런데 또 지주라는것들이 소작인들이 굶어서 죽어가는데 선심이라도 써서 먹을것을 주어야지 저만 잘 살겠다고 아닌보살을 하니 이게 도리가 됐는가요? 지주들이 식량만 주면야 무엇 때문에 들고 일어나겠습니까? 배는 고픈데 살길이 막히니 싸울수밖에 없지 않겠습니까? … 그리고 남자, 녀자가 한이불을 쓰고 잔다는 것도 공산당을 모욕하느라고 일본사람들이 꾸며낸 소리입니다. 우리 유격대에도 녀자들이 많지만 그런일은 없습니다. 서로 마음이 맞으면 부부간이 될 수는 있군요. 우리는 남녀간의 규률이 엄격합니다. … 물론이지요 우리 공산당처럼 청백한 사람들은 이 세상에 없습니다."[28)]

담판 진행 중에 김일성의 회담 상대방인 '오의성'이 먼저 항일유격대의 잘못된 사실을 지적한 것에 대해서 김일성은 전혀 유격대와는 상관이 없다는 정반대 주장을 함으로써 사실을 정면으로 왜곡시키고 있다.

위 사례에서 나타나고 있는 사실왜곡은 먼저 당시 오의성은 김일성의 유격대원들의 남녀가 혼성으로 구성되어 있다는 사실을 알고 있었으며, 또한 최악의 조건에서 항일운동을 하다 보면 때에 따라서는 취침공간이 충분할 때와 그렇치 못할 경우가 있다는 것을 익히 알고 있었을 것이다. 이러한 입장을 다 알고 있는 오의성은 김일성 부대의 풍기문란과 약탈행위를 꼬집음으로써 실로 대답하기가 곤혹스런 질문을 한 것이다.

이러한 오의성의 질문에 김일성은 처음에 유격대원들의 잘못을 시인하는 듯한 발언을 시작하여 먼저 협상 상대방에게 진실한 인상을 주어 호감

---

28) 김일성, 『세기와 더불어 3』(평양: 조선로동당출판사, 1992), pp. 176~177.

을 갖게 하고 있다. 어느 정도 상대방의 환심을 유도한 뒤에는 곧바로 공산주의자는 나쁜 사람들이 아니라고 하면서 협상의 주도권을 장악한다. 곧바로 반대의 역설적인 주장을 하여 본질을 호도하고 있다.

협상 상대방인 오의성은 주도권을 잡고서 협상을 진행하기 위해서 공산주의자들의 잘못된 죄상을 들추어내어 김일성에게 곤란하게 하려고 하였으나 김일성의 역공으로 협상의 주도권을 상실하고 오히려 동감의 표현을 하게 된다. 다시 말하면 공산주의자들에게 정당성을 부여하게 된 것이다.

김일성은 이를 협상의 호기로 생각하고 오의성의 질문에 대하여 계속 공세를 들이대는 전술을 사용한다. 김일성의 논리에 정당성이 부여되었으며, 공산주의자들의 나쁜 행동에는 반드시 타당한 이유가 있다는 논리를 제공하고 있다. 이것은 군사협상에서 대표적인 북한식 협상논리로 자리매김 하고 있다. 언뜻 보면 김일성의 주장은 그럴듯하다. 그러나 여기에는 함정이 있다. 사례에서도 언급하고 있듯이 "남자, 녀자가 한이불을 쓰고 잔다는 것도 공산당을 모욕하느라고 일본사람들이 꾸며낸 소리입니다"라고 주장하면서 발뺌을 하고 있는 것이 또한 "우리 유격대에도 녀자들이 많지만 그런일은 없습니다."라고 김일성은 잘라 말하고 있다. 그렇지만 곧바로 이어서 김일성은 "서로 마음이 맞으면 부부간이 될 수는 있군요"라고 말을 함으로써 자연스럽게 유격대내에서 남녀가 한이불을 쓰고 있다는 것을 시인하면서 해명하고 있다. 이것 역시특유의 북한식 협상논리이다.

김정일 시대 군사협상에서도 이와 같은 사례는 동일하게 반복되고 있다.

대표적인 사례를 살펴보면 2006년 5월 제4차 남북 장성급군사회담에서 남한측의 서해 NLL 주장에 대하여 북한측은 정전협정에 근거하여 왜곡주장을 서슴치 않았으며, 그러면서 북한 스스로 북방한계선을 군사분계선으로 표기한 1959년도『조선중앙연감』에 대해 당시 출간한 출판사가 표기를 잘못했기 때문에 인민들의 항의를 받고 없어졌으며, 3개월 만에 도표를 모두 찢어 버렸으며, 담당자는 처벌하였다고 말도 되지 않는 억지 변명을 하였다.

또한 2007년 11월 제2차 국방장관회담에서도 우리측의 서해 NLL 주장에 대하여 북한측은 노무현대통령을 비난하면서 북방한계선 이남에 공동어구역과 평화수역을 설정하자고 하였다.

이러한 사실왜곡과 협상상대방에게 뒤집어씌우기의 대표적인 항일유격대식 협상모델의 특징은 협상의제에 대하여 정확하게 알지 못하고 협상에 임하게 되면 북한측의 현란한 언변에 역공을 당할 수 있다는 것을 잘 보여준다.

북한측은 자기들에게 유리한 방향으로 사실을 왜곡하거나 확대 또는 축소 해석하고 상대측이 이를 문제 삼지 않으면 기정사실화하여 정당한 것처럼 주장한다. 즉 회담결렬의 책임을 상대측에게 전가하여 협상의 주도권을 잡고 원하는 협상목표를 달성하기 위해서는 불리한 사실을 왜곡하는 것이다.

이같은 사실은 항일유격대식 협상모델의 주요한 특징으로 협상테이블에서 특유의 북한식 화법으로 사실을 왜곡하고 책임을 전가하려는 사례는 군사협상에서 항상 존재하고 있다.

다. 체면살리기

북한은 현존의 어떤 사회체제와도 구별되는 독특한 사회운용논리와 도덕률을 가지고 있다. 예컨대 '인민대중 중심의 우리식 사회주의'나 '수령·당·대중의 통일체' 혹은 '혁명적 의리', '혁명적 동지애', '일심단결' 등이 이같은 논리[29]를 나타내고 있는 말들이다. 이러한 저변에는 이론적으로 사회정치적 생명체론이 자리 잡고 있다. 수령·당·대중을 하나의 사회정치적 생명체가 되는 사회주의 대가정이며 수령이 영도하는 전체주의적 대가족 국가체제라고 볼 수 있다.

29) 이종석, 앞의 책, p, 216.

이와 같은 전통적인 유교적 가치와 윤리가 북한 사회주의와 결합하면서 북한적 특징으로 구현되어 나타나고 있는 현상은 거의 모든 분야에 망라되어 있다고 볼 수 있다. 유교의 북한적 구현과정에서 가장 중요한 측면은 북한사회의 전체적인 지형에 절대적인 영향을 미치고 있는 지배이데올로기인 주체사상의 제반논리에 강력하게 반영되어 있다는 것이다.[30] 주체사상에는 전통적인 가족주의 원리에 기반을 두면서 혈연중심의 사회관, 정치관을 강조하여 왔기 때문이다.

위에서 제시한 북한 특유의 사회운용논리는 항일유격대식 협상모델에서도 주요한 특징으로 자리 잡고 있다. 이는 북한의 유교적 사고방식 또는 거대한 가족국가라는 특성에서 나오는 전략으로 '체면살리기' 전략이다.

이와 같은 유교적 전통은 가부장적 권력관계의 전통을 나타내고 있기 때문에 실제 군사협상에서 체면과 관련된 내용에 있어서 민감하게 반응하고 있다.

항일유격대 시절의 군사협상모델의 원형인 '오이성과의 담판' 내용 중에서 관련 내용을 살펴보면 다음과 같다.

> "담판 중에 나를 보좌하게 되어있는 조동욱과 련락병 리성림도 목갑싸창[31]을 차고 진한장을 따라갔다. … ≪사람의 전도를 어떻게 압니까. 그러다 이제 우리 신세를 지게 될지도 모릅니다.≫ … ≪김사령, 그래 술은 마시는지?≫ … ≪마시기는 좀마시는데 혹 실수하여 반일하는데 지장이 될 가봐 마시고 싶어도 마시지 않지요.≫

사회정치적생명체론을 유교적 사고방식으로 접근하여 보면 어버이 수령

30) 정현수, "북한의 우리식 사회주의의 유교적 특성에 관한 연구", 『사회과학연구』 제21호 (경희대학교사회과학연구원, 1995), p. 188.

31) 목갑총은 모젤권총을 나무로 만든집에 넣은 권총이라는데서 이르말, 또는 싸창은 모젤권총을 달리 이르는 말을 의미한다. 『조선말대사전』 (사회과학출판사, 1992), p. 1125, 1263.

과 어미니 당을 위하여 협상인원들은 충성과 효성을 다할 것이다.

당연히 군사협상 준비 및 진행간에도 김일성과 김정일을 위하여 충성과 효성을 다하기 위한 노력을 기울인다. 여기에는 유교적 사고방식의 대표적인 체면살리기 전략이 포함되어 협상효과를 극대화하고 있다. 이러한 것은 협상대표단들의 체면은 물론 김정일의 체면과도 직접적으로 연계된다.

항일유격대 시절 담판 사례에서도 적나라하게 나타나고 있으며, 사례에서 담판 수행인원들에게 당시로서는 구국군 장교들도 휴대하기 힘든 모젤권총을 착용하게 하게 하여 협상대표단원들의 체면을 살리면서 동시에 구국군에게 과시욕을 드러내고 있다. 담판 진행 중에는 오의성에게 항일유격대와 반일전선을 구축해줄 것을 요구하고 있다. 이것은 전적으로 그동안 김일성과의 관계[32]를 고려하여 자신의 체면을 세워줄 것을 요청한 것이다. 그러면서 오의성에게 사람의 전도는 알 수 없다고 하면서 앞으로 구국군 부대도 항일유격대에게 협조를 요청할 수 있을 것이라고 넌지시 암시하면서 담판을 유리하게 전개하고 있다.

또한 오의성이 김일성에게 술을 마시는지 질문을 하는 장면에서 김일성은 음주로 인한 제3자에게 실례를 범하지 않기 위해서 마시고 싶지만 절제한다고 하는 모습을 반일하는데 지장이 된다고 둘러대면서 김일성의 체면을 살리고 있다.

이와 같이 협상의 돌파구를 열어가는 데 체면살리기 전략을 활용하는 것이다.

김정일 시대 군사협상에서도 이와 같은 사례는 동일하게 진행되고 있다.

대표적인 사례를 살펴보면 2004년 5월 제1차 남북 장성급군사회담에서는 회담장소를 공개하지 않고 있다가 회담 당일에서야 과거 김일성이 현대 정주영 회장을 면담했던 특각이라는 정보를 제공했다. 이는 남한측 대표단에

---

32) 김일성은 협상에 유리한 입장에 서기 위하여 오의성을 협상 전부터 접촉하였다.

게 처음 공개하는 장소라고 강조하여 마치 김정일이 특혜를 베푸는 것처럼 하면서 자신들의 체면을 중시하는 것이다.

2004년 6월 제2차 남북 장성급군사회담에서는 서해해상에서 우발적 충돌 방지와 군사분계선 지역에서의 선전활동 중지 및 선전수단 제거에 관한 합의가 있었다. 이와 같은 합의서 이행을 논의하는 2004년 7월 제23차 군사실무회담에서 북한측은 우리측의 십자탑을 가림막으로 가리라고 주장하였다. 우리측은 물리적으로 불가함을 강조하였으며, 이를 고집한다면 북한측의 영생탑도 가림막으로 가릴 것을 우리측이 요구[33]하자 이것은 선전물이 아니라고 구구한 변명을 늘어놓았다. 결국 북한은 우리측의 요구를 수용했지만 이것은 북한측의 체면 및 존엄과 관련된 중대한 사항이었던 것이다.

그렇기 때문에 북한은 제1, 2차 장성급군사회담에서 군사분계선 지역에서 상대방을 자극하는 선전활동을 중지하고 그 수단을 제거하는 문제가 절박한 문제[34]라고 반복 주장하게 된 것이다. 체면과 존엄에 관한 문제는 곧 체제의 생존에 관한 문제로 받아들이는 북한의 인식을 잘 대변하고 있다.

북한은 군사협상에서 체면을 살리는 방법에 매달리고 있으며, 체면을 손상시키는 행위는 절대적으로 반대의 의견을 제시하고 있다.

특히 군사협상의 개최에 관련된 사항에 대해서는 김정일의 결단을 높이 평가하면서 북한의 양보덕분에 또는 북한의 큰 배려 덕분에 회담이 진행되게 되었다고 주장하고 있다. 이들 모두 체면을 중시하는 전략임을 알 수 있다.

---

33) 문성묵 면담결과, 2012년 5월 23일.

34) 제1차 장성급군사회담에서 북한측 단장 안익산은 북한측은 "무엇보다 먼저 대결과 불신의 근원으로 되고 있는 전연일대에서의 선전활동을 중지하고 그 수단들을 완전히 제거하여야 한다. 북남관계가 새롭게 발전하는 오늘에 와서까지 전연에서 동족끼리 방대한 선전수단들을 동원하여 상대방을 향한 선전과 심리전을 벌리는 것은 민족의 비극이고 수치이다. 전연에서 선전을 중지하고 그 수단을 제거하는 문제는 어느 일방에만 필요한 것이 아니라 쌍방에 다같이 유익하고 절실한 문제이다" 주장하였다. 즉 이것은 군사분계선 지역일대에서 심리전 활동이 북한측에게 체면과 존엄에 대한 문제로 체제의 생존과 직접적인 연계가 되고 있다고 판단하였기 때문이다. 『로동신문』, 2004년 5월 27일.

대표적으로 제1, 2차 국방장관회담은 회담개최 관련하여 김정일의 체면 살리기 전략을 보여주는 사례라 할 수 있다.

특히 제2차 국방장관회담은 2007년 10월 남북정상회담시 토의된 사항으로 김정일의 체면 및 존엄과 직접적으로 연계되어 있었기에 군사회담 진행간 북한측은 집요할 정도로 우리측에게 평화수역과 공동어로구역설정 문제에 대해 우선적으로 합의를 요구한 것이다.

사회주의 대가정으로서 김일성, 김정일의 체면과 연계되는 사항은 반드시 협상에서 관철시키려는 의도가 강하며 체면이 손상되었을 경우에는 회담을 중단하거나 차기 회담시 관철시키기 위하여 집요하게 모습을 보여주고 있다. 이와 같은 대표적인 사례가 서해 NLL문제와 군사분계선 지역에서의 선전활동 중지 및 선전수단 제거에 관한 사항 등[35]이었다.

---

35) 남북 군사회담에서 북한의 체면살리기 전략은 매우 중요한 사항으로 우리측 협상인원들이 올바르게 대처해야 할 사항이다. 특히 북한은 일반협상에서도 이와 같은 동일한 전략을 보여주고 있다. 대표적인 사례로 2003~2008년 북한주민들의 의료지원차 기생충 관련 의약품 제공시 북한은 처음에는 "공화국엔 그런 병 없다"며 거절했다. 차후에 포장을 '영양 증진제'로 해서 제공해 준 사례가 있다. 향후 협상의 변화요인 중 북한측의 체면을 살리면서 교류협력을 증진하는 방법을 개발하여야 할 것이다.

제2절

항일유격대식 협상의 지속과 변화

1. 항일유격대식 협상의 지속요인

6·15남북공동선언 이후 북한을 바라보는 시각이 변화되었음에도 불구하고 본 연구결과는 남한당국을 상대로 하는 북한의 군사협상행태가 지속되고 있다는 것을 김정일 시대 군사협상사례 분석을 통하여 알 수 있었다. 다시 말하면 항일유격대식 군사협상이 김정일 시대에도 동일하게 진행되고 있음을 의미하는 것이다.

북한의 군사협상 행태인 항일유격대식 군사협상이 지속되는 요인은 모델에서 제시한 것처럼 군사협상의 행태를 결정짓는 특수협상관과 협상문화에 의거 오랫동안 각종 교육을 통한 학습의 결과이다. 또한 체제 위협여부를 판단하는 북한의 지도층과 보수적으로 표현되는 군부가 군사협상의 인식에 대하여 특수협상관과 독특한 전략문화의 영향을 받고 있기 때문이다. 즉 북한의 전략문화와 연계된 항일혁명전통이 북한사회의 지배적 가치로 남아 있다는 의미이다. 그렇다면 김정은 시대에도 이와 같은 항일유격대식 군사협상이 지속될 것인가에 대한 문제는 북한체제의 변화와 연계하여 지속여부를 판단할 수 있을 것이다.

북한은 김정일 사망이후 2012년 4월 11일 당대표자회, 4월 13일 최고인민회의를 연이어 개최하고 김정은을 북한의 최고지도자로 추대하는 공식승계 절차를 마무리했다. 김정일이 1994년 김일성 사망이후 3년 동안 공식승계 절차를 진행해온 데 비해 불과 4개월 만에 권력승계를 마무리 했다. 선대 수령의 사망과 동시에 후계 수령으로 승계한 김정은이 당 · 정 · 군의 최고지위에 등극함으로써 명실상부한 북한의 최고지도자가 된 것이다. 왕조시대의 왕위 계승처럼 권력승계가 자연스럽게 이뤄진 것은 김일성과 김정일이 '수령제' 통치시스템을 구축해 놓았기 때문이다.[36]

김정은 체제하에서 대남전략의 전략적 변화를 판단해볼 수 있는 기본적인 방법 중에 하나인 북한정권의 통치이데올로기이자 지도사상인 주체사상과 선군사상의 변화여부를 확인하는 것이다.

북한은 2012년 4월 12일 제4차 당대표자회의에서 개정한 로동당규약 서문에서 "조선로동당은 위대한 김일성-김정일주의를 유일한 지도사상으로 하는 김일성-김정일주의당, 주체형의 혁명적 당이다", "조선로동당은 항일유격대식 사업방법, 주체의 사업방법을 구현한다", "조선로동당은 선군정치를 사회주의기본정치방식으로 확립하고 선군의 기치 밑에 혁명과 건설을 령도한다"고 여전히 '항일유격대식사업방법'과 '선군혁명'노선을 명기하고 있으면서 이를 '김일성주의와 김정일주의'로 공식화하였다. 이어서 4월 13일 최고인민회의에서는 사회주의 헌법 개정을 통하여 이를 뒷받침하고 있다. 특히 헌법 제3조에서는 "조선민주주주의인민공화국은 사람중심의 세계관이며 인민대중의 자주성을 실현하기위한 혁명사상인 주체사상, 선군사상을 자기활동의 지침으로 삼는다"고 명시하였다. 이것은 주체사상과 선군혁

36) 고유환, "새로운 권력구도 개편이 북한체제에 미치는 영향", 『김정은 체제 권력구도변화에 따른 북한의 대내외 정책 전망: 2012년 학술회의』 (국가안보전략연구소, 2012), p. 25.

명노선을 북한의 매우 중요한 대남전략의 운용원리로 삼고 있다는 것을 알려주는 것이다.

또한 김정은의 2012년 4월 6일 조선로동당 중앙위원회 고위간부들과 한 담화 "위대한 김정일 동지를 우리 당의 영원한 총비서로 높이 모시고 주체혁명위업을 빛나게 완성해나가자"에서 다음과 같이 강조하고 있다.

> "우리의 일심단결을 해치려는 적들의 악랄한 책동을 단호히 짓부셔버려야 합니다. 지금 적들은 우리의 일심단결을 제일 두려워하고 있으며 그것을 허물어보려고 비렬한 모략책동을 집요하게 벌리고 있습니다. 적들이 당을 따르는 우리 인민의 순결한 마음과 지향을 가로막고 당과 대중을 갈라놓으려고 온갖 책동을 다하고 있는 조건에서 우리는 인민들에 대한 교양사업을 더욱 강화하는 것과 함께 적들의 책동을 짓부셔버리기 위한 투쟁을 벌려나가야 합니다. … 모든 군인들은 언제나 조국수호의 숭고한 사명감을 깊이 자각하고 만약 적들이 우리 공화국의 신성한 하늘과 땅, 바다를 조금이라도 침범한다면 절대로 용서치 말아야 합니다. 우리는 위대한 수령님과 장군님의 필생의 뜻과 유훈을 관철하여 반드시 조국통일의 력사적 위업을 실현하여야 하며 수령님과 장군님의 대외활동전략과 구상을 높이 받들고 대외활동을 벌려 세계자주화 위업 수행에 적극 이바지하여야 합니다."[37]

김정은의 4·6 담화에 나타난 대외관과 대외정책을 보면 제국주의자들과 반동들이 북한의 우리식 사회주의를 고립 압살하려 하고 있기 때문에 대내적으로 일심단결해야 한다고 주장하고 있다. 그리고 일관성 있게 군사력을 강화하여 만약 적들이 침범시 강력하게 대응할 것을 나타내고 있으며, 김일성과 김정일의 대외활동 전략과 구상을 높이 받들어 적극적인 대외활동을 벌여야 한다는 것으로 보아 과거 대외전략과 정책을 기본적으로 계승해

37) 김정은, "위대한 김정일동지를 우리 당의 영원한 총비서로 높이 모시고 주체혁명위업을 빛나게 완성해나가자"(조선로동당 중앙위원회 책임일군들과 한 담화, 2012년 4월 6일), 『로동신문』, 2012년 4월 19일.

나아가겠다는 것이다. 여기에서 김정은이 가장 중요하게, 그리고 명백하게 천명한 것은, '주체혁명위업'과 '선군혁명위업'을 계승하려는 자신의 뜻과 의지다. 주체혁명위업과 선군혁명위업의 계승이란 김정일의 "사상과 로선을 일관하게 틀어쥐고 철저히 관철"해나가는 것이다.

즉 '당의 유일적 영도체계'를 확립하겠다는 것으로 해석된다. 이를 위해 당의 방침, 결정, 지시의 무조건적 관철 기풍, '당중앙'의 유일적 영도에 따라 움직이는 혁명적 규율과 질서 확립, '당중앙'의 결론에 의거한 업무처리, 실력있는 간부대열 구성, 신입당원의 기준 강화 등을 강조한 것이다. 김일성 사후에 김정일도 당의 유일적 영도체계 확립과 '당중앙'의 유일적 지도하에 전당, 전민, 전군이 하나처럼 움직이는 체계의 확립과 당의 노선, 정책에 대한 무조건적 접수와 관철 등은 강조한 사실[38]에서 보면, 김정은 영도체제는 김정일 영도체제의 틀을 그대로 견지하고 있는 것이다.

이와 같이 북한정권의 이정표라 할 수 있는 당규약과 헌법 및 김정은 첫 노작을 평가해 보았을 때 김정은이 제3대 권력세습자로 등장하였음에도 불구하고 김정일의 유훈[39]에 따라 대내외 정책을 펴나가고 있는 북한의 대남전략에는 근본적 변화가 없음을 추정해 볼 수 있다. 특히나 북한의 김정은 체제가 김일성, 김정일에 이어서 사회주의 체제를 고수하고 선군정치의 큰 틀을 계속 이어나가야 하는 상황에서 국제사회의 압박은 지속[40]되고 있다.

---

38) 김정일, "위대한 수령님의 뜻을 받들어내 나라, 내 조국을 더욱 부강하게 하자"(조선로동당 중앙위원회 책임일군들과 한 담화), 『김정일선집』 제13권 (조선로동당출판사, 1998), pp. 487~492.

39) 『로동신문』에 따르면 김정일이 2011년 10월 8일 김정은의 위대성에 대하여 말하면서 "일군들이 김정은 당중앙군사위원회 부위원장을 진심으로 받들어야 한다고, 일군들은 앞으로 당의 두리에 한마음 한뜻으로 굳게 뭉쳐 일을 잘해나가야 한다고 거듭 당부"하였다고 밝혔다. 『로동신문』은 또한 "경애하는 김정은 동지를 잘 받들어 주체혁명위업을 빛내계 계승해나가야 한다! 이것이 어버이 장군님의 가장 큰 념원이며 우리 일군들과 인민들에게 남기신 간곡한 당부이다"라고 밝혔다. 『로동신문』, 2012년 1월 18일.

40) 북한이 핵문제를 포함한 대량살상무기에 대한 전폭적인 해결의지를 보이지 않는

현 상황에서 경제문제와 식량문제 등을 해결하는 문제는 쉽지 않을 것이다. 그렇다면 김정은 시대의 군사협상에 있어서도 항일유격대식 군사협상은 지속될 것이라는 것을 예측해 볼 수 있다.

2. 항일유격대식 협상의 변화요인

김정일 시대에도 동일하게 진행된 항일유격대식 군사협상에 대한 변화요인을 김정은 시대에서 찾아내기는 쉽지 않다. 그럼에도 불구하고 지도자의 교체는 정치적인 변화를 잉태하고 있다. 2011년 김정일의 사망과 동시에 김정은 시대가 열린 것이다. 북한은 4월 11일 당대표자회의와 4월 13일 최고인민회의를 개최하여 김정은이 조선인민군최고사령관, 당 제1비서, 국방위원회 제1위원장, 공화국 원수에 추대됨으로써 명실상부한 당 · 정 · 군의 최고 직위를 차지하게 되었다. 이후 2016년 5월 로동당 제7차 대회를 통하여 로동당위원장으로 6월에는 최고인민회의(제13기 제4차)에서 국방위원회를 폐지하고 국무위원회를 신설하여 국무위원장으로 추대되었다. 한편 김정은은 선군정치를 유훈으로 받들고 유지하면서 지속적으로 정치적인 안정을 도모하고 있다. 그럼에도 불구하고 김정은 정권이 가장 당면한 과제는 장기간 지속된 경제난의 타개와 경제 정상화일 것이다. 장기간 지속되어온 북한의 경제적 위기상황은 우선적으로 기술, 경쟁력, 노동 의욕의 저하인 3저와 식량, 에너지와 원자재, 그리고 외화의 부족인 3난에 허덕이고 있다.[41] 경제난이 장기화되면서 회복 불능상태가 된 것은 다른 사회주의 국가와 마찬가지로 사회주의 계획경제 체제의 근본적인 모순과 국방공업 중심의 선군경제 노선 같은 구조적 문제에 기인한 바가 크다[42]고 볼 수 있다.

한 국제사회의 압력은 제재는 앞으로 지속될 것이다.

41) 조봉현, "김정은 체제의 경제분야 과제와 전망", 『통일정책연구』 제11권 2호 (통일연구원, 2002), pp. 128~132.

김정일 시대인 2000년대 초반에도 탈냉전의 세계질서 속에서 미국의 대북 적대정책과 경제제재로 위기상황에 봉착해 있었다. 북한은 6·15남북정상회담을 계기로 '우리민족끼리'와 '민족공조'를 내세우면서 남한과의 협상을 통해 위기를 해결하고자 했다.[43] 남북 군사협상도 바로 이 시점에서 재개된 것이다.

2000년대 초반 북한이 군사적 위기로 인식한 이유는 미국의 대북강경정책과 북한 핵 및 미사일 시설에 대한 선제공격 가능성으로 극도의 군사적 위기에 처했다. 특히나 부시대통령의 악의 축 발언을 계기로 사실상의 선전포고로 인식[44]한 것이다. 북한은 미국의 위협을 저지할 수 있는 강한 억지력의 확보와 함께 대미관계 개선을 원하고 있었으며, 군사적으로 불리한 상황을 극복하기 위한 방법으로 남북한 군사협상을 선택한 것이다.

북한은 정치적 및 외교적 위기보다는 경제적 및 군사적 위기가 체제를 더욱 위협한다고 인식했기 때문에 군사협상을 실시하게 된 것이다.

또한 2000년 김정일이 직접 경제지도간부들에게 "모든 부분, 모든 단위에서 실리를 보장하는 원칙에서 경제를 관리운영"[45]하라고 지시했으며, 2002년 7월 1일에는 경제관리개선조치를 시행하였다. 이와 같은 경제적 실리추구는 남북한 군사협상에도 반영되어 군사협상의 전개를 새롭게 하였다.

북한은 2000년 남북정상회담 이후 남한의 강력한 요구에도 불구하고 군사협상에 응하지 않았다. 그러나 식량지원과 철도·도로연결 등 경제적 실리추구 때문에 군사협상 테이블로 나오게 된 것이다.[46]

---

42) 조한범, "북한 사회주의체제의 성격 연구: 비교사회주의론적 접근", 『통일정책연구』 제21권 1호 (통일연구원, 2012), pp. 31~32.
43) 이미숙, "남북한 군사협상의 역사적 조망과 향후 전망", 『한반도 군비통제』 (국방부, 2010), p. 32.
44) 『로동신문』, 2002년 2월 1일.
45) 김정일, "사회주의 강성대국건설에서 결정적 전진을 이룩할 데 대하여." 『김정일선집』 제15권 (조선로동당출판사, 2005), p. 12.
46) 문성묵 면담, 2012년 5월 23일.

남북한 군사협상에서 북한은 철도·도로연결 의제를 가장 많이 제안하게 된것이다. 군사협상을 실시하게 된 배경을 도출할 수 있는 대목이다. 즉 경제적 실리추구 때문에 군사협상을 결정하였음을 짐작하게 하는 대목이다. 당시 경제난에 비추어 볼 때 북한은 남한의 경제적 지원 및 협력이 절대적으로 필요한 시기였다.

김정은 시대에도 이와 같이 경제적 실리를 추구하기 위한 남북경협의 군사적 보장차원의 군사협상이 예상된다. 이 같은 사항은 김정은 체제 구축 이후 개막을 알리는 4·15 연설에서 "세상에서 제일 좋은 우리 인민, 만난시련을 이겨내며 당을 충직하게 받들어온 우리 인민이 다시는 허리띠를 조이지 않게 하며 사회주의 부귀영화를 마음껏 누리게 하자는 것이 우리 당의 확고한 결심입니다."[47]라고 밝혔다. 그리고 첫 공식 노작인 4·6 담화에 나타난 발언에서 특히 관심을 끄는 것은 김정일이 "나라의 경제발전과 인민생활 향상에 모든 사업을 복종시키도록" 했다고 밝힘으로써 경제발전과 인민생활 향상이 관건적인 과제임을 선언한 부분이다. 또한 "현시기 인민생활문제를 풀고 나라의 경제를 추켜세우는 것은 위대한 장군님의 강성국가건설 구상을 실현하기 위한 투쟁에서 나서는 가장 중요한 문제"라고 민심을 대변하였다. 아울러서 이와 같은 문제를 해결하기 위한 조치를 취하겠다는 결심을 밝힌 부분이다. 이것은 그가 '민심'을 강조한 것과 맞닿아 있어 북한 주민들이 큰 관심 속에 지켜보고 있을 것으로 관측된다.

담화에서는 인민생활 향상과 관련해 첫째, 먹는 문제, 식량문제의 원만한 해결, 둘째, 인민소비품 문제, 셋째, 인민경제의 선행부문 특히 전력공업부문 정상화 등을 집중 거론했다. 첫째 과제의 해결을 위해서는 농업부문에 대한 국가투자의 증대 및 당의 농업혁명방침의 관철할 것을 강조하였다. 또한 정보당 알곡수확고 증대를 통한 알곡생산 목표 무조건 달성과 수매양

47) 김정은, "김일성대원수님 탄생 100돐 경축 열병식에서 한 연설", 『로동신문』, 2012년 4월 16일.

정사업의 조직화를 통한 식량문제의 원만한 해결 대책을 제시했다. 이러한 대책들 가운데 특별히 새로운 것은 없지만 식량공급을 정상화하려는 김정은의 정책의지는 분명하게 읽을 수 있다. 둘째 과제의 해결을 위해서는 경공업공장의 생산 정상화, 인민소비품의 생산증대와 품질 향상 및 인민들에게 소비품 공급의 정상화, 주택, 식수, 땔감 등의 생활문제 해결 등의 대책을 제시했다. 품질 향상과 관련해서는 '누구나 우리가 만든 제품을 찾도록 하여야 합니다'라고 지적한 것은 시장에서 중국산 제품에 대한 의존도가 높다는 현실을 직시하고 있다는 점이다. 이것은 김정은이 북한의 현실상과 과제상황을 직시하고 있다는 모습을 보여주는 증거들이다. 현실을 제대로 바라보는 데서 변화는 시작될 것이기 때문이다. 이제 김정은에게 부여된 문제는 '올바른 대책'과 '가시적인 성과'라고 할 수 있다.

북한이 지속적으로 추진해오고 있는 핵개발이나 대남 적대 정책을 포기하지 않는다고 하더라도 만일 북한이 본격적인 개혁 · 개방을 위해 경제정책을 바꾸고 변화를 시도하는 것만으로도 한반도의 안보상황은 크게 개선될 것으로 판단된다.[48] 즉 이것은 유일지배체제라는 체제의 경직성과 사회주의 계획경제의 한계가 문제의 본질이며, 이를 극복하기 위해 불가피하게 선택한 부분적 개방이 변화를 촉진[49]하게 될 첫째 요인이다. 북한은 과정보다는 지도자의 결정이 가장 중요한 결심사항이다. 이것은 언제든지 협상의 장으로 등장할 수 있는 최대의 변화요인이다. 이때 아울러서 북한 체면살리기 전략을 잘 활용하여 접근하는 방법도 한가지 대안이 될 수 있을 것이다. 특히 경제난 타개를 위한 여건조성의 협상은 항일유격대식 군사협상의 변화요인으로 작용할 것이다.

---

48) 류길재, "새로운 권력구도가 북한의 대내외 정책에 미칠 영향 평가", 『김정은 체제 권력구도변화에 따른 북한의 대내외 정책 전망: 2012년 학술회의』 (국가안보전략연구소, 2012), p. 63.

49) 이우영, "김정은 체제 북한 사회의 과제와 변화 전망", 『통일정책연구』 제21권 1호 (통일연구원, 2012), p. 87.

둘째, 변화요인을 살펴보면 군사회담에 대해서 소극적인 태도를 가지고 있는 북한에 대하여 보다 유연하게 적극적인 자세로 군사회담장을 두드리는 사고의 대전환과 중국에 대한 의존도 심화현상을 탈피시켜 주는 것이다. 그동안 우리 정부는 남북관계 진전 없이 북·미관계나 북·일관계의 진전에 대해 부정적 인식을 가지고 있으나 이제는 그러한 연결고리를 끊거나 느슨하게 하는 방안에 대해 검토할 필요가 있다.[50] 는 주장은 설득력 있게 다가오고 있다. 이제까지는 모든 사안을 남북한이 해결해야 한다는 논리가 주류를 이루었지만 사안에 따라서는 남북한 또는 미국을 포함하여 협상할 필요가 있는 시점이다. 물론 미국과 선행되어야 할 문제들이 있지만 북한을 중국으로부터 떼어 미국과 연결시키는 것은 북한이 바라는 바고 미국도 거부하지 않을 것이다.[51] 북한은 미국과 관계개선을 통하여 경제재재가 해제되게 하고 양호한 투자환경을 제공하며, 천안함 폭침이나 연평도 포격과 같이 한반도에서 군사적 긴장이 고조되는 상황이 다시는 발생하지 않을 것이라는 확신을 줄 필요가 있다. 이제는 보다 넓은 안목으로 한반도의 평화적이고 안정적인 관리를 위해 김정은 체제를 새로운 기회의 장으로 접근하여야 한다. 이와 같이 군사협상에 대한 사고의 대전환은 기존 군사협상의 변화요인이 될 수 있는 충분조건이다.

셋째 변화요인을 살펴보면 김정은의 스위스 유학경험이다. 김정은의 유학경험이야말로 북한의 어떤 지도자보다 개혁·개방에 대한 긍정적인 사고를 가지고 있을 것이다. 김정은이 북한의 낙후된 경제에 대하여 본격적으로 고민한 시점은 어린 시절 스위스에 유학[52]하고 유럽 및 일본에도 가족

50) 문성묵, "북한의 협상전략과 대응전략", 『전략연구』 통권 제57호 (한국전략문제연구소, 2013), p. 385.

51) 조민, "새로운 권력구도가 북한의 대내외 정책에 미칠 영향 평가", 『김정은 체제 권력구도변화에 따른 북한의 대내외 정책 전망: 2012년 학술회의』 (국가안보전략연구소, 2012), p. 93.

52) 후지모토 겐지, 『북한의 후계자 왜 김정은인가?』, 한유희 역 (서울: 맥스미디어,

여행을 함으로써 북한과 외부세계를 비교할 수 있는 능력을 가지게 된데 기인하는 것으로 보인다. 그리고 그로 인해 프랑스 유학 및 장기 체류를 통해 자본주의를 직접 체험하고 나중에 최고지도자가 되어 개혁 · 개방을 적극적으로 추진한 중국의 덩샤오핑과 장쩌민처럼 개혁과 개방에 큰 관심을 가지게 된 것으로 판단된다.[53] 청소년시절 약 5년 동안 스위스 유학을 통해 선진국의 발전된 자본주의를 직접 체험하면서 고민한 결과는 보이지 않는 변화의 요인으로 작동될 것이다. '6 · 28방침'을 통하여 체제유지를 위한 김정일의 선군정치의 고수와 경제활성화를 위한 개혁 · 개방의 교집합을 넘나드는 현상들이 나타나고 있다. 향후에도 지속적인 정보유입[54]과 경제적인 압박은 북한의 변화를 유도할 수 있을 것이다. 이와 같은 개혁 · 개방을 보다 더 효과적으로 추진하기 위해서는 주변국들과 관계를 개선하면서 군사적 긴장완화는 필수적인 요소가 될 것이다. 이것은 곧 항일유격대식 군사협상의 변화요인으로 작용될 것이다.

2010), pp. 135~140.

53) 정성장, "김정은 체제의 경제 개혁 · 개방 전망과 과제", 『국가전략』 제18권 4호(세종연구소, 2012), p. 59.

54) 2016년 7월에 한국으로 망명한 태영호 전 영국주재 북한공사는 미국 워싱톤 전략국제문제연구소(CSIS) 열린 세미나에서 "북한은 변화의 대상이지 파괴의 대상이 아니다"라고 하면서 정보유입과 인권압박으로 북한의 변화를 유도해야 한다고 말했다. 『조선일보』, 2017. 11. 2, A25.

제6장

결론

지금까지 2000년대 이후 남북 국방장관회담, 장성급군사회담, 군사실무회담을 통하여 북한의 김정일 시대 군사협상 행태에 대해서 분석해 보았다. 본 연구는 2000년대 김정일 시대 북한의 군사협상 행태가 북한의 전략문화를 형성하고 있는 항일유격대 시절의 담판 틀 내에서 움직이고 있으며 협상행태 또한 동일하다는 가설을 수립하였다. 즉, '항일유격대식 협상모델'의 협상행태가 김정일 시대의 군사협상 행태와 동일하게 진행되고 있음을 증명하고자 하였다.

이를 논증하기 위한 방법으로 먼저 북한 전략문화의 특성을 고려하여 김일성의 회고록 '세기와 더불어'에서 나타난 담판사례들 가운데 형식과 가치가 있는, 즉 대표적인 성공 사례인 '오의성과의 담판'과 실패 사례인 '고이허와의 담판'을 '항일유격대식 협상모델'의 원형으로 선정하였다. 또한 북한의 군사협상 행태의 정확한 분석을 위해서 '항일유격대식 협상모델' 도출 과정에서 나타난 협상관과 협상문화를 배경으로 하여 북한의 군사정책과 협상전략을 제시하였다. 이어서 김정일 시대의 군사회담 유형별로 세부적인 협상전술을 도출하였다. 또한 이와 같이 도출된 김정일 시대 군사협상 전술이 ‘항일유격대식 협상모델’의 협상전술과 동일하게 진행되고 있음을 사례 분석을 통하여 설명하였다.

이것은 제3장 제3절의 군사협상행태의 분석틀에서 제시한 내용의 적절성을 입증한 것이다. 즉 ‘세기와 더불어’에 나타난 담판 행태와 2000년대 김정일 시대 군사협상인 남북 국방장관회담, 장성급군사회담, 군사실무회담의 협상행태가 동일하다는 것을 사례를 통하여 증명한 것이다.

북한 군사협상 행태 분석틀의 가장 핵심요소인 군사정책 목표달성을 위한 군사협상은 최초 협상관과 협상문화를 배경으로 하여 군사정책 목표에서 군사협상 전략과 군사협상 전술로 나타나게 될 것이다. 이러한 군사협상의 핵심사항을 분석하는 과정을 통하여 다음과 같은 몇 가지 특징적 결론을 도출하게 되었다.

첫째, 북한의 군사협상 행태를 결정하는 가장 중요한 분야별 군사협상 전략에는 기본적으로 북한의 전략문화가 고스란히 내재되어 있다는 사실이다. 협상전략 하나하나에 ‘항일유격대식 협상모델’의 행태가 그대로 반영되어 나타나고 있다.

둘째, 북한의 협상관과 협상문화는 항일유격대 시절의 담판틀 내에서 찾을 수 있으며, 나아가 김정일 시대 군사협상 행태를 결정짓는 주요한 요인이 되고 있다. 과거 김일성이 ‘오의성과의 담판’시 사전에 유격대 내부적으로 격한 토론을 통하여 제일 먼저 담판에 대한 인식을 결정한 다음 협상문화를 배경으로 하여 협상전략과 전술을 결정하였다. 즉 이것은 ‘협상관’을 결정한 다음 협상문화에 근거하여 협상전략과 협상전술을 결정하는 것으로 볼 수 있다.

셋째, 김정일 시대 북한의 군사 협상전술은 ‘항일유격대식 협상모델’의 협상전술과 동일하게 진행되었음을 확인할 수 있다. 특히 군사협상의 준비단계, 초기단계, 중간단계, 최종 및 이행단계 등에서 협상단계별로 나타나고 있는 협상전술이 ‘항일유격대식 협상모델’인 ‘오의성과의 담판’, ‘고이허와의 담판'을 재현하고 있다는 사실이다. 먼저 준비단계에서는 '유리한 협상환경 조성 및 사전 유리한 협상의제 선정', 초기단계에서는 '협상주도권 장악 및 협상원칙 제시', 중간단계에서는 '협상상대방에 대한 논쟁과 압박 및 협상의제 변경', 최종 및 이행단계에서는 '대화결렬 책임전가 및 합의사항 위반' 등의 협상전술을 발견할 수 있다. 이와 같은 전술은 항일유격대 협상모델에서 제시된 협상단계별 협상전술과 동일하다. 즉, 북한식 전략문화의 특성에 의거해 형성된 협상전술인 것이다. 향후 김정은 체제에서도 동일하게 작동될 것으로 판단된다.

넷째, 항일유격대식 협상모델의 주요 특징은 ① 체제유지를 위한 벼랑끝 전략 ② 동조세력 확보를 위한 통일전선전술 ③ 협상승리를 위한 행동방식으로 협상의 주도권 장악하기, 사실왜곡과 뒤집어씌우기, 체면살리기 등 3가지로 정리할 수 있다. 이와 같은 특징은 향후 군사협상에서 동일하게 재현될 것으로 판단된다. 그럼에도 불구하고 북한의 경제적 위기로 남북경협의 군사적 보장을 위한 군사협상이 실시된다면 협상모델의 변화요인이 될 수도 있을 것이다. 또한 우리 정부의 군사회담에 대한 사고의 대전환 및 김정은의 약 5년 동안 스위스 유학경험은 보이지 않는 항일유격대식 군사협상의 변화요인으로 작용될 수 있다. 이러한 항일유격대식 협상모델의 특징과 변화요인에 대하여 정확하게 파악하는 것은 군사협상을 이해하는데 중요한 요소이다. 특히 향후에 북한과 군사협상을 준비하고 이해하는데 많은 시사점을 제공할 것으로 기대된다.

결론적으로 북한의 김정일 시대의 군사협상은 항일유격대 시절의 담판틀 범주 내에서 영향을 받고 있으며, 이러한 인식틀 범위 내에서 행동하고 있다는 것이다. 그리고 군사협상 행태 또한 이로부터 시작되었다는 것이다. 김일성의 항일유격대 경험은 상대적으로 약소국가들이 예측불허의 전술을 사용함으로써 어떻게 협상우위를 극대화할 수 있는지에 대한 모델을 북한의 군사협상담당자들에게 가르쳐 주고 있는 셈이다.

한편 본 연구의 가장 큰 특징은 북한 군사협상 행태에 대해서 전략문화라는 고유한 특성을 고려하여 새로운 시각으로 군사협상을 분석하였다는 것이다. 김일성 회고록 '세기와 더불어'에 회고된 담판 행태를 분석한 후 김정일 시대 군사 협상행태와 비교하여 동일하게 진행되고 있음을 입증하였다. 이는 김일성의 회고록을 활용하여 김정일 시대의 군사협상 특성을 파악하고 김정은 시대 북한의 군사 협상행태를 예측해볼 수 있다는 점에서 의의를 찾을 수 있다.

북한과의 군사협상에서 유리한 고지를 선점하기 위해서는 남한 군사협상의 정책결정자들이 항일유격대식 협상모델을 잘 파악하고 협상에 임해야 할 것이다. 이것이야말로 북한을 자극하지 않고 그들의 체면을 세워주면서 군사협상의 목적을 달성할 수 있는 길이라 판단된다.

이제서야 북한과의 군사협상에 대한 연구의 시작을 하였다. 다음 단계는 군사협상의 자료를 기초로 북한과 각종 협상시 단계별 남한측 대응방법을 제시하고자 한다. 북한의 협상을 정확이 이해하기 위해서는 반드시 북한측 원전자료가 필수적이다. 또 다른 연구의 시작이 될 것이다.

부 록

Ⅰ. 남북군사회담 개최 현황(2000년 이후)

Ⅱ. 북측 남북군사회담 주요 참여 인원

Ⅲ. 남북군사회담 주요 서한

Ⅳ. 남북기본합의서 관련 선언 및 합의서

Ⅴ. 남북 군사분야 합의서

Ⅰ. 남북군사회담 개최 현황 (2000년 이후)

('17. 6월 현재)

번호	구분	일자	장소	주요 협의 / 합의 내용
1	제1차 국방장관회담	`00.9.25~26	제주도	• 남북 국방장관회담 공동보도문
2	제1차 군사실무회담	`00.11.28	판문점 통일각	• 주요 협의 내용 : 「동해지구와 서해지구 남북관리구역설정과 남과 북을 연결하는 철도·도로작업의 군사적 보장을 위한 합의서안(남북 군사보장 합의서안)」 • 남북관리구역 설정시기, 설정 범위, 도로노선 위치, 관리구역 내 시설물 건설 • 비무장지대 공사를 위한 안전보장 문제 • 비무장지대 지뢰 제거 작업 동시착공 문제
3	제2차 군사실무회담	`00.12.5	판문점 평화의 집	• 주요 협의 내용 : 「남북 군사보장 합의서안」 • 도로노선 확정 • 남북관리구역 설정 및 운용, 공동규칙 관련 협의 • 비무장지대 지뢰 제거 작업 동시착공 의견 접근
4	제3차 군사실무회담	`00.12.21	판문점 통일각	• 북측의 주적개념 관련 문제제기 및 아측 대응 위주로 진행, 우리측 합의서(안) 설명 및 전달 후 차후 회담에서 논의
5	제4차 군사실무회담	`01.1.31	판문점 평화의 집	• 주요 협의내용 : 「남북 군사보장 합의서안」 ① 남북 관리구역 설정 및 운용 ② 비무장지대 내 지뢰제거 및 철도·도로 연결공사 방법 ③ 공사현장 군사책임자간 접촉 및 연락방법 ④ 공사 인원·장비에 대한 경계 및 안전보장 문제
6	제5차 군사실무회담	`01.2.8	판문점 통일각	• 「동해지구와 서해지구 남북관리구역 설정과 남북을 연결하는 철도, 도로작업의 군사적 보장을 위한 합의서」 채택
7	제6차 군사실무회담	`02.9.14	판문점 평화의 집	• 「동해지구와 서해지구 남북관리구역 설정과 남북을 연결하는 철도, 도로작업의 군사적 보장을 위한 합의서」 채택
8	제7차 군사실무회담	`02.9.16	판문점 통일각	• 군사보장 합의서 문본 확인, 1차 교환 및 제7차 남북군사 실무회담 진행절차 협의
9	제8차 군사실무회담	`02.9.17	판문점 평화의 집	• 「동해지구와 서해지구 남북관리구역 설정과 남북을 연결하는 철도, 도로작업의 군사적 보장을 위한 합의서」 교환·발효
10	제9차 군사실무회담	`02.10.3	판문점 통일각	• 철도·도로 연결작업을 위한 쌍방 일정별 공사계획 및 노선도 교환 협의 • 통신관련 장비지원 문제
11	제10차 군사실무회담	`02.10.11	판문점 평화의 집	• 철도·도로연결 관련 비무장지대 균형공사 및 지뢰제거 장비 지원 문제 협의
12	제11차 군사실무회담	`02.10.16	판문점 평화의 집	• 철도·도로 연결 관련 비무장지대 균형공사 관련 협의

13	제12차 군사실무회담	'02.10.25	판문점 평화의 집	• 철도·도로 연결 관련 균형공사 검증문제, 공동측량 문제, 동해선 통신선연결 문제 협의
14	제13차 군사실무회담	'02.11.13	판문점 통일각	• 철도·도로 연결 관련 균형공사 검증문제, 공동측량 문제, 동해선 통신선연결 문제 협의
15	제14차 군사실무회담	'02.12.23	판문점 평화의 집	• 「동·서해지구 남북관리구역 임시도로 통행의 군사적 보장을 위한 잠정합의서(안)」 및 동해선 통신선연결문제 협의
16	제15차 군사실무회담	'03.1.27	판문점 통일각	• 「동·서해지구 남북관리구역 임시도로 통행의 군사적 보장을 위한 잠정합의서」 채택·발효
17	제16차 군사실무회담	'03.6.4	판문점 평화의 집	• 남북 상호 임시도로 현장 확인방문 합의(6.11, 동·서해 각각 10명씩)
18	제17차 군사실무회담	'03.9.17	판문점 통일각	• 「동·서해지구 남북관리구역 임시도로 통행의 군사적 보장을 위한 잠정합의서의 보충합의서」 채택·발효
19	제18차 군사실무회담	'03.11.14	판문점 평화의 집	• 「남북관리구역 경비초소 설치 및 운용에 관한 합의서(안)」 관련 쌍방 입장 교환 • 동해선 통신선연결 관련 통신실무자 접촉 일정 협의
20	제19차 군사실무회담	'03.11.28	판문점 통일각	• 「초소 설치 및 운용에 관한 합의서」 관련 협의
21	제20차 군사실무회담	'03.12.23	판문점 평화의 집	• 「동해지구와 서해지구 남북관리구역 경비(차단)초소 설치 및 운영에 관한 합의서」 교환 후 발효
22	제1차 장성급군사회담	'04.5.26	금강산	• 서해상에서 우발적 충돌방지 조치와 군사분계선지역에서의 선전활동 중지 및 선전수단 제거 관련 협의
23	제2차 장성급군사회담	'04.6.3~ 6.4	설악산	• 「서해상에서 우발적 충돌방지 조치와 군사분계선지역에서의 선전활동 중지 및 선전수단 제거에 관한 합의서」 채택·발효
24	제21차 군사실무회담	'04.6.10~6.12	개성	• 「서해상에서 우발적 충돌방지 조치와 군사분계선지역에서의 선전활동 중지 및 선전수단 제거에 관한 합의서」 부속합의서 채택·발효
25	제22차 군사실무회담	'04.6.29~6.30	파주	• 서해상에서 우발적 충돌방지 조치와 1단계 선전수단 제거 관련 평가
26	제23차 군사실무회담	'04.7.5	개성	• 선전수단 제거에 관한 이견 조정, 2단계 시행키로 합의 • 우리측, 서해상에서 우발적 충돌방지 관련 개선 방안 제의
27	제24차 군사실무회담	'05.7.20	판문점 평화의 집	• 2단계 선전수단 제거대상 관련 이견사항 협의 • 3단계 선전수단 제거(7.25~8.13) 착수 협의 • 서해 우발충돌 방지를 위한 통신연락소 설치·운영 합의(8.13 일부) • 서해 우발충돌 방지를 위한 개선방안 관련 보충합의서(안) 제시
28	제25차 군사실무회담	'05.8.12	판문점 통일각	• 3단계 선전수단 제거대상 관련 이견사항 협의
29	제26차 군사실무회담	'05.11.3	판문점 평화의 집	• 장성급군사회담 의제와 「철도·도로통행의 군사적 보장 합의서」 협의키로 합의

30	제27차 군사실무회담	`06.2.3	판문점 통일각	• 제3차 장성급군사회담 개최 합의 • 「철도·도로통행의 군사보장합의서」 체결 문제를 협의키로 합의
31	제3차 장성급군사회담	`06.3.2~3	판문점 통일각	• 우리측, 서해 해상에서의 충돌방지문제, 공동어로수역 설정문제, 「철도·도로통행의 군사보장합의서」 체결문제 제의 • 북측, 서해 해상경계선 재설정 문제를 제기
32	제4차 장성급군사회담	`06.5.16~5.18	판문점 평화의 집	• 우리측, 서해 해상경계선 문제와 관련, 다음 2가지 원칙에 입각하여 국방장관회담에서 논의할 용의를 표명 ① 기본합의서에서 합의한 대로 NLL 존중·준수 ② 기본합의서상의 군사분야 합의사항 전면적 이행 • 북측은 근본문제인 서해해상경계선 재설정 문제가 우선 해결되어야 한다고 주장하며 거부
33	제28차 군사실무회담	`06.10.2	판문점 통일각	• 북측은 ① 대북 전단살포 문제 ② 동·서해지구 통행 질서위반 등에 대해 항의 • 우리측은 ① 경협사업의 군사적 보장조치 ② 신뢰구축 확대 문제 등을 제기
34	제5차 장성급군사회담	`07.5.8~11	판문점 통일각	• 남북 장성급군사회담 공동보도문 채택 • 「열차시험운행의 군사적 보장을 위한 잠정합의서」 채택
35	제29차 군사실무회담	`07.6.8	판문점 평화의 집	• 제5차 남북 장성급군사회담 공동보도문 합의이행 문제 협의
36	제30차 군사실무회담	`07.7.10	판문점 통일각	• 제5차 남북 장성급군사회담 공동보도문 합의이행 문제 협의
37	제31차 군사실무회담	`07.7.16	판문점 평화의 집	• 제6차 남북 장성급군사회담 합의서(안) 토의
38	제6차 장성급군사회담	`07.7.24~26	판문점 평화의 집	• 서해해상 충돌방지, 공동어로 실현, 남북경협 군사보장 조치 등 관련 협의 진행했으나, 합의 없이 종료
39	제32차 군사실무회담	`07.11.12	판문점 통일각	• 제2차 국방장관회담 개최를 위한 실무적 문제 협의
40	제33차 군사실무회담	`07.11.20	판문점 평화의 집	• 미합의된 실무절차 문제 토의 및 제2차 국방장관회담 합의문안 조율
41	제34차 군사실무회담	`07.11.24	판문점 평화의 집	• 미합의된 실무절차 문제 및 제2차 국방장관회담 합의문안 최종 조율
42	제2차 국방장관회담	`07.11.27~29	평양 송전각	• 7조 21개항의 「남북관계발전과 평화번영을 위한 선언」 이행을 위한 남북 국방장관회담 합의서 채택
43	제35차 군사실무회담	`07.12.5	판문점 통일각	• 「문산-봉동간 철도화물 수송의 군사보장합의서」 체결
44	제7차 장성급군사회담	`07.12.12~14	판문점 평화의 집	• 「동·서해지구 남북관리구역 통행·통신·통관의 군사적보장을 위한 합의서채택(`07.12.14 발효)

				① 매일 07:00~22:00까지 상시적 통행 보장 * 일요일 등 공휴일 통행은 상호 합의하여 결정 ② 2008년부터 인터넷과 유선 및 무선전화통신 허용 * 통신센터 건설 및 운영방식 등은 해당 실무접촉에서 협의 ③ 선별검사 방식 등 통관절차 간소화, 세관검사장 신설·확장 • '공동어로구역과 평화수역 설정' 관련 협의하였으나, 공동어로구역의 위치에 대한 이견으로 합의 없이 종료
45	제36차 군사실무회담	`08.1.25	판문점 평화의 집	• 문산-봉동간 철도화물 수송관련 문제 논의
46	제37차 군사실무회담	`08.10.2	판문점 평화의 집	• 금강산 관광객 피격 사건 진상규명 협의 • 민간단체의 대북 전단살포 문제 협의
47	제38차 군사실무회담	`10.9.30	판문점 평화의 집	• 대북 전단살포 중단과 대통령에 대한 비난 중지 • 서북도서 해상사격, 천안함 피격사건 관련 논의
48	제30차 군사실무회담	`11.2.8~9	판문점 평화의 집	• 천안함 폭침과 연평도 포격 도발 관련 논의 • 남북고위급군사회담 개최 관련 의제 및 회담대표 선정 협의
49	남북 군사당국자 접촉	`14.10.15	판문점 평화의 집	• 민간단체회의 언론을 포함한 • 대북 전단살포 중단, 비방 및 중상 금지 • 서해경비계선 내에 우리함정 진입금지

II. 북측 남북군사회담 주요 참여 인원

고위급회담 군사분과위 ('92.3~'92.9)	1차 국방장관 회담 ('00.9.25~26)	2차 국방장관 회담 ('07.11.21~29)
〈대표단〉 김영철 소장, 박응수 소장 박성진 소장, 리길청 소장 김민현 소장, 박림수 대좌	〈대표단〉 김일철 차수, 박승원 중장 김현준 소장, 로승일 대좌 유영철 대좌	〈대표단〉 김일형 차수, 김영철 중장 허찬호 소장, 김안수 소장 박림수 대좌
〈수행원〉 주길산 대좌, 허영하 상좌 조충현, 리석준, 박문근 박일남	〈수행원〉 주길산 대좌, 리병렬 상좌 곽철희 상좌, 허영하 상좌 배경상 상좌	〈수행원〉 배경삼 대좌, 오명철 상좌 박기용 상좌, 김기복 상좌 엄창남 상좌

	1~2차 ('04.5~6)	3~4차 ('06.3~5)	5차 ('07.5)	6~7차 ('07.7~12)
장성급 군사 회담	안익산 소장 유영철 대좌 김상남 대좌 배경삼 상좌 박기용 상좌	김영철 중장 리형선 대좌 오명철 상좌 배경삼 상좌 박기용 상좌	김영철 중장 박림수 대좌 김용철 대좌 리선권 상좌 박기용 상좌	김영철 중장 박림수 대좌 오명철 상좌 리선권 상좌 박기용 상좌

	1~11차 ('00.11~ '02.10)	12~16차 ('02.10~ '03.6)	17~20차 ('03.9~12)	21~26차 ('04.6~ '05.11)	27차 ('06.2)	28차 ('06.9)
군사 실무 회담	유영철 대좌 배경삼 상좌 김기복 상좌 정창욱 상좌 리병우 상좌	유영철 대좌 엄창남 상좌 박기용 상좌	유영철 대좌 엄창남 상좌 박기용 상좌 배경삼 상좌	유영철 대좌 엄창남 상좌 배경삼 상좌	박기용 상좌 엄창남 상좌 전창제 상좌	박기용 상좌 엄창남 상좌 리선권 상좌

29~31차 ('07.6~7)	32~34차 ('07.11)	35~37차 ('07.12~'08.10)	38차 ('10.9.30)	39차 ('11.2.8~9)
박림수 대좌 리선권 상좌 전창제 상좌	박림수 대좌 리선권 상좌 박기용 상좌	박림수 대좌 리선권 상좌 엄창남 상좌	리선권 대좌 전창제 상좌 홍석일 상좌	리선권 대좌 전창제 상좌 엄창남 상좌

군사회담시 북한측 대표단 가능인원	○ 국방장관 회담 : 장정남 상장 ○ 고위급 군사회담 : 김영철 대장, 인민무력부 부부장급 또는 총참모부 부참모장급 가능 ○ 장성급 군사회담 : 박림수 소장(수석대표) / 리선권. 배경삼, 오명철(해) 김용철 대좌, 김상남, 리형선 상좌 ○ 군사실무 회담 : **리선권 대좌**(수석대표) / 엄창남, 전창제, 조철호, 홍석일, 김기복, 정창욱, 리병우 상좌 ※ 동 · 서해지구 군사실무책임자 : 전창제 상좌(서해), 조철호 상좌(동해) / 판문점대표부 : 박림수 소장(대표), 박기용 대좌(책임연락군관) **※ 향후 김영철 및 리선권 등 군사협상 대표들의 북한 제반협상 대표로 등장 가능 인원, 지속적인 관찰 필요**

Ⅲ. 남북군사회담 주요 서한

1. 1차 국방장관회담을 중심으로

김일철 인민무력부장이 조성태 국방장관에게 (2000.9.13.)

대 한 민 국
조성태 국방부장관에게

력사적인 북남공동선언에 천명된 정신에 따라 북남 사이에 제기되는 군사문제를 협의하기 위하여 조선민주주의인민공화국 인민무력부장과 대한민국 국방부장관 사이에 회담을 가지자는 당신측의 제의에 동의합니다.

여기에서는 신의주-서울 사이의 철도련결과 개성-문산 사이의 도로개설과 관련한 군사적 문제들이 토의될 수 있을 것입니다.

회담장소는 제3국으로 하되 홍콩이나 베이징으로 할 수 있다고 보면서 귀측에서 편리한 안을 제기하기 바랍니다.

첫 회담은 비공개로 하며 각방에서 필요한 수의 인원을 참가시킬 수 있을 것입니다.

주체89(2000)년 9월 13일

조선민주주의인민공화국
인민무력부장 조선인민군 차수 김일철

조성태 국방장관이 김일철 인민무력부장에게 (2000.9.14.)

조선민주주의인민공화국
인민무력부장 차수 김일철 귀하

역사적인 「6 · 15 남북공동선언」 정신에 따라, 남북간 제기되는 군사문제를 협의하기 위해 대한민국 국방부장관과 조선민주주의인민공화국 인민무력부장 사이의 회담을 개최하자는 우리측 제의에 동의하는 귀하의 서한을 잘 받았습니다.

이와 관련하여 본인은 제1차 남북 국방장관회담을 2000년 9월 25일부터 9월26일까지 홍콩에서 개최할 것을 제의합니다.

이번 제1차 회담에서 「6 · 15 남북공동선언」 이행을 위한 경의선 철도연결 · 도로개설 등 남북교류협력을 원활히 추진하는데 필요한 군사분야 지원문제와 군사당국자간 직통전화 설치문제, 대규모 부대이동과 군사연습의 통보 및 훈련참관 등 군사적 신뢰조성 및 긴장완화 관련 상호 관심사들이 논의되기를 기대합니다.

대표단의 규모는 우리측의 국방부장관과 귀측의 인민무력부장을 각각 수석대표로 하는 5명의 대표와 5명의 수행원으로 하고, 지원인원 및 기자단은 각기 편리한 대로 구성하면 되리라고 봅니다.

첫 회담은 비공개로 진행한다는데 동의합니다.

2000년 9월 14일
대 한 민 국
국방부장관 조성태

김일철 인민무력부장이 조성태 국방장관에게 (2000.9.17.)

대 한 민 국

조성태 국방부장관에게

당신이 보낸 편지를 받아 보았습니다.

편지에서 당신이 언급한 문제들이 원칙적으로 동의하면서 다음과 같은 의견을 제기합니다.

원래 첫 비공개회담장소를 제3국인 홍콩으로 하려고 하였으나 홍콩이 우리한테는 생소하고 대외사업기지도 없으며 사증교섭을 하자면 시일이 많이 걸리므로 심중히 검토한 끝에 우리가 남측에 나가서 첫 회담을 하기로 하였습니다.

우리 군사대표단이 먼저 남측에 나가는 것이 여러 가지 고려되는 측면도 없지 않지만 우리는 북남 두 수뇌분들이 합의한 높은 뜻을 받들어 북남공동선언을 성실히 리행하기 위하여 국제적 관례와 단계를 뛰어 넘어 남측에 먼저 나가기로 하였습니다.

판문점도 생각해 보았으나 북과 남이 자주적으로 문제를 해결하고자 하는 것만큼 〈유엔군〉 관할구역이 타당치 않다고 봅니다.

우리의 의견은 첫 회담장소를 비밀보장문제도 고려하여 제주도로 하자는 것입니다.

회담날짜를 9월 25일과 26일로 하며 대표단 규모를 대표 5명과 수행원 5명으로 하자는 당신의 제의에 동의합니다.

이번 회담에서는 북남 사이에 급선무로 제기되고 있는 신의주-서울 사이 철도련결, 개성-문산 사이 도로개설과 관련한 군사적 문제들을 협의 해결하여야 할 것입니다.

우리의 제안에 긍정적인 대답이 있기를 기대합니다.

주체89(2000)년 9월 17일

조선민주주의인민공화국
인민무력부장 조선인민군 차수 김일철

조성태 국방장관이 김일철 인민무력부장에게 (2000.9.18.)

조선민주주의인민공화국

인민무력부장 차수 김일철 귀하

제1차 남북 국방장관회담 개최와 관련하여 우리측이 제의한 문제들에 대해 원칙적으로 동의한다는 귀하의 서한을 잘 받았습니다.

특히, 남북 두 분 정상이 합의한 뜻을 받들어 6·15 남북공동선언을 성실히 이행하기 위하여 귀측이 먼저 우리측으로 오겠다는 취지를 높이 평가하면서 회담장소를 제주도로 하자는 데 동의합니다.

회담의제와 관련해서는 경의선 철도연결·도로개설과 관련한 군사적 문제들을 협의 해결하자는 의견에 동의하면서,

아울러 경의선 철도연결·도로개설 공사 추진과정에서 상호간 협의할 수 있는 의사소통 수단이 필요한 만큼 군사당국자간의 직통전화 설치 문제도 함께 논의하며,

나아가 두 분 정상이 이미 공감한 바 있는 남북이 긴장을 완화하고 평화를 보장하기 위한 노력에 대한 문제도 폭넓게 논의되기를 희망합니다.

제주도에서 만나게 되기를 기대합니다.

2000년 9월 18일

대 한 민 국

국방장관 조성태

조성태 국방장관이 김일철 인민무력부장에게 (2000.10.7.)

조선민주주의인민공화국
인민무력부장 차수 김일철 귀하

본인은 제1차 남북 국방장관회담에서 상호 합의한 바에 따라, 남과 북을 연결하는 철도와 도로 공사추진 문제를 협의하기 위해 쌍방간의 첫 공사실무접촉을 10월 13일(금) 10:00 판문점 우리측 지역 '평화의 집'에서 개최할 것을 제의합니다.

이번 1차 실무접촉에서는 쌍방의 전반적인 공사추진계획을 교환하고, 앞으로의 실무접촉 운영방향, 비무장지대 안에서 공사를 함에 따라 필요한 쌍방 협조체제 구축 및 협력방안에 관해 협의되기를 기대합니다.

우리측에서는 장성급을 수석대표로 하는 5명의 대표와 적정한 수의 수행원이 회담에 참가할 것입니다.

회담은 비공개 원칙을 적용하되, 쌍방이 합의 혹은 양해한 사항에 대해 제한적인 보도를 할 것을 제의합니다.

귀측의 긍정적인 호응을 기대합니다.

2000년 10월 7일

대 한 민 국
국방부장관 조성태

김일철 인민무력부장이 조성태 국방부장관에게 (2000.10.11.)

대한민국
조성태 국방부장관 귀하

10월 7일부 귀하의 편지를 받았습니다.

제1차 북남인민무력부장급회담에서는 〈유엔군〉측으로부터 비무장지대를 개방하는 데 필요한 법적절차를 우선 밟아야 한다는데 대하여 견해를 같이한 바 있습니다.

아직까지 우리측은 〈유엔군〉측으로부터 비무장지대 개방을 남측에 위임한다는 그 어떤 편지나 담보각서를 받은 바 없습니다.

이 문제가 우선 해결된 조건에 쌍방의 군사실무접촉이 이루어져야 할 것입니다.

군사실무접촉에서는 비무장지대를 개방하는 데서 나서는 군사실무적 문제만을 토의하는데 귀착되어야 한다고 생각합니다.

주체89(2000)년 10월 11일

조선민주주의인민공화국
인민무력부장 조선인민군 차수 김일철

조성태 국방장관이 김일철 인민무력부장에게 (2000.11.9.)

조선민주주의인민공화국

인민무력부장 차수 김일철 귀하

지난 9월 25일부터 9월 26일까지 제주도에서 개최된 대한민국 국방부장관과 조선민주주의인민공화국 인민무력부장 사이의 제1차회담에서, 쌍방은 제2차회담을 11월 중순에 북측지역에서 개최하기로 합의하였습니다.

이에 따라 본인은 제2차 남북 국방장관회담을 2000년 11월 20일부터 11월 22일까지 개최할 것을 제의합니다.

회담장소는 여러 가지 사항을 고려하여 평양 인근지역으로 하는 것이 좋다고 생각합니다.

제2차회담에서는 제1차회담에서 쌍방이 합의한대로 남북군사당국자간의 직통전화 설치를 포함하여 군사적 신뢰구축 및 긴장완화 방안 등이 진지하게 논의되기를 기대합니다.

대표단의 규모는 제1차회담과 같이 대표 및 수행원 각 5명으로 하고, 지원인원 및 기자단은 각기 편리한대로 구성하면 되리라 봅니다.

제2차회담 준비를 위한 쌍방 실무접촉이 조속한 시일내 이루어지기를 희망합니다.

2000년 11월 9일

대 한 민 국

국방부장관 조성태

Ⅳ. 남북기본합의서 관련 선언 및 합의서

1. 한반도의 비핵화에 관한 공동선언 (1992.2.19. 발효)

남과 북은 한반도를 비핵화함으로써 핵전쟁 위험을 제거하고 우리나라의 평화와 평화통일에 유리한 조건과 환경을 조성하며 아시아와 세계의 평화와 안전에 이바지하기 위하여 다음과 같이 선언한다.

1. 남과 북은 핵무기의 시험, 제조, 생산, 접수, 보유, 저장, 배비, 사용을 하지 아니 한다.
2. 남과 북은 핵에너지를 오직 평화적 목적에만 이용한다.
3. 남과 북은 핵재처리시설과 우라늄농축시설을 보유하지 아니한다.
4. 남과 북은 한반도의 비핵화를 검증하기 위하여 상대측이 선정하고 쌍방이 합의하는 대상들에 대하여 남북핵통제공동위원회가 규정하는 절차와 방법으로 사찰을 실시한다.
5. 남과 북은 이 공동선언의 이행을 위하여 공동선언이 발효된 후 1개월 안에 남북 핵통제공동위원회를 구성 · 운영한다.
6. 이 공동선언은 남과 북이 각기 발효에 필요한 절차를 거쳐 그 문본을 교환한 날부터 효력을 발생한다.

1992년 1월 20일

남북 고위급 회담	북남 고위급 회담
남측 대표단 수석대표	북측 대표단 단장
대한민국	조선민주주의인민공화국
국무총리 정원식	정무원 총리 연형묵

2. 남북 사이의 화해와 불가침 및 교류·협력에 관한 합의서 (1992.2.19. 발효)

남과 북은 분단된 조국의 평화적 통일을 염원하는 온 겨레의 뜻에 따라, 7·4 남북 공동성명에서 천명된 조국통일 3대 원칙을 재확인하고, 정치 군사적 대결상태를 해소하여 민족적 화해를 이룩하고, 무력에 의한 침략과 충돌을 막고 긴장 완화와 평화를 보장하며, 다각적인 교류·협력을 실현하여 민족공동의 이익과 번영을 도모하며, 쌍방 사이의 관계가 나라와 나라 사이의 관계가 아닌 통일을 지향하는 과정에서 잠정적으로 형성되는 특수관계라는 것을 인정하고, 평화 통일을 성취하기 위한 공동의 노력을 경주할 것을 다짐하면서, 다음과 같이 합의하였다.

제1장 남북화해

제1조 남과 북은 서로 상대방의 체제를 인정하고 존중한다.

제2조 남과 북은 상대방의 내부문제에 간섭하지 아니한다.

제3조 남과 북은 상대방에 대한 비방·중상을 하지 아니한다.

제4조 남과 북은 상대방을 파괴·전복하려는 일체 행위를 하지 아니한다.

제5조 남과 북은 현 정전상태를 남북사이의 공고한 평화상태로 전환시키기 위하여 공동으로 노력하며 이러한 평화상태가 이룩될 때까지 현군사정전협정을 준수한다.

제6조 남과 북은 국제무대에서 대결과 경쟁을 중지하고 서로 협력하며 민족의 존엄과 이익을 위하여 공동으로 노력한다.

제7조 남과 북은 서로의 긴밀한 연락과 협의를 위하여 이 합의서 발효 후 3개월 안에 판문점에 남북연락사무소를 설치·운영한다.

제8조 남과 북은 이 합의서 발효 후 1개월 안에 본회담 테두리 안에서 남북정치분과위원회를 구성하여 남북화해에 관한 합의의 이행과 준수를 위한 구체적 대책을 협의한다.

제2장 남북불가침

제 9조 남과 북은 상대방에 대하여 무력을 사용하지 않으며 상대방을 무력으로 침략하지 아니한다.

제10조 남과 북은 의견대립과 분쟁문제들을 대화와 협상을 통하여 평화적으로 해결한다.

제11조 남과 북의 불가침 경계선과 구역은 1953년 7월 27일자 군사정전에 관한 협정에 규정된 군사분계선과 지금까지 쌍방이 관할하여 온 구역으로 한다.

제12조 남과 북은 불가침의 이행과 보장을 위하여 이 합의서 발효 후 3개월 안에 남북군사 공동위원회를 구성 · 운영한다. 남북군사공동위원회에서 대규모 부대이동과 군사연습의 통보 및 통제문제, 비무장지대의 평화적 이용문제, 군 인사교류 및 정보교환 문제, 대량살상무기와 공격능력의 제거를 비롯한 단계적 군축 실현문제, 검증문제 등 군사적 신뢰조성과 군축을 실현하기 위한 문제를 협의 · 추진한다.

제13조 남과 북은 우발적인 무력충돌과 그 확대를 방지하기 위하여 쌍방 군사당국자 사이에 직통 전화를 설치 · 운영한다.

제14조 남과 북은 이 합의서 발효 후 1개월 안에 본회담 테두리 안에서 남북군사분과위원회를 구성하여 불가침에 관한 합의의 이행과 준수 및 군사적 대결상태를 해소하기 위한 구체적 대책을 협의한다.

제3장 남북교류 · 협력

제15조 남과 북은 민족경제의 통일적이며 균형적인 발전과 민족전체의 복리향상을 도모하기 위하여 자원의 공동개발, 민족 내부 교류로서의 물자 교류, 합작투자 등 경제교류와 협력을 실시한다.

제16조 남과 북은 과학 · 기술, 교육, 문화 · 예술, 보건, 체육, 환경과 신문, 라디오, 텔레비전 및 출판물을 비롯한 출판 · 보도 등 여러분야에서 교류와 협력을 실시한다.

제17조 남과 북은 민족구성원들의 자유로운 왕래와 접촉을 실현한다.

제18조 남과 북은 흩어진 가족 · 친척들의 자유로운 서신거래와 왕래와 상봉 및 방문을 실시하고 자유의사에 의한 재결합을 실현하며, 기타 인도적으로 해결 할 문제에 대한 대책을 강구한다.

제19조 남과 북은 끊어진 철도와 도로를 연결하고 해로, 항로를 개설한다.

제20조 남과 북은 우편과 전기통신교류에 필요한 시설을 설치 · 연결하며, 우편 · 전기통신 교류의 비밀을 보장한다.

제21조 남과 북은 국제무대에서 경제와 문화 등 여러 분야에서 서로 협력하며 대외에 공동으로 진출한다.

제22조 남과 북은 경제와 문화 등 각 분야의 교류와 협력을 실현하기 위한 합의의 이행을 위하여 이 합의서 발효 후 3개월 안에 남북경제교류 · 협력공동위원회를 비롯한 부문별 공동위원회들을 구성 · 운영한다.

제23조 남과 북은 이 합의서 발효 후 1개월 안에 본회담 테두리 안에서 남북교류 · 협력분과위원회를 구성하여 남북교류 · 협력에 관한 합의의 이행과 준수를 위한 구체적 대책을 협의한다.

제4장 수정 및 발효

제24조 이 합의서는 쌍방의 합의에 의하여 수정 · 보충할 수 있다.

제25조 이 합의서는 남과 북이 각기 발효에 필요한 절차를 거쳐 그 문본을 서로 교환한 날부터 효력을 발생한다.

1991년 12월 13일

남북 고위급 회담	북남 고위급 회담
남측 대표단 수석대표	북측 대표단 단장
대한민국	조선민주주의인민공화국
국무총리 정원식	정무원 총리 연형묵

3. ‘남북 사이의 화해와 불가침 및 교류 · 협력에 관한 합의서’의 ‘제1장 남북화해’의 이행과 준수를 위한 부속합의서 (1992.9.17. 발효)

남과 북은 ‘남북 사이의 화해와 불가침 및 교류 · 협력에 관한 합의서’의 ‘제1장 남북화해’의 이행과 준수를 위한 구체적 대책을 협의한 데 따라 다음과 같이 합의하였다.

제1장 체제(제도)인정 · 존중

제1조 남과 북은 상대방의 정치, 경제, 사회, 문화체제(제도)를 인정하고 존중한다.

제2조 남과 북은 상대방의 정치, 경제, 사회, 문화체제(제도)를 소개하는 자유를 보장한다.

제3조 남과 북은 상대방 당국의 권한과 권능을 인정 · 존중한다.

제4조 남과 북은 ‘남북 사이의 화해와 불가침 및 교류 · 협력에 관한 합의서“에 저촉되는 법률적, 제도적 장치의 개정 또는 폐기 문제를 법률실무협의회에서 협의 · 해결한다.

제2장 내부문제 불간섭

제5조 남과 북은 상대방의 법질서와 당국의 시책에 대하여 간섭하지 아니한다.

제6조 남과 북은 상대방의 대외관계에 대해 간섭하는 행위를 하지 아니한다.

제7조 남과 북은 ‘남북 사이의 화해와 불가침 및 교류 · 협력에 관한 합의서’에 저촉되는 문제에 대하여서는 상대방에 그 시정을 요구할 수 있다.

제3장 비방 · 중상 중지

제 8조 남과 북은 언론 · 삐라 및 그 밖의 다른 수단 · 방법을 통하여 상대방을 비방 · 중상하지 아니한다.

제 9조 남과 북은 상대방의 특정인에 대한 지명 공격을 하지 아니한다.

제10조 남과 북은 상대방 당국을 비방 · 중상하지 아니한다.

제11조 남과 북은 상대방에 대한 사실을 왜곡하지 않으며 허위사실을 조작 · 유포하지 아니한다.

제12조 남과 북은 사실에 대한 객관적 보도를 비방 · 중상의 대상으로 하지 아니한다.

제13조 남과 북은 군사분계선 지역에서 방송과 시각매개물(게시물)을 비롯한 그 밖의 모든 수단을 통하여 상대방을 비방 · 중상하지 아니한다.

제14조 남과 북은 군중집회와 군중행사에서 상대방을 비방 · 중상하지 아니한다.

제4장 파괴 · 전복 행위금지

제15조 남과 북은 상대방에 대한 테러, 포섭, 납치, 살상을 비롯한 직접 또는 간접, 폭력 또는 비폭력 수단에 의한 모든 형태의 파괴 · 전복 행위를 하지 아니한다.

제16조 남과 북은 상대방에 대한 파괴 · 전복을 목적으로 하는 선전선동 행위를 하지 아니한다.

제17조 남과 북은 자기측 지역과 상대측 지역 및 해외에서 상대방의 체제와 법질서에 대한 파괴 · 전복을 목적으로 하는 테러 단체나 조직을 결성 또는 지원 · 보호하지 아니한다.

제5장 정전상태의 평화상태에로의 전환

제18조 남과 북은 현 정전상태를 남북 사이의 공고한 평화상태로 전환시키기 위하여 '남북 사이의 화해와 불가침 및 교류 · 협력에 관한 합의서'와 '한반도의 비핵화에 관한 공동선언'을 성실히 이행 · 준수한다.

제19조 남과 북은 현 정전상태를 남북 사이의 공고한 평화상태로 전환시키기 위하여 적절한 대책을 강구한다.

제20조 남과 북은 남북사이의 공고한 평화 상태가 이루될 때까지 현 군사정전협정을 성실히 준수한다.

제6장 국제무대에서의 협력

제21조 남과 북은 국제기구나 국제회의 등 국제무대에서 상호 비방 · 중상을 하지 않으며 민족의 존엄을 지키기 위하여 긴밀하게 협조한다.

제22조 남과 북은 국제무대에서 상대방의 이익을 존중하며 민족의 이익과 관련되는 문제들에 대하여 긴밀히 협의하고 필요한 협조조치를 강구한다.

제23조 남과 북은 민족공동의 이익을 도모하기 위하여 재외공관(대표부)이 함께 있는 지역에서 쌍방 공관(대표부) 사이에 필요한 협의를 진행한다.

제24조 남과 북은 해외동포들의 민족적 권리와 이익을 옹호하고 보호하며 그들 사이의 화해와 단합이 이룩되도록 노력한다.

제7장 이행기구

제25조 남과 북은 '남북 사이의 화해와 불가침 및 교류 · 협력에 관한 합의서'의 '제1장 남북화해'에 관한 합의사항의 이행을 위하여 '남북화해공동위원회'를 구성 · 운영한다. '남북화해공동위원회' 구

성 · 운영에 관한 합의서는 따로 작성한다.

제26조 '남북화해공동위원회'안에 '법률실무협의회'와 '비방 · 중상중지실무협의회'를 두며 그 밖에 쌍방이 합의하는 필요한 수의 실무협의회를 둔다. 실무협의회 구성 · 운영에 관한 합의서는 '남북화해공동위원회'에서 별도로 작성한다.

제8장 수정 및 발효

제27조 이 부속합의서는 쌍방의 합의에 따라 수정 · 보충할 수 있다.

제28조 이 부속합의서는 쌍방이 서명하여 교환한 날부터 효력을 발생한다.

附記 : 북측이 제기한 '남과 북은 국제기구들에 하나의 명칭, 하나의 의석으로 가입하기 위하여 노력한다.', '남과 북은 국제회의를 비롯한 정치행사들에 전 민족을 대표하여 유일 대표단으로 참가하기 위하여 노력한다.', '남과 북은 제 3국이 상대방의 이익을 침해하는 일체 행위에 가담하거나 협력하지 않는다.', '남과 북은 다른 나라들과 맺은 조약과 협정들 가운데서 민족의 단합과 이익에 배치되는 것을 개정 또는 폐기하는 문제를 법률실무협의회에서 협의 해결한다.'는 조항들은 합의에 이르지 못했으므로 앞으로 계속 토의한다.

1992년 9월 17일

남북 고위급 회담	북남 고위급 회담
남측대표단 수석대표	북측 대표단 단장
대한민국	조선민주주의인민공화국
국무총리 정원식	정무원 총리 연형묵

4. '남북 사이의 화해와 불가침 및 교류 · 협력에 관한 합의서'의 '제2장 남북불가침'의 이행과 준수를 위한 부속합의서 (1992.9.17. 발효)

남과 북은 '남북 사이의 화해와 불가침 및 교류 · 협력에 관한 합의서'의 '제2장 남북불가침'의 이행과 준수 및 군사적 대결상태를 해소하기 위한 구체적 대책을 협의한 데 따라 다음과 같이 합의하였다.

제1장 무력불사용

제1조 남과 북은 순사분계선 일대를 포함하여 자기 측 관할 구역 밖에 있는 상대방의 인원과 물자, 차량, 선박, 함정, 비행기 등에 대하여 총격, 포격, 폭격, 습격, 파괴를 비롯한 모든 형태의 무력사용 행위를 금지하며 상대방에 대하여 피해를 주 일체 무력도발 행위를 하지 않는다.

제2조 남과 북은 무력으로 상대방의 관할구역을 침입 또는 공격하거나 그의 일부, 또는 전부를 일시라도 점령하는 행위를 하지 않는다. 남과 북은 어떠한 수단과 방법으로도 상대방 관할 구역에 정규무력이나 비정규무력을 침입시키지 않는다.

제3조 남과 북은 쌍방의 합의에 따라 남북 사이에 오가는 상대방의 인원과 물자 · 수송 수단들을 공격, 모의공격하거나 그 진로를 방해하는 일체 적대 행위를 하지 않는다. 이 밖에 남과 북은 북측이 제기한 군사분계선 일대에 무력을 증강하지 않는 문제, 상대방에 대한 정찰활동을 하지 않는 문제, 상대방의 영해 · 영공을 봉쇄하지 않는 문제와 남측이 제기한 서울지역과 평양지역의 안전보장 문제를 남북군사공동위원회에서 계속 협의한다.

제2장 분쟁의 평화적 해결 및 우발적 무력충돌 방지

제4조 남과 북은 상대방의 계획적이라고 인정되는 무력침공 징후를 발견하였을 경우 즉시 상대측에 경고하고 해명을 요구할 수 있으며 그것이 무력충돌로 확대되지 않도록 필요한 사전대책을 세운다. 남과 북은 쌍방의 오해나 오인, 실수 또는 불가피한 사고로 인하여 우발적 무력충돌이나 우발적 침범 가능성을 발견하였을 경우 쌍방이 합의한 신호규정에 따라 상대측에 즉시 통보하며 이를 방지하기 위한 사전 대책을 세운다.

제5조 남과 북은 어느 일방의 무력집단이나 개별적인 인원과 차량, 선박, 함정, 비행기 등이 자연재해나 항로미실과 같은 불가피한 사정으로 상대측 관할구역을 침범하였을 경우 침범측은 상대측에 그 사유와 적대의사가 없음을 즉시 알리고 상대측의 지시에 따라야 하며 상대측은 그를 긴급 확인한 후 그의 대피를 보장하고 빠른 시일 안에 돌려보내기 위한 조치를 취한다. 돌려보내는 기간은 1개월 이내로 하며 그 이상 걸릴 수도 있다.

제6조 남과 북 사이에 우발적인 침범이나 우발적인 무력충돌과 같은 분쟁문제가 발생하였을 경우 쌍방의 군사당국자는 즉각 자기측 무장집단의 적대행위를 중지시키고 군사직통 전화를 비롯한 빠른 수단과 방법으로 상대측 군사당국자에게 즉시 통보한다.

제7조 남과 북은 군사분야의 모든 의견대립과 분쟁문제들을 쌍방 군사당국자가 합의하는 기구를 통하여 협의 해결한다.

제8조 남과 북은 어느 일방이 불가침의 이행과 준수를 위한 이 합의서를 위반하는 경우 공동조사를 하여야 하며 위반사건에 대한 책임을 규명하고 재발방지 대책을 강구한다.

제3장 불가침 경계선 및 구역

제 9조 남과 북의 지상불가침 경계선과 구역은 군사정전에 관한 협정에 규정한 군사분계선과 지금까지 쌍방이 관할하여온 구역으로 한다.

제10조 남과 북의 해상불가침 경계선은 앞으로 계속 협의한다. 해상불가침구역은 해상불가침 경계선이 확정될 때까지 쌍방이 지금까지 관할하여온 구역으로 한다.

제11조 남과 북의 공중불가침 경계선과 구역은 지상 및 해상 불가침 경계선과 관할 구역의 상공으로 한다.

제4장 군사직통전화의 설치 · 운영

제12조 남과 북은 우발적 무력충돌과 확대를 방지하기 위하여 남측 국방부장관과 북측 인민무력부장 사이에 군사직통전화를 설치 · 운영한다.

제13조 군사직통전화의 운영은 쌍방이 합의하는 통신수단으로 문서통신을 하는 방법 또는 전화문을 교환하는 방법으로 하며 필요한 경우 쌍방 군사당국자들이 직접 통화할 수 있다.

제14조 군사직통전화의 설치 · 운영과 관련하여 제기되는 기술실무적 문제들은 이 합의서가 발효된 후 빠른 시일 안에 남북 각기 5명으로 구성되는 통신실무자접촉에서 협의 해결한다.

제15조 남과 북은 이 합의서 발효 후 50일 이내에 군사직통전화를 개통한다.

제5장 협의 · 이행기구

제16조 남북군사공동위원회는 '남북합의서' 제12조와 '남북군사공동위원회 구성 · 운영에 관한 합의서' 제2조에 따르는 임무와 기능을 수

행한다.

제17조 남북군사분과위원회는 불가침의 이행과 준수 및 군사적 대결상태를 해소하기 위하여 더 필요하다고 서로 합의하는 문제들에 대하여 협의하고 구체적인 대책을 세운다.

제6장 수정 및 발효

제18조 이 합의서는 쌍방의 합의에 따라 수정·보충할 수 있다.

제19조 이 합의서는 쌍방이 서명하여 교환한 날부터 효력을 발생한다.

1992년 9월 17일

남북 고위급 회담	북남 고위급 회담
남측 대표단 수석대표	북측 대표단 단장
대한민국	조선민주주의인민공화국
국무총리 정원식	정무원 총리 연형묵

5. '남북 사이의 화해와 불가침 및 교류 · 협력에 관한 합의서'의 '제3장 남북교류 · 협력'의 이행과 준수를 위한 부속합의서 (1992.9.17. 발효)

남과 북은 '남북 사이의 화해와 불가침 및 교류 · 협력에 관한 합의서'의 '제3장 남북교류 · 협력'의 이행과 준수를 위한 구체적 대책을 협의한 데 따라 다음과 같이 합의하였다.

제1장 경제교류 · 협력

제1조 남과 북은 민족경제의 통일적이며 균형적인 발전과 민족전체의 복리향상을 도보하기 위하여 자원의 공동개발, 민족 내부교류로서의 물자교류, 합작투자 등 경제교류와 협력을 실현한다.

① 남과 북은 물자교류와 석탄, 광물, 수산자원 등 자원의 공동개발과 공업, 농업, 건설, 금융, 관광 등 각 분야에서의 경제협력사업을 실시한다.

② 남과 북은 자원의 공동개발, 합영 · 합작 투자 등 경제협력사업의 대상과 형식, 물자교류의 품목과 규모를 경제교류 · 협력공동위원회에서 협의하여 정한다.

③ 남과 북은 자원의 공동개발, 합영 · 합작투자 등 경제협력사업의 규모, 물자교류의 품목별 수량과 거래조건을 비롯한 기타 실무적 문제들을 쌍방 교류 · 협력 당사자들 사이에 토의하여 정한다.

④ 남과 북 사이의 경제협력과 물자교류의 당사자는 법인으로 등록된 상사, 회사, 기업체 및 경제 기관이 되며 경우에 따라 개인도 될 수 있다.

⑤ 남과 북은 교류 · 협력 당사자간에 직접 계약을 체결하고 필요한 절차를 거쳐 경제협력사업과 물자교류를 실시하도록 한다.

⑥ 교류물자의 가격은 국제시장 가격을 고려하여 물자교류 당사자 간에 협의하여 정한다.

⑦ 남과 북 사이의 물자교류는 상호성과 유무상통의 원칙에서 실현한다.

⑧ 남과 북 사이의 물자교류에 대한 대금결제는 청산결제방식을 원칙으로 하며, 필요한 경우 쌍방의 합의에 따라 다른 결제방식으로 할 수 있다.

⑨ 남과 북은 청산결제은행 지정, 결제통화선정 등 대금결제와 자본의 이동과 관련하여 필요한 사항은 쌍방이 합의하여 정한다.

⑩ 남과 북은 물자교류에 대하여 관세를 부과하지 않으며, 남북 사이의 경제 관계를 민족 내부관계로 발전시키기 위한 조치를 협의 · 추진한다.

⑪ 남과 북은 경제교류와 협력을 원활히 추진하기 위하여 공업규격을 비롯한 각종 자료를 서로 교환하며 교류 · 협력 당사자가 준수하여야 할 자기측의 해당 법규를 상대측에 통보한다.

⑫ 남과 북은 경제교류와 협력을 원활히 추진하기 위하여 필요한 투자보장, 이중과세방지, 분쟁조정절차 등에 대해서는 쌍방이 합의하여 정한다.

⑬ 남과 북은 자기측 지역에서 경제교류와 협력에 참가하는 상대측 인원들의 자유로운 경제활동과 편의를 보장한다.

제2조 남과 북은 과학 · 기술, 환경분야에서 교류와 협력을 실현한다.

① 남과 북은 과학 · 기술, 환경분야에서 정보자료의 교환, 해당 기관과 단체, 인원들 사이의 공동연구 및 조사, 산업부문의 기술협력과 기술자, 전문가들의 교류를 실현하며 환경보호 대책을 공동으로 세운다.

② 남과 북은 쌍방이 합의하여 정한데 따라 특허권, 상표권 등 상대

측 과학·기술상의 권리를 보호하기 위한 조치를 취한다.

제3조 남과 북은 끊어진 철도와 도로를 연결하고 해로 항로를 개설한다.

① 남과 북은 우선 인천항, 부산항, 포항항과 남포항, 원산항, 청진항 사이의 해로를 개설한다.

② 남과 북은 남북 사이의 교류·협력 규모가 커지고 군사적 대결상태가 해소되는데 따라 해로를 추가로 개설하고, 경의선 철도와 문산-개성 사이의 도로를 비롯한 육로를 연결하며 김포공항과 순안비행장 사이의 항로를 개설한다.

③ 남과 북은 교통로가 개설되기 이전에 진행되는 인원왕래와 물자교류를 위하여 필요한 경우 쌍방이 합의하여 임시교통로를 개설할 수 있다.

④ 남과 북은 육로, 해로, 항로의 개설과 운영의 원활한 보장을 위하여 필요한 정보교환 및 기술 협력을 실시한다.

⑤ 남북 사이의 교류물자는 쌍방이 합의하여 개설한 육로, 해로, 항로를 통하여 직접 수송하도록 한다.

⑥ 남과 북은 자기측 지역에 들어온 상대측 교통수단에 불의의 사고가 발생할 경우 긴급구제조치를 위한다.

⑦ 남과 북은 교통로 개설 및 운영과 관련한 해당 국제 협약들을 존중한다.

⑧ 남과 북은 남북 사이에 운행되는 교통수단과 승무원들의 출입절차, 교통수단 운행방법과 지점 선정 등 교통로 개설과 운영에서 제기되는 기타 실무적 문제들을 경제교류·협력공동위원회에서 토의하여 정한다.

제5조 남과 북은 국제경제의 여러 분야에서 서로 협력하며 대외에 공동으로 진출한다.

① 남과 북은 경제분야의 여러 국제행사와 국제기구들에서 서로 협

력한다.

② 남과 북은 경제분야에서 대외에 공동으로 진출하기 위한 대책을 협의 · 추진한다.

제6조 남과 북은 경제분야의 교류와 협력을 지원 · 보장한다.

제7조 남과 북은 경제분야의 교류와 협력을 실현하는데 필요한 기구설치문제와 기타 실무적 문제들을 경제교류 · 협력공동위원회에서 협의하여 정한다.

제8조 이 합의서 '제1장 경제교류 · 협력' 부문의 이행 및 이와 관련한 세부사항의 협의 · 실천은 남북경제교류 · 협력공동위원회에서 한다.

제2장 사회문화교류 · 협력

제9조 남과 북은 교육, 문학 · 예술, 보건, 체육과 신문, 라디오, 텔레비전 및 출판물을 비롯한 출판 · 보도 등 여러 분야에서 교류와 협력을 실시한다.

① 남과 북은 교육, 문학 · 예술, 보건, 체육, 출판 · 보도 등 여러 분야에서 이룩한 성과와 경험 및 연구 · 출판 · 보도자료와 목록 등 정보자료를 상호 교환한다.

② 남과 북은 교육, 문학 · 예술, 보건, 체육, 출판 · 보도 등 여러 분야에서 기술협력을 비롯한 다각적인 협력을 실시한다.

③ 남과 북은 교육, 문학 · 예술, 보건, 체육, 출판 · 보도 등 여러 분야에서 국토종단행진, 대표단 파견, 초청 · 참관 등 기관과 단체, 인원들 사이의 접촉과 교류를 실시한다.

④ 남과 북은 교육, 문학 · 예술, 보건, 체육, 출판 · 보도 등 여러 분야에서 연구, 조사, 편찬사업, 행사를 공동으로 실시하며 예술작품, 문화유물, 도서출판물의 교환전시회를 진행한다.

⑤ 남과 북은 쌍방이 합의하여 정한데 따라 상대측의 각종 저작물에

대한 권리를 보호하기 위한 조치를 취한다.

제10조 남과 북은 민족구성원들의 자유로운 왕래와 접촉을 실현한다.

① 남과 북은 모든 민족구성원들이 자기 의사에 따라 자유롭게 상대측 지역을 왕래하도록 하기 위한 조치를 공동으로 취한다.

② 민족구성원들의 왕래는 남북 사이에 개설된 육로, 해로, 항로를 편리한 대로 이용하여 하도록 하며, 경우에 따라 국제항로도 이용할 수 있다.

③ 남과 북은 민족구성원들이 방문지역에서 자유로운 활동을 하도록 하며, 신변안전 및 무사 귀환을 보장한다.

④ 남과 북은 민족구성원들이 상대측의 법과 질서를 위반함이 없이 왕래하고 접촉하도록 하기 위한 조치를 취한다.

⑤ 남과 북을 왕래하는 인원들은 필요한 증명서를 소지하여야 하며, 쌍방이 합의한 범위 내에서 물품을 휴대할 수 있다.

⑥ 남과 북은 자기측 지역에 들어온 상대측 인원에 대하여 왕래와 방문목적 수행에 필요한 편의를 제공한다.

⑦ 남과 북은 자기측 지역에 들어온 상대측 왕래자에게 불의의 사고가 발생할 경우 긴급구제 조치를 취한다.

⑧ 남과 북은 민족구성원들의 자유로운 왕래와 접촉을 실현하는데 필요한 절차와 실무적 문제들을 사회문화교류 · 협력공동위원회에서 협의하여 정한다.

제11조 남과 북은 사회문화분야의 국제무대에서 서로 협력하며 대외에 공동으로 진출한다.

① 남과 북은 사회문화분야의 여러 국제행사와 국제기구들에서 서로 협력한다.

② 남과 북은 사회문화분야에서 대외에 공동으로 진출하기 위한 대책을 협의 · 추진한다.

제12조 남과 북은 사회문화분야의 교류와 협력을 지원 · 보장한다.

제13조 남과 북은 사회문화분야의 교류와 협력을 실현하는데 필요한 기구설치문제와 기타 실무적 문제들을 사회문화교류 · 협력공동위원회에서 협의하여 정한다.

제14조 이 합의서 '제2장 사회문화교류 · 협력' 부문의 이행 및 이와 관련한 세부사항의 협의 · 실천은 남북사회문화교류 · 협력공동위원회에서 한다.

제3장 인도적 문제의 해결

제15조 남과 북은 흩어진 가족, 친척들의 자유로운 서신거래와 왕래와 상봉 및 방문을 실시하고 자유의사에 의한 재결합을 실현하며, 기타 인도적으로 해결할 문제에 대한 대책을 강구한다.

① 흩어진 가족 · 친척들의 범위는 쌍방 적십자 단체들 사이에 토의하여 정하도록 한다.

② 남과 북은 흩어진 가족 · 친척들의 자유왕래와 방문을 쌍방이 합의하여 정한 왕래절차에 따라 실현한다.

③ 남과 북은 흩어진 가족 · 친척들의 상봉면회소 설치문제를 쌍방 적십자단체들이 협의 · 해결하도록 한다.

④ 남과 북은 흩어진 가족 · 친척들의 자유의사에 의한 재결합을 실현하기 위한 대책을 협의 · 추진 한다.

⑤ 남과 북은 인도주의 정신과 동포애에 입각하여 상대측 지역에 자연재해 등 재난이 발생 할 경우 서로 도우며, 흩어진 가족 · 친척들 가운데 사망자의 유품처리, 유골이전 등 을 위한 편의를 제공한다.

제16조 남과 북은 이미 진행하여 오던 쌍방 적십자단체들의 회담을 빠른 시일 안에 다시 열도록 적극 협력한다.

제17조 남과 북은 흩어진 가족·친척들의 불행과 고통을 덜어주기 위한 적십자단체들의 합의를 존중하며 그것이 순조롭게 실현되도록 지원·보장한다.

제18조 이 합의서 '제3장 인도적 문제의 해결' 부문의 이행 및 이와 관련한 세부사항의 협의·실천은 쌍방 적십자단체들이 한다.

제4장 수정·발효

제19조 이 합의서는 쌍방의 합의에 의하여 수정·보충할 수 있다.

제20조 이 합의서는 쌍방이 서명하여 교환한 날부터 효력을 발생한다.

附記 : 쌍방은 민족구성원들의 자유왕래에 저촉되는 법적, 제도적 장치 철폐문제를 남북화해 공동위원회 법률실무협의회에서 토의 해결하기로 하였다.

1992년 9월 17일

남북 고위급 회담	북남 고위급 회담
남측 대표단 수석대표	북측 대표단 단장
대한민국	조선민주주의인민공화국
국무총리 정원식	정무원 총리 연형묵

6. 남북핵통제공동위원회 구성 · 운영에 관한 합의서 (1992.3.19 발효)

남과 북은 '한반도의 비핵화에 관한 공동선언'을 이행하기 위하여 남북핵통제공동위원회(이하 '핵통제공동위원회'라 함)를 다음과 같이 구성 · 운영하기로 합의하였다.

제1조 핵통제공동위원회는 다음과 같이 구성한다.

① 핵통제공동위원회는 쌍방에서 각각 위원장 1명과 부위원장 1명을 포함하여 7명으로 구성하며, 그중 1~2명은 현역군인으로 한다. 위원장은 차관(부부장)급으로 한다.

② 쌍방은 핵통제공동위원회의 구성원들을 교체할 경우 사전에 상대측에 이를 통보한다.

③ 핵통제공동위원회 수행원은 6명으로 하며 필요에 따라 쌍방이 합의하여 조정할 수 있다.

제2조 핵통제공동위원회는 다음과 같은 사항을 협의 · 추진한다.

① '한반도의 비핵화에 관한 공동선언'의 이행문제를 토의한데 따라 부속문건들을 채택 · 처리하는 문제와 기타 관련사항

② 한반도의 비핵화를 검증하기 위한 정보(핵시설과 핵물질 그리고 혐의가 있다고 주장하는 핵무기와 핵기지 포함) 교환에 관한 사항

③ 한반도의 비핵화를 검증하기 위한 사찰단의 구성 · 운영에 관한 사항

④ 한반도의 비핵화를 검증하기 위한 사찰대상(핵시설과 핵물질, 그리고 혐의가 있다고 주장하는 핵무기와 핵기지 포함)의 선정, 사찰절차 · 방법에 관한 사항

⑤ 핵사찰에 사용될 수 있는 장비에 관한 사항

⑥ 핵사찰 결과에 따른 시정조치에 관한 사항

⑦ '한반도의 비핵화에 관한 공동선언' 이행과 사찰활동에서 발생하

는 분쟁의 해결에 관한 사항

제3조 핵통제공동위원회는 다음과 같이 운영한다.

① 핵통제공동위원회 회의는 2개월마다 개최하는 것을 원칙으로 하며, 쌍방이 합의하여 수시로 개최할 수 있다.

② 핵통제공동위원회 회의는 판문점 남측지역 '평화의 집'과 북측지역 '통일각'에서 번갈아 하는 것을 원칙으로 하며, 쌍방이 합의하여 다른 장소에서도 할 수 있다.

③ 핵통제공동위원회 회의는 쌍방 위원장이 공동으로 운영하며 비공개로 하는 것을 원칙으로 한다.

④ 핵통제공동위원회 회의를 위해 상대측지역을 왕래하는 인원들에 대한 신변안전보장, 편의제공과 회의기록 등 실무절차는 관례대로 한다.

⑤ 핵통제공동위원회 운영과 관련한 그 밖의 필요한 사항은 핵통제공동위원회에서 쌍방이 협의하여 정한다.

제4조 핵통제공동위원회의 합의사항은 쌍방 총리가 합의문건에 서명한 날부터 효력을 발생한다. 경우에 따라 쌍방이 합의하는 중요한 문건은 쌍방 총리가 서명하고 발효에 필요한 절차를 거쳐 그 문본을 교환한 날부터 효력을 발생한다.

제5조 이 합의서는 쌍방의 합의에 따라 수정·보충할 수 있다.

제6조 이 합의서는 쌍방이 서명하여 교환한 날부터 효력을 발생한다.

1992년 3월 18일

남북 고위급 회담	북남 고위급 회담
남측 대표단 수석대표	북측 대표단 단장
대한민국	조선민주주의인민공화국
국무총리 정원식	정무원 총리 연형묵

7. 남북군사공동위원회 구성·운영에 관한 합의서 (1992.5.7 발효)

남과 북은 '남북 사이의 화해와 불가침 및 교류·협력에 관한 합의서'에 따라 남북 사이의 불가침을 이행·보장하고 군사적 신뢰조성과 군축을 실현하기 위한 문제를 협의·추진하기 위하여 '남북군사공동위원회'(이하 '군사공동위원회'라고 한다)를 다음과 같이 구성·운영하기로 합의하였다.

제1조 군사공동위원회는 다음과 같이 구성한다.

① 군사공동위원회는 위원장 1명, 부위원장 1명, 위원 5명으로 구성한다.

② 군사공동위원회 위원장은 차관급(부부장급) 이상으로 하며 부위원장과 위원들의 급은 각기 편리하게 한다.

③ 쌍방은 군사공동위원회 구성원을 교체할 경우 사전에 이를 상대측에 통보한다.

④ 수행원은 15명으로 하며 필요에 따라 쌍방이 합의하여 조정할 수 있다.

⑤ 쌍방은 군사공동위원회의 원활한 운영을 위하여 필요에 따라 실무협의회를 구성·운영할 수 있다.

제2조 군사공동위원회는 다음과 같은 기능을 수행한다.

① 불가침의 이행과 준수 및 보장을 위한 구체적 실천대책을 협의한다.

② 불가침의 이행과 준수 및 보장을 위한 구체적 실천대책을 협의한 데 따라 필요한 합의서를 작성하고 실천한다.

③ 군사적 대결상태를 해소하기 위한 합의사항을 실천한다.

④ 위에서 합의한 사항의 실천을 확인·감독한다.

제3조 군사공동위원회는 다음과 같이 운영한다.

① 군사공동위원회 회의는 분기에 1회 개최하는 것을 원칙으로 하며

필요한 경우 쌍방이 합의하여 수시로 개최할 수 있다.

② 군사공동위원회 회의는 판문점과 서울, 평양 또는 쌍방이 합의하는 다른 장소에서도 개최할 수 있다.

③ 군사공동위원회 회의는 쌍방 위원장이 공동으로 운영한다.

④ 군사공동위원회 회의는 비공개로 하는 것을 원칙으로 하며 쌍방의 합의에 따라 공개로 할 수도 있다.

⑤ 군사공동위원회 회의를 위하여 상대측 지역을 왕래하는 인원들에 대한 신변안전보장, 편의 제공과 회의기록 등 실무절차는 관례대로 한다.

⑥ 군사공동위원회의 운영과 관련한 그 밖의 필요한 사항은 쌍방이 협의하여 정한다.

제4조 군사공동위원회 회의에서의 합의사항은 쌍방 공동위원장이 합의문건에 서명한 날부터 효력을 발생한다. 경우에 따라 쌍방이 합의하는 중요한 문건은 쌍방공동위원장이 서명하고 각기 발효에 필요한 절차를 거쳐 그 본문을 교환한 날부터 효력을 발생한다. 실무협의회에서의 합의 문건을 쌍방 공동위원장이 서명 · 교환하는 방식으로 발효 시키는 경우 그것을 군사공동위원회회의에 보고 하여야 한다.

제5조 이 합의서는 쌍방의 합의에 따라 수정 · 보충할 수 있다.

제6조 이 합의서는 쌍방이 서명하여 교환한 날부터 효력을 발생한다.

1992년 5월 7일

남 북 고 위 급 회 담	북 남 고 위 급 회 담
남 측 대 표 단 수 석 대 표	북 측 대 표 단 단 장
대 한 민 국	조 선 민 주 주 의 인 민 공 화 국
국 무 총 리 정 원 식	정 무 원 총 리 연 형 묵

V. 남북 군사분야 합의서

1. 대한민국 국방부장관과 조선민주주의인민공화국 인민무력부장 간 회담 공동보도문 (2000.9.26.)

역사적인 남북 정상회담에서 채택된 6·15남북공동선언 이행을 군사적으로 보장하기 위하여 대한민국 국방부장관과 조선민주주의인민공화국 인민무력부장 사이의 회담이 9월 25일부터 26일 사이에 남측 제주도에서 진행되었다.

회담에는 남측에서 대한민국 조성태 국방부장관을 수석대표로 하는 5명의 대표들과 북측에서 조선민주주의인민공화국 인민무력부장 김일철 차수를 단장으로 하는 5명의 대표들이 참가하였다.

회담에서 쌍방은 6·15남북공동선언이 채택된 이후 그 이행을 위한 사업들이 본격적으로 추진되고 있는 가운데 적절한 군사적 조치들이 요구되고 있다는데 견해를 같이하면서 다음과 같은 문제들을 합의하였다.

1. 쌍방은 남북 정상들이 합의한 6·15남북공동선언이 채택된 이후 그 이행을 위해 최선의 노력을 다하고, 민간인들의 왕래와 교류, 협력을 보장하는데 따르는 군사적 문제들을 해결하기 위하여 상호 적극 협력하기로 하였다.
2. 쌍방은 군사적 긴장을 완화하며, 한반도에서 항구적이고 공고한 평화를 이룩하여 전쟁의 위협을 제거하는 것이 긴요한 문제라는데 이해를 같이하고 공동으로 노력해 나가기로 하였다.
3. 쌍방은 당면 과제인 남과 북을 연결하는 철도와 도로공사를 위하여 각측의 비무장지대 안에 인원과 차량, 기재들이 들어오는 것을 허가하고 안전을 보장하기로 하였으며, 쌍방 실무급이 10월 초에 만나서 이와

관련한 구체적 세부사항들을 추진하기로 하였다.

4. 남과 북을 연결하는 철도와 도로 주변의 군사분계선과 비무장지대를 개방하여 남북한관할지역을 설정하는 문제는 정전협정에 기초하여 처리해 나가기로 하였다.
5. 쌍방은 2차 회담을 11월 중순에 북측지역에서 개최하기로 하였다.

2000. 9. 26

제 주 도

2. 동해지구와 서해지구 남북관리구역 설정과 남과 북을 연결하는 철도 · 도로작업의 군사적 보장을 위한 합의서 (2002.9.17.)

대한민국 국방부와 조선민주주의인민공화국 국방위원회 인민무력부는 역사적인 6 · 15남북공동선언을 성실히 이행하기 위하여 동해지구와 서해지구의 철도 · 도로를 하루빨리 연결하는 것이 남북사이의 긴장을 완화하고 교류와 협력을 보다 활성화 하는데서 중요한 의의를 가진다는데 견해를 같이하고 이를 군사적으로 보장하기 위하여 다음과 같이 합의하였다.

1. 남북관리구역 설정

① 쌍방은 동해지구와 서해지구의 비무장지대에 남북관리구역을 설정한다. 동해지구 남북관리구역은 군사분계선 표식물 제1289호~제1291호 구간에서 낡은 철도노반 중심을 기준으로 하여 동쪽으로 70m, 서쪽으로 200m, 계 250m폭으로 비무장지대 남과 북의 경계선까지로 한다.

② 남북관리구역들에서 제기되는 모든 군사실무적 문제들은 남과 북이 협의 처리한다.

③ 쌍방은 동해지구 남북관리구역 안에 동해선 철도와 도로를, 서해지구 남북관리구역 안에 서울-신의주간 철도와 문산-개성간 도로를 건설하여 운영한다.

④ 쌍방은 동해지구와 서해지구 남북관리구역 자기측 지역에서 지뢰제거(해제)와 철도 및 도로 연결작업, 그리고 공사인원과 장비의 출입 및 통제 등 군사적 제반 문제들에 대하여 책임을 진다.

⑤ 쌍방은 남북관리구역들에서 지뢰제거(해제)가 끝나면 그의 외곽선을 따라 일정한 간격으로 표시하고 상대측에 통보한다.

⑥ 쌍방은 군사분계선으로부터 250m 떨어진 남북관리구역 자기측 도로

주변에 각각 1개씩의 경비(차단)초소를 설치하며 그 외 다른 군사시설물들을 건설하지 않는다.

⑦ 남과 북을 오가는 인원들과 열차 및 차량의 군사분계선 통과와 남북관리구역 안의 군사적 안전보장과 관련한 문제들은 별도로 날짜를 선정하여 협의 및 확정한다.

2. 지뢰제거(해제) 작업

① 쌍방은 철도와 도로건설 및 운행, 유지를 위하여 남북관리구역 자기측 지역의 지뢰와 폭발물을 제거(해제)한다.

② 쌍방은 지뢰제거(해제)를 비무장지대 자기측 경계선으로부터 군사분계선 방향으로 나가면서 하며 필요한 경우 쌍방의 합의하에 군사분계선 가까이에 있는 일부 구간에서 먼저 작업할 수 있다.

③ 쌍방은 작업인원수, 장비(기계)수량, 식별표식을 작업에 편리하게 정하며 사전에 상대측에 통보한다.

④ 쌍방은 작업을 09시에 시작하여 17시까지 하며 필요한 경우 합의하여 연장할 수 있다.

⑤ 쌍방은 상대측 작업인원들에게 폭음으로 자극을 주거나 파편으로 피해를 줄 수 있는 폭발은 1일전 16시까지 상대측에 통보하며 이러한 폭발은 오후작업시간에만 한다.

⑥ 쌍방 작업인원들이 군사분계선 일대에서 가까이 접근하여 그 거리가 400m로 좁혀지는 경우 안전보장을 위하여 그 구역안에서의 작업은 날짜를 엇바꾸어 월 · 수 · 금은 북측이, 화 · 목 · 토는 남측이 하도록 한다.

⑦ 군사분계선까지 지뢰제거(해제)를 먼저 끝낸 측에서는 지뢰제거(해제)구역을 다른 일방이 알아볼 수 있게 표시하고 상대측에 통보한다.

⑧ 쌍방은 지뢰제거(해제)와 관련한 장비 및 기술적 문제들을 협조한다.

⑨ 쌍방은 2002년 9월 19일부터 동해지구와 서해지구 남북관리구역 자기측 지역 안의 지뢰제거(해제) 작업을 동시에 착수한다.

3. 철도와 도로 연결작업

① 작업인원과 장비(기재)들의 수와 식별표식은 지뢰제거(해제)시와 같이하며 작업 시간은 각기 편리하게 정한다.

② 쌍방은 작업과정에 폭발을 비롯하여 상대방에 영향을 줄 수 있는 문제들을 사전에 전화를 통하여 통보해 주며 필요한 협조를 한다.

③ 쌍방의 작업장 거리가 200m까지 접근하는 경우 그 구역 안에서의 작업을 남측은 월요일부터 수요일까지, 북측은 목요일부터 토요일까지 하여 필요에 따라 협의하여 변경시킬 수 있다.

④ 쌍방은 군사분계선 일대의 철도와 도로를 연결하는 마감단계 공사를 위해 일방의 인원이나 차량들이 군사분계선을 20m 범위까지 넘어서는 것을 허용한다.

⑤ 쌍방은 철도와 도로 연결작업에 따르는 측량 및 기술협의를 위해 남북관리구역 자기측 지역들에 출입하는 상대측 인원에 대한 신변안전 및 편의를 보장한다.

4. 접촉 및 통신

① 지뢰제거(해제) 및 철도, 도로 연결작업과 관련하여 수시로 제기되는 군사실무적 문제들은 전화통지문을 통하여 협의하는 것을 원칙으로 한다.

② 작업과정에 제기되는 군사적 문제들을 토의하기 위한 현장 군사실무책임자 사이의 접촉은 남북관리구역들에서 지뢰를 제거(해제)하고 철도, 도로 노반공사를 끝내는 시기에 그 구역들의 군사분계선 상에

지어 놓은 임시건물에서 한다.

③ 그 전단계에서 부득이 만나야 할 필요가 있을 때에는 어느 일방의 요청에 따라 남측 '자유의 집'과 북측 '판문각'에서 접촉한다.

④ 쌍방은 공사현장들 사이의 통신보장을 위하여 동해지구와 서해지구에 각각 유선통신 2회선(자석식 전화 1회선, 펙스 1회선)을 연결한다. 서해지구에서는 합의서 발효 후 1주일 내에 판문점 회의장구의 서쪽 군사분계선에서 연결하고 동해지구에서는 지뢰가 완전히 제거(해제)된 다음 남북관리구역 동쪽 군사분계선상에서 연결하며 그 전단계에서의 통신연락은 서해지구 통신선로를 이용한다.

⑤ 쌍방은 매일 07시부터 07시 30분 사이에 시험통화를 하며 통신이 두절되는 경우 기존통로를 이용하여 상대방에 통보해주고 즉시 복구한다.

5. 작업장경비 및 안전보장

① 쌍방은 남북관리구역들에서 공사인원과 장비(기재)들의 안전을 보장하기 위하여 각각 100명을 넘지 않는 군사인원으로 자기측 경비근무를 수행하며 그중 군사분계선방향 경계인원은 15명으로 한다.

② 경비인원들의 무장은 각기 편리한 개인무기로 하고 1인당 실탄 30발을 휴대하며 그 외 모든 무기, 전투장비(기술기재)의 반입을 금지한다.

③ 경비인원들의 식별표식은 작업인원과 구별되게 하며 경비인원 외에는 그 어떤 인원도 무기를 휴대할 수 없다.

④ 경비인원들은 군사분계선을 넘어 상대측 지역으로 들어갈 수 없으며 상대측 작업인원들을 향하여 도발 행위를 할 수 없다.

⑤ 쌍방이 날짜를 엇바꾸어 작업하는 경우 작업을 하지 않는 측의 경비인원들은 군사분계선으로부터 100m 떨어진 위치에서 경비근무를 수

행한다.

⑥ 쌍방은 상대측 작업인원과 장비(기재)의 안전을 보장하며 예상치 않은 대결과 충돌을 막기 위하여 작업장과 그 주변에서 상대측을 자극하는 발언이나 행동, 심리전 등을 하지 않도록 한다.

⑦ 쌍방은 우발적인 충돌이 발생할 경우 즉시 작업을 중단시키고 모든 경비 및 작업인원들을 비무장지대 밖으로 철수시키며 전화통지문 또는 남북군사실무회담을 통하여 사태를 해결하고 사건의 재발을 방지하기 위한 대륙을 세운다.

⑧ 쌍방은 작업장과 그 주변에서 산불이나 홍수 등 자연재해가 발생하여 상대측에 영향을 줄 수 있는 경우 즉시 서로 통보해주며 자기측 지역에 대한 진화 및 피해방지 대책을 신속히 세우고 피해확대를 막기 위하여 최선의 노력을 한다.

6. 합의서 효력발생과 폐기 및 수정, 보충

① 본 합의서는 남측 국방부장관과 북측 인민무력부장이 시행하여 물건을 교환한 남부터 효력을 발생한다.

② 본 합의서에는 동해선 철도와 도로, 서울-신의주간 철도와 문산-개성간 도로가 지나가는 비무장지대 남북관리구역들에서만 적용된다.

③ 본 합의서의 철도, 도로 연결작업과 관련한 조항(1조 4항, 7항, 2조~5조)들은 작업이 완료되면 자동적으로 폐기된다.

④ 본 합의서는 남측 국방부장관과 북측 인민무력부장이 합의하여 수정, 보충할 수 있다.

이 합의서는 2부 작성되었으며 두 원본은 같은 효력을 가진다.

2002년 9월 17일

대한민국	조선민주주의 인민공화국
국방부장관	국방위원회 인민무력부장
이　　준	조선인민군 차수 김일철

3. 동 · 서해지구 남북관리구역 임시도로 통행의 군사적 보장을 위한 잠정합의서 (2003.1.27.)

쌍방은 남북 사이의 교류와 협력에 필요한 임시도로 통행을 군사적으로 보장하기 위하여 다음과 같이 합의하였다.

1. 쌍방은 동 · 서해지구 남북관리구역 임시도로가 연결되는 지점들에서 각각 10m 구간의 군사분계선을 가방한다.
2. 쌍방은 임시도로를 통하여 비무장지대의 일부인 남북 관리구역 상대측 지역으로 들어가려는 경우 인원 명단과 차량, 자재 및 장비의 수, 군사분계선 통과시간을 사전에 다른 일방에 통보하여야 한다. 승인과 관련한 절차상 문제들은 2000년 11월 17일과 2002년 9월 12일에 체결된 국제연합군측과 조선인민군측간 합의서 2항과 2002년 9월 17일에 체결된 남북군사보장합의서 1조 2항에 준하여 정전협정에 따라 협의 · 처리한다.
3. 쌍방은 승인된 인원, 차량, 자재 및 장비에 한하여 군사분계선 통과를 허용하며 남북관리구역 자기측 지역에서의 안전보장을 책임진다.
4. 본 잠정합의서는 어느 일방이 합의서의 기본정신을 위반하였다고 인정되는 경우 타방의 통보에 따라 또는 동 · 서해지구 기본도로가 개통되어 새로운 합의서가 채택 · 발효되는 경우 자동적으로 폐기된다.

2003년 1월 27일

남북군사실무회담	북남군사실무회담
남측 수 석 대 표	북 측 단 장
대령 문 성 묵	대좌 유 영 철

4. 동 · 서해지구 남북관리구역 임시도로 통행의 군사적 보장을 위한 잠정합의서의 보충합의서 (2003.9.17.)

쌍방은 2003년 1월 27일 체결한 「동 · 서해지구 남북관리구역 임시도로 통행의 군사적 보장을 위한 잠정합의서」의 제 1항을 다음과 같이 수정 · 보충한다.

1. 쌍방은 철도 · 도로 통행과 관련한 새로운 군사보장합의서가 채택 발효될 때까지 동 · 서해 남북관리구역 본도로 노반을 임시도로로 사용한다.
2. 남북 관리구역 군사분계선상에서 새로운 임시도로가 연결되는 구간(동해 10m, 서해 20m)을 개방한다. 이미 이용하던 임시 도로상의 10m 군사분계선 구간들은 폐쇄한다.

2003년 9월 17일

남북군사실무회담	북남군사실무회담
남측 수 석 대 표	북 측 단 장
대령 문 성 묵	대좌 유 영 철

5. 동해지구와 서해지구 남북관리구역 경비(차단)초소 설치 및 운영에 관한 합의서 (2003.12.23.)

쌍방은「동해지구와 서해지구 남북관리구역설정과 남과 북을 연결하는 철도·도로작업의 군사적 보장을 위한 합의서」1조 6항에 따라 동, 서해지구 남북관리구역 자기측 지역에 경비(차단)초소를 설치하고 운영하는 문제와 관련하여 다음과 같이 합의하였다.

1. 초소의 임무

① 남북관리구역내 철도, 도로의 안전상태를 관측하고 그를 통과하는 차량의 안전 운행을 보장한다.

② 남북관리구역안에서 차량고장, 자연재해 등 긴급상황 발생 여부를 감시한다.

③ 승인을 받은 차량과 탑승인원들만 통과시킨다.

2. 초소의 설치

① 쌍방은 동, 서해지구 남북관리구역안의 군사분계선으로부터 250m 떨어진 자기측 도로 옆에 각각 1개씩의 경비(차단)초소를 설치한다.

② 초소의 규모와 형식은 2003년 11월 28일 남북군사실무회담 수석대표(단장)접촉에서 합의한 설계에 따른다.

③ 쌍방은 경비(차단)초소를 서로의 공사방법과 여견이 다른 점을 감안하여 각측이 빠른 시일 안으로 설치하고, 상대측에 통보한 다음 운영을 개시한다.

④ 초소에는 깃발 및 선전간판, 군사적 목적의 지하구조물과 화기진지 또는 총안구(화점) 등을 설비하지 않는다.

⑤ 초소앞 도로상에 필요한 경우 차량을 세울 수 있는 2~4개의 이동식 교통통제대(차단대)를 설치할 수 있다.

3. 초소의 운영

① 근무인원은 쌍방이 각각 3명으로 한다.

② 근무는 주간(4월부터 9월까지는 07시부터 18시, 10월부터 3월까지는 08시부터 17시)의 필요한 시간에 실시하며, 쌍방이 협의하여 시간을 변경할 수 있다.

③ 근무인원들의 무장은 각기 편리한 개인무기로 하고 1인당 실탄 30발 이하를 휴대하며, 그 외 다른 무기, 전투장비(기술기재)의 반입을 금지한다.

④ 쌍방 초소 근무 인원들은 불필요한 군사적 자극을 피하기 위하여 군사분계선으로부터 각각 100m 거리를 유지한다. 100m내로 진입이 필요한 경우에는 상대측에 사전 통보해야 한다.

4. 본 합의서 이행과정에서 제기되는 문제해결

① 본 합의서 이행과정에서 제기되는 실무적 문제들은 동, 서해지구 남북관리구역 쌍방 현장 군사실무책임자들 사이에 협의 해결한다.

② 필요한 경우 남북군사실무회담 쌍방 수석대표(단장)사이에 협의 해결할 수 있다.

5. 효력발생과 수정 · 보충

① 본 합의서는 남북군사실무회담 쌍방 수석대표(단장)간 서명하여 문건을 교환한 날부터 효력을 발생한다.

② 본 합의서는 쌍방이 합의하여 수정, 보충할 수 있다.

③ 합의서는 2부 작성되었으며, 두 원본은 같은 효력을 가진다.

2003년 12월 23일

남북군사실무회담
남측 수 석 대 표
대령 문 성 묵

북남군사실무회담
북 측 단 장
대좌 유 영 철

6. 서해해상에서 우발적 충돌방지와 군사분계선 지역에서의 선전활동 주이 및 선전수단 제거에 관한 합의서 (2004.6.4.)

대한민국 국방부와 조선민주주의인민공화국 국방위원회 인민무력부는 2004년 6월 3일과 4일 설악산에서 제2차 남북 장성급군사회담을 개최하고 다음과 같이 합의하였다.

1. 쌍방은 한반도에서의 군사적 긴장완화와 공고한 평화를 이룩하기 위하여 공동으로 노력하기로 하였다.
2. 쌍방은 서해해상에서 우발적 충돌방지를 위해 2004년 6월 15일부터 다음과 같은 조치를 취하기로 하였다.
   ① 쌍방은 서해해상에서 함정(함선)이 서로 대치하지 않도록 철저히 통제한다.
   ② 쌍방은 서해해상에서 상대측 함정(함선)과 민간 선박에 대하여 부당한 물리적 행위를 하지 않는다.
   ③ 쌍방은 서해해상에서 쌍방 함정(함선)이 항로미실, 조난, 구조 등으로 서로 대치하는 것을 방지하고 상호 오해가 없도록 하기 위하여 국제상선공통망(156.8Mhz, 156.6Mhz)을 활용한다.
   ④ 쌍방은 필요한 보조수단으로 기류 및 발광신호규정을 제정하여 활용한다.
   ⑤ 쌍방은 서해해상의 민감한 수역에서 불법적으로 조업을 하는 제3국 어선들을 단속 · 통제하는 과정에서 우발적 충돌이 발생할 수 있다는 데 견해를 같이하고 이 문제를 외교적 방법으로 해결하도록 하는 데 상호협력하며 불법조업선박의 동향과 관련한 정보를 교환한다.

⑥ 서해해상에서 제기된 문제들과 관련한 의사교환은 당분간 서해지구에 마련되어 있는 통신선로를 이용한다. 쌍방은 서해해상 충돌방지를 위한 통신의 원활성과 신속성을 보장하기 위하여 2004년 8월 15일까지 현재의 서해지구 통신선로를 남북관리구역으로 따로 늘여 각기 자기측 지역에 통신연락소를 설치하며, 그를 현대화하는데 상호 협력한다.

3. 쌍방은 한반도의 군사적 긴장을 완화하고 쌍방 군대들 사이의 불신과 오해를 없애기 위해 군사분계선 지역에서의 선전활동을 중지하고 선전수단들을 제거하기로 하였다.

① 쌍방은 역사적인 6·16남북공동선언 발표 4주년이 되는 2004년 6월 15일부터 군사분계선 지역에서 방송과 게시물, 전단 등을 통한 모든 선전활동을 중지한다.

② 쌍방은 2004년 8월 15일까지 군사분계선 지역에서 모든 선전수단을 3단계로 나누어 제거한다.

○ 1단계는 6월 16일부터 6월 30일까지 서해지구 남북관리구역과 판문점지역이 포함된 군사분계선 표식물 제0001호부터 제0100호 구간에서 시범적으로 실시하며,

○ 2단계는 7월 1일부터 7월 20일까지 군사분계선 표식물 제0100호부터 제0640호 구간에서,

○ 3단계는 7월 21일부터 8월 15일까지 군사분계선 표식물 제0640호부터 제1292호 구간에서 선전수단들을 완전히 제거한다.

③ 쌍방은 단계별 선전수단 제거가 완료되면 그 결과를 상대측에 통보하며 각각 상대측의 선전수단 제거 결과를 자기측 지역에서 감시하며 확인하되 필요에 따라 상호검증도 할 수 있다.

④ 쌍방은 단계별 선전수단 제거가 완료되면 각각 그 결과를 언론에

공개한다.

⑤ 쌍방은 앞으로 어떤 경우에도 선전수단들을 다시 설치하지 않으며 선전활동도 재개하지 않는다.

4. 쌍방은 위 합의사항들을 구체적으로 실천하기 위하여 후속 군사회담을 개최하기로 한다.

2004년 6월 4일

남북 장성급군사회담	북남 장성급군사회담
남측 수 석 대 표	북 측 단 장
준장 박 정 화	소 장 안 익 산

7. 「6 · 4 합의서」의 부속합의서 (2004.6.12.)

대한민국 국방부와 조선민주주의인민공화국 국방위원회 인민무력부는 2004년 6월 4일 제2차 남북 장성급군사회담에서 합의한 「서해해상에서 우발적 충돌방지와 군사분계선지역에서의 선전활동 중지 및 선전수단 제거에 관한 합의서」의 이행을 위하여 2004년 6월 10일부터 12일까지 진행된 남북 장성급군사회담 실무대표회담에서 다음과 같이 합의하였다.

1. 서해해상에서의 우발적 충돌방지 조치 문제

 1) 남북 서해 함정간 공용주파수 설정 · 운영

  ① 국제상선공통망의 주주파수는 156.8Mhz, 보조주파수는 156.6Mhz로 설정 · 운영하되, 주 주파수는 1분 동안에 통화를 끝낼 수 있을 때에 사용하며, 통화시간이 그 이상으로 지속되거나 장애 등의 영향으로 통화가 불가능한 경우에는 보조주파수로 넘어가고, 보조주파수를 이용할 수 없을 경우에는 다시 주주파수로 넘어와 1~16 채널 범위내에서 임의의 주파수를 선정하여 운영할 수 있다.

  ② 쌍방 함정들이 상대측 함정들을 호출하는 경우 남측 함정 호출부호는 '한라산'으로, 북측 함정 호출부호는 '백두산'으로 한다. 호출 시 감명도 상태를 확인할 수 있으며 이때 감명도 상태를 1~5까지의 숫자로 대답하고, 감명도가 낮을 경우 출력을 높일 것을 요구할 수 있다.

  쌍방 함정들 사이 교신설정은 다음과 같은 방법으로 한다.

남측 : "백두산, 백두산, 여기는 한라산 감명도?"
북측 : "한라산, 한라산, 여기는 백두산, 감명도 다섯"

③ 해당 해역에 일방의 함정이 2척 이상 있을 경우, 지휘함정들 사이에서만 교신한다.

④ 쌍방은 교신간 상대측을 자극하는 불필요한 발언을 하지 않는다.

2) 기류 및 발광신호 제정 · 활용

① 쌍방은 국제신호에서의 국제신호체계와 남북간 특수한 상황을 고려하여 부록1과 같이 기류 및 발광신호를 보조수단으로 추가 제정하여 활용한다.

② 이 신호방법은 국제상선공통망으로 통신이 불가능하거나, 쌍방 함정이 불가피하게 접근하게 될 경우(기관고장, 조난, 기상악화로 인한 항로미실 등)에 사용한다.

③ 기류는 함정 마스트 좌우현 최외곽 기류줄 또는 최상부에 게양한다.

④ 야간에 함정 신호등화는 마스트에 있는 홍등 1개 또는 점멸등(소리 제외)을 켜고, 탐조 등으로 기류신호에 해당하는 국제 모르스 전신부호를 상대측 함정이 응답할 때까지 반복하여 송신한다.

상호 교신을 위한 발광신호는 호출히 AA AA AA(.-.-.-)로,
응답시 TTTTT(-)로 한다.

3) 불법조업선박의 동향과 관련한 정보교환

① 쌍방 관련 군사당국간 불법조업선박의 동향과 관련된 정보는 일일 1회(09시)교환한다.

② 일일정보교환은 서해지구에 마련되어 있는 통신선로를 통하여 부록 2의 양식에 따라 한다.

③ 쌍방간 교환할 정보의 내용은 불법조업선박들의 조업시간, 위치, 척수로 한다.

4) 서해해상에서 우발적 충돌방지를 위한 새로운 통신선로 및 통신연락소 설치 · 운영

① 서해해상에서 우발적 충돌방지를 위한 새로운 통신선로와 통신연락소 설치 및 운영에 관한 사항은 6월중 통신실무자접촉을 통하여 협의해 나간다.

② 새로운 통신선로 및 통신연락소 설치후 통신장애 발생시 쌍방은 즉시 다른 연락방법을 통하여 이를 통보하고 빠른 시간안에 각기 자기측 관할지역을 책임지라고 복구한다.

③ 새로운 통신선로는 2004년 8월 12일 오전 9시 서해지구 남북관리구역 도로 동쪽 5M 부근 군사분계선상에서 연결하며 시험통화는 10시에 한다.

5) 통신운영

① 통신수단(유선, 무선, 기류 및 발광신호)은 사이 송 · 수신이 가능한 상태를 유지하며 상대측이 호출시 즉각 응답하여야 한다.

② 서해지구 통신선로를 이용한 정기 통신시험은 일일 2회(09시, 16시) 실시한다.

③ 서해해상에서 우발적 충돌방지와 관련하여 긴급한 연락사항이 발생할 경우 서해지구 통신선로를 이용하여 통보한다.

④ 서해해상에서의 우발적 충돌방지를 위한 합의를 이행하기 위하여 2004년 6월 14일 통신수단별 운영시험을 부록 3과 같이 실시한다.

2. 군사분계선지역에서의 선전활동중지 및 선전수단 제거 조치 문제

쌍방은 군사분계선지역에서의 선전활동 중지 및 선전수단 제거 조치문제를 동시 행동원칙에 따라 해결한다.

1) 쌍방은 2004년 6월 15일 0시부터 군사분계선 지역에서 일체 선전활동을 중지한다.

① 방송과 게시물, 전광판, 전단 등을 통한 모든 선전활동과 풍선, 기구를 이용한 각종 물품살포를 중지한다.

② 상대측 군인들이 보이는 곳에서 그들을 대상으로 하여 진행하는 모든 선전활동을 중지한다.

2) 쌍방은 2004년 6월 16일 0시부터 8월 15일 17시까지 군사분계선 지역의 모든 선전수단을 3단계로 나누어 제거한다.

① 쌍방은 상대측 지역에서 보이거나 들리지 않도록 하는 원칙에서 선전수단을 철저히 제거한다.

② 제거 대상의 범위는 쌍방간 군사분계선지역에서 상대측을 향한 자기측 치제선전 및 상대측이 비방·중상·선동으로 인식하는 모든 확성기, 돌글씨, 입간판, 전광판, 전단, 선전그림, 선전구호 및 글 등을 포함한다.

③ 점등탑, 석상, 석탑 등 종교시설물에 대해서는 가림막 설치 등의 방법으로 상대측에 영향을 주지 않도록 조치한다.

④ 선전중지와 선전수단 제거대상에는 한강하구, 서해 연안지역과 섬들에 설치된 선전수단들도 포함되며, 이 지역의 선전수단 제거는 1단계 기간에 한다.

⑤ 쌍방은 단계별 제거 완료 7일 이전에 상대측이 제거해야 할 대상의 위치(군사분계선 표식물 기준), 형태, 내용을 포함한 목록을 교환하여 쌍방이 이 목록에 따라 선전수단 제거 결과를 검증한다.

⑥ 불가피한 이유로 제거 일정이 늦어지는 경우 쌍방은 그 이유와 변경된 일정을 상대측에 즉시 통보하고 합의에 따라 그 일정을 조정할 수 있다.

⑦ 선전수단제거 검증은 육안으로 확인하는 것을 원칙으로 하되, 의문점이 발견될 경우에는 통지문을 통해 의견을 교환하며 쌍방간 의견차이가 있을 경우 실무대표회담을 통해 협의, 조정한다.

⑧ 쌍방은 매 단계별로 선전수단 제거완료 1일전 실무대표회담을 열고 그 결과를 최종 확인한 후 다음 단계 제거작업을 시작한다. 필요시 쌍방 합의하에 3~5명의 검증단을 구성하여 약속된 시간에 군사분계선상에 서로 만나 상대측의 안내를 받아 현장을 확인한다.

⑨ 쌍방은 매 단계가 끝나는 마지막 날에 그 결과를 언론에 발표한다.

3. 수정 · 보충 및 발효

① 본 합의서는 남북 장성급군사회담 남측 수석대표와 북측 단장간 서명하여 교환한 날로부터 효력을 발생한다.

② 본 합의서는 필요시 상호 합의에 따라 수정 · 보충할 수 있다.

③ 합의서는 2부 작성되었으며, 두 원본은 같은 효력을 가진다.

2004년 6월 12일

남북 장성급군사회담	북남 장성급군사회담
남측 수 석 대 표	북 측 단 장
준장 박 정 화	소장 안 익 산

〈부록 1〉

NO	신 호 내 용	신호 방법	기류 및 발광 표시	
			기류(깃발)	발광(불빛)
1	아측은 변침, 남하(복귀)중이다.	2	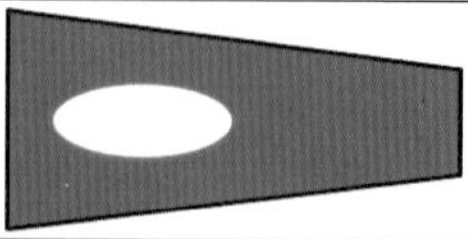	.. ---
2	아측은 변침, 북상(북귀)중이다.	3	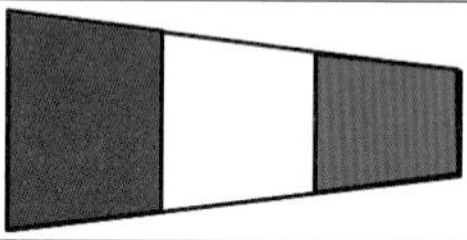	... --
3	아측은 적대행위 의도는 없다.	4	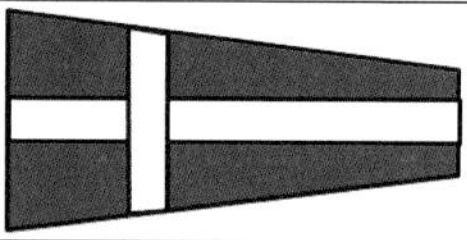	.... -
4	향로미실된 선박을 확인(구조)하기 위하여 간다.	5	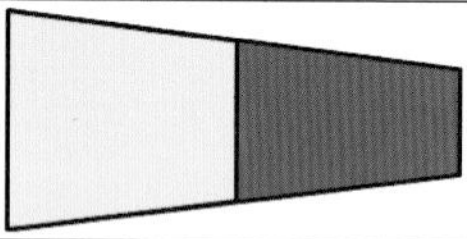	.....
5	조난된 선박을 확인(구조)하기 위하여 간다.	6	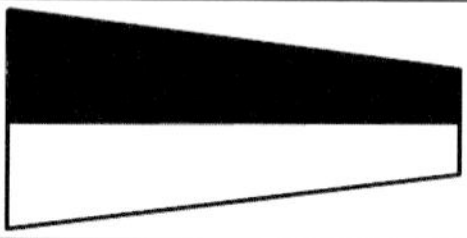	- ....
6	함정의 기관이 비정상이다.	7	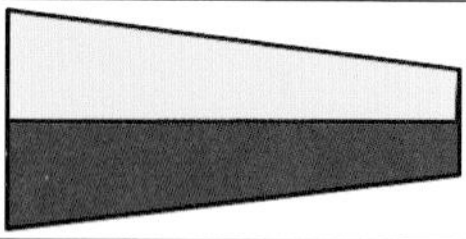	-- ...
7	함정의 조종성능이 나쁘다.	8	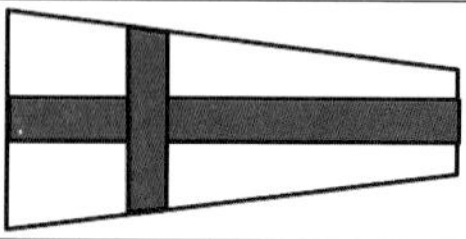	--- ..
8	아측은 귀측의 신호를 이해 · 수신하였다.	9	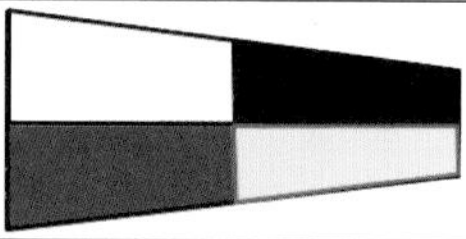	---- .
9	귀측의 신호를 수신했으나, 이해하지 못하겠다.	0	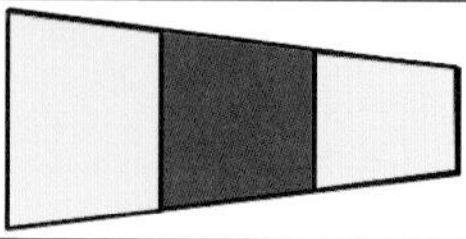	-----

〈부록 2〉

정보교환 통지문

<table>
<tr><td colspan="2">통 지 문 NO.</td></tr>
<tr><td colspan="2">① 일시 : 년 월 일 시 분

② 발신 :

③ 수신 :

④ 불법조업어선 자료
○ 조업시간:
○ 위 치 :
○ 척 수 :</td></tr>
<tr><td>송신 담당자</td><td>(계급) (성명)</td></tr>
</table>

〈부록 3〉

시험통신계획

1. 대 상

   1) No.1 대상 : 연평도 1구역 함정↔육도 함정

   2) No.2 대상 : 연평도 2구역 함정↔등산곶 함정

   3) No.3 대상 : 대청도 3구역 함정↔기린도 함정

   4) No.4 대상 : 대청도 4구역 함정↔월래도 함정

   5) No.5 대상 : 백령도 서남 5구역 함정↔장산곶 함정

2. 일자 : 2004년 6월 14일(월)

3. 시간

   1) 현재위치에서 통신시험

      ① No.1 대상 : 09:00~09:15

      ② No.2 대상 : 09:30~09:45

      ③ No.3 대상 : 10:00~10:15

      ④ No.4 대상 : 10:30~10:45

      ⑤ No.5 대상 : 11:00~11:15

   2) 기동하면서 통신

      ① No.1 대상 : 09:15~

      ② No.3 대상 : 10:15~

4. 주파수

   국제상선공통망 주주파수 제16번 채널 (156.8Mhz),

   보조주파수 제12번 채널 (156.6Mhz)

5. 호출부호

1) No.1 대상 : 남 (한라산-1)↔북 (백두산-1)

2) No.2 대상 : 남 (한라산-2)↔북 (백두산-2)

3) No.3 대상 : 남 (한라산-3)↔북 (백두산-3)

4) No.4 대상 : 남 (한라산-4)↔북 (백두산-4)

5) No.5 대상 : 남 (한라산-5)↔북 (백두산-5)

6. 통신방법

1) 현재위치에서 통신시험

① 국제상선공통망의 주주파수에서 먼저 교신하고, 신호에 따라 보조주파수로 전환하여 교신한 후 필요한 정보를 교환하고 통신시험을 완료한다.

〈예〉

남→백두산 - 1, 백두산 - 1, 여기는 한라산 - 1 감명도?

북→한라산 - 1, 한라산 - 1, 여기는 백두산 -1 감명도 좋음

남→채널 12번 전환

북→수신완료

② 신호 호출순서

- 주주파수에서

No.1 구역 : 북측이 먼저 호출

No.2 구역 : 남측이 먼저 호출

No.3 구역 : 북측이 먼저 호출

No.4 구역 : 남측이 먼저 호출

No.5 구역 : 북측이 먼저 호출

-보조주파수에서

No.1 구역 : 남측이 먼저 호출

No.2 구역 : 북측이 먼저 호출

No.3 구역 : 남측이 먼저 호출

No.4 구역 : 북측이 먼저 호출

No.5 구역 : 남측이 먼저 호출

2) 기동하면서 통신

쌍방 함정들은 현 경비위치에서 교신설정을 끝낸 후 상대측 함정 방향으로 5노트의 속도로 가동하며 기류 및 발광시험을 한 다음 즉시 자기 위치로 돌아간다.

① 제1구역에서의 시험은 09시 15분부터 남측이 먼저 호출하면 북측이 응답하는 방법으로

② 제 3구역에서의 시험은 10시 15분부터 북측이 먼저 호출하면 남측이 응답하는 방법으로 진행한다.

③ 함정들은 국제상선공통망을 지속 유지하며 어느 일방 함정이 기류를 게양하고 발광신호를 보내면 상대측 함정은 응답신호를 하고 통신기로 식별상태를 통보한다.

④ 쌍방 함정들은 시험도중 어느 일방이 시험중지를 요구하면 즉시 중지하고 자기 위치로 돌아간다.

7. 유선 통신을 이용한 정보교환 시험 계획

1) 일시 : 2004년 6월 14일 09시

2) 내 용

합의된 정보교환양식에 기초하여 제3국어선들의 조업시간, 위치, 척수를 통보하는 방법으로 한다.

8. 동 · 서해지구 남북열차시험운행의 군사적 보장을 위한 잠정합의서 (2007.5.11.)

1. 쌍방은 열차시험운행을 위하여 동 · 서해지구 남북관리구역 철도가 연결되는 지점들에서 각각 10m 구간의 군사분계선을 2007년 5월 17일 9시부터 17시까지 임시로 개방한다.
   - 남북열차시험운행구간은 동해선에서는 금강산 청년역으로부터 제진역까지로, 경의선에서는 문산역으로부터 개성역까지로 한다.
   - 남북열차시험운행은 동해선에서는 북으로부터 남으로, 경의선에서는 남으로부터 북으로 진행한다.
2. 쌍방은 남북열차시험운행에 참가할 인원명단과 열차의 차량수, 적재할 화물의 종류와 수량, 군사분계선통과 시간 등을 「동 · 서해지구 남북 관리구역 임시도로 통행의 군사적 보장을 위한 합의서」에 규정된 절차에 따라 열차시험운행 시작 24시간까지 상호 통보한다.
3. 쌍방은 열차시험운행을 위하여 승인된 인원과 열차, 장비, 화물의 군사분계선 통과를 허용하며 자기측 지역에서의 안전보장을 책임진다.
4. 쌍방은 남북열차시험운행기간 상대측을 자극하는 행동을 하지 않도록 한다.
5. 쌍방은 남북열차시험운행기간 상대측을 자극하는 행동을 하지 않도록 한다.
6. 남북관리구역을 통과하는 열차는 남북관리구역 경비초소에서 소도를 20~30km/H로 제한하며, 합의된 분계역에서 정지하여 통보된 인원과 장비, 화물에 대한 출입심사 등을 진행한다.
7. 남북관리구역을 통과한 열차는 상대측 지역의 합의된 곳에서만 인원과 장비, 화물을 내리거나 실을 수 있다.

8. 본 잠정합의서는 남북열차시험운행 당일에만 효력을 가진다.

2007년 5월 11일

남북 장성급군사회담	북남 장성급군사회담
남측 수 석 대 표	북 측 단 장
소 장 정 승 조	중 장 김 영 철

9. 제5차 남북 장성급군사회담 공동보도문 (2007.5.11.)

남과 북은 2007년 5월 8일부터 11일까지 판문점 북측지역 통일각에서 제5차 남북 장성급군사회담을 개최하고 다음과 같이 합의하였다.

1. 쌍방은 서해해상에서의 군사적 충돌을 방지하고 공동어로를 실현하는 것이 군사적 긴장을 완화하고 평화를 정착시켜 나가는데 있어 시급히 해결해야 할 중요한 과제라는데 견해를 같이 하였다.
   ① 쌍방은 서해에서의 평화를 정착시키고 민족의 공영, 공리를 도모하는 원칙에서 공동어로를 실현하기로 하였다.
   ② 쌍방은 서해해상에서 군사적 충돌을 방지하고 공동어로 수역을 설정 하는 것 등과 관련한 문제를 계속 협의하기로 하였다.
   ③ 쌍방은 서해해상에서의 군사적 신뢰가 조성되는데 따라 북측 민간선박들의 해주항로의 직항 문제를 협의하기로 하였다.
2. 쌍방은 민족공동의 번영과 민족경제의 균형적 발전에 도움이 되는 남과 북 사이의 경제협력과 교류에 필요한 군사적 보장조치가 마련되어야 한다는데 인식을 같이 하였다.
   ① 쌍방은 2007년 5월 17일 남북 열차시험운행을 군사적으로 보장하기 위한 잠정합의서를 채택하고 발효시키기로 하였다. 쌍방은 앞으로 남북 철도·도로 통행의 군사적 보장 합의서를 채택하는 문제를 협의해 나가기로 하였다.
   ② 쌍방은 임진강 수해방지, 한강하구 골재채취와 관련한 군사적 보장대책을 협의하기로 하였다.
3. 쌍방은 이미 채택된 남북간 군사적 합의들을 철저히 준수하고 이행할 것을 재확인 하였다. 합의이행 과정에서 위반현상이 발생할 경우 이를

상대측에 통보하며 통보를 받은 상대측은 재발방지를 위하여 적극노력하기로 하였다.

4. 쌍방은 장성급군사회담의 진전에 따라 제2차 남북 국방장관회담이 빠른 시일 내에 개최되도록 적극 협력하기로 하였다.
5. 쌍방은 제6차 남북 장성급군사회담을 7월중에 개최하기로 하고 구체적은 일정은 추후 통지문으로 합의하기로 하였다.

2007년 5월 11일
판문점

10. 제2차 남북 국방장관회담 합의서

「남북관계발전과 평화번영을 위한 선언」 이행을 위한 남북 국방장관회담 합의서 (2007.11.29.)

제2차 남북 국방장관회담이 2007년 11월 27일부터 29일까지 평양에서 진행되었다. 회담에서 쌍방은 역사적인 정상회담에서 채택된 「남북관계 발전과 평화번영을 위한 선언」의 이행을 위한 군사적 대책을 토의하고 다음과 같이 합의하였다.

1. 쌍방은 군사적 적대관계를 종식시키고 긴장완화와 평화를 보장하기 위한 실제적인 조치를 취하기로 하였다.
   ① 쌍방은 적대감 조성행동을 하지 않으며 남북 사이에 제기되는 모든 군사관계 문제를 상호 협력하여 평화적으로 처리하기로 하였다.
   ② 쌍방은 2004년 6월 4일 합의를 비롯하여 이미 채택된 남북간 군사적 합의들을 철저히 준수해 나가기로 하였다.
   ③ 쌍방은 지상 · 해상 · 공중에서의 모든 군사적 적대행위를 하지 않기로 하였다.
   ④ 쌍방은 충돌을 유발시키지 않도록 제도적 장치들을 수정 · 보완하며 우발적 충돌이 발생하는 경우에는 즉시적인 중지대책을 취한 다음 대화와 협상을 통하여 해결하기로 하였다. 이를 위해 쌍방 사이에 이미 마련된 통신연락체계를 현대화하고, 협상통로들을 적극 활용 · 확대해 나가기로 하였다.

2. 쌍방은 전쟁을 반대하고 불가침의무를 확고히 준수하기 위한 군사적

조치들을 취하기로 하였다.

① 쌍방은 지금까지 관할하여 온 불가침경계선과 구역을 철저히 준수하기로 하였다.

② 쌍방은 해상불가침경계선 문제와 군사적 신뢰구축 조치를 남북군사공동위원회를 구성·운영하여 협의·해결해 나가기로 하였다.

③ 쌍방은 무력불사용과 분쟁의 평화적 해결 원칙을 재확인하고 이를 위한 실천적 대책을 마련하기로 하였다.

3. 쌍방은 서해해상에서 충돌을 방지하고 평화를 보장하기 위한 실제적인 대책을 취하기로 하였다.

① 쌍방은 서해해상에서의 군사적 긴장을 완화하고 충돌을 방지하기 위해 공동어로구역과 평화수역을 설정하는 것이 절실하다는데 인식을 같이하고, 이 문제를 남북 장성급군사회담에서 빠른 시일 안에 협의·해결하기로 하였다.

② 쌍방은 한강 하구와 임진강 하구 수역에 공동 골재채취 구역을 설정하기로 하였다.

③ 쌍방은 서해해상에서의 충돌방지를 위한 군사적 신뢰보장조치를 남북군사공동위원회에서 협의·해결하기로 하였다.

4. 쌍방은 현 정전체제를 종식시키고 항구적인 평화체제를 구축해 나가기 위해 군사적으로 상호 협력하기로 하였다.

① 쌍방은 종전을 선언하고 평화체제를 구축해 나가는 것이 민족의 지향과 요구라는데 인식을 같이하기로 하였다.

② 쌍방은 종전을 선언하기 위한 여건을 조성하기 위하여 필요한 군사적 협력을 추진해 나가기로 하였다.

③ 쌍방은 전쟁시기의 유해발굴문제가 군사적 신뢰조성 및 전쟁종시

고가 관련된 문제라는데 이해를 같이하고 추진대책을 협의 · 해결해 나가기로 하였다.

5. 쌍방은 남북교류협력사업을 군사적으로 보장하기 위한 조치들을 취하기로 하였다.

① 쌍방은 민족의 공동번영과 군사적 긴장완화에 도움이 되는 교류협력에 대하여 즉시적인 군사적 보장대책을 세우기로 하였다.

② 쌍방은 「서해평화협력특별지대」에 대한 군사적 보장대책을 세워나가기로 하였다. 쌍방은 서해공동어로, 한강하구 공동이용 등 교류협력 사업에 대한 군사적 보장대책을 별도로 남북군사실무회담에서 최우선적으로 협의 · 해결하기로 하였다. 쌍방은 북측 민간선박들의 해주항 직항을 허용하고, 이를 위해 항로대 설정과 통항절차를 포함한 군사적 보장조치를 위해 나가기로 하였다.

③ 쌍방은 개성 · 금강산지역의 협력사업이 활성화되도록 2007년 12월 11일부터 개시되는 문산-봉동간 철도화물 수송을 군사적으로 보장하기로 합의하였으며, 남북관리구역의 통행 · 통신 · 통관을 위한 군사보장합의서를 2007년 12월초 판문점 통일각에서 남북군사실무회담을 개최하여 협의 · 채택하기로 하였다.

④ 쌍방은 백두산 관광이 실현되기 전까지 직항로 개설과 관련한 군사적 보장조치를 협의 · 해결하기로 하였다.

6. 쌍방은 본 합의서의 이행을 위한 협의기구들을 정상적으로 가동하기로 하였다.

① 제3차 남북 국방장관회담은 2008년 중 적절한 시기에 서울에서 개최하기로 하였다.

② 남북군사공동위원회는 구성되는데 따라 제1차 회의를 조속히 개최

하기로 하였다.

7. 본 합의서는 쌍방 국방부장관이 서명하여 발효에 필요한 절차를 거쳐 문본을 교환한 날부터 효력을 발생한다.
   ① 이 합의서는 필요에 따라 쌍방이 합의하여 수정 · 보충할 수 있다.
   ② 이 합의서는 각기 2부 작성되었으며, 같은 효력을 가진다.

2007년 11월 29일

대 한 민 국	조 선 민 주 주 의 인 민 공 화 국
국 방 부 장 관	국 방 위 원 회 인 민 무 력 부 장
김 장 수	조 선 인 민 군 차 수 김 일 철

11. 문산-봉동간 철도화물 수송의 군사적 보장을 위한 합의서 (2007.12.6.)

쌍방은 「남북관계발전과 평화번영을 위한 선언」 이행을 위한 남북국방장관회담 합의에 따라 문산-봉동간 철도화물수송을 다음과 같이 군사적으로 보장하기로 하였다.

1. 쌍방은 문산-봉동간 철도화물 수송을 위하여 서해지구 남북관리구역 철도가 연결되는 지점에서 10m 구간의 군사분계선을 열차가 통과하는 시간에 개방한다.
2. 쌍방은 철도화물 수송을 위하여 남북관리구역 상대측 지역에 들어가는 경우 인원명단과 열차 현황, 적재화물의 품목과 수량, 군사분계선 통과시간 등을 「동·서해지구 남북관리구역 임시도로 통행의 군사적 보장을 위한 잠정합의서」에 규정된 절차에 따라 24시간 전에 통보하여 승인을 받아야한다.
3. 남북관리구역을 통과하는 열차는 기관차 앞면 오른쪽 상단에 50×40cm 크기의 주황색 깃발을 부착한다.
4. 남북관리구역을 통과하는 열차는 최저 시속 20km/h로, 최고 시속 60km/h로 제한하며, 합의된 분계역에서 정지하여 통보된 인원과 장비, 화물의 출입 및 세관심사 등을 받는다. 쌍방은 세관심사에 필요한 설비와 자재 지원 문제를 추후 협의해 나가기로 하였다.
5. 쌍방은 열차운행구간에서 상대측 지역에 대한 촬영을 금지하며 상대측의 통제품 및 금지품 등의 반출입금지규정을 철저히 지켜야 한다.
6. 쌍방은 남북관리구역 자기측 철도의 유지·보수를 위해 인원, 장비가

군사분계선 100m 이내로 접근하는 경우 사전에 상대측에 통보하여야 한다.

7. 쌍방은 남북관리구역에서 열차운행시 사고를 비롯하여 비정상적인 현상이 발생하는 경우 상대측에 신속히 통보하며, 상대측 구호(작업) 차량 및 인원의 긴급통행을 허용하는 등 정상회복에 협력하도록 한다.
8. 본 합의서는 남북 국방장관이 서명, 교환한 후 2007년 12월 11일 00시부터 효력을 발생한다.

본 합의서는 쌍방 합의에 따라 수정보충 할 수 있으며 동·서해지구 기본도로, 철도가 개통되어 새로운 합의서가 채택 발효되는 경우 자동적으로 폐기된다.

2007년 11월 29일

대 한 민 국	조 선 민 주 주 의 인 민 공 화 국
국 방 부 장 관	국 방 위 원 회 인 민 무 력 부 장
김 장 수	조 선 인 민 군 차수 김 일 철

12. 동 · 서해지구 남북관리구역 통행 · 통관의 군사적 보장을 위한 합의서 (2007.12.13.)

쌍방은「남북관계발전과 평화번영을 위한 선언」이행을 위한 남북 국방장관회담 합의에 따라 개성공업지구와 금강산관광지구의 교류협력을 활성화하기 위하여 동 · 서해 지구 남북관리구역 통행 · 통신 · 통관을 다음과 같이 군사적으로 보장하기로 하였다.

1. 통행의 군사적 보장

① 쌍방은 남북관리구역 도로가 연결되는 지점들에 동해지구에서는 10m 구간, 서해지구에서는 20m 구간의 군사분계선을 각각 개방하고 도로통행시간을 늘이는 원칙에서 연간 매일 07시부터 22시까지 상시적으로 통행을 보장하기로 하였다. 쌍방 주요 명절과 기념일, 일요일의 통행은 상호 합의하여 그때마다 편리하게 결정하기로 하였다.

② 쌍방은 도로를 통하여 남북관리구역 상대측 지역에 들어가는 경우 인원명단과 차량, 적재한 기자재들의 품목과 수량, 군사분계선 통과날짜를 24시간 전에 통보하여 승인을 받도록 하였다. 통행을 그대로 실현할 수 없는 경우에는 승인된 날짜의 도로통행이 마감되기 3시간 전에 상대측에 그 내용을 통보하여 다시 승인을 받은 다음 통행하기로 하였다.

③ 쌍방은 동 · 서해지구 인원 및 차량통행과 관련한 구체적인 행동질서와 표식규정 등을 동 · 서해지구 군사실무책임자 접촉에서 협의 · 확정하기로 하였다.

④ 쌍방은 서해지구에서는 통행편의와 통행질서를 유지하기 위하여 일정한 통행시간 간격을 두고 도로통과를 보장하며, 동해지구에서는 검사장과 주차장이 건설 될 때까지 현 통행 질서를 유지하기로 하였다. 인원과 차량이 증가하는데 따라 통행편의 보장방안을 해당 실무접촉에서 협의해 나가기로 하였다.

⑤ 쌍방은 도로통행을 지체시키는 일이 없도록 상대측의 통제품 및 금지품 등의 반 출입 규정을 철저히 지키기로 하였다.

⑥ 쌍방은 인명피해를 비롯하여 불의의 상황이 발생하는 경우 해당 인원과 차량 등에 대한 긴급통행을 보장하기로 하였다.

⑦ 쌍방은 철도화물 통행을 「문산-봉동간 철도화물 수송의 군사적 보장을 위한 합의서」에 규정된 대로 하기로 하였다.

⑧ 쌍방은 도로통행시간이 늘어나고 야간통행을 진행하는 것과 관련하여 필요한 자재 · 정비 등을 제공하는 문제를 해당 실무접촉에서 협의하기로 하였다.

2. 통신의 군사적 보장

① 쌍방은 개성공업지구와 금강산관광지구안의 통신의 신속성을 보장하는 원칙에서 2008년부터 인터넷 통신과 유선 및 무선전화통신을 허용하기로 하였다. 개성공업지구 통신센터건설과 운영방식, 통신중계국 구성 등과 관련한 실무적인 문제는 해당 실무접촉에서 협의하기로 하였다.

② 쌍방은 자연재해로 통신이 두절되는 경우 상호 통보하고 피해복구를 위한 조치를 신속히 취하며 남북통신망의 2중화를 위한 문제를 계속 협의해 나가기로 하였다.

③ 쌍방은 남북관리구역 작업현장 사이에 연결되어 있는 현재의 군통신 선로와 군통신연락소를 남북 교류와 협력의 군사적 보장에 그대

로 이용하며 통행시간이 늘어나는데 맞게 통신근무시간을 늘이기로 하였다. 이와 관련하여 통신연락소를 현대화하는데 필요한 자재 · 장비를 제공하는 문제를 해당 통신실무자접촉에서 협의하기로 하였다.

3. 통관의 군사적 보장

① 쌍방은 개성공업지구와 금강산관광지구 통관절차를 간소화하고 통관시간을 단축하는 원칙에서 통관의 군사적 보장대책을 마련하기로 하였다.

② 쌍방은 통과시간을 단축하기 위하여 개성공업지구와 금강산관광지구 통관질서를 철저히 지키기로 하였다. 이와 관련하여 통관질서를 위반하는 인원, 차량들에 대해서는 적절한 조치를 위하기로 하였다.

③ 쌍방은 선별검사 방식 등을 통해 통관절차를 간소화하고 통관시간을 단축하기 위하여 세관검사장을 신설하거나 확장하기로 하였다. 이와 관련하여 필요한 검사설비와 자재 · 장비를 제공하는 문제는 해당 전문일꾼들의 실무접촉에서 협의 · 해결하기로 하였다.

4. 수정보충 및 발효

① 본 합의서는 남측 국방장관과 북측 인민무력부장이 서명 · 교환한 날부터 효력을 발생한다.

② 본 합의서는 동 · 서해지구 철도 · 도로통행, 통신 · 통관의 새로운 군사적 보장합의서가 채택 · 발효되는 경우 자동적으로 폐기된다.

③ 본 합의서는 필요한 경우 쌍방합의에 따라 수정 · 보충할 수 있다.

④ 본 합의서는 2부 작성되었으며, 두 원본은 같은 효력을 가진다.

2007년 11월 29일

대 한 민 국	조 선 민 주 주 의 인 민 공 화 국
국 방 부 장 관	국 방 위 원 회 인 민 무 력 부 장
김 장 수	조 선 인 민 군 차수 김 일 철

13. 남북 고위당국자 접촉결과 공동보도문 (2015.8.22~24)

남북 고위당국자 접촉이 2015년 8월 22일부터 24일까지 판문점에서 진행됐다. 접촉에는 남측의 김관진 국가안보실장과 홍용표 통일부장관 북측 황병서 조선인민국 총정치국장과 김양건 조선노동당 노동당 비서가 참가했다. 쌍방은 접촉에서 최근 남북 사이에 고조된 군사적 긴장을 해소하고 남북관계를 발전시켜 나가기 위한 문제 협의를 다음과 같이 합의했다.

첫째, 남과 북은 남북관계를 개선하기 위한 당국회담을 서울 또는 평양에서 빠른 시일내에 개최하며 앞으로 여러 분야의 대화와 협상을 진행해 나가기로 하였다.

둘째, 북측은 최근 군사분계선 비무장지대 남측지역에서 발생한 지뢰폭발로 남측 군인들이 부상을 당한 것에 대하여 유감을 표명하였다.

셋째, 남측은 비정상적인 사태가 발생하지 않는 한 군사분계선 일대에서 모든 확성기 방송을 8월 25일 12시부터 중단하기로 하였다.

넷째, 북측은 준전시상태를 해제하기로 하였다.

다섯째, 남과 북은 올해 추석을 계기로 이산가족 상봉을 진행하고, 앞으로 계속 하기로 하였으며, 이를 위한 적십자실무접촉을 9월초에 가지기로 하였다.

여섯째, 남과 북은 다양한 분야에서의 민간 교류를 활성화하기로 하였다.

2015년 8월 25일 판문점

| 참고문헌 |

1. 북한문헌

가. 신문 및 간행물

『근로자』, 평양.

『로동신문』, 평양.

『민주조선』, 평양.

『조선중앙년감』, 평양.

나. 사전류

『광명백과사전』 3, 백과사전출판사, 1984.

『광명백과사전』 3 정치, 법, 백과사전출판사, 2009.

『대중정치용어사전』, 조선로동당출판사, 1964.

『백과전서』 5, 백과사전출판사, 1984.

『경제연구』 제1호(루계 제106호), 과학백과사전출판사, 2000; 『경제연구』 제4호(루계 제149호), 과학백과사전출판사, 2010.

『조선말대사전』 (1), (2), 사회과학출판사, 1992.

『정치용어사전』, 사회과학출판사, 1970.

다. 단행본

김일성, 『세기와 더불어』 1, 조선로동당출판사, 1992.

______, 『세기와 더불어』 2, 조선로동당출판사, 1992.

______, 『세기와 더불어』 3, 조선로동당출판사, 1992.

______, 『세기와 더불어』 4, 조선로동당출판사, 1993.

_____, 『세기와 더불어』 5, 조선로동당출판사, 1994.
_____, 『세기와 더불어』 6, 조선로동당출판사, 1995.
_____, 『세기와 더불어』(계승본) 7, 조선로동당출판사, 1996.
_____, 『세기와 더불어』(계승본) 8, 조선로동당출판사, 1998.
『김일성주의 기본』, 김일성종합대학출판사, 2004.
김봉호, 『위대한 선군시대』, 평양출판사, 2004.
김인옥, 『김정일장군 선군정치리론』, 평양출판사, 2003.
『김일성주의 기본』, 김일성종합대학출판사, 2004.
강충희 · 원영수, 『6 · 15 자주통일시대』, 평양출판사, 2005.
김재호, 『김정일 강성대국 건설전략』, 평양출판사, 2000.
김철우, 『김정일장군 선군정치』, 평양출판사, 2000.
리용필, 『조선신문 100년사』, 김일성종합대학출판사, 1985.
송국현, 『우리 민족끼리』, 평양출판사, 2002.
엄기영, 『신문학개론』, 김일성종합대학출판사, 1989.
엄국현, 『6 · 15시대 통일운동의 과제』, 평양출판사, 2007.
『위대한 수령 김일성동지의 회고록 ≪세기와 더불어≫ 학습사전』 1, 과학백과사전종합출판사, 1998.
『위대한 수령 김일성동지의 회고록 ≪세기와 더불어≫ 학습사전』 증보판, 과학백과사전종합출판사, 2008.
『위대한 수령 김일성동지의 불멸의 혁명업적』 11, 조선로동당출판사, 1999.
『위대한 수령 김일성동지의 불멸의 혁명업적』 20, 조선로동당출판사, 2000.
장 석, 『김정일장군 조국통일론연구』, 평양출판사, 2002.
조선로동당출판사, 『조선로동당력사』, 조선로동당출판사, 1991.
_____________, 『위대한 수령 김일성동지의 불멸의 혁명업적: 혁명위업 계승문제의 빛나는 해결』 20권, 조선로동당 출판사, 2000.
조형창 · 리준하, 『신문학』, 백과사전출판사, 2000.

라. 논문 및 기타자료

김일성, "당보를 창간할데 대하여", 『김일성 저작집』 제1권, 조선로동당출판사, 1979.
_____, "북조선노동당 제2차대회에서 한 중앙위원회사업총화보고" 『김일성 저작집』 제4권, 조선로동당출판사, 1979.
_____, "조선공산주의자들의 임무", 『김일성 저작집』 제1권, 조선로동당출판사, 1979.

______, “조국해방전쟁의 종국적승리를 이룩하기 위하여 인민군대앞에 나서는 몇 가지 과업”, 『김일성 저작집』 제7권, 조선로동당출판사, 1980.
______, “전투에서 주도권 장악”, 『김일성 저작집』 제6권, 조선로동당출판사, 1980.
______, “정전담판에 대한 북조선의 입장”, 『김일성 저작집』 제7권, 조선로동당출판사, 1980.
______, “농촌경리의 금후발전을 위한 우리 당의 정책에 관하여”, 『김일성 저작집』 제9권, 조선로동당출판사, 1980.
______, “관료주의를 퇴치할데 대하여”, 『김일성 저작집』 제9권, 조선로동당출판사, 1980.
______, “조선인민군은 항일무장투쟁의 계승자이다.” 『김일성 저작집』 12권. 조선로동당 출판사, 1981.
______, “당교양사업과 당일군들의 자체수양에 대하여”, 『김일성 저작집』 제13권, 조선로동당출판사, 1981.
______, “인민군대내에서 정치사업을 강화할데 대하여”, 『김일성 저작집』 제14권, 조선로동당출판사, 1981.
______, “조선민주주의인민공화국 정부의 당면과업에 대하여: 최고인민회의 제3기 제1차 회의에서 한 연설 1962년 10월 23일”, 『김일성 저작집』 제16권, 조선로동당출판사, 1982.
______, “레바논 ≪알 안와르≫ 신문 기자 알리발루트가 제기한 질문에 대한 대답”, 『김일성 저작집』 제24권, 조선로동당출판사, 1983.
______, “남북정치협상 발전 및 접촉과 대화의 활성화”, 『김일성 저작집』 제27권, 조선로동당출판사, 1984.
______, “조국통일의 3대 원칙, 『김일성 저작집』 제27권, 조선로동당출판사, 1984.
______, “우리나라 사회주의제도를 더욱 강화하자”, 『김일성 저작집』 제27권, 조선로동당출판사, 1984.
______, “조선민주주의 인민공화국 사회주의 헌법 채택” 『김일성 저작집』 제28권, 조선로동당출판사, 1984.
______, “수단정부기관지 ≪알 싸하파≫ 책임주필이 제기한 질문에 대한 대답 1974년 4월 25일”, 『김일성 저작집』 제29권, 조선로동당출판사, 1985.
______, “조선로동당창건 30돐에 즈음하여” 『김일성 저작집』 제30권, 조선로동당출판사, 1985.
______, “조선로동당 제6차대회에서 한 중앙위원회 사업총화보고” 『김일성 저작집』 제35권, 조선로동당출판사, 1987.

______, “조선로동당 건설의 력사적경험”, 『김일성 저작집』 제39권, 조선로동당출판사, 1993.
______, “당 건설에서 계승성 보장”, 『김일성 저작집』 제40권, 조선로동당출판사, 1994.
김정일, “사회주의 건설에서 군의 위치와 역할.” 『근로자』 3호, 1985년.
______, “인테리정책관철에서 나타난 편향을 바로잡을데 대하여”, 『김정일 선집』 1권, 1992.
______, “미제의 전쟁도발책동에 대처하여 전투동원준비를 철저히 갖추자”, 『김정일 선집』 1권, 1992.
______, “위대한 수령님을 높이 모시고사회주의건설을 다그치며 조국통일을 앞당기자”, 『김정일 선집』 5권, 1995.
______, “올해 당사업에 틀어쥐고나가야 할 몇가지 중심적과업에대하여”, 『김정일선집』 5권, 1995.
______, “로동신문사 사업을 개선할데 대하여”『김정일 선집』 6권, 조선로동당출판사, 1995.
______, “≪로동신문≫ 기사를 당보의 특성에 맞게 잘 쓸데 대하여”, 『김정일 선집』 6권, 조선로동당출판사, 1995.
______, “조선로동당 중앙위원회 조직지도부, 선전선동부 책임일군협의회에서 한 연설에서” 『김정일 선집』 6권, 1995.
______, “신문편지에서 주체를 세울데 대하여”, 『김정일 선집』 7권, 조선로동당출판사, 1996.
______, “인민군대는 자기의 수령과 당, 자기의 제도와 조국을 목숨으로 사수하여야 한다”, 『김정일 선집』 8권, 조선로동당출판사, 1998.
______, “인민군대는 자기의 수령과 당, 자기의 제도와 조국을 목숨으로 사수하여야 한다”, 『김정일 선집』 8권, 조선로동당출판사, 1998.
______, “전당에 혁명적당풍을 철저히 세우자” 『김정일 선집』 9권, 조선로동당출판사, 1997.
______, “당사업을 강화하여 우리식 사회주의를 더욱 빛내이자”, 『김정일 선집』 12권, 1997.
______, “청년들은 당과 수령에게 끝없이 충실한 청년전위가 되자”, 『김정일 선집』 12권, 1997.
______, “경애하는 수령 김일성동지의 위대한 업적을 빛내여나가자”, 『김정일 선집』 13권, 조선로동당출판사, 1998.

______, “온 민족이 대단결하여 조국의 자주적평화통일을 이룩하자”, 『김정일 선집』 14권, 조선로동당출판사, 2000.

______, “올해 당사업에 틀어쥐고나가야 할 몇가지 중심적과업에대하여”, 『김정일선집』 14권, 2000.

김수천, “남북협상은 조국의 자주적평화통일을 앞당기기 위한 합리적이며 현실적인 방도” 『근로자』 제5호, 근로자사, 1977.

김영수, “국가기업리득금과 그 합리적동원에서 제기되는 몇가지 문제”, 『경제연구』 제122호, 2004년.

박 철, “위대한 수령 김일성동지께서 제시하신 조국해방전쟁시기 조선정전담판에 관한 방침과 그 정당성” 『김일성종합대학학보』 제46권(321), 김일성종합대학출판사, 2000.

심동명, “지방경제의 본질과 구조적내용”, 『경제연구』 제123호, 2004.

안종혁, “인민군대는 사회주의군사강국의 기둥이며 조국번영의 강력한 전위대” 『사회과학원학보』 제3호, 사회과학출판사, 2008.

전금진, “대화와 협상을 통하여 북남관계를 개선하는 것은 우리 당의 일관한 립장” 『근로자』 제3호(515), 근로자사, 1985.

주 현, “올해 인민생활향상에서 결정적인 전환을 가져오는것은 선군시대의 필수적 요구”, 『경제연구』 4(루계129호), 과학원출판사, 2005.

천영철, “사회주의경제건설을 다그쳐 인민생활을 결정적으로 추켜 세우는것은 우리 제도제일주의를 구현하기 위한 중요문제”, 『경제연구』 1(루계114호), 과학백과사전출판사, 2002.

최용남, “선군시대 경제건설로선의 철저한 관철은 사회주의 경제강국건설에서 혁명적전환을 일으키기 위한 확고한 담보”, 『경제연구』 2(루계147호), 과학백과사전출판사, 2010.

황금철, “우리 당의 선군정치는 우리식 사회주의의 불패성의 근본원천” 『김일성종합대학학보』 제46권(324), 김일성종합대학출판사, 2000.

허종호, 『주체사상에 기초한 남조선혁명과 조국통일리론』, 사회과학출판사, 1975.

허철수, “우리 당의 선군사상은 사회주의위업수행의 확고한 지도적지침” 『김일성종합대학학보』 제50권(367), 김일성종합대학출판사, 2004.

[사설], 원대한 포부와 신심에 넘쳐 사회주의경제건설에서 새로운 비약을 이룩하자’, 『경제연구』 1(루계130호), 과학원출판사, 2006.

조선로동당 규약, 2012년 4월 12일.

2. 남한자료

가. 단행본

고성윤,『북한의군사정책노선과 군사력 건설양상』, 한국국방연구원, 1996.

고유환,『로동신문을 통해본 북한 변화』, 선인, 2006.

고영복,『사회학사전』, 사회문화연구소, 2000.

고재홍,『김정일 체제의 북한군 연구』, 국가안보전략연구소, 2011.

_____,『최고사령관 위상연구』, 서울: 통일연구원, 2006.

국가안보전략연구소,『김정은 체제 출범 이후 북한의 미래전망: 2012년 학술회의』, 국가안보전략연구소, 2012.

_______________,『김정은 체제 권력구도변화에 따른 북한의 대내외 정책 전망: 2012년 학술회의』, 국가안보전략연구소, 2012.

국방부,『2012 국방백서』, 서울: 국방부, 2012.

_____,『2010 국방백서』, 서울: 국방부, 2010.

_____,『2008 국방백서』, 서울: 국방부, 2008.

_____,『2006 국방백서』, 서울: 국방부, 2006.

_____,『2004 국방백서』, 서울: 국방부, 2005.

국방부 정책기획관실,『2009 남북한군사회담 자료집』, 국방부, 2009.

국방정보본부,『군사정전위원회편람』 제1집, 1986.

__________,『군사정전위원회편람』 제5집, 2001.

국토통일원,『남북대화백서』, 국토통일원 남북대화사무국, 1988.

_________,『남북한통일제의자료총람』 제1,2권, 국토통일원 남북대화사무국, 1985.

강성윤 엮음,『김정일과 북한의 정치 어제 오늘 그리고 내일』, 선인, 2010.

강성현,『21세기 한반도와 주변 4강대국』, 가람기획, 2005.

강인덕,『북한의 남북대화 전략전술 평가 및 전망』, 통일원 남북회담사무국, 1990.

곽태환,『북한의 협상전략과 남북한 관계』, 경남대학교 극동문제연구소, 1997.

권영성,『헌법학원론』, 법문사, 1988.

권양주,『정치와 전쟁: 20세기의 주요 전쟁을 중심으로』, 21세기군사연구소, 1995.

_____,『북한군사의 이해』, 한국국방연구원, 2011.

김광운,『북한정치사연구』Ⅰ, 선인, 2003.

김계동,『북한의 외교정책과 대외관계 -협상과 도전의 전략적 선택』, 명인문화사, 2012.

김도태,『북한 협상행태 비교연구』, 민족통일연구원, 1994.

김동명, 『독일통일, 그리고 한반도의 선택』, 한울아카데미, 2010.
김부성, 『내가 판 땅굴: 남침음모를 증언한다』, 갑자문화사, 1976.
김영주 · 이범수, 『현대 북한 언론의 이해』, 한울아카데미, 1999.
김지형, 『데탕트와 남북관계』, 선인, 2008.
김종걸 외 9명, 『한중일 3국의 협상문화 분석』, 고려원북스, 2011.
김형기, 『남북관계변천사』, 연세대학교출판부, 2010.
김해원, 『북한의 남북정치 협상연구』, 선인, 2011.
경남대학교 북한대학원, 『북한연구 방법론』, 한울아카데미, 2003.
______, 『북한 연구의 성찰』, 한울, 2005.
______, 『북한군사문제의 재조명』, 한울아카데미, 2006.
노중선, 『남북한 통일정책과 통일운동 50년』, 사계절, 1996.
박순성, 『북한 경제와 한반도 통일』, 풀빛, 2003.
백종천, 『국가방위론』, 박영사, 1985.
______, 『북한 40년』, 을유문화사, 1989.
박종철 · 김갑식 · 엄상윤 · 최수영 · 황지환, 『2000년대 대북정책 평가와 정책대안: 동시병행 선순환 모델의 원칙과 과제』, 통일연구원, 2012.
백학순, 『부시정부 출범 이후의 북미관계 변화와 북한핵 문제』, 세종연구소, 2003.
______, 『북한 권력의 역사: 사상, 정체성, 구조』, 한울아카데미, 2010.
송종환, 『북한 협상행태의 이해』, 오름, 2002.
서동만, 『북조선사회주의체제성립사』, 선인, 2005.
______, 『북조선 연구』, 창비, 2010.
세종연구소 북한연구센터, 『북한의 당 · 국가기구 · 군대』, 한울아카데미, 2007.
______________________, 『북한의 대외관계』, 한울아카데미, 2011.
스튜어트 다이아몬드, 『어떻게 원하는 것을 얻는가』, 현문, 2011.
스코트 스나이더, 안진환 · 이재봉 역, 『벼랑끝 협상』, 청년정신, 2003.
신정현, 『비교정치론』, 법문사, 2000.
양성철 · 이용필, 『북한체제변화와 협상전략』, 박영사, 1995.
육군대학, 『군사전략기획』, 육군인쇄창, 1997.
________, 『군사전략』, 육군인쇄창, 2007.
육군본부, 『군사용어사전』, 육군인쇄창, 2006.
이달곤, 『협상론』, 법문사, 2005.
이민용, 『김정일체제의 북한군대 해부』, 황금알, 2004.

이상철, 『북방한계선 기원 · 위기 · 사수』, 선인, 2012.
이수혁, 『전환적사건: 북핵문제 정밀분석』, 중앙북스, 2008.
이승철, 『21세기 동북아 국제관계와 한국』, 나남, 2004.
이명민, 『군사전략』, 송산출판사, 1991.
이영일 · 이형래 공역, 『협상의 전략』, 한얼문고, 1972.
이용준, 『게임의 종말』, 한울, 2010.
이원섭, 『햇볕정책을 위한 변론』, 필맥, 2003.
이종석, 『조선로동당연구』, 역사비평사, 1995.
______, 『새로 쓴 현대북한의 이해』, 역사비평사, 2005.
이화여자대학교 통일학연구원, 『갈등과 화해의 60년 남북관계사』, 이화여자대학교 출판부, 2009.
조동호, 『공진을 위한 남북경협전략-보수와 진보가 함께 고민하다』, (재)동아시아 연구원, 2012.
조성렬, 『한반도평화체제』, 푸른나무, 2007, 35~37쪽.
전현준, 『6 · 15남북공동선언 이후 북한의 대남정책과 우리의 정책방향』, 통일연구원, 2006.
______, 『북한의 대남정책 특징』, 통일연구원, 2002.
전현준 · 정영태 · 최수영 · 이기동, 『김정일 정권 등장 이후 북한의 체제유지 정책고찰과 변화 전망』, 통일연구원, 2008.
정규섭, 『북한외교의 어제와 오늘』, 일신사, 1999.
정성장, 『현대북한의 정치 역사 · 이념 · 권력체계』, 서울: 한울, 2011.
정영철, 『북한의 개혁 · 개방: 이중전략과 실리사회주의』, 서울: 선인, 2004.
장명봉 편, 『2011 최신 북한법령집』, 북한법연구회, 2011.
차상철, 『한미동맹 50년』, 생각의 나무, 2004.
척 다운스 저, 송승종 옮김, 『북한 협상전략』, 한울아카데미, 1999.
최병갑, 『군사정책론』, 국방대학원, 1985.
통일노력60년 발간위원회, 『하늘길 땅길 바닷길 열어 통일로』, 다해, 2005.
통일부 통일교육원, 『북한이해 2013』, 통일부 통일교육원, 2013.
통일연구원, 『남북한 국력추세 비교연구』, 통일연구원, 1993.
__________, 『통일환경 및 남북한관계 전망: 2007년~2008년』, 통일연구원, 2008.
__________, 『통일환경 및 남북한관계 전망: 2008년~2009년』, 통일연구원, 2009.
__________, 『남북관계연표 1948년~2011년』, 통일연구원, 2011.

프레드 C. 이클레, 『협상의 전략』, 한얼문고, 1972.
하대덕, 『군사전략학』, 을지서적, 1998.
한국정신문화연구원, 『북한체제연구』, 고려원, 1987.
한국학중앙연구원, 『한국민족문화대백과사전』, 2009.
한용환, 『소설학 사전』, 문예출판사, 1999.
함택영 · 남궁곤, 『한국 외교정책: 역사와 쟁점』, 사회평론, 2010.
합동참모본부, 『합동 · 연합작전 군사용어 사전』, 합동참모부, 2006.
__________, 『합동기획』, 합동참모대학, 2011.
허문영, 『북한외교정책 결정구조와 과정: 김일성 시대와 김정일시대의 비교』, 민족통일연구원, 1998.
_____, 『북한 외교의 특징과 변화 가능성』, 통일연구원, 2001.
_____, 『북한의 핵개발계획 인정과 우리의 정책방향: 대미협상행태 변화를 중심으로』, 통일연구원, 2002.
_____, 『6 · 15공동선언 이후 북한의 대남협상 행태: 지속과 변화』, 통일연구원, 2005.
해롤드 니콜슨, 신복룡 역, 『외교론』, 평민사, 1992.
황성칠, 『군사전략론』, 한국학술정보, 2013.
황장엽, 『북한의 진실과 허위』, 시대정신, 2006.
황진환, 『북한학-북한의 협상전략 · 전술』, 박영사, 2002.

나. 논문

고유환, "김정일체제의 위기와 우리식 사회주의 진로", 『안보연구』 제24호, 동국대학교, 1994.
_____, "북한 사회주의체제의 구조적 위기와 김정일 정권의 진로", 『국제정치학회보』 제30집 제2호, 1996.
_____, "벼랑끝 협상전술과 북한의 저의", 『월간 북한』 제294호, 1996.
_____, "북한 변화와 한반도 평화정착의 가능성과 한계", 『한반도 군비통제』 제32집, 2002.
_____, "미국의 대북 정책과 북한 핵 문제", 『통일경제』 2003 봄호, 현대경제연구원, 2003.
권영진, "북한 핵문제에 대한 한국의 정책결정과정 연구-대외환경과 국내정치의 갈등을 중심으로", 고려대학교 대학원 박사학위논문, 1998.
권희영 · 이만우, "북한사회의 전통담론: 그 대중지배의 원리", 『현대북한연구』 제4호, 2001.
금기연, "북한의 군사협상 행태와 결정요인: 유엔사-북한군간 장성급회담 사례연구",

경남대학교대학원 박사학위논문, 2009.
계운봉, “한국의 해외파병에 나타난 국가이익구조에 관한 연구”, 경기대학교 박사학위논문, 2011.
강인덕, “공산주의의 통일전선에 관한 연구”, 경희대학교 박사학위논문, 1977.
김계동, “차기 행정부의 통일 및 북한정책: 주요 과제와 전망”, 『한국정치학회 춘계 학술회의』, 2003.
김갑식, “김정은 정권의 출범과 정치적 과제”, 『통일정책연구』 제21권 1호, 통일연구원, 2012, 14쪽.
김강녕, “남북한 군사회담 개선방안”, 『군사논단』 제40호, 한국군사학회, 2004.
김도남, “텍스트 의미의 위치와 이해 과정에 대한 교육적 인식”, 『독서연구』 19, 한국독서학회, 2003.
김도태 · 차재훈, “북한의 협상전술 특성 연구”, 민족통일연구원, 1995.
____________, “북한의 국가이익과 협상태도 변화”, 『협상연구』 제6권, 한국협상학회, 2001.
김명진, “한반도 군비통제 실태 분석”, 『국방논총』 제21호, 국방연구원, 1993.
김백주, “북미협상과 북한의 전략문화”, 경남대학교 북한대학원 석사학위논문, 2001.
김의곤, “교착을 위한 협상: 남북한 협상의 특징과 21세기 남북한 협상 연구방향”, 『한국동북아논총』 제12집, 한국동북아학회, 1999.
김영주, “로동신문에 나타난 대남보도 논조 분석”, 『언론과학연구』 제10권 4호, 2010.
김용호, “북한의 대외협상 행태 분석”, 『국제정치논총』 제40집 4호, 한국국제정치학회, 2000.
김용현, “국민의 정부의 대북정책: 평화적 공존과 경제적 공영”, 『통일문제 연구』 제30호, 1998.
______, “북한의 군사국가화에 관한 연구: 1950-60년대를 중심으로”, 동국대학교 박사학위논문, 2001.
______, “로동신문 분석을 통한 북한정치 변화 연구: 1945~1950”, 『북한연구학회보』, 2003.
______, “북한 내부정치와 남부관계: 7 · 4남북기본합의서, 6 · 15 비교”, 『통일문제연구』 16권 제2호 통권 42호, 평화문제연구소, 2004.
______, “북핵사태 이후 6자회담과 북한의 진로”, 『북한학연구』 2권2호, 동국대학교 북한학연구소, 2006.
김웅희, “북한의 협상전략전술에 관한 연구,” 『통일가족논문집』 제2집, 국토통일원, 1990.

김진환, "북한의 체제위기와 대응전략: 개혁과 선군의 병행", 동국대학교 박사학위논문, 2008.
김태우, "북한의 핵보유 선언과 우리의 대응", 한국국방연구원, 2005.
김해원, "북한의 남북대화 행태에 관한 연구: 중단과 재개요인을 중심으로" 동국대학교 박사학위논문, 2009.
문광건, "북한식 협상행태의 변화 전망과 대북협상 원칙",『국방논집』제26호, 한국국방연구원, 1994.
문성묵, "북한의 대남군사협상 전략전술",『국방 260호』, 국방홍보관리소, 1995.
______, "6·15공동선언 이후 남북군사회담 평가",『한국군사학회 군사논단』제27호, 2001.
______, "남북한 군사적 신뢰구축 현황과 향후 과제: 남북 장성급 군사회담을 중심으로",『한반도 군비통제』, 2005.
______, "군사회담을 통해 본 남북관계 평가",『원광군사논단』, 원광대학교출판국, 2005.
______, "남북군사회담 경험을 기초로 살펴본 북한의 협상전략",『한반도군비통』제47집, 2010.
______, "군사회담을 통해본 북한의 협상행태는?",『통일한국』제327호, 평화문제연구소, 2011.
______, "4자회담과 한반도 평화체제 구축",『대한정치학회보』제7집 1호, 2011.
______, "남북군사회담 대표의 관점에서 본 북한군, 북한에 군부(권력)",『한국논단』7월호, 2012.
______, "북한의 협상전략과 대응전략",『전략연구』통권 제57호, 2013.
문순보, "남북군사실무회담의 분석과 향후 남북관계 전망",『정세와 정책』3월호, 세종연구소, 2011.
민귀식,『중국외교협상에서 전통문화요인의 영향력 탐색』,『중소연구』통권 82호, 2009.
박순성, "김정일시대(1994-2004) 북한경제정책의 변화와 전망"『북한연구학회보』8권 1호, 2004.
박상수, "탈냉전기 북한의 대남정책의 성격에 관한 연구", 경남대학교 북한대학원 박사학위논문, 2010.
박상현, "북한 대외정책의 합리성에 관한 고찰",『통일정책연구』18, 2009.
박용환, "북한의 선군군사전략에 관한 연구", 동국대학교 박사학위논문, 2012.
배종렬, "김정일의 북한경제 10년: 무엇이 달라졌으며 어떻게 바뀔 것인가?",『북한경

제와 남북경협: 현황과 전망』, 2004 북한경제 심포지엄, 2004.
서석민, "선군정치 시대의 당-군 관계 연구: 핵심 엘리트의 위상 변화를 중심으로", 『사회과학연구』 제15집, 서강대학교 사회과학연구소, 2007.
서주석, "2007 남북정상회담 이후 한반도 정세 전망" 『통일경제』, 현대경제연구원, 2007.
서 훈, "북한의 선군외교 연구-약소국의 대미 강압외교 관점에서", 동국대학교대학원 박사학위논문, 2008.
선상신, "북한의 언론의 대외정책 프로파간다 전략-북한의 핵 개발과 6자회담 보도를 중심으로", 동국대학교대학원 박사학위논문, 2012.
송대성, "남북한 장성급회담과 군사적 신뢰구축 전망", 『한국군사』 제19호, 한국군사문제연구원, 2004.
송종환, "북한의 협상행태에 관한 연구: 남북한 당국간 대화를 중심으로" 한양대학교 박사학위논문, 2002.
______, "북한 협상행태 연구의 문화적 접근", 『협상연구』 제8권, 한국협상학회, 2002.
신은희, "북의 선군정치를 어떻게 이해할 것인가", 『남북문화예술연구』 창간호, 남북문화예술학회, 2007.
안영섭, "남북한 언론체제의 차이에 관한 소고", 『한국정치학회보』 제34집 3호, 2000.
양무진, "북한의 대남협상전략유형", 경남대학교 대학원 박사학위논문, 2001.
______, "북한의 대남협상행태: 지속과 변화를 중심으로", 『한국과 국제정치』 제19권, 2003.
양성철, "협상일반이론과 대북협상전략 연구", 『전략논총』 제5호, 한국전략문제연구소, 1995.
양영모, "북한의 선군정치와 당·군의 역할: 김정일의 권력공고화를 중심으로", 경남대학교 대학원 박사학위논문, 2008.
여대열, "『세기와 더불어』에 서술된 북한 민족해방운동사 인식의 변화상과 함의", 『한국근현대사연구』 겨울호 제55집, 2010.
오경섭, "북한의 위기관리동학에 관한 연구: 선군정치를 중심으로", 고려대학교 대학원 박사학위논문, 2008.
오삼교, "북한의 협상전략과 정상회담 이후의 남북관계", 『국제정치연구』 제4집, 2001.
유성옥, "북한의 핵정책 동학에 관한 이론적 고찰', 고려대학교 대학원 박사학위논문, 1996.
유호열, "북한외교정책의 결정구조와 과정",『국제정치논총』 제34집 2호, 1994.
윤 황, "김정일의 선군영도체계 구축에 따른 선군정치의 기능 분석: 로동신문의 담론을 중심으로", 『한국동북아논총』 제57집, 한국동북아학회, 2010.
이동복, "평화체제로의 전환을 위한 협상전략: 과거 대북회담을 중심으로", 『군사』 제31호, 국방부군사연구소, 1995.
이미숙, "남북한 군사협상과정의 발전단계에 관한 연구", 『군사』 제70호, 군사편찬연구소, 2009.
______, "남북한 군사협상의제 연구", 이화여자대학교 대학원 박사학위논문, 2010.
______, "남북한 군사협상의 역사적 조망과 향후 전망", 『한반도 군비통제』 제47집, 2010.
______, "북한의 남북한 군사협상 결정요인 고찰", 『국방연구』 제53권 제1호, 2010.
______, "군사협상과 군사도발 병행 행태를 통해 본 북한의 대남전략", 『통일정책연구』 제20권, 2011.
이승목, "선군정치 시대 북한 집단주의의 내구력 분석", 『북한학연구』 창간호, 북한연구소, 2005.
이석호, "북한의 군사", 『북한정세』, 국방대학원, 1993.
이성춘, "김정일시대의 남북 군사협상 행태 및 결정요인에 관한 연구", 『현대북한연구』 제15권 2호, 북한대학원대학교, 2012.
이영호, "대북 군사 협상 대비 방향", 『한반도군비통제』 제21집, 국방부, 1997.
이우영, "김정은 체제 북한 사회의 과제와 변화 전망", 『통일정책연구』 제21권 1호, 통일연구원, 2012.
이종석, "김정일시대 북한의 권력구조와 당·군·정 관계에 관한 연구", 경희대학교 대학원 박사학위논문, 2003.
이창헌, "남북대화의 전개와 환경요인: 평가와 전망", 『한국정치학회보』 제30집, 1995.
임동원, "남북 고위급회담과 북한의 협상전략", 경남대학교 극동문제연구소, 1996.
______, "제1차 남북정상회담의 성사과정과 향후문제", 『남북한 관계의 회고와 전망』, 한국정치학회, 2002.
임재형, "북한외교정책결정과정의 특징과 군의 역할: 김정일시대를 중심으로",『북한연구학회보』 제6권, 2002.
임태순, "남북대화와 북한의 협상전술", 『민주통일론』, 통일연수원, 1988.
장달중, "2005년 한반도 정세와 북핵 해결 전망", 『통일경제 2005』, 2005.
장성욱, "북한의 공격우위 신화와 선군정치: 탈냉정기 군비태세와 군사전략에 관한 이론적 연구", 고려대학교 대학원 박사학위논문, 2009.
전미영, "북한의 통치담론과 전통문화", 『북한연구학회보』 제7권 제2호, 2003.

전봉근, “북핵협상 20년의 평가와 교훈”, 『한국과 국제정치』 제27권, 극동문제연구소, 2011.
정성임, “1998~2007년 로동신문 분석을 통해 본 북한의 선군정치 논리”, 『통일문제연구』 제52호, 평화문제연구소, 2009.
정성장, “북한 핵실험: 북한의 의도와 입장”, 『정세와 정책』, 세종연구소, 2006.
______, “김정은 체제의 경제 개혁 · 개발 전망과 과제”, 『국가전략』 제18권 4호, 세종연구소, 2012.
정영태, “북한의 대남 협상행태 분석”, 『한반도 군비통제』 제39집, 국방부, 2006.
______, “제3차 남북 장성급군사회담 결렬 배경과 전망”, 통일연구원, 2006.
______, “북한의 대남 군사적 위협 배경과 우리의 대응”, 통일연구원, 2009.
정용석, “남북관계 진전과 군사회담 협상방향”, 『한반도군비통제』 제11집, 1993.
______, “북의 협상전략과 남의 대응전략,” 『통일문제연구』, 평화문제연구소, 1995.
조 민, “김정은 체제의 대내외 전략과 통일정책”, 『통일정책연구』 제21권 2호, 통일연구원, 2012.
조화성, “북한의 전략문화와 핵 협상전략에 관한 경험적 연구”, 『국제정치논총』 제49집 5호, 2009.
진희관, “김정일 국방위원장 체제 10년의 평가와 전망”, 『통일경제 2007』, 2007.
차문석, “북 · 중 관계의 역사와 현재: 북한의 중국 종속론 비판을 중심으로”, 『북한학연구』 제2권, 북한연구학회, 2006.
통일연구원, “북한의 전국 당세포비서 대회 개최배경과 전망”, 통일연구원, 2007.
__________, “이명박 정부의 대북정책: 회고와 평가”, 통일연구원, 2012.
합참전략기획본부, “북한의 협상행태”, 『합참』, 1993.
허문영, “북한의 대남협상행태 분석틀”, 극동문제, 2004.
허만호 외, “북한의 군사협상 전략과 기술 분석 및 대비방향”, 국방연구원, 1993.
홍관희, “남북정상회담 이후 한국의 대북 협상전략”, 『협상연구』 제6권, 한국협상학회, 2001.
______, 『대북포용정책의 발전방안 연구 -남북 화해 · 협력 촉진방안-』, 통일연구원, 2000.
홍양호, “탈냉전시대 북한의 협상행태에 관한 연구”, 단국대학교 박사학위논문, 1997.
______, “북한의 협상행태 연구의 분석틀 모색”, 『통일문제연구』 제32호, 평화문제연구소, 1999.
홍용표, “북한의 전략문화와 안보정책”, 통일연구원 연구총서, 2000.
황일도, “북한의 전략문화와 군사행태 -핵무기개발, 재래식전력 배치, 연평도 포격사례를 중심으로", 연세대학교 대학원 박사학위논문, 2012.
황지환, "선군정치와 북한 군사부분의 변환전략", 『국제관계연구』 제29호, 국제관계연구원, 2010.
황진환 · 정성임 · 박희진, "1990년대 이후 남북 군사분야 회담 연구: 패턴과 정향", 『통일정책연구』 제19권, 2010.
황종성, "김정일의 군사정책", 성균관대학교 박사학위논문, 2001.
후지모토 겐지 저 · 한유희 역, 『북한의 후계자 왜 김정은인가?』, 맥스미디어, 2010.

다. 신문 및 간행물

『연합뉴스』
『조선일보』, 1997년 4월 22일; 2013년 4월 3일; 2009년 6월 3일; 2013년 4월 1일.
『중앙일보』, 2012년 5월 17일; 2012년 10월 3일.
『동아일보』, 2000년 9월 1일; 2012년 1월 17일; 2013년 2월 13일.
『한국일보』, 2013년 3월 21일.

3. 외국문헌

Alan Coddington, "A Theory of the Bargaining Process: Comment Reply," *American Economic Review* Vol. 56, No. 3, 1966.
Alastair Iain Johnston, "Thinking about Stategic Culture", *International Security,* Vol. 19 No. 4, 1995.
Alfred D. Wilhelm, Jr.: *The Chiness at the Negotiation Table-Style & Characteristics,* Washing, D.C.; National Defense University Press, 1994.
Charles Turner Joy, *How Communists Negotiate* (New York : Macmillan Company, 1955), 김홍열 역, 『공산주의자는 어떻게 협상하는가?』 (한국해양전략연구소, 2003).
Chuck Downs, *Over the Line: North Korea's Negotiating Strategy,* Washington, D.C: The AEI Press, 1999.
Clifford Geertz, "Religion as a System" Clifford Geertz, The Interpretation of Cultures, New York: Basic Books, 1973.

Dean G. Pruitt, "Strategic Choice in Negotiation," *American Behavioral Scientist,* Vol. 27, No. 2, 1983.

Dennis M. Drew · Donald M. Snoe, 권영근 옮김, 『21세기 전략기획』, 한국국방연구원, 2010.

Earl R. Babbie, 『사회조사방법론』, 센게이지러닝코리아, 2012.

Essence of Decision Explaining the Cuban Missile Crisis Second Edition, ISBN: 0-321-01349-2 by Allison, Graham T.; Zelikow, Phlip, Published by Pearson Education, Inc, Publishing as Longman. 김태현 역, 『결정의 엣센스』, 모음북스, 2005.

Fred Charles Ikle, How Nations Negotiate, New York: Harper & Law Publisher, 1964.

Helene Carrere d'Encausse, *Lenin: Revolution and Power,* New York: Longman Inc., 1982.

Herbert Simon, "Human Nature in Politics: The Dialogue of Psychology with Political Science," *American Political Science Review* 79, 1985.

Jack Snyder, "The Soviet strategic culture: Implications for Nuclear Options", Santa Monia: Rand Corporation Report R-2154-AF, September, 1977.

Jeffery Z. Rubin and Bert R. Brown, *The Social Psychology of Bargaining and Negotiation,* New York: Academic Press, 1975.

Johnston, Alastair I. *Cultural realism: strategic culture and grand strategy in Chinese history,* Princeton, N.J: Princeton University Press, 1995.

Joshua S. Goldstein, International Relations, 4th.(New York: Longman, 2001), 김연각 외 역, 『국제관계의 이해』, 인간사랑, 2002.

Joy, C. Turner, *How Communists Negotiate,* New York : The Macmillan Company, 1955.

K. marx. *The Poverty of Philosophy,* New York: International Publishers, 1963.

Ken Booth, "The Concept of Strategic Culture Affirmed", in Carl G. Jacobsen, ed., Stategic Power: USA/USSR, London macmillan, 1990.

Mao Zedong, "On the Chungking Negotiation," *Selected Works of Mao Tse-tung,* Vol. 4, Foreign Language Press, 1965.

Michael J. Mazarr, "Culture and International Relations: A Review Essay", *Washington Quarterly,* Vol. 19 No. 2, 1996.

Nicholas Eberstadt. Korea Approaches Reunification, Armonk, N.Y M.E. Sharpe for the National Bureau of Asian Research, 1955.

Roger Fisher & William Ury, Getting to Yes: Negotiating Agreement giving in, Boston: Houghton Mifflin, 1991.

Samuel P. Huntington, "Military Policy", *International Encyclopedia of Social Sciences,* Vol.10, New York : The Macmillan Company Press & Free Press, 1968.

Song Jong Hwan, "How the North Korean Communists Negotiate: A Case Study of the South-North Korean Dialogue of the Early 1970s," in Korea and World Affairs, Vol. 8, No. 3, fall 1984.

Lieutenant General William K. Harrison, Jr., USA, IN 1951: William J. Taylor, "The Best Strategy Is to Do Nothing," Los Angeles Times, September 2, 1998.

宋連生,『讀黨史 學談判』, 江西人民出版社, 2008.

New York Times, September 25, 2002.

New York Times, April 1, 2013.

| 찾아보기 |

ㄱ

고이허와의 담판 60, 61, 64, 77, 80, 82, 83, 87, 100, 102, 107, 108, 115, 117, 121, 122, 162, 221, 222, 249, 250

골드스테인 40

구국군과의 담판 78, 80, 219

국방장관회담 16, 18, 19, 21, 25, 33, 95, 127, 129, 130, 131, 132, 133, 134, 135, 141, 146, 147, 149, 150, 152, 153, 159, 161, 173, 175, 178, 179, 180, 181, 197, 208, 210, 213, 214, 223, 227, 232, 236, 249, 250

군사실무회담 16, 18, 19, 21, 25, 33, 117, 135, 136, 140, 141, 144, 146, 147, 148, 149, 151, 152, 154, 155, 156, 167, 175, 180, 197, 198, 199, 202, 205, 206, 207, 208, 209, 210, 211, 213, 214, 223, 227, 228, 235, 249, 250

군사회담별 협상 주도권 장악 현황 227

군사회담시 북한측 대표단 가능인원 260

기획체계 개념 21

김일성 주도형 90, 91, 121, 160, 181, 198

김일성 회고록 17, 21, 33, 60, 61, 64, 71, 74, 76, 85, 98, 118, 120, 121, 158, 225, 252

김정일 시대 협상전술 180, 195, 213

ㄴ

남북 고위당국자 접촉결과 공동보도문 337

남북 국방장관회담 18, 19, 21, 25,

33, 129, 130, 131, 133, 141, 149, 150, 153, 173, 178, 179, 180, 210, 213, 214, 249, 250
남북 군사분야 합의서 296
남북 사이의 화해와 불가침 및 교류·협력에 관한 합의서 270
남북 사이의 화해와 불가침 및 교류·협력에 관한 합의서의 '제1장 남북화해'의 이행과 준수를 위한 부속합의서 274
남북 사이의 화해와 불가침 및 교류·협력에 관한 합의서의 '제2장 남북불가침'의 이행과 준수를 위한 부속합의서 279
남북 사이의 화해와 불가침 및 교류·협력에 관한 합의서의 '제3장 남북교류·협력'의 이행과 준수를 위한 부속합의서 283
남북관계발전과 평화번영을 위한 선언 이행을 위한 남북국방장관회담 합의서 327
남북군사공동위원회 구성·운영에 관한 합의서 293
남북군사회담 개최 현황 255
남북군사회담 주요 서한 261
남북기본합의서 관련 선언 및 합의서 269
남북핵통제공동위원회 구성·운영에 관한 합의서 290

ㄷ

달성가능성 100
담판 17, 20, 22, 25, 33, 46, 62, 72, 76, 77, 78, 79, 80, 82, 83, 87, 92, 93, 94, 95, 101, 102, 107, 108, 110, 111, 112, 113, 114, 115, 116, 117, 118, 121, 157, 159, 181, 197, 219, 221, 223, 225, 226, 229, 230, 233, 234, 249, 250, 252
담판의 원형 76
대한민국 국방부장관과 조선민주주의인민공화국 인민무력부장 간회담 공동보도문 296
대화결렬 책임전가 및 합의사항 위반 158, 251
덕골전투 103
동·서해지구 남북관리구역 임시도로 통행의 군사적 보장을 위한 잠정합의서 304
동·서해지구 남북관리구역 임시도로 통행의 군사적 보장을 위한 잠정합의서의 보충합의서 306
동·서해지구 남북관리구역 통행·통관의 군사적 보장을 위한 합의서 333
동·서해지구 남북열차시험운행의 군사적 보장을 위한 잠정합의서 323
동해지구와 서해지구 남북관리구역 경비(차단)초소 설치 및 운영에 관한 합의서 307

동해지구와 서해지구 남북관리구역 설정과 남과 북을 연결하는 철도·도로작업의 군사적 보장을 위한 합의서 298

ㄹ

레닌 42, 43, 47, 85
루빈 39

ㅁ

문산-봉동간 철도화물 수송의 군사적 보장을 위한 합의서 331
문성묵 29, 30, 59, 64, 65, 94, 133, 139, 142, 146, 150, 154
문화적 접근법 50, 56, 70

ㅂ

반일부대련합판사처 113, 114, 221
벼랑끝 전략 94, 218, 219, 220
보천보 전투 105
북측 남북군사회담 주요 참여 인원 259
북한의 전략문화 17, 20, 21, 22, 24, 25, 30, 31, 33, 49, 53, 57, 59, 70, 71, 72, 99, 118, 222, 237, 249, 250
비대칭전 105, 106

ㅅ

사상체계 80
사실왜곡과 뒤집어씌우기 229, 251
사업방법 80, 81, 84, 198, 238
사업작풍 80
사회주의 협상이론 33, 34, 42
생존의 중심고리 15
서해해상에서 우발적 충돌방지와 군사분계선 지역에서의 선전활동 주이 및 선전수단 제거에 관한 합의서 310
세기와 더불어 17, 20, 21, 22, 23, 25, 60, 69, 70, 71, 72, 73, 74, 75, 76, 79, 80, 83, 86, 98, 106, 121, 158, 249, 250, 252
송전각 초대소 132
스튜어트 다이아몬드 40

ㅇ

압박과 회유의 위협적 협상 90, 93, 94, 162, 182, 198
오의성과의 담판 60, 61, 64, 79, 80, 83, 87, 92, 95, 100, 102, 106, 107, 108, 109, 114, 117, 121, 122, 220, 221, 222, 225, 230, 249, 250
와다 하루키 54
용납성 100
유리한 협상환경 조성 및 사전 유리한 협상의제 선정 158, 251
「6·4 합의서」의 부속합의서 313
이클레 39
일반협상관 85, 86, 181

ㅈ

자트만 39, 107
장성급군사회담 16, 18, 19, 21, 25, 29, 30, 33, 117, 134, 135, 136, 138, 139, 140, 141, 142, 143, 145, 146, 147, 153, 178, 181, 183, 185, 186, 187, 188, 189, 192, 194, 195, 197, 206, 208, 210, 213, 223, 227, 228, 231, 234, 235, 249, 250
잭 스나이더 50
적합성 100
전략문화 21, 22, 30, 31, 32, 33, 49, 50, 51, 52, 54, 56, 57, 69, 70, 71, 75, 88, 98, 106, 237, 252
전략문화 접근법 22, 56
정책결정 패턴 20
제1, 2, 3기 군사실무회담 206, 213
제1, 2, 3기 장성급군사회담 195
제1, 2차 국방장관회담 161, 180
제1, 2차 남북 장성급군사회담 주요 제의내용 및 대표단 139
제1~15차 군사실무회담 148
제1~15차 남북군사실무회담 주요 제의 / 협의내용 및 대표단 149
제1~2차 장성급군사회담 135
제16~36차 군사실무회담 151
제16~36차 남북 군사실무회담 주요 제의 / 협의내용 및 대표단 152
제1차 국방장관회담 127, 159, 161, 180, 236, 261
제1차 남북 국방장관회담 주요 제의 내용 및 대표단 130
제2차 국방장관회담 131, 152, 161, 175, 178, 180, 197, 232, 236, 257
제2차 남북 국방장관회담 주요 제의 내용 및 대표단 133
제2차 남북 국방장관회담 합의서 327
제3, 4차 남북 장성급군사회담 주요 제의내용 및 대표단 142
제3~4차 장성급군사회담 139, 141
제37~38차 군사실무회담 154
제37차 회담 154
제38차 회담 155
제5, 6, 7차 남북 장성급군사회담 주요 제의내용 및 대표단 146
제5차 남북 장성급군사회담 공동보도문 325

ㅊ

차광수 92, 115, 116
척 다운스 58, 84
체면살리기 232, 233, 234, 251

ㅋ

코딩톤 39
키텍스트 71, 72, 75

ㅌ

통일전선 54, 86, 89, 90, 94, 96, 113, 121, 157, 163, 183, 199, 220, 221, 222, 223
통일전선전술론 43
특수협상관 47, 85, 86, 87, 88, 89, 115, 121, 157, 159, 160, 181, 197, 237

ㅍ

피셔 39

ㅎ

학자별 북한협상 행태 58
한반도의 비핵화에 관한 공동선언 269, 276, 290, 291
항일 유격대식 협상모델의 분석틀 123
항일유격대 경험 22, 53, 54, 55, 56, 70, 251
항일유격대식 학습방법 81
항일유격대식 협상모델 17, 25, 83, 84, 108
항일유격대식 협상의 변화요인 241
항일유격대식 협상의 지속요인 237
항일유격대식 협상전술 180, 195, 213
항일유격대식 협상전술과 김정일 시대 협상전술 180, 195
항일유격대식 협상전술과 김정일 시대 협상전술 비교 213
혁명전통 80, 81, 82, 84, 92, 97, 237
협상관 120, 159
협상문화 90, 160
협상상대방에 대한 논쟁과 압박 및 협상의제 변경 158, 251
협상의 주도권 장악하기 224, 251
협상전략 15, 22, 28, 31, 32, 55, 59, 85, 91, 94, 96, 98, 100, 102, 106, 111, 121, 134, 147, 157, 158, 164, 167, 169, 171, 179, 183, 185, 186, 187, 188, 200, 202, 203, 213, 217, 225, 249, 250
협상전술 24, 30, 58, 85, 106, 107, 108, 114, 115, 117, 118, 120, 121, 122, 157, 158, 174, 179, 188, 192, 195, 205, 206, 213, 217, 223, 249
협상주도권 장악 및 협상원칙 제시 158, 251

이 성 춘 (李成春)

현) 송원대학교 국방경찰학과 교수

주요경력

전남대학교 / 조선대학교 졸업
동국대학교 석사 / 박사 졸업(군사협상 분야 최초 북한학 박사)
육군본부 정책홍보실
국방부 정책실
강원도청 국방협력관
북한연구학회 정회원(평생회원)
한국정치학회 정회원(평생회원)
한국동북아학회 정회원(평생회원)

주요논문

「북한의 표준시간과 김정은 체제하의 시간의 변화」
「북한체제의 군부 핵심요직 변화」
「DMZ 평화적 공존을 위한 신뢰구축 방안」
「6 · 25전쟁 초기 춘천지구 전투의 재분석과 평가」
「북한의 보훈정책 고찰과 통일대비 한국 보훈정책 발전방안」
「북한 신년사 분석을 통한 김정은 시대 지속과 변화」
「김정은 시대 개성공단 실무회담 분석을 통한 군사협상 변화 연구」
「북한 협상모델 분석을 통한 경제협력 실천방안 연구」
「김정일 시대 남북 군사협상행태 및 결정요인에 관한 연구」

고유환 동국대학교 북한학과 교수

북한 군사협상의 전형적인 방법인 항일유격대식 군사협상 모델에 대하여 실제 사례를 분석하여 보다 세부적으로 연구한 결과물이다. 북한학 연구차원에서도 남북군사협상을 학문적으로 한 차원 끌어올리는 계기가 되는 좋은 모범사례이다.

문성묵 한국국가전략연구원 통일전략센터장

남북 군사협상의 현장에서 누구보다 많은 시간을 보냈지만 이렇게 훌륭하게 학문적으로 정리한 책은 일찍이 보지 못했다. 군사협상의 자료를 세부적으로 분석하여 북한의 대남 군사협상을 알기 쉽게 정리한 책이다. 남북 군사협상 정책담당자들의 필독서로 활용되었으면 한다.

서보혁 서울대 통일평화연구원 HK연구교수

내재적 접근법에 기초하여 남북 군사협상을 체계적으로 연구한 결과물이다. 최근 한반도는 북한 핵문제를 둘러싼 여러 국가 간의 갈등으로 위기가 고조되고 있는 현실에서 향후 전개될 남북협상시 많은 참고자료가 될 것을 확신한다.